银行间市场中央对手清算发展报告

（2020）

银行间市场清算所股份有限公司 ◎ 编著

中国金融出版社

责任编辑：黄海清　白子彤

责任校对：李俊英

责任印制：张也男

图书在版编目（CIP）数据

银行间市场中央对手清算发展报告：2020/银行间市场清算所股份有限公司编著.—北京：中国金融出版社，2021.10

ISBN 978－7－5220－1235－3

Ⅰ.①银…　Ⅱ.①银…　Ⅲ.①银行—业务核算—研究报告—2020

Ⅳ.①F830.46

中国版本图书馆CIP数据核字（2021）第139798号

银行间市场中央对手清算发展报告：2020

YINHANGJIAN SHICHANG ZHONGYANG DUISHOU QINGSUAN FAZHAN BAOGAO: 2020

出版

发行　　中国金融出版社

社址　　北京市丰台区益泽路2号

市场开发部　　（010）66024766，63805472，63439533（传真）

网上书店　www.cfph.cn

　　　　　　（010）66024766，63372837（传真）

读者服务部　　（010）66070833，62568380

邮编　　100071

经销　　新华书店

印刷　　天津市银博印刷集团有限公司

尺寸　　169毫米×239毫米

印张　　29

字数　　400千

版次　　2021年10月第1版

印次　　2021年10月第1次印刷

定价　　96.00元

ISBN 978－7－5220－1235－3

如出现印装错误本社负责调换　　联系电话（010）63263947

2020 年，虽然新冠肺炎疫情和外部市场冲击所带来的不确定性贯穿全年，但是银行间市场总体运行稳中有进。银行间市场清算所股份有限公司（以下简称上海清算所）作为重要金融基础设施，按照中国人民银行决策部署规范高效履职，中央对手清算服务的产品序列持续扩充、机制体系不断优化、全年业务规模稳步上升，市场参与主体也更加丰富，在服务实体经济、防范化解金融市场风险、助力金融深化改革开放等方面，都做出了突出贡献。

2020 年，上海清算所中央对手清算业务规模 126.86 万亿元，同比增长 2.5%，债券、利率衍生品、外汇和大宗商品衍生品中央对手清算规模分别为 15.07 万亿元、19.50 万亿元、92.28 万亿元和 84.33 亿元。其中，利率衍生品业务增长最快，同比增长 6.4%，大宗商品衍生品业务和外汇业务同比增长也分别达到 6.0% 和 4.8%。上海清算所衍生品中央对手清算业务占中央对手清算总业务规模的 55.8%，同时覆盖了场外衍生品市场交易总量的 51.6%，都显示出中央对手清算机制的制度优势日益强化、制度红利强劲释放。

2020 年，上海清算所在监管部门正确领导和市场机构大力支持下，中央对手清算业务各产品条线均取得重要创新性发展。例如，在利率衍生品市场，推动首家境外投资者参与利率互换中央对手清算业务；推出利率互换实时承接业务；完成首笔代理客户使用基金份额充抵人民币利率互换最

银行间市场中央对手清算
发展报告 (2020)

低保证金业务；推出农发债标准债券远期业务；进一步优化标准债券远期业务现金交割机制。在外汇市场，拓展外汇中央对手清算范围，包括拓展品种和期限。在大宗商品市场，推出大宗商品衍生品中央对手清算业务组合保证金业务等。

从全球范围来看，新冠肺炎疫情对国际金融市场的冲击非常明显，中央对手方（Central Counterparty，CCP）总体展现出较强的韧性，业务连续性安排的可持续性问题、风险资源的顺周期性问题等，也引起了广泛关注和讨论。2020 年，全球范围内的监管改革也有不少新发展，欧盟和美国分别对本地区中央对手清算监管制度进行了较为系统化的改革，建立起更为体系化的监管制度框架，引入新的 CCP 监管与认证模式，形成分层次的 CCP 监管模式。英国于 2020 年 1 月 31 日正式"脱欧"，并拟于"脱欧"过渡期（2020 年 1 月 31 日至 2020 年 12 月 31 日）结束前与欧盟、美国就 CCP 跨境监管合作的方案达成一致。金融稳定理事会（FSB）、支付与市场基础设施委员会（CPMI）、国际证监会组织（IOSCO）等国际组织发布了 CCP 违约管理拍卖、金融资源评估和股本处理相关文件，欧盟监管机构公布违约与处置制度的草案。

2021 年是我国开局"十四五"、开启全面建设社会主义现代化国家新征程的重要一年。上海清算所立足新阶段、贯彻新理念、构建新格局，将与市场各方一道，进一步拓展中央对手清算服务的广度深度、优化中央对手清算服务的技术系统规则标准、完善中央对手清算服务的制度配套外部环境，助力我国金融市场高质量中央对手清算制度供给再上一个新台阶。

上海清算所
2021 年 10 月

目录

银行间市场中央对手清算
发展报告 (2020)

专栏目录

第一章
银行间市场中央对手清算
运行情况

一、总体业务运行情况

（一）数据总览

2020 年，上海清算所中央对手清算业务共 219.33 万笔，清算规模 126.86 万亿元，同比增长 2.5‰。经由综合清算会员代理清算规模合计 10.22 万亿元，代理清算占比[①]为 4.0‰。存续期合约规模[②]77.65 万亿元，同比增长 9.9%。

从中央对手清算业务种类看[③]，债券、利率衍生品、外汇、大宗商品衍生品中央对手清算规模分别为 15.07 万亿元、19.50 万亿元、13.43 万亿美元（折合人民币 92.28 万亿元）和 84.33 亿元，占当年中央对手清算规模的比例分别为 11.9%、15.4%、72.7% 和 0.1‰（见图 1-1）。

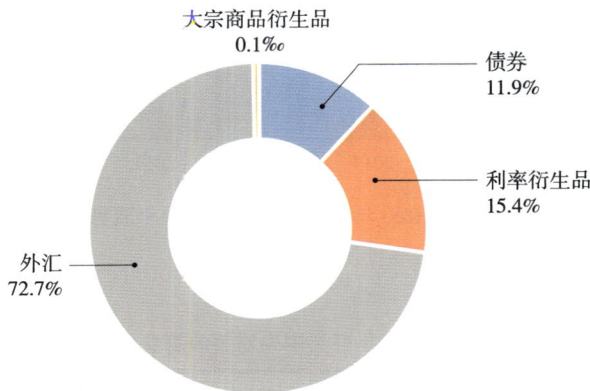

图 1-1　2020 年各类中央对手清算业务规模占比

（数据来源：上海清算所）

---

① 代理清算占比等于某产品各参与者经由综合清算会员代理清算规模之和除以该产品买卖双方清算规模之和，下同。

② 原始交易在纳入中央对手清算后，经合约替代成为两份新合约。因此，本报告中，上海清算所的存续期合约规模以市场双边计算。下同。

③ 另有信用衍生品和跨境外汇中央对手清算业务。

（二）主要特点

一是中央对手清算业务规模稳中有升。2020 年，上海清算所中央对手清算业务规模为 126.86 万亿元，同比增长 2.5%，近 5 年年均复合增长率达到 24.6%（见图 1-2）。其中，利率衍生品中央对手清算规模增长最快，同比增长 6.4%；大宗商品衍生品同比增长 6.0%；外汇同比增长 4.8%（见表 1-1）。

亿元

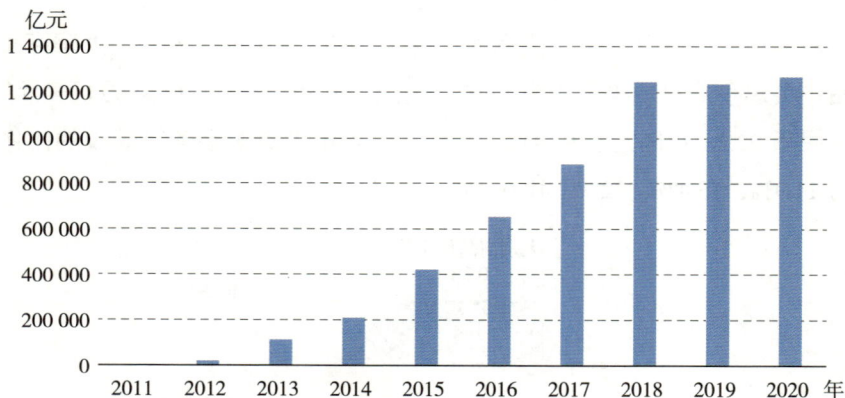

图 1-2　2011—2020 年上海清算所中央对手清算业务规模

（数据来源：上海清算所）

表 1-1　2020 年各类中央对手清算业务规模

类别	2020 年 （亿元）	2019 年 （亿元）	同比 （%）
债券	150 706.75	174 359.94	−13.6
利率衍生品	195 029.52	183 311.24	6.4
外汇	922 766.75	880 195.24	4.8
大宗商品衍生品	84.33	79.56	6.0

数据来源：上海清算所。

二是中央对手清算业务中衍生品占比小幅增长。2020 年，上海清算所中央对手清算业务中衍生品占比为 55.8%，较 2019 年增长 3.0 个百分点，与近 5 年 50% 以上的趋势保持一致（见图 1-3），在为场外衍生品市场引入中央对手清算机制方面起到了引领作用。

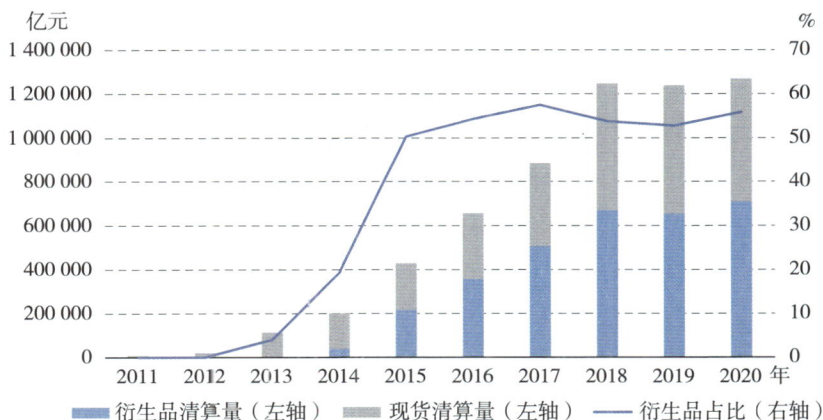

图 1-3 上海清算所衍生品中央对手清算量及占比

（数据来源：上海清算所）

三是中央对手清算在银行间市场交易中的占比保持较高水平。例如，2020 年，外汇中央对手清算量占银行间外汇市场总交易量的比例（以下简称中央对手清算占比）达 52.8%，较 2019 年增长 1.7 个百分点。其中，外汇即期中央对手清算占比达 71.2%，保持了近 3 年来 70% 以上的趋势。汇率衍生品中央对手清算占比达 43.8%，较 2019 年增长 3.8 个百分点（见图1-4）。2020 年，人民币利率互换中央对手清算占比达 97.4%，其中，以 7 天回购定盘利率（FR007）、上海银行间同业拆放利率（Shibor）为参考利率的人民币利率互换产品中央对手清算占比均达 99% 以上。

四是各类市场参与主体均以不同方式有效参与中央对手清算。截至 2020 年末，上海清算所的清算会员数量达 91 家，其中上海清算所综合清算会员 6 家、产品类综合清算会员 6 家、普通清算会员 79 家；清算会员

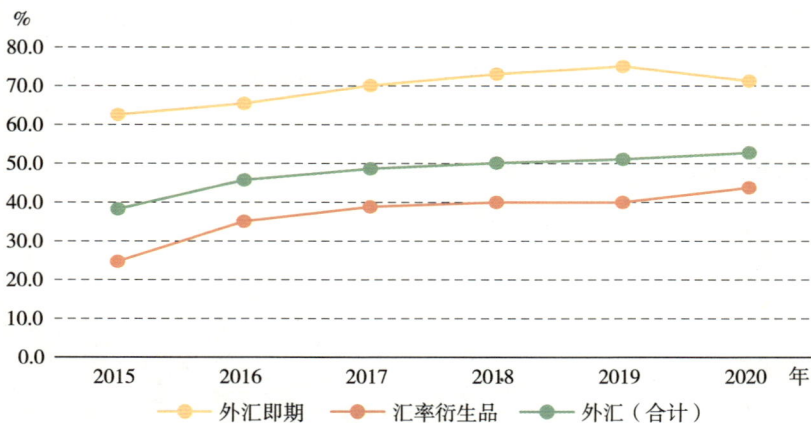

图 1-4　外汇中央对手清算占比

（数据来源：上海清算所）

中，以银行为主（68 家），涵盖证券公司（21 家）和财务公司（2 家）。同时，通过代理方式参与中央对手清算业务的客户数快速增长。例如，截至 2020 年末，人民币利率互换中央对手清算业务客户数量达 289 家，同比增长 16.1%；标准债券远期中央对手清算业务客户数量达 43 家，同比增长 72.0%。截至 2020 年末，各类中央对手清算业务参与者数量见表 1-2。

表 1-2　2020 年末各类中央对手清算业务参与者数量

单位：家

类别		综合清算会员	普通清算会员	代理客户或其他
债券		7	56	15
利率衍生品	利率互换	7	42	289
	标准债券远期	6	45	43
外汇		9	33	24
大宗商品衍生品		7	6	681
信用衍生品		3	21	—

数据来源：上海清算所。

二、债券市场

（一）业务概况

2020 年，上海清算所债券中央对手清算业务共 5.34 万笔，面额 15.07 万亿元，同比下降 13.6%，中央对手清算面额占上海清算所债券清算总面额的 5.0%，经由综合清算会员代理清算 8 笔，面额 6.87 亿元（见表 1-3、表 1-4）。

表 1-3　2020 年上海清算所债券中央对手清算业务情况

业务量	第一季度	第二季度	第三季度	第四季度
清算笔数（笔）	9 713	18 299	22 186	3 178
清算面额（亿元）	27 672.72	47 796.62	67 080.53	8 156.88
轧差前金额（亿元）①	29 325.68	51 315.77	68 813.00	10 776.95
轧差后金额（亿元）②	2 570.50	3 521.67	7 752.08	8 589.00
资金轧差率（%）③	91.2	93.1	88.7	20.3

数据来源：上海清算所。

注：①轧差前金额指的是纳入中央对手清算的现券和债券回购首期、到期应付金额之和；②轧差后金额指的是中央对手清算后最终结算的金额之和；③资金轧差率计算公式：（轧差前金额 – 轧差后金额）/ 轧差前金额 × 100%。

（二）现券中央对手清算

2020 年，现券中央对手清算共 4.30 万笔，面额 13.63 万亿元，同比下降 17.0%。现券中央对手清算面额占现券清算总面额的 17.8%。

（三）回购中央对手清算

2020 年，回购中央对手清算共 10 334 笔，面额 14 403.63 亿元，同比增长 42.3%。回购中央对手清算面额占回购清算总面额的 0.6%。

表 1-4　2020 年上海清算所债券清算业务情况

业务结构	现券	回购	合计
中央对手清算面额（亿元）	136 303.12	14 403.63	150 706.75
总清算面额（亿元）	765 683.07	2 256 938.83	3 022 621.90
中央对手清算占比（%）	17.8	0.6	5.0

数据来源：上海清算所。

（四）业务参与者

截至 2020 年末，债券中央对手清算业务共有综合清算会员 7 家、普通清算会员 56 家、代理客户 15 家。

专栏 1-1　上海清算所中央债券借贷业务

基于银行间债券市场长期以来存在因债券交割失败导致的结算违约等实际问题，上海清算所在认真借鉴国际市场成熟经验及充分调研的基础上，考虑推出中央债券借贷业务，以提高债券交易结算成功率、防范结算风险，推动银行间债券市场健康发展。

中央债券借贷业务是指以在上海清算所托管的债券为基础，由上海清算所作为登记托管机构和中央对手清算机构为市场参与者提供的自动债券借贷机制。作为托管机构，上海清算所对债券信息全面掌握，为持券方提供选券出借的便利，并为融券方提供信息匹配的机会，减少借券所需时间及经济成本，提高借券成功率。同时，上海清算所作为中央对手方承担担保交收职责，降低参与者风险顾虑，保障业务平稳运行。

中央债券借贷机制主要解决了银行间市场现行债券借贷业务模式下的融券难题，充分发挥上海清算所作为登记托管机构和中央对手清算机构的信息和平台优势，为持券方和融券方提供迅速匹配的途径，实现自动化处理，提高借贷成功率，促进债券借贷业务进一步发展。该业务是中央对手清算机制的重要配套机制，为市场成员在缺券情况下如何避免债券违约问题的解决提供了新路径，可以在一定程度上缓解市场机构参与中央对手清算业务时对违约后果的顾虑。

中央债券借贷业务满足市场融券需求，提高结算效率的客观需要，有助于提升市场运行效率、推动清算业务创新、完善市场基础设施建设。

三、利率衍生品市场

（一）业务概况

2020 年，上海清算所共清算利率衍生品 27.80 万笔，名义本金 19.50 万亿元，同比增长 6.4%。其中，人民币利率互换清算 19.05 万亿元，占比 97.7%；标准债券远期清算 4 532.30 亿元，占比 2.3%。利率衍生品存续期合约 51.29 万亿元，同比增长 9.6%。

（二）人民币利率互换

2020 年，人民币利率互换中央对手清算共 27.16 万笔、名义本金 19.05 万亿元，同比分别增长 15.1% 和 6.5%，经由综合清算会员代理清算 69 160 笔，名义本金 4.24 万亿元，代理清算占比 11.1%（见图 1-5）。

图 1-5　人民币利率互换月度清算和存续期合约规模

（数据来源：上海清算所）

　　其中，以 FR007 为浮动端参考利率的合约 16.14 万亿元，占比 84.8%；以 Shibor_3M 为浮动端参考利率的合约 2.87 万亿元，占比 15.0%；以 Shibor_O/N 为浮动端参考利率的合约 441.00 亿元，占比 0.2%（见图 1-6）。

　　2020 年，人民币利率互换存续期合约名义本金共 51.29 万亿元，同比增长 9.6%。其中，以 FR007 为浮动端参考利率的合约 43.37 万亿元，占比 84.6%；以 Shibor_3M 为浮动端参考利率的合约 7.86 万亿元，占比 15.3%；以 Shibor_O/N 为浮动端参考利率的合约 607.10 亿元，占比 0.1%。

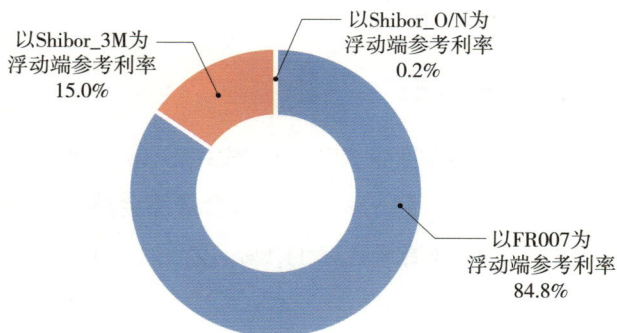

图 1-6　2020 年人民币利率互换各产品中央对手清算规模占比

（数据来源：上海清算所）

2020 年，从纳入中央对手清算的人民币利率互换合约期限结构看，1 年期以下（含 1 年期）的合约占 63.3%，1~3 年期（含 3 年期）的合约占 5.9%，3~5 年期（含 5 年期）的合约占 30.7%，5 年期以上的合约占 0.1%。

截至 2020 年末，人民币利率互换中央对手清算业务共有综合清算会员 7 家、普通清算会员 42 家、代理客户 289 家。

专栏 1-2　上海清算所引入多家境外投资者参与利率互换中央对手清算业务

为进一步推进债券市场对外开放、满足境外投资者利率风险对冲的需求、落实中国人民银行关于开展利率互换中央对手清算业务的相关规定，上海清算所多措并举持续推动境外机构参与利率互换中央对手清算业务。

2020 年 1 月，鼎亚资本（新加坡）私人有限公司旗下的三只产品在上海清算所完成利率互换中央对手清算业务备案及上线工作。鼎亚资本是人民币利率衍生品市场对境外商业类机构开放以来的首家参与者，也是首家参与利率衍生品中央对手清算的境外投资者。汇丰银行（中国）为其银行间债券市场结算代理人，交通银行为其利率互换中央对手清算业务代理清算机构。

2020 年 12 月，中信银行（国际）有限公司在上海清算所完成利率互换中央对手清算业务备案及上线工作，成为首家签署《国际掉期与衍生工具协会（ISDA）衍生品主协议》入市并在上海清算所完成备案的境外法人客户。中信银行为其银行间债券市场结算代理人，中信证券为其利率互换中央对手清算业务代理清算机构。

目前，已有多家境外机构参与人民币利率互换中央对手清算业务，完成中央对手清算数百亿元。境外机构的入市交易清算是人民币衍生品市场诞生 15 年来首次引入境外投资者，标志着人民币利率互换中央对手清算业务已可与国际主流衍生品协议对接,境外商业类机构参与利率衍生品的交易清算路径已顺利打通,人民币利率衍生品市场对外开放迈上了新台阶。

截至 2020 年末,上海清算所利率互换中央对手清算业务参与者数量已达 338 家,包括 49 家清算会员和 289 家客户,其中 167 家为非法人产品,参与者数量稳步增长、类型不断丰富。

下一步,上海清算所将持续为境外投资者提供高效、便捷、符合国际标准的利率衍生品中央对手清算服务,进一步丰富参与者主体,支持利率衍生品市场多元化发展。

专栏 1-3　上海清算所利率互换实时承接模式发展情况

2019 年 8 月 19 日,外汇交易中心和上海清算所联合推出利率互换中央对手清算实时承接业务。

人民币利率互换中央对手清算实时承接业务是指在外汇交易中心前端额度控制的前提下,由上海清算所作为中央对手方实时接单,并纳入利率互换中央对手清算的服务。

实时承接业务支持的合约包括以 FR007、Shibor_3M 及 Shibor_O/N 为参考利率的利率互换合约,期限从 1 个月至 10 年不等。其他合约由外汇交易中心、上海清算所根据市场发展情况另行推出并向市场发布。已进入银行间利率互换市场且已参与人民币利率互换中央对手清算业务的银行间市场成员,可向外汇交易中心和上海清算所申请参与利率互换实时承接业务。

实时承接业务模式简化了利率互换交易清算环节,在 IRS 交易系统实现前端额度控制、风控检查,实现了业务前中后台的一体化,可大幅缩短交易从成交到纳入中央对手清算的时间,交易确认从原有的 2 天缩短至实时。同时，实时承接减少了机构中后台操作工作量、降低了操作风险，有效释放了交易对手授信，有利于提高银行间利率互换市场的效率、推动市场的健康发展。

为进一步推厂实时承接模式，2020 年 7 月至 10 月，上海清算所与外汇交易中心联合开展"实时承接之星"评选活动，活动共举办 12 期，来自 24 家市场机构的优秀交易员展现了个人和机构风采。目前实时承接交易活跃度不断提升，参与者数量持续增加。截至 2020 年末，实时承接参与者共 65 家，总计交易量 1.13 万亿元，是 2019 年交易量的 21.69 倍，最高单日占比中央对手清算总量达 54.8%。

专栏 1-4　上海清算所支持首笔代理客户使用基金份额充抵人民币利率互换最低保证金业务顺利达成

2020 年 9 月 23 日，上海清算所支持代理客户中泰证券顺利完成全市场首笔代理客户使用基金份额充抵人民币利率互换中央对手清算业务（以下简称 IRS 业务）最低保证金业务。

上海清算所于 2016 年为清算会员推出基金份额合格保证券充抵 IRS 业务最低保证金业务，丰富保证券选择种类。在此基础上，上海清算所与相关机构积极开展研究合作，将业务适用范围扩大到代理客户，实现代理客户使用上海清算所认可的基金份额合格保证券替换现金资产充抵最低保证金。

目前，已有 4 只以上海清算所中国信用债指数为标的的债券指数基金被纳入 IRS 业务合格保证券列表。其中，本次使用的合格保证券为浦银安盛上海清算所高等级优选短期融资券指数证券投资基金。

下一步，上海清算所将继续大力发展债券指数业务，探索债券指数产品创新与应用，为市场提供更优质便利的服务，助力信用债市场蓬勃发展。

（三）标准债券远期

2020 年，标准债券远期中央对手清算共 6 366 笔，名义本金 4 532.30 亿元，同比分别增长 52.0% 和 3.8%。其中，标的为 3 年期、5 年期和 10 年期的合约占比分别为 33.0%、39.1% 和 27.9%；年末存续期合约 18.40 亿元，同比增长 318.2%，由综合清算会员代理清算 323 笔，名义本金 61.70 亿元，代理清算占比 0.7%（见图 1-7）。

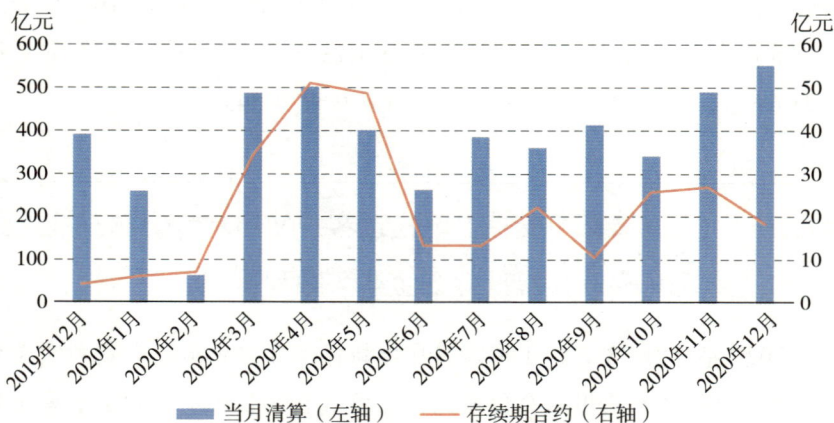

图 1-7　标准债券远期月度清算和存续期合约规模

（数据来源：上海清算所）

截至 2020 年末，标准债券远期中央对手清算业务共有综合清算会员 6 家、普通清算会员 45 家、代理客户 43 家。

专栏 1-5　上海清算所标准债券远期产品新增农发债标的债券

为满足市场机构需求，促进债券远期市场发展，2020 年 10 月 29 日，上海清算所与外汇交易中心联合推出农发债标准债券远期业务。

农发债标准债券远期是以票面利率为 3%、按年付息的农发债虚拟券为标的，对合约要素进行标准化设置的交易型远期合约。其交易清算机制与流通的国开债标准债券远期相同，采用集中交易、分层清算机制，由外汇交易中心在事前额度控制基础上匹配成交,上海清算所在交易达成时作为中央对手方完成实时承接,为市场参与者提供中央对手清算服务。其合约信息、交易清算机制详细如下。

1. 合约要素

业务上线初期,推出期限为 5 年、10 年的农发债标准债券远期现金交割合约,分别覆盖待偿期为 3~5 年(债券发行期限在 5 年以内)、7~10 年(债券发行期限在 10 年以内)的农发债可交割券范围。其他合约要素沿用国开债标准债券远期的合约要素。

2. 交易机制

通过外汇交易中心 X-Swap 系统标准债券远期交易模块进行报价成交。采用前端额度控制的方式,以匿名方式进行报价,交易系统根据价格优先、时间优先原则匹配成交。

3. 清算机制

采用分层清算,清算、结算时间安排与国开债标准债券远期业务一致。对外汇交易中心在前端额度控制基础上匹配成交的交易,上海清算所在交易达成时作为中央对手方实时接单并完成合约替代,适用《中央对手方清算协议》。上海清算所通过保证金、逐日盯市等措施进行风险管理,农发债标准债券远期各合约保证金率由上海清算所定期测算并公告,保证金与国开债标准债券远期合约一同计算并征收。

4. 交割机制

业务上线初期采用现金交割机制,即采用相应期限最活跃的 2 只农发债的收益率计算到期交割价进行现金结算。后续根据市场发展情况推出实物交割。

农发债标准债券远期业务的推出具有广泛的市场影响和深远的发展意义。一是为农发债持仓机构提供切实有效的对冲手段,满足市场参与者在风险管理、资源配置等方面的多元需求。二是有利于完善远期利率市场体系,助力构建完整有效的农发债利率曲线。三是有利于促进远期市场与农发债现券市场的良性联动，提升农发债二级市场的流动性并助力一级市场发行。四是有利于扩充利率衍生品中央对手清算产品序列，更好地发挥中央对手清算优势，提升标准化利率衍生品的市场效率。

下一步，上海清算所将继续加强市场培育、创新产品种类、提升流动性水平，推动农发债标准债券远期市场高质量发展，更好地发挥金融服务实体经济、防范金融风险的重要作用。

专栏1-6　上海清算所标准债券远期业务进一步优化现金交割机制，报价机制正式启动

为满足市场成员需求，进一步提升标准债券远期市场流动性，促进市场发展，2020年3月18日，上海清算所与外汇交易中心对标准债券远期交易结算机制进行优化。一方面，自3月18日起标准债券远期实施合约缩减。过渡期内将每个品种的季月合约数量逐步缩减至2个，即近月和次近月合约。在该机制下2020年3月和6月不再上市新合约，9月之后每个季月新增1个季月合约。另一方面，实施可交割券切换规则调整。自3月18日起，可交割券在合约上市之初即确认公布，合约上市期间内不再切换。

同日，标准债券远期启动报价机制，由报价机构向市场提供标准债券远期的双边报价。该机制推出后，标准债券远期报价机构积极开展报价，市场流动性显著提升，各期限主力合约最优买卖价差呈现大幅度缩窄，最优档位报价量维持良好深度。上海清算所当月完成标准债券远期中央对手清算488.4亿元，环比增长6.5倍，顺利实现新冠肺炎疫情后业务的快速恢复。

本次现金交割机制的优化和报价机制的推出，有助于提高标准债券远期市场深度和运行效率。一是合约数量的压缩有利于聚集市场流动性，进一步强化近月、次近月合约市场交投热情。二是可交割券切换规则的调整解决了此前切券时点触发不确定性较高的问题,使定价更清晰,有助于提升市场活跃度。三是标准债券远期报价机制的推出和报价机构的引入,有助于进一步缩小报价价差,降低风险对冲成本,从而进一步提升市场流动性,提高市场效率,强化价格发现功能。

四、外汇市场

(一)业务概况

2020年,上海清算所共清算外汇产品183.12万笔,金额13.43万亿美元,折合人民币92.28万亿元,同比增长4.8%。由综合清算会员代理清算27.36万笔,金额5.98万亿元,代理清算占比3.3%。年末外汇存量合约26.36万亿元,同比增长10.5%。

从产品结构看,外汇掉期清算金额占比最大,共清算31.05万笔、50.06万亿元,金额占比54.2%;外汇即期其次,共清算150.93万笔、40.96万亿元,金额占比44.4%;外汇远期共清算3 919笔、2 327.43亿元,金额占比0.3%;外汇期权共清算7 464笔、10 213.18亿元,金额占比1.1%(见图1-8、图1-9)。

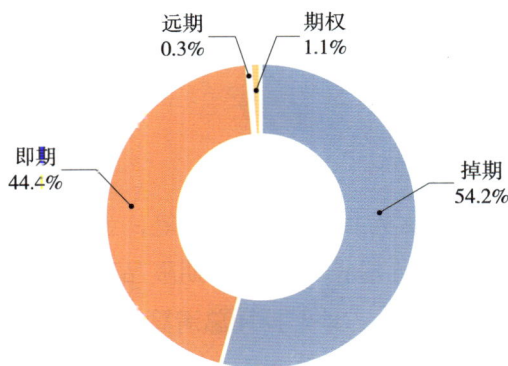

图1-8 2020年外汇各产品中央对手清算规模占比

(数据来源:上海清算所)

17

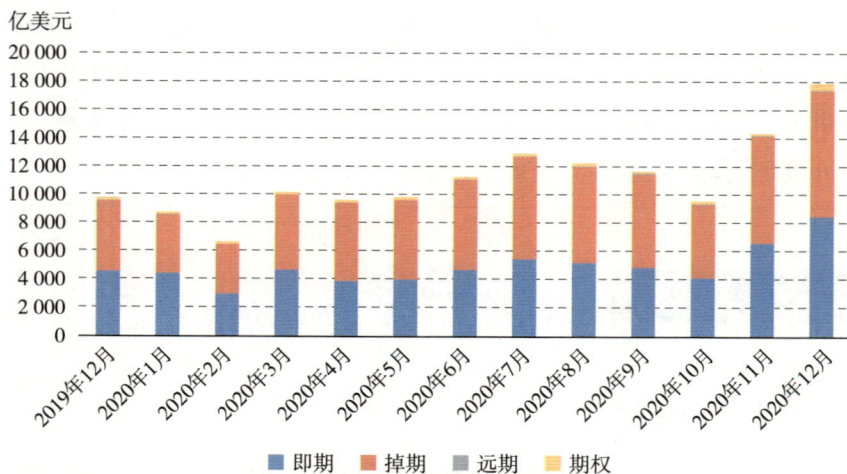

图 1-9　外汇各产品中央对手清算月度规模情况

（数据来源：上海清算所）

（二）外汇即期

2020 年，外汇即期业务共清算 150.93 万笔，金额 5.97 万亿美元，折合人民币 40.96 万亿元，同比下降 0.7%。其中，结售汇清算金额 40.57 万亿元，占外汇即期总清算金额的 99.0%，美元、欧元和日元为占比前三的结售汇币种，分别占结售汇清算金额的 98.1%、1.0% 和 0.6%；外币对清算金额 3 896.42 亿元，占外汇即期总清算金额的 1.0%。年末已接单、待结算的外汇即期合约 4 786.4 亿元。

（三）外汇掉期

2020 年，外汇掉期业务共清算 31.05 万笔，金额 7.28 万亿美元，折合人民币 50.06 万亿元，同比增长 8.9%。从期限品种看，清算即期—远期合约 23.73 万笔、30.16 万亿元，占外汇掉期总清算金额的 60.2%；隔夜合约 5.98 万笔、16.60 万亿元，占外汇掉期总清算金额的 33.1%；远期—远期合约 1.34 万笔、3.30 万亿元，占外汇掉期总清算金额的 6.7%。年末外汇掉期存续期合约 24.79 万亿元。

（四）外汇远期

2020 年，外汇远期业务共清算 3 919 笔，金额 340.31 亿美元，折合人民币 2 327.43 亿元，同比增长 11.5%。从期限品种看，清算标准期限合约 1 948.10 亿元，占外汇远期总清算金额的 83.7%；非标准期限合约 379.33 亿元，占外汇远期总清算金额的 16.3%。标准期限合约中，1 个月、1 周和 1 年期占比较高，分别占外汇远期总清算金额的 17.1%、16.9% 和 10.7%。年末外汇远期存续期合约 1 270.74 亿元。

（五）外汇期权

2020 年，外汇期权业务共清算 7 464 笔，金额 1 488.15 亿美元，折合人民币 10 213.18 亿元，同比增长 27.9%。从期限品种看，清算标准期限合约 9 502.45 亿元，占外汇期权总清算金额的 93.0%；非标准期限合约 710.73 亿元，占外汇期权总清算金额的 7.0%。标准期限合约中，1 年、1 个月和 3 个月期占比较高，分别占外汇期权总清算金额的 18.1%、16.6% 和 14.6%。年末外汇期权存续期合约 9 643.74 亿元。

（六）业务参与者

截至 2020 年末，外汇中央对手清算业务共有综合清算会员 9 家，普通清算会员 33 家，其他参与者 24 家。

专栏 1-7 　上海清算所拓展外汇中央对手清算范围

为顺应市场多元化发展需求，满足清算参与者加强风险管理、活跃市场交易、提高清算效率的需求，2020 年 11 月 30 日，上海清算所成功拓展人民币外汇交易中央对手清算业务的清算品种和期限，将银行

间外汇市场 T+1 日交易以及外汇期权组合交易纳入中央对手清算范围。

作为上海清算所中央对手清算服务的主力业务产品，目前外汇中央对手清算业务共有 66 家机构参与者，可清算品种包括美元、欧元、日元、英镑、港元、澳门元六个币种对人民币的外汇即期交易，以及期限在 1 年以内的美元对人民币远期、掉期和期权交易。业务开展 7 年以来，清算量保持快速增长，系统保持安全稳定运行，在服务市场机构集中管理风险、提高清算结算效率、提升资金流动性、节约资金成本等方面发挥了积极作用。特别是，该业务在中央对手清算机制框架下，实现了不同货币的同步收付（PvP），有效防范和化解信用风险、交收风险，为银行间外汇市场健康发展保驾护航。

此次外汇中央对手清算业务清算品种和期限的拓展，一是将近端结算日为 T+1 日，远端结算日为 1 年以内的即期、远期、掉期和期权交易纳入中央对手清算；二是将人民币外汇期权组合交易纳入中央对手清算。上线以来，市场反响良好，系统运行稳定。上线首月，T+1 日交易及期权组合交易累计清算量即破万亿元人民币。

外汇中央对手清算业务清算品种和期限的拓展，更进一步提升了银行间外汇市场系统性风险防范能力，填补了国内外汇清算领域诸多空白，实现了多点突破。一是改革创新，率先将期权组合纳入中央对手清算范围，并全面涵盖了银行间市场上现有全部期权组合品种，在全球范围内尚属首创；二是开拓思路，将 T+1 日交易纳入中央对手清算范围，通过一天两批次的多边轧差安排，实现清算效率的极大提升；三是市场导向，契合市场机构需求，提升了参与业务的灵活性、拓展了存续期管理渠道的多样性。经过此次拓展，我国将在场外市场外汇中央对手清算领域继续保持国际领先水平。

下一步，上海清算所将在中国人民银行、国家外汇管理局的领导和支持下，在维护市场安全稳定的基础上，顺应国际发展趋势，不断尝试推出创新产品和服务、持续完善银行间外汇市场清算基础设施建设，进一步发挥金融基础设施助力实体经济高水平循环的枢纽平台作用，推进构建银行间外汇市场新发展格局。

专栏1-8　上海清算所外币回购业务

为满足市场降低外币融资成本、释放授信额度等需求，进一步丰富外币融资工具，2019年12月16日，上海清算所与外汇交易中心正式推出外币回购业务。市场参与者可使用上海清算所托管债券作为抵押品达成外币回购交易，上海清算所提供清算结算和抵押品管理相关服务。

作为我国银行间市场第一个跨币种抵押融资产品，外币回购资金融入方可以自身持有的上海清算所托管债券为担保品，向资金融出方借入美元等九个币种的外币资金，并通过上海清算所完成后续清算、结算操作，受到了市场机构的广泛欢迎。

在经历上线初期的摸索后，上海清算所持续关注和收集市场机构的焦点诉求，不断优化外币回购业务。2020年6月15日，上海清算所拓展外币回购结算方式，新增外币质押式回购首期见款付券及到期见券付款结算，从而进一步化解业务在跨时区、跨币种结算方面的难点，在尊重市场交易习惯的基础上，提高交易和结算灵活性。2020年11月16日，上海清算所成功推出券款对付（DvP）结算功能，有针对性地对标的券数量、首期结算日期等功能进行了优化。通过引入DvP结算机制，市场机构可在上海清算所统一的结算管理体系内同步完成外币资金和人民币债券交收，有效提高结算效率，增加结算安全性。

目前，外币回购市场参与主体近40家，全面覆盖大型商业银行、股份制银行、城商行、农商行、证券公司和财务公司等主要机构类型，业务生态进一步拓展，对手方进一步丰富。除美元回购外，中国工商银行、浦发银行、北京银行、天津银行、吉林银行、顺德农商银行等机构为非美币种回购积极提供流动性，已达成包括欧元、日元、澳大利亚元、英镑、加拿大元等多个非美币种的回购交易。

　　整体来看，外币回购业务的推出有利于提高资产配置效率，盘活存量境内债券；有利于提高外币货币市场，尤其是中长期外币融资市场的规模和流动性。同时，外币回购业务支持多币种，可以满足各币种外币融资需求，帮助参与机构迅速响应企业客户实需，提高金融机构外币流动性管理能力。此外，外币回购业务首次实现了银行间本外币市场之间的跨市场联动，进一步丰富了银行间外币货币市场产品序列，开启了外币货币市场发展新篇章。

五、大宗商品市场

　　2020 年，大宗商品衍生品中央对手清算月度协议 30 707 个，金额 84.33 亿元，同比增长 6.0%。其中，人民币乙二醇掉期、人民币甲醇掉期、人民币苯乙烯掉期清算金额占比分别为 43.4%、29.4% 和 21.0%。

　　截至 2020 年末，大宗商品衍生品中央对手清算业务共有综合清算会员 7 家、普通清算会员 6 家、投资人数量 681 家。由综合清算会员代理清算的金额为 25.63 亿元，代理清算占比 15.2%。

专栏 1-9　上海清算所大宗商品现货清算业务——打通金融支持
　　　　　　瓶颈、助力实体经济发展、服务国家战略实施

　　大宗商品现货清算业务（以下简称清算通），是指上海清算所对接符合国家及各地方政府相关规定的大宗商品现货服务平台（以下简称现货平台），为实体企业通过现货平台达成或交收的大宗商品现货交易

提供相关资金清算结算服务。

长期以来，大宗商品现货交易交收环节存在安全性得不到保障、交收效率低下、交收成本高昂的痛点。特别是2020年新冠肺炎疫情暴发以来，前述问题尤为突出，在很大程度上制约了产业链实体企业发展。为贯彻落实金融服务实体经济的要求，服务国家战略，同时响应地方政府、实体企业的强烈呼声，上海清算所着力研发清算通，为产业链实体企业提供具有针对性的下沉式资金清算结算服务。

打造业务闭环，直通式服务实体企业。上海清算所对接符合条件的现货平台，采用统一的业务模式，使用标准的系统直联接入方式，会同现货清算成员（商业银行）按照逐笔、全额的方式对实体企业的大宗商品现货交易进行资金清算结算处理。由上海清算所及商业银行保障资金清算和支付规范高效，由现货平台及其合作仓储机构保障货物的真实性、有效性及归属，实现货物交收便捷可靠，从而形成交易、清算、结算、交割的闭环体系，确保资金和货物安全交收。

创新金融服务，有效破解实体企业痛点难点。在清算通模式下，上海清算所将充分发挥作为清算机构掌控资金流动、管理交收风险的专业化、集中化优势，与合规现货平台合作，与商业银行的支付结算、贸易融资等业务紧密对接，把大宗商品现货市场的交易流、资金流、货物流规范高效地整合，三流合一、三流并网，从而精准解决现货平台、实体企业、商业银行等各方痛点，精准助力实体经济规范高效发展。同时，清算通可开放式地叠加债券融资、衍生品交易等金融服务，为构建完善场外大宗商品多层次服务体系夯实基础。

真抓实干，积极稳妥推进业务上线及功能拓展。上海清算所于2020年6月获得中国人民银行关于清算通的业务批复，稳妥扎实推进各项上线准备工作，已于2021年3月试运行上线。截至2021年第一季度，中国工商银行、中国建设银行、交通银行、浦发银行、华夏银行5家现货清算成员以及 198 家实体企业客户参与业务；国资控股的江苏张家港保税科技化工交割平台为首家现货平台，同时上海、广州、深圳、山东、重庆等地大宗商品现货服务平台也在进行积极沟通。在稳步推进上线的同时，上海清算所在积极研究以碳配额等试点的境内外联通业务，并探索集中接入、将运营时间延长至夜间、在线融资等优化功能，进一步提升服务质量和效率。

下一步，上海清算所将继续践行金融服务实体的初心和使命，以清算通为着力点，充分结合中央对手清算机制优势，逐步建设服务大宗商品产业链实体企业风险管理、套期保值、融资和定价需求的综合服务体系，助力打造国内外连接、期现联动的大市场和大平台，助力长三角一体化发展、粤港澳大湾区建设等国家政策的落地实施。

专栏 1-10　上海清算所化工掉期中央对手清算业务为实体企业
　　　　　保驾护航

上海清算所自 2015 年起先后推出人民币苯乙烯、乙二醇、甲醇等化工掉期中央对手清算业务，业务自上线以来运行平稳，累计服务 300 余家产业链实体企业以及投资机构、金融机构等，受到业界的高度认可。化工掉期选用市场认可的现货价格指数为标的，精准满足实体企业套期保值需求，同时通过专业的中央对手清算机制和风险管理服务有效防范对手方风险，服务企业稳健经营。

2020 年，上海清算所持续丰富化工掉期服务机构，引入经纪公司敦豪及清算会员中信银行，同时不断优化投资者结构，引入国泰君安证券、南京润建纺织等机构首次参与。面对新冠肺炎疫情影响以及错综复杂、剧烈波动的市场环境，化工掉期为产业链实体企业风险管理保驾护航的作用凸显，全年清算量同比上涨 9.42%。

抗击新冠肺炎疫情期间，快速响应、积极应对，切实服务实体企业复工复产。疫情期间，上海清算所贯彻落实统筹推进疫情防控和经济社会发展的要求，及时制订应急预案，对受疫情影响较大的化工掉期投资人采取"特事特办"方式，会同清算会员、经纪公司提供针对性远程服务，期间未发生一起风险事件。

完善配套服务机制，上线组合保证金业务，创新打造线上市场投教服务体系。2020年，上海清算所践行新发展理念，持续完善配套机制建设，创新手段打造"线上＋线下"服务体系，为实体企业参与化工掉期提供更加优质、高效的服务。风险管理方面，上线组合保证金业务，进一步节省实体企业参与跨期交易的资金，降低业务参与成本。市场投教方面，通过微信公众号等新媒体推出"商品掉期战疫加油站""化工掉期新征程"两个专题，累计发布市场投教内容47期，举办15场线上、线下培训及会议，与芳烃、化纤等产业链实体企业密切交流，详细介绍化工掉期的业务流程、应用场景等。

持续推进新产品研发，不断丰富化工掉期产品序列。2020年，上海清算所稳步推进人民币纯苯、对二甲苯（PX）、精对苯二甲酸（PTA）掉期的研发工作，拟于2021年上半年上线，将为化纤、芳烃产业链客户提供更加安全、可靠、高效、便捷的风险管理工具，服务其精细化的套期保值和投资需求。

下一步，上海清算所将继续做实、做深能化掉期业务，创新金融服务模式，探索构建包括融资在内的综合性服务体系，坚持以优质的服务、有效的风险防范机制促进大宗商品行业的良性循环和可持续发展。

专栏 1-11 　上海清算所推出大宗商品衍生品中央对手清算业务
组合保证金业务

　　为进一步提升市场运行效率，更好地服务实体经济，2020 年 7 月
13 日，上海清算所推出大宗商品衍生品中央对手清算业务（以下简称
大宗商品业务）组合保证金业务。

　　在防范系统性风险的同时，上海清算所通过组合保证金降低市场
参与者成本，激发市场活力，为实体经济提供更高效的大宗商品风险
管理工具。大宗商品业务组合保证金是基于预期损失（ES）框架，使
用 Copulas 等方法捕捉不同协议之间的关联性，以市场参与者投资组合
为单位，对于同一产品买卖方向不同、期限不同、数量相等的头寸，按
照一定优先级建立跨期头寸组合，收取跨期组合保证金，剩余未纳入组
合头寸按照原有逻辑对买、卖持仓收取保证金。此外，本业务新增组合
交易功能，市场参与者可通过组合交易的方式实时计收组合保证金。
组合交易由若干单笔交易组成，同一组合内的交易同时确认合约替代
结果。

　　下一步，上海清算所将继续履行金融市场基础设施的职责和使命，
坚持以市场需求为导向，践行金融服务实体经济宗旨，强化金融风险防
范，促进大宗商品衍生品市场健康发展。

六、监管和行业认证

　　上海清算所持续推进跨境监管认证和行业认可，以加强提供清算服务
的环境和制度保障。2020 年 11 月，获得国际掉期与衍生工具协会（ISDA）
许可并通过验证测试后，上海清算所成为境内第一家也是唯一符合 ISDA

国际标准的标准初始保证金（SIMM）管理服务机构。2020年12月，在美国商品期货交易委员会（CFTC）对境外CCP已不再发放不行动函背景下，CFTC再次将上海清算所的不行动函延期1年，并将可清算产品范围全面拓展至中央对手清算服务的所有互换类金融衍生品，充分彰显了上海清算所专业化的独特地位和优质的服务供给能力。

下一步，上海清算所将继续探索研究，探讨向其他司法辖区（如中国香港特区、新加坡等）的跨境监管认证。

专栏1-12　上海清算所获美国商品期货交易委员会不行动函延期并拓展可向美国机构提供的中央对手清算产品范围

2020年12月22日（美国时间12月21日），美国商品期货交易委员会（CFTC）在其官方网站发布公告，延长上海清算所的不行动函期限至2022年7月31日，并将可清算产品范围全面拓展至上海清算所提供中央对手清算服务的所有互换类金融衍生产品。根据CFTC不行动函，上海清算所可为其定义的美国机构提供自营清算服务。

不行动函期限获得延长，有助于稳定美国机构持续参与上海清算所中央对手清算业务的政策预期。可清算产品范围获得拓展，更体现上海清算所为中国场外金融市场提供专业化中央对手清算服务的独特地位，以及全序列、"一站式"中央对手清算服务的卓越供给能力。上海清算所将在中国人民银行监督指导下，稳慎推进合格中央对手方的跨境监管认证工作，高质量服务金融双向开放。

专栏 1-13　中国香港、新加坡中央对手方认证制度简介

一、中国香港有关金融市场基础设施的监管认证制度

（一）概况

根据中国香港《证券及期货条例》（Securities and Futures Ordinance，SFO）相关规定，按照相关职能，分别对交易所和清算所的认证和监管进行了界定。

交易所层面，SFO 设立了两类牌照，分别是自动化交易服务（ATS）提供商[①]和受认定交易所公司（REC）。ATS 提供商牌照，适用于提供自动化交易服务核心功能的设施，境内外的交易所和清算所都可申请。作为交易所的 ATS 提供商可通过其电子设施提供服务，使市场参与者就证券、期货、场外衍生品等达成交易。REC 牌照只适用于当地的股票和商品交易所，目前只有香港交易所和香港期货交易所两家获得认证，控股股东需通过香港当局的审批。

清算所层面，SFO 设立了三类牌照，分别是 ATS 提供商、受认定的清算所（RCH）以及指定中央对手方（Designated CCP，D-CCP）。作为清算所的 ATS 提供商侧重于证券、期货、场外衍生品等交易的合约替代、结算、交收等。RCH 需为在香港注册或设立分支机构的实体。D-CCP 是获指定可清算强制集中清算产品的 ATS 提供商或 RCH。

（二）清算所的认证制度

在香港监管框架下，境外 CCP 在触发许可申请条件时，必须申请监管许可才能为香港当地人士提供清算服务。具体触发条件包括向在香港的机构提供证券、期货、场外衍生品的清算结算服务，在香港设置电子设施，与香港的中介机构或投资者连接，向在香港的机构进行主动市场营销等。

[①] 此处专指在中国香港《证券及期货条例》第三部下申请的 ATS 提供商牌照。另外，《证券及期货条例》第五部下的 ATS 提供商牌照对交易附属服务适用，如经纪商。

1. ATS 提供商认证

根据香港相关规定 [①], "任何人不得提供自动化交易服务或服务要约, 除非该人获得可提供自动化交易服务认证"。SFO 将 ATS 定义为 "通过电子设施提供的, 用于进行证券、期货和场外衍生品的交易或清算的服务"。

香港证券及期货事务监察委员会(以下简称香港证监会)负责ATS 提供商资质申请的审批, 主要有三个重要步骤: 一是申请者与香港证监会就申请事宜安排会谈, 明确申请要求、流程和所需材料, 这主要视申请者实际情况而定。二是香港证监会对提交的材料进行审核, 重点关注风险管理、财务资源、公司治理、会员准入与参与、透明度、备存记录、信息报送和协助监管等方面核心要求。三是香港证监会对申请者母国监管体系可比性进行评估, 一般需与母国监管机构建立监管合作安排, 签署合作谅解备忘录(MOU)。

截至 2019 年末, 获得香港 ATS 提供商认证的机构共 59 家。

2. D-CCP 认证

根据香港相关规定 [②], 香港业务规模超过既定门槛值的市场主体参与的具有强制集中清算义务的衍生品交易必须通过 D-CCP 清算。成为D-CCP 的前提是获得 RCH 或 ATS 提供商认证。香港证监会允许申请者同时申请 ATS 提供商和 D-CCP 认证。

ATS 提供商认证和 D-CCP 认证同时进行的申请流程主要有四步: 一是申请机构递交申请材料; 二是香港证监会对申请展开评估, 申请机构需获得 ATS 提供商认可, 需符合所在辖区监管要求, 所在辖区监管体系应与国际标准相符; 三是评估结果征求香港金融管理局同意, 并与

---

① SFO 第 95 条。

② SFO 第 101C 条、第 101J(2)条及《证券及期货(场外衍生工具交易——结算及备存记录责任和中央对手方的指定)规则》(SFR)第 6 条。

香港特区财政司司长磋商确认；四是发布最终结果。

截至 2019 年末，获得香港 D-CCP 认证的机构共 4 家。

二、新加坡有关金融市场基础设施的监管认证制度

（一）概况

新加坡《证券与期货法》就交易所、清算所的认证以及监管进行了相关规定。

交易所层面①，"未成为'受批准的交易所'（AE）或'受认定的市场运营商'（RMO）的机构，不得设立和运营组织交易衍生品合约、证券或集合投资计划产品的市场"。AE 和 RMO 是新加坡对市场运营商实施分类监管划分的两个类别，其中 AE 更具有系统重要性，受到更加严格的监管，例如，在清算结算安排方面，规定"AE 必须……制定规则以实现安全高效的清算结算安排"，但未对 RMO 提出要求。

清算所层面②，"未成为'受批准的清算所'（ACH）或'受认定的清算所'（RCH）的机构，不得设立、运营清算设施，也不得承担清算设施的职责"③。这一条款同样适用于对新加坡有潜在重要影响的境外清算机构④。被视为有潜在重要影响的具体情境如下：纳入新加坡清算会员、招揽新加坡客户、为新加坡 AE 或在新加坡成立的 RMO 提供清算结算、为新加坡人清算新加坡要求强制集中清算的产品。但这一对境外机构的适用情况也可以得到有条件豁免，即当境外清算机构和新加

---

① 新加坡《证券与期货法》（SFA）第一节第 7 条及 "第一类市场" 章节第 1 条。
② 新加坡《证券与期货法》（SFA）、《证券与期货（清算设施）监管条例》（［Securities and Futures Clearing Facilities, Regulations, SFR］）及《清算设施监管条例指南》（以下简称《指南》）。
③ SFA 第三部分第一节第 49 条。
④ 《指南》第 3.5 条，SFA 第 15 部分第 339 条。

坡清算机构建立清算联系[①]，且该联系不会明显增加新加坡清算机构的风险时，境外清算机构可以不受约束[②]。ACH 只对当地具有系统重要性的 CCP 适用，不具有系统重要性的新加坡清算机构和所有外国清算机构只能申请成为 RCH。

（二）RCH 认证

申请 RCH 需满足的条件如下：一是有能力履行十个方面的义务，即安全高效运行清算设施、谨慎管理业务与运行风险、保证公众利益不受侵犯、确保参与准入要求公平客观、制定完善的业务规则、保证参与者遵守规则、具备完善的财务人力和系统资源、实施充分的治理框架、任用合适的关键管理人员、向新加坡金融监管局（MAS）披露和通知相关信息等。二是满足保持最低 500 万美元的基础资本金[③]的要求。三是MAS 需与其监管当局就及时共享信息、在监管和执法活动中有效合作等方面建立监管合作安排。四是所在司法辖区的监管要求应与新加坡《证券与期货法》等法律法规等效。此外，要求申请机构保有所从事的业务至少 5 年的记录，且应由有充分经验的人员担任公司高管和关键管理人员。

MAS 负责 RCH 的监管和认证。申请流程分四步：第一步，递交申请材料；第二步，MAS 审查申请，包括评估母国监管框架可比性、与母国监管机构签署 MOU；第三步，MAS 原则上批准；第四步，最终获批。

---

① 清算联系（clearing linkage）：具备以下两个特征之一即被视为具有清算联系，一是清算设施的系统存在整合，如两个或以上的清算设施共同运营一个清算平台或类似基础设施，便于其本身和清算会员使用；二是根据建立的合作安排，一家清算设施的会员头寸可能由另一家清算设施持有（见《指南》第 3.8 条）。

② SFR 第 53 条。

③ 基础资本金（base capital）= 该申请机构最近账户中实缴普通股资本 + 已缴的不可赎回和非累积优先股资本 + 任何未分配的利润或损失 + 仅为该申请机构的清算基金而预留的任何准备金 − 任何期中损失 − 其最近受审计账户中已声明派发的股利［资料来源：SFR 第 7 条第（3）款］。

第二章　专家观点

奋力开创中央对手清算机制建设的新辉煌

上海清算所党委书记、董事长 谢众

新冠肺炎疫情极端风险情景下的 CCP 清算机制应对

突如其来的新冠肺炎疫情，对业务连续性计划，给包括 CCP 清算机构在内的金融基础设施正常运行造成很大的风险。但同样甚至更为重要的是，从金融市场异常波动、流动性突然枯竭的角度产生了极端风险情境。最为典型的事件，就是 2020 年 4 月 20 日芝加哥商品交易所 WTI 原油期货出现负结算价格，该决定正是由芝加哥商品交易所清算公司（CME Clearing）负责调整风控模型、发布市场公告并操作实施的。美国商品期货交易委员会（CFTC）于 5 月 13 日专门发布公告，要求"交易所、经纪商和清算所，均有责任清楚告知其客户、会员有关衍生品合约的风险以及相关技术安排，并在合约到期前正确开展交易"。

尽管面对新冠肺炎疫情冲击，CCP 清算机构整体表现良好，没有出现风险事件，但仍有一些情况引起了监管机构关注，一是需要重视新的风险类型，二是需要重视风控措施顺周期特点及对银行体系影响。在第一个方面，欧洲证券和市场监管局（ESMA）于 7 月 13 日公布了对欧洲 16 家 CCP 清算机构的第三次压力测试结果。该测试除了信用风险、流动性风险，还新增了集中度风险，即对集中头寸及时处置的潜在损失。测试显示即使考虑了额外的新冠肺炎疫情冲击，欧洲 CCP 清算机构的信用风险和流动性风险均未出现系统性风险，但是有四家 CCP 清算机构存在至少一家清算会员的集中度风险超过其缴纳保证金的情况。从资产类型看，大宗商品衍生品集中度风险较显著。在第二个方面，国际清算银行（BIS）在 5 月 11 日的一份专题报告指出，CCP 清算机构在新冠肺炎疫情冲击下保持了韧性，但 CCP 清算机构保证金模型的顺周期问题，及其对清算会员银行的整体影响，值得中央银行关注，因为 CCP 清算机构在市场异常波动的情况下，在清算会员银行之间收取并支付变动保证金（收付还可能存在时滞）、向清算会员银行全面增收初始保证金，都会给银行体系的流动性造成局部或整体扰动。

CCP 清算机制服务场外衍生品市场的转型升级

随着 CCP 清算成为主流清算模式，CCP 清算机构不再仅限于提供 CCP 清算业务，而是在场外衍生品市场全面发挥作用。比较典型的例子，是场外衍生品的利率基准转换，以及双边清算下的保证金计算和管理。

为应对伦敦同业拆借利率（LIBOR）被大机构恶意操纵、信用拆借市场交易量持续萎缩等问题，2014 年，金融稳定理事会（FSB）建议改革基准利率，2017 年英国金融行为监管局（FCA）宣布 2021 年底之前淘汰 LIBOR。随后，美国、英国、欧洲等陆续选择有抵押隔夜融资利率（SOFR）、英镑隔夜银行间平均率（SONIA）、欧元短期利率（STR）等替代 LIBOR。这些替代利率的共同特点是基于真实交易、流动性好、信用风险低。2020 年以来，受新冠肺炎疫情冲击，LIBOR 相关交易急剧萎缩，基准利率转换工作进一步加速。尽管各国央行、国际掉期与衍生工具协会（ISDA）国际行业组织等均发挥了重要作用，但是 CCP 清算机构地位更为突出。这是因为挂钩基准利率的衍生品交易产品丰富完善、基准利率的收益率曲线应用拓展，都越来越离不开 CCP 清算机构的基础设施支撑保障。实际上，美国替代参考利率委员会（ARRC）提出的六阶段过渡方案，就是紧紧围绕 CCP 清算机构的 SOFR 收益率曲线服务展开的。

对仍然选择双边清算的场外衍生品交易引入强制的保证金收取机制，与 CCP 清算机制一道，形成了管控系统性风险、强化经济激励约束的政策闭环。巴塞尔银行监管委员会（BCBS）和国际证监会组织（IOSCO）于2013 年发布并于 2015 年修订《非中央对手方清算衍生品的保证金要求》，分阶段具体实施。继 2019 年 7 月将初始保证金收取安排拆分为两个阶段之后，2020 年 4 月 13 日，BCBS 和 IOSCO 宣布，受新冠肺炎疫情冲击，初始保证金收取安排第五和第六阶段均推迟 1 年实施。CCP 清算机构发挥专业优势、向双边清算领域延伸服务，有利于提升基础设施的普惠功能。如伦敦清算所（LCH）2016 年推出 SwapAgent 服务，通过抵押品文件的标准化、风控计量模型和双边初始保证金计算的标准化、抵押品管理流程和结算流程的标准化等，使双边清算运行效率接近 CCP 清算。2020 年 6 月，Capitalab、Quantile Technologies 等公司与 LCH 合作为场外衍生品提供初始保证金优化服务，都是专业公司依托 CCP 清算机构、丰富服务供给的最新案例。

CCP 清算机制建设与跨境监管格局的动态演进

CCP 清算机构连通交易前台、支付系统、托管系统以及众多清算会员，保证金收取、抵押品折扣、损失分摊等风控策略以及获取流动性支持、传导货币政策等，事关金融稳定全局，在金融基础设施体系中居于核心位置。同时，CCP 清算机构跨境重要性也不容低估。英国"脱欧"后争夺欧元 CCP 清算业务、近期美欧针对 CCP 清算机构的监管新规，都很能说明问题。

伦敦长期占据国际金融中心排名首位的一个基础设施支点是 LCH 的全球化 CCP 清算业务。根据 Risk. net 数据，2020 年第一季度，LCH 欧元利率互换 CCP 清算市场份额超过了 96%。随着英国正式"脱欧"，伦敦金融城脱离欧盟金融监管体系以及欧洲中央银行（欧央行）作为天然的欧元 CCP 清算业务流动性最终提供者等，都使之前长期争论的欧元 CCP 清算业务回流欧洲大陆成为现实。尽管为避免市场震荡，欧盟对欧洲机构参与英国 CCP 清算机构给予过渡期安排，但是市场普遍认为回流趋势难以避免。其中，法兰克福的欧洲期货交易所（Eurex Clearing）是最有力竞争者。欧央行于 2019 年 10 月 2 日公布 STR 新基准利率，LCH、Eurex Clearing 先后于 10 月 21 日、11 月 8 日推出挂钩 STR 新基准利率的欧元利率衍生品 CCP 清算业务。前述 Risk 数据显示，2020 年第一季度，相比 2019 年同期，Eurex Clearing 欧元利率互换 CCP 清算市场份额上升了 1.4%。

银行间市场中央对手清算
发展报告 (2020)

近期，美国、欧盟均对现有 CCP 清算机构跨境监管规则进行或考虑进行更新，关注点都是有系统重要性的境外 CCP 清算机构。已于 2020 年 1 月 1 日正式生效的《欧洲市场基础设施监管条例》修订版（EMIR 2.2），将第三国中央对手方（TC-CCP）进行分层，如果 ESMA 经商欧洲系统性风险理事会（ESRB）和相关中央银行后认定一家 TC-CCP 对欧盟有系统重要性，则该 TC-CCP 为 "二级 CCP"，虽仍适用等效监管（comparable compliance）框架，但在准入、监管等方面引入近似欧盟本土 CCP 清算机构的标准，同时强调 ESMA 有权采取年度审查、现场检查、违规罚款等更严格的监管措施。另外，对于系统重要性过高的 TC-CCP，应迁入欧洲，或者停止向欧洲提供服务。2020 年 1 月 27 日，CFTC 修订了 CFTC 条例，对第 39 部分 "衍生品清算组织（DCO）" 有关风控和信息披露义务条款提出更严格要求，2 月 26 日生效。2019 年 7 月 11 日，CFTC 发布了两项征求意见稿，拟对 CFTC 条例第 39 部分中关于 DCO 注册的制度进行修订，目前虽未定稿，但提出了根据是否 "对美国金融体系构成重大风险" 的标准进行境外 CCP 监管分层思路，即对美国金融体系不构成重大风险的境外 CCP 可在平行合规（alternative compliance）模式下申请注册为 DCO，申请注册豁免的 DCO 也首先要符合不能 "对美国金融体系构成重大风险" 的条件。

奋力开创我国 CCP 清算机制建设的新辉煌

在 2008 年国际金融危机后的全球金融体系重构、CCP 清算机制拓展过程中，我国锐意改革、担当作为，取得喜人成绩，在银行间市场成功建立起结构比较完整、具有一定规模的 CCP 清算业务。2011—2019 年，上海清算所的清算业务量从 2011 年的 1.21 万亿元增长至 2019 年的 363 万亿元，年均复合增长率达 104%，其中，CCP 清算业务量从 2011 年的 0.21 万亿元增长至 2019 年的 123.79 万亿元，年均复合增长率达 122%。上海清算所的 CCP 清算服务，全面覆盖银行间市场债券、利率衍生品、外汇和汇率衍生品、信用衍生品、大宗商品。总结来看，上海清算所前 10 年的 CCP 清算机制建设，有以下四个方面特色。

第一，在重大制度机制创新领域位居国际前列。上海清算所于 2009 年 11 月成立，我国是全球第二个在危机后新设专业化 CCP 清算机构的国家，仅晚于美国 2009 年 3 月成立的 CDS 清算公司；上海清算所从 2014 年 7 月开始提供人民币利率互换强制集中清算服务，我国是全球第三个落地场外衍生品强制 CCP 清算政策的国家，仅次于日本和美国。上海清算所从 2017 年 11 月开始按照"外滩标准"披露 CCP 清算机构量化信息，我国是首个 CCP 清算行业国际标准的牵头制定者和首批发布者。

第二，外汇和汇率 CCP 清算业务发展更为充分。在上海清算所 CCP 清算业务中，外汇和汇率衍生品业务规模较大，且在银行间市场交易总量中的占比超过了 50%。除了我国外汇市场管理体制因素，上海清算所努力拓展 CCP 清算机制也特别重要。BIS 数据显示，目前全球场外市场双边清算仍占主导的产品集中在外汇和期权。上海清算所 CCP 清算机制，对国际上主要通过持续连接清算系统（CLS）同步收付（PvP）机制管控外汇产品本金风险的做法，提出了中国方案。上海清算所于 2016 年 8 月在全球首创推出场外外汇期权 CCP 清算服务，后续迅速推进即期、远期、掉期、期权一体化的 CCP 清算体系，在国际上形成亮点。

第三，主动延伸 CCP 清算服务的探索取得成效。上海清算所很重视探索非 CCP 模式的清算业务，以此持续提升服务广度深度，对 CCP 清算业务形成有力策应，其中最有代表性的是大宗商品现货清算业务。这是上海清算所在成功开展大宗商品衍生品 CCP 清算业务、试点上海自贸区大宗商品现货清算业务的基础上，通过对接合规的大宗商品现货服务平台，为产业链实体企业提供下沉式资金清算结算服务。长期来看，上海清算所将探索构建大宗商品综合清算服务平台，为实体企业的套期保值、现货及衍生品定价、产业链融资、资产配置等提供综合性解决方案。

第四，CCP 清算与债券托管的双支柱业务体系。上海清算所既是我国银行间市场专业化的 CCP 清算机构，也是我国债券市场第三家、银行间债券市场第二家登记托管机构。上海清算所持续强化两项业务内在关联，例如，探索以托管债券支持利率衍生品清算业务实物结算、外币回购交易清算、通用质押式回购交易清算；探索基于债券的指数基金份额用于集中清算业务最低保证金充抵；探索多级托管试点模式下的债券代理清算业务；等等。目前，上海清算所债券托管余额接近 25 万亿元。

面对国内国际新形势，为加快形成以国内大循环为主体、国内国际双循环相互促进的新发展格局，上海清算所坚决贯彻党中央、中国人民银行决策部署，不忘金融基础设施初心和使命，将奋力开创中央对手清算机制建设的新辉煌。

一是深化 CCP 清算机制在我国场外衍生品市场发展的保障促进作用。2019 年，我国银行间市场衍生品交易规模仅约为交易所衍生品交易规模的 50%，是银行间市场现货交易规模的 10%，这与国际金融市场经验比例差距甚远。显然，实现 CCP 清算机制对各类场外衍生品"应用尽用"、支持保障业务加速拓展是应有之义。在此过程中，要特别注意两个方面：其一，CCP 清算机制对创新产品的培育作用。以贷款市场报价利率（LPR）衍生品为例，LPR 是人民银行推动贷款利率市场化的重要举措，目前 LPR 利率互换、期权等已推出。LPR 定价每月调整、与中期借贷便利（MLF）挂钩等特点，使上海清算所的曲线构造、估值风控等工作，能更有力地支持 LPR 创新产品的活跃交易。其二，CCP 清算机制对场外产品的赋能作用。相比交易所衍生品，场外衍生品的主要不足是流行性较弱。电子交易方式的丰富，再配合 CCP 清算机制，就能补齐场外衍生品市场短板。在我国外汇衍生品市场、回购市场建设上，已有很多专业分析，值得思考借鉴。

二是应更主动积极助力 CCP 清算机制的宏观审慎政策工具发挥调控作用。2008 年国际金融危机之后，CCP 清算机制从减少金融体系参与者相互关联性的角度，上升为宏观审慎政策工具之一。从增强政策调控市场化、直达性角度，有必要更加重视 CCP 清算机制。首先是在参与主体准入环节，目前我国金融机构开展衍生品交易的资格管理比较严格。可以通过 CCP 清算机构的清算会员、客户等分层管理机制以及基于风险的授信管理机制等，把好市场准入关。其次是在价格手段运用环节，CCP 清算机构可以通过保证金、抵押品、清算基金等多种价格手段，调节业务参与者的成本收益，前瞻指引市场、精准传导政策信号。最后是在央行的流动性支持环节，CCP 清算机构在央行直接开立账户、紧急情况下获取央行流动性支持是国际共识，以此确保央行稳定金融市场的效率效果、避免央行直接救助特定金融机构的道德风险。

三是着力服务人民币国际化和金融基础设施跨境互联互通网络构建。中国人民银行行长易纲 2020 年 8 月接受采访时指出，2020 年上半年，人民币跨境收付金额同比增长了 36.7%；2020 年第一季度，人民币外汇储备的份额比 2016 年加入特别提款权（SDR）货币篮子时增长了近一倍。但也应看到，人民币用于跨境乃至国际金融交易仍有所不足。借鉴债券通、沪港通等经验，金融基础设施跨境互联互通在对接国内外监管框架与业务规则、便利跨境金融交易高效顺畅开展、资金结算信息监测闭环运行等方面，都发挥了独特作用，取得了显著成效，值得继续推广。例如，在债券通框架下，境外投资者一直呼吁引入回购交易、利率汇率衍生品交易，在人民银行指导下，上海清算所积极研究业务方案、准备技术系统、探讨跨境合作。此外，与各国日益强化域内市场基准利率建设的趋势相一致，2019 年 12 月，上海清算所联合外汇交易中心推出外币回购业务，成为基础设施主动创新、加强境内美元无风险利率及中长期利率的价格发现、搭建境内美元利率曲线的最新案例之一。

四是持续推动 CCP 清算机制的配套政策以及法律环境监管规则完善。CCP 清算机制在金融市场应用拓展是一项系统工程，需要各方同向发力、久久为功。上海清算所从基础设施角度，将不懈推进相关工作尽快取得进展。首先，我国尚未制定双边清算的强制收取保证金政策。2019 年 10 月，FSB 发布的二十国集团（G20）场外衍生品改革最新报告显示，19 个国家和地区中，已有 14 个实施了双边清算场外衍生品交易的强制收取保证金政策。其次，

CCP 清算业务的风险资本计提政策尚未真正落地，充分发挥激励作用，主要是监管部门之间的合格 CCP 清算机构认证和享受政策优惠衔接不够紧密。再次，CCP 清算机构的监管规则正在制定过程中。2020 年 3 月，中国人民银行等六部门联合印发《统筹监管金融基础设施工作方案》；4 月，中国人民银行发布 2020 年规章制订工作计划，其中包括金融基础设施的管理制度。实际上，在中美、中欧有关 CCP 清算机构跨境监管认证工作中，境外监管机构对我国监管规则问题都很关切，希望在对等框架下开展跨境监管合作。最后，CCP 清算机制的法律保障特别是终止净额有效性问题，监管部门已通过多种方式传递积极信息，有望在相关风险处置实践中探索积累经验。

（《中国支付清算》2020 年第 3 辑，略有文字修改）

中央对手清算机构的公司治理

上海清算所党委书记、董事长　谢众

完善公司治理是金融企业改革的重中之重。中央对手清算机构作为新的宏观审慎政策工具之一，在服务政策目标、落实监管要求过程中，既要切实管住风险，又要有效降低成本；既要主动创新，又要确保安全稳健运行，这一切都离不开高质量的公司治理。

监管部门和清算会员的治理强参与

监管部门治理强参与

2008 年国际金融危机后，监管部门将中央对手清算机制视为宏观审慎政策工具之一，开始从市场地位、机构组建、业务经营、配套政策、恢复处置等角度，对中央对手清算机构进行重新定义和直接指导，这也标志着监管部门对该领域公司治理的强参与。

2009 年 G20 匹兹堡峰会决定，所有标准化场外衍生品 2012 年底前都要纳入中央对手清算机制。监管部门的治理强参与，在中央对手清算机构的组建问题上，突出表现出来。针对 2008 年 3 月总统金融市场工作组（PWG）明确提出建议但业界限于自身利益迟迟未落实的困局，2009 年 3 月，美国纽联储牵头整合资源、组建由其直接监管的 ICE Trust（现为 ICE Clear Credit），为 CDS 提供中央对手清算服务。2009 年 11 月，上海清算所成为危机后全球第二家由中央银行直接推动新设的场外衍生品市场中央对手清算机构，这是监管部门着眼完善宏观审慎监管的主动担当作为。

2012 年，国际清算银行（BIS）支付与市场基础设施委员会（CPMI）和国际证监会组织（IOSCO）技术委员会制定的《金融市场基础设施原则》（PFMI）开宗明义：金融基础设施基本原则就是安全、高效。PFMI 在提出 24 条标准的同时，也规定了监管部门五项职责。根据 PFMI，监管部门治理强参与贯穿了中央对手清算机构运行的全过程：对一些标准化场外衍生品提出强制集中清算的政策要求，通过风险资本计提优惠、双边清算的交易强制收取保证金来强化政策激励，在中央银行开户、流动性援助方面给予特殊政策支持，对恢复和处置计划进行具体指导并明确处置计划的"纳税人不买单"政策底线，域外机构应接受等效监管，等等。金融稳定理事会（FSB）2019 年 10 月发布的场外衍生品改革进展报告显示，截至 2019 年 9 月底，全球 19 个主要司法辖区中，18 个已实施强制集中清算政策，16 个已落实双边清算的交易强制收取保证金政策。BIS 的统计显示，得益于上述监管政策，全球场外利率、信用衍生品中央对手清算比率，分别由 2009 年底的 24% 和 5% 增长至 2019 年底的 77% 和 55%。

本着治理强参与的理念，监管部门如在监管评估中发现中央对手清算机构未能达标，往往会在公司治理层面直接干预。例如，2019 年 9 月，美国证券交易委员会（SEC）和商品期货交易委员会（CFTC）联合发表声明，指控被美国金融稳定监督委员会（FSOC）认定为系统重要性金融市场设施（SIFMU）的期权清算公司（OCC）未能遵守相关法律及监管规定。最终，OCC 不仅支付了 2 000 万美元和解罚金，更换了首席风险官之外的所有高管，并承诺在董事会层面开展全面整改。欧盟根据《欧洲市场基础设施监管条例》修订版，要求如果第三国中央对手清算机构对欧盟的系统重要性过高，则只能在欧盟经营，否则将不能跨境提供服务。针对此举，英国"脱欧"后，伦敦清算所考虑把一些清算业务迁往法国子公司。目前，上海清算所根据CFTC不行动函，向美国清算会员提供自营清算服务，未来如果提供代理清算服务，则需要在美国注册实体，这显然也直接涉及公司治理问题。

清算会员治理强参与

中央对手清算机制是一种基础设施居中统筹规范、清算会员负责承上启下的参与者分层体系，清算服务分层提供，清算风险分层承担。

与其他金融基础设施相比，中央对手清算机构的直接参与者即清算会员，参与公司治理的程度更深。这是因为清算会员需承担其他清算会员违约风险，其数量和质量都有严格的门槛限制。目前，国际主要中央对手清算机构各业务线的综合清算会员（"自营"加"代理"）数量在20家左右；伦敦清算所的利率互换综合清算会员比较多，达到64家，为2万多个客户提供代理清算服务。清算会员深度参与公司治理，首先表现在风险管理委员会代表构成上。以伦敦清算所为例，风险管理委员会7名有投票权的成员中，有3名清算会员代表（分别来自富国银行、劳埃德银行、高盛）、2名清算会员的客户代表（分别来自城堡证券、卡普拉投资管理公司）；6名无投票权外部成员，均是清算会员代表（分别来自摩根大通、巴克莱、汇丰、花旗、摩根士丹利、德意志银行）。此外，投票权在清算会员之间定期轮换。借鉴国际经验，目前上海清算所负责风控决策的风险管理委员会，外部委员分学界、业界和监管三类，其中业界委员均来自清算会员。

在"瀑布式"违约损失分摊链条中，中央对手清算机构在动用非违约清算会员清算基金之前先使用部分自有资金，体现了风险共担理念，已成为国际共识。BIS在2020年5月的一篇论文中指出，前置资本规模越大，中央对手清算机构风控越审慎，清算会员的风险外溢概率就越低。在此基础上，如何通过科学的公司治理机制设计，提升清算会员、中央对手清算机构激励约束相容，正在不断深入和具体。例如，2020 年 6 月，CPMI 和 IOSCO 技术委员会以及英格兰银行专家针对违约清算会员头寸拍卖问题，各自提出最优方案，分别如下：价高者得、清算基金动用时表现消极的未违约清算会员排序在前；次高者得、未违约清算会员和中央对手清算机构分类承担损失。2020 年 5 月，FSB 就《关于中央对手方处置过程中财务资源评估以及权益处理方法的指引》公开征求意见，全球中央对手方协会（CCP12）、世界交易所协会（WFE）和多家市场主体表示，中央对手清算机构覆盖"极端且不可能"风险（如托管机构、结算银行违约）、处置计划为恢复计划刚性兜底等建议，与行业实践有一定偏差，可能带来中央对手清算机构担责过度、清算会员消极应对恢复工作、损害各司法辖区监管灵活性等负面影响。

鉴于金融市场一些活跃的大型机构同时是多家中央对手清算机构清算会员，近期有关各方开始拓宽视角，从多个而非单一中央对手清算机构来探讨清算会员的治理参与问题。例如，受新冠肺炎疫情冲击，芝加哥商业交易所（CME）和美国固定收益清算公司（FICC）均监测到浪人资本（Ronin Capital）持有的波动率指数期货头寸发生巨额亏损，无法满足 CME 和 FICC 各自对清算会员的最低资本要求，因此果断加以处置，防范违约事件发生。随着全球交易报告库（TR）建立完善，清算会员对中央对手清算机构的整体影响可以看得更加清楚。2020 年 6 月，欧洲中央银行（ECB）的一篇文章指出，一些规模较小但跨市场活跃的清算参与者同样是中央对手清算网络的关键节点，它们为不同资产类型间的风险传导提供了便利渠道。

风控效能和财务资源的治理强约束

风控效能治理强约束

所谓风控效能治理强约束，是指在满足监管部门政策要求和尊重清算会员市场共识的前提下，中央对手清算机构既要管住风险又要节省成本。

银行间市场中央对手清算
发展报告 (2020)

中央对手清算既有收益也有成本。关于成本收益，有三个角度的定量测算。一是宏观经济效果角度。FSB 衍生品宏观经济评估小组（MAGD）2013 年发布的报告提出，以中央对手清算机制为核心的场外衍生品改革，所带来的宏观经济收益大约为 GDP 的 0.12%，计算方法如下：用由于降低金融危机发生概率而避免的 GDP 损失，减去由于保证金增加、抑制银行信贷活动而造成的 GDP 损失。二是金融市场运行角度。资料表明，伦敦清算所提供的 SwapClear 利率互换合约压缩服务，能够降低超过 363 万亿美元的未到期合约名义本金，为行业节约资本达 240 亿美元。近期，上海清算所对引入中央对手清算机制后商业银行的风险资本节约效果进行了粗略模型估算，节约资本超过 1000 亿元。三是业务资源投入角度。从上海清算所的中央对手清算业务收费标准、风控准备资源指标来看，与境内外同业相比，均处于合理区间。以市场非常关心的风控准备资源指标为例，上海清算所利率互换业务的保证金率（保证金要求／名义本金总额）与日本证券清算公司（JSCC）基本持平、低于伦敦清算所，清算基金比例（清算基金要求／保证金要求）介于 JSCC 与伦敦清算所之间；上海清算所外汇业务的保证金率介于伦敦清算所与印度清算公司（CCIL）远期产品之间并显著低于 CCIL 即期产品，清算基金比例远低于 CCIL 和伦敦清算所。

上海清算所在中央对手清算业务上，致力于守住规范稳健的安全底线，同时追求不断降低市场参与者风控成本。2016 年，推出保证券（含债券和基金份额等）充抵中央对手清算业务的最低保证金服务，可显著降低清算会员及其客户的现金使用压力，也有利于盘活其持有的债券等存量资产。2019 年，推出的利率互换中央对手清算业务两种清算费收费方案，分别基于名义本金以及风险敞口，参与者可以根据自身实际灵活选择，当年节省的清算费用高达数千万元。2016 年，上海清算所率先在全球中央对手清算机构中实现了即期、远期、掉期、期权等外汇和汇率衍生品全系列一体化轧差，保证金管理效率达到最高水平。2020 年 7 月，上海清算所在全国率先推出了大宗商品衍生品的中央对手清算业务组合保证金业务。根据历史数据测算，与不设置组合保证金的情况相比，清算参与者最多可节约高达50%的保证金。

财务资源治理强约束

所谓财务资源治理强约束，是指中央对手清算机构自身持续积累财务资源以增强外部信心，努力避免风险由参与者或纳税人承担。

较大规模的股东权益，有利于中央对手清算机构向清算会员和监管部门传达自身有足够能力承担风险的清晰信号，客观上也有利于提高牌照的准入门槛，尽可能把经营利润留存于内部。以欧盟为例，有关监管规则提出，中央对手清算机构的前置资本至少为股东权益的25%。2019年底，伦敦清算所、欧洲期货交易所清算公司（Eurex Clearing）该比例分别为25%和40%。经监管部门批准，上海清算所逐年在利润中按照收入的一定比例专项提取风险准备，目前累计提取规模已达到监管部门规定上限。其中，使用顺序先于未违约清算会员清算基金的"前置资本"规模，达到违约清算会员风险资源弥补后剩余损失总额的5%且不超过上年末风险准备的10%。这一安排既保持了风险准备在整体违约分摊资源中的较高比重，又能够有效调动清算会员积极主动参与风险管理。

以高质量公司治理推动上海清算所新发展

10年来，上海清算所以公司治理为统领，机构建设和业务发展取得了显著成效。在监管部门的治理强参与方面，上海清算所境内获得人民银行的合格中央对手方认定，境外获得美国CFTC不行动函，在FSAP国际评估中也获得较好结果；截至2020年末，上海清算所吸纳清算会员92家，中央对手清算业务规模近10年年均增速超过100%，人民币利率互换代理清算业务占比已接近15%；在风控效能和财务资源治理强约束方面，上海清算所在今年的新冠肺炎疫情中，面对金融市场波动，第一季度初始保证金环比基本持平、清算基金环比增长低于10%，均明显低于国际主要同业，充分展现了风控韧性。

银行间市场中央对手清算
发展报告 (2020)

作为全球中央对手清算行业的组成部分，上海清算所积极参与国际行业自律管理，主动发挥作用，已成为会员机构间沟通交流情况、协同面向监管部门表达意见诉求的重要载体。目前，上海清算所是 CCP12 的执委会单位，同时还担任该组织下设运营委员会联席主席，直接推动促成了 CCP12 在注册落户上海后制定发布首个行业国际标准——规范量化信息披露的"外滩标准"。

迈入新时代，上海清算所将以《统筹监管金融基础设施工作方案》提出的"治理有效"目标为引领，聚焦高质量公司治理，进一步调动各方参与公司治理积极性，为中央对手清算机构和业务新发展保驾护航。

首先，更加坚定自觉地贯彻监管部门的决策部署和工作要求。一是在人民银行指导下持续完善风控措施和恢复计划，增强风控韧性、可恢复性，同时积极争取人民银行流动性援助等政策保障。二是进一步加强与其他宏观审慎政策工具的协同联动，主动借力系统重要性银行评估，建立覆盖全市场的交易报告制度和总交易报告库等工作。三是以《金融基础设施管理办法》出台为契机，加快推进跨境中央对手方认证工作。

其次，更加灵活高效地发挥清算会员在治理中的伙伴作用。一是会同清算会员，认真梳理研究中央对手清算机制运营、风控、合规等各环节存在的问题，汇聚市场参与者合力，探讨解决思路，推动中央对手清算业务微观宏观效率效果提升。二是支持清算会员开展代理清算业务，做好客户分层服务和风险分层管理，依托清算会员塑造良性健康可持续的中央对手清算业务生态环境。三是在境外清算会员拓展上力争取得新突破。吸纳境外金融机构成为自营乃至综合清算会员，促进上海清算所跨境清算业务的开展和增进国际同业连通。

最后，更加精细科学地体现风控效能和财务资源的治理约束。一是着力风控内部挖潜，既牢牢守住风险底线，又持续地降低中央对手清算业务参与成本，扩大风控效能提升与业务规模拓展的正循环。同时，借助风控试算平台、双边清算保证金管理等业务创新，改善风控服务渗透率、直达性。

二是在监管部门以及股东单位支持下，稳步扩大风险准备积累，统筹考虑技术研发、集团化经营、对外投资、抵御违约及非违约损失等各类风险的中长期需求，继续扩大股东权益规模。三是围绕逆周期管理，深入研究国际经验和国内实践，有效管控极端环境下增收保证金清算基金、违约处置等造成的风险外溢，使中央对手清算机制切实成为全市场风险的"缓冲器"和"安全垫"。

（《中国金融》2020年第19~20期，略有文字修改）

筑牢金融基础设施战疫堡垒

上海清算所党委书记、董事长　谢众

新冠肺炎疫情暴发以来，上海清算所党委积极贯彻落实党中央决策部署和中国人民银行党委工作要求，大力发挥金融基础设施对金融市场的辐射力、影响力和带动力，多策并施，助力抗击疫情和复工复产，牢牢筑起金融基础设施的战疫堡垒。

抓牢抓实业务安全运行保障

受疫情影响，银行间市场延迟至2020年2月3日开市，上海清算所业务和生产开展也受到巨大的影响。面对疫情，上海清算所充分发挥金融基础设施对市场稳健高效运行的基础性保障作用，护航银行间市场顺利开市和稳定运行。

调系统、保安全，金融服务不间断。开市时间调整对上海清算所各业务系统带来巨大冲击，海量数据需要调整，所涉关联数据达到近80万条：部分外汇交易起息日、期权行权日、期权费支付日等均需调整，涉及2.6万余笔存量交易；利率互换清算业务的利息、保证金结算支付日及费用缴款日等调整，涉及7万余笔合约支付、70余万笔存量合约盯市损益和保证金重新计算；债券发行、登记确权、付息兑付、债券行权、交易结算等环节也均受影响，一级、二级市场 1.2 万余条业务数据有待变更；大宗商品集中清算业务交易日历及相关协议最终结算也受到较大影响。上述一系列调整的复杂程度远超预期，系统改造和业务验证工作量巨大，更是涉及调账处理等人工操作，可谓极具挑战。众智之所为，则无不成也。上海清算所党委迅速组织业务技术骨干于大年初三奔赴生产一线，连续奋战 5 天，短时间内完成方案制订、业务测试、生产系统的软件发布和验证、系统上线等一系列工作，并及时发布节假日调整各项有关通知，充分做好市场沟通，保障银行间市场如期开市。

查风险、排隐患，风险防范有成效。在战疫过程中，上海清算所密切关注业务风险动态变化，认真抓好各业务风险摸排：加强债券付息兑付和交易结算资金准备情况摸排、监测和报告，每日监控大额往来账的异常情况，并做好数据信息上报；密切跟踪中央对手清算各业务运行情况，分析苗头性、倾向性问题，实时监测市场情况，做好银行间市场各业务流动性支持安排，持续关注大宗商品客户交易、持仓情况，做好客户资金缺口监控、违约处置准备以及风险提示。上海清算所通过关口前移、前置防线、提前化解，扮演好金融市场"内在稳定器"的角色。

高效落实金融市场支持疫情防控工作

紧急开通业务办理"绿色通道"，快速支持疫情防控债券发行。上海清算所按照特事特办、急事急办原则，对疫情严重地区和募集资金支持疫情防控的发行人，指派专人全流程对接，通过简化业务办理流程、延长业务时间、加快承分销办理等方式，支持发行人快速募集资金。对新入市购买疫情防控债的合格投资者开户、持有人名册查询等业务，以正常展业为目标，通过邮件或录音电话确认等方式提供便捷服务，即来即办、当日办完。节后开市首日，上海清算所便迅速支持珠海华发、四川科伦药业和中国南山开发 3 家发行人发行全国首批疫情防控债券，募集资金用于研发生产相关抗病毒药品、支持火神山与雷神山医院援建等工作。2020 年前四个月，上海清算所累计登记托管疫情防控债券超过 2 700 亿元，全市场占比接近 60%。2 月以来，上海清算所还支持农发行成功发行"战疫情、助脱贫"双主题金融债、"两山"生态保护主题金融债等，并开启生态环保主题金融债常态化发行，募集资金支持疫情防控、产业扶贫、生态文明建设等领域，实现政策性银行与金融基础设施联动共同服务国家战略。

助力疏通货币政策传导渠道，充分调动市场流动性。为落实人民银行专项再贷款 3 000 亿元支持疫情防控、新增再贷款再贴现额度 5 000 亿元支持复工复产、脱贫攻坚等部署安排，上海清算所向人民银行分支机构发放再贷款资金提供高效的债券担保品支持服务，灵活适配特殊时期的流动性需求和市场环境，服务货币政策工具实施落地并达到精准调控的政策效果。各地金融机构可以托管在上海清算所的合格债券为担保品，获得人民银行再贷款资金，从而向企业发放普惠小微贷款，增加信贷投放，为企业有序复工复产提供低成本、普惠性的资金支持，帮助企业渡过疫情难关。

创新完善市场服务方式，提升服务弹性和温度。为确保债券每日付息兑付资金正常收付，上海清算所与 100 余家发行人就付息兑付事宜加强沟通，其中包括鄂联投、黄石城投、武汉车都等 17 家湖北地区发行人。为最大限度地保证交易结算顺利完成，上海清算所逐家对尚未完成资金结算的投资者电话提示，并适当延长结算时间，受到投资者广泛认可。此外，上海清算所还通过热线电话、微信等方式提供 24 小时业务咨询，指派专人服务汉口银行等湖北地区机构开展业务，提升服务便利性。

切实履行金融服务实体经济的责任担当

为了进一步激发微观主体活力、扶持抗风险能力较低的民营和中小微企业，上海清算所坚持阶段性显著降成本与探索长效机制创新两手抓，以实际举措践行金融服务实体经济的本质要求。

一手抓阶段性降费减负措施，践行社会担当。上海清算所积极响应党中央和中国人民银行号召，继年初大幅降低债券业务收费后，进一步推出全方位降费措施，向实体经济让利。一方面，全面减免抗击疫情相关机构费用，为打赢疫情防控阻击战贡献力量。全额免除湖北省机构发行登记费、付息兑付服务费、清算会员年费，以及外汇、利率及信用衍生品等产品的清算费用；支持专项资金驰援疫区，全额免除募集资金专项用于抗击疫情债券的发行登记费和付息兑付服务费。另一方面，为实质性减轻民营企业负担，全额免除民营企业相关费用，帮助民营企业解决发展中的融资困难，预计 3 年免除金额约 2 亿元。

一手抓长效机制创新，支持复工复产。上海清算所立足大宗商品业务实践，突出发挥清算优势，着力研究探索支持实体经济发展新路径。疫情期间，大宗商品生产和贸易物流企业广泛受到冲击，大宗商品相关行业供应链供给不畅，远程无接触的线上交割业务也因缺乏高效的支付结算体系支撑而受到限制。为解决大宗商品现货交易交收固有顽疾、提升实体经济抵御疫情等突发事件的能力，上海清算所加紧探索研发具有针对性的下沉式资金清算结算服务，以业务创新助力电子化交易和云交割等线上服务不断完善，推动打造国内外连接、期现联动的大市场和大平台，直接服务实体企业发展。

危中求机谋发展

疫情之下，上海清算所全力支持复工复产复市，内抓产品服务创新，外抓市场营销推广，努力扩大增长点，业务量在历经短期波动后迅速回升，呈现比较明显的 V 形恢复态势，充分体现和彰显了中国经济发展的韧性和潜力。2020 年 1 月至 4 月，上海清算所新增登记托管债券 9.2 万亿元，同比增长 21%；清算业务总量 134.0 万亿元，同比增长 6.6%。

聚焦产品服务创新，推出多种行之有效的措施。一是着力完善业务机制。2020 年 3 月，上海清算所会同外汇交易中心对标准债券远期交易结算机制进一步优化，启动标准债券远期报价机制，有效激发报价机构积极性，显著提升市场流动性和活跃度，业务量显著增长。二是充实业务参与者类型。

近年来，上海清算所不断拓展外币回购业务参与机构，目前已全面涵盖国有大型银行、股份制银行、域商行、农商行、证券公司、财务公司等各类型机构，业务生态持续拓展、对手方不断丰富。三是创新服务品种。2020年4月，上海清算所会同广发基金推出广发上海清算所0~4年央企80债券指数证券投资基金，丰富投资者低成本资产配置工具。四是支持市场规范、高效、开放发展。推动市场化处置债券风险，于2020年3月支持完成首单债券置换业务。完善结算机制安排，向境外机构投资者提供现券循环结算服务和灵活的结算周期安排，为国际投资者提供更加友好、便利的投资环境。

聚焦市场宣介推广，借力线上新渠道确保市场服务和宣介脚步不停顿。2020年5月，上海清算所首次以现场和网络相结合的方式举办业务交流会，汇聚100余家200多位金融机构和实体企业嘉宾，为持续巩固疫情防控成果、服务实体经济发展和金融改革开放积极献计献策。结合疫情实际，上海清算所还推出一系列线上业务营销和投教活动，围绕化工和铁矿石掉期、中国信用债指数、债券净额等业务，举办线上推广课程和"云营销"推广会议，并通过微信图文培训、视频培训等方式，引导实体企业通过大宗商品业务提升抗风险和盈利能力。

下一阶段，上海清算所将继续坚决贯彻落实党中央和中国人民银行党委各项决策部署，围绕"六稳"工作和"六保"任务，认真履行金融基础设施职责，从危机挑战中抢抓和创造机遇狠抓清算、托管和大宗商品业务创新，服务决胜全面建成小康社会和决战脱贫攻坚目标任务的实现。

（《中国金融》2020年第12期，略有文字修改）

内生优势助力探索跨境清算"中国方案"

时任上海清算所党委委员、监事会主席　谢汉立

随着我国经济的平稳繁荣发展与金融市场对外开放的不断深化，全球

银行间市场中央对手清算
发展报告 (2020)

已有 60 多个中央银行或货币当局将人民币纳入外汇储备，人民币已经成为全球第五大支付货币、第三大贸易融资货币，人民币作为支付货币功能不断增强，作为投融资和交易、计价、储备等货币功能持续深化、有所突破并逐渐显现，与之相伴的是人民币跨境清算业务的蓬勃发展，超过 32 万家企业和 270 多家银行开展跨境人民币业务，与我国发生跨境人民币收付的国家和地区达 242 个。

人民币国际化和我国金融市场对外开放，是我国金融基础设施融入和助推金融市场开放、服务我国金融规则标准提升国际影响力的重要契机。上海清算所作为我国兼具中央对手清算和登记托管职能的金融基础设施，主动作为，发挥基础设施架桥铺路的中枢和纽带作用，创新构建跨境清算服务体系，努力夯实我国金融开放发展基础，积极服务提升我国对国际金融规则标准的影响力。

清算所发挥规则标准影响力的内生优势

境内外金融市场的发展实践均表明，金融基础设施一方面是提供跨境清算服务的重要途径之一，另一方面通过制定和执行金融产品和业务层面的规则标准，能够直接反映以及间接拓展金融监管机构的相关政策，具有发挥金融规则标准影响力的内生基础。

金融基础设施提供跨境清算服务是金融实践的经验

目前，境外投资者可以通过人民币合格境外机构投资者、沪港通、深港通、沪伦通、直接入市投资、债券通、基金互认、黄金国际板、特定品种期货等渠道投资我国金融市场。随着跨境清算业务的不断完善，特别是境内外金融基础设施互联互通模式下跨境清算服务的拓展，业务规模迅速增长。以我国债券市场为例，2019 年，境外机构现券交易清算量共 5.3 万亿元，较 2015 年增长约 6.8 倍；2019 年末，境外机构共持有债券 2.19 万亿元，较 2015 年增长超过 250%；银行间债券市场境外机构投资者已达到 2 608 家，相较 2015 年末增加 2 300 家。境内外金融基础设施的互联互通，极大地激发了境外机构积极参与我国金融市场的热情，其中债券通推出 2 年多来，已成为境外机构参与银行间债券市场的重要渠道之一，截至 2019 年末，境外机构通过债券通持有上海清算所托管债券余额 1 155 亿元，占境外机构在上海清算所持有余额的 37%。

国际上，金融基础设施的互联互通是跨境清算业务发展的主要手段之一。以欧洲市场的中央对手方（CCP）互联互通为例，目前欧洲有 5 个中央对手方互联互通安排，涉及 6 家机构，即意大利清算所 (CC&G)、伦敦清算所法国公司（LCH SA）、欧洲清算所（EuroCCP）、伦敦清算所英国公司（LCH Ltd.）、瑞士交易所清算公司（SIX x-clear AG）和瑞士交易所清算公司挪威分公司（SIXX NO）。这一机制有助于减少市场机构碎片化的交易，呈现较好的发展势头。而且，跨境清算业务已经成为部分中央对手方的主要业务，在意大利清算所与伦敦清算所法国公司的互联互通安排中，跨境清算份额占意大利清算所清算总额的 80% 以上；对瑞士交易所清算公司挪威分公司而言，其与欧洲清算所和伦敦清算所英国公司的两个互联互通安排，共占其清算总额的 58%。

2012 年，支付结算体系委员会（CPSS，现为支付与市场基础设施委员会 CPMI）与国际证监会组织（IOSCO）技术委员会发布《金融市场基础设施原则》（PFMI），目前已经成为全球公认的金融基础设施建设的系统化和规范化标准。根据其定义，金融基础设施机构不仅为金融市场提供清算、结算、风险管理等服务，更为所有参与者提供一套通用的规则和程序。

上海清算所的探索实践

作为建立于 2009 年的年轻机构，上海清算所在国内没有现成经验可以学习的情况下，坚持按照《金融市场基础设施原则》国际标准开展建设，从公司治理、风险管理框架、一般业务风险管理等各方面着手，规范建设中央对手清算和登记托管业务体系，结合我国市场实际和国际同业最佳实践经验等持续完善，务求达到国际先进水平。

2016 年，上海清算所获得中国人民银行合格中央对手方认定，成为国内第一家被金融监管部门认定的合格中央对手方。2017 年，在中国人民银行指导下，上海清算所接受国际货币基金组织（IMF）和世界银行（WB）组织的金融部门评估规划（FSAP）评估显示，上海清算所风控管理安排设计良好，符合《金融市场基础设施原则》要求。同时，根据人民银行指导，有序推进合格中央对手方的跨境监管认证，逐步打通国际业务拓展的制度障碍。2016 年，美国商品期货交易委员会（CFTC）对上海清算所发布不行动函，上海清算所可以向美资在华非法人银行提供自营清算服务。2017 年《中美经济合作百日计划早期收获》将该不行动函期限进一步延至 2021 年。上海清算所向欧盟申请第三国中央对手方的认证程序，也已进入最后阶段。

巧借"软硬联通"服务国内金融市场开放大局

上海清算所不仅重视推动境内外金融基础设施"硬联通"，还积极推进我国金融制度与国际制度的"软联通"，在跨境清算服务中将国内制度融入金融产品和业务的运行规则标准，向国际潜移默化地推广我国金融制度理念，形成软硬件全面服务我国金融市场对外开放的大局。

一是加强互联互通，以创新合作提升我国金融市场整体竞争力。2017年全国金融工作会议提出"加强金融基础设施的统筹监管和互联互通"以来，上海清算所先后与多家金融基础设施开展互联互通合作，积极为布局合理、治理有效、先进可靠、富有弹性的金融基础设施体系建设贡献力量。其一，与银行间债券市场同业密切合作，通过前后台机构联动和后台托管机构间协作，支持跨机构债券借贷业务开展，通过建立跨托管系统连接高效服务央行货币政策操作。其二，与交易所债券市场同业密切合作，制订推进债券市场高质量互联互通可行方案，提高市场整体运行效率和市场机构便利度，设计推进跨市场债券 ETF 创新产品，促进提升两个市场资源配置效率。其三，与其他金融市场同业密切合作，为标准化票据产品提供登记托管、交易结算服务，促进票据市场和债券市场联通，进一步发挥债券市场的定价能力，增强票据的融资功能。

二是丰富产品服务体系，不断提高我国金融市场吸引力。中央对手清算业务方面，上海清算所作为我国银行间市场唯一专业化集中清算机构，与国际同步建立了全面覆盖场外市场债券、利率衍生品、外汇和汇率衍生品、信用衍生品、大宗商品衍生品五大类中央对手清算服务体系。同时实现多项创新突破：其一，债券业务上，现货清算和衍生品清算并重，正在探索通用质押式回购等新业务；其二，利率衍生品业务上，服务我国成为继日本和美国后全球第三个成功落地场外衍生品强制中央对手清算的国家，支持我国制度建设走在了世界前列；其三，外汇和汇率衍生品业务上，全面涵盖即期、远期、掉期和期权，其中场外外汇期权中央对手清算业务是全球第一家推出；其四，信用衍生品业务上，同步提供双边清算和中央对手清算业务，与同业和市场机构联合推出了全球首个立足中国市场的信用违约互换指数；其五，大宗商品衍生品业务上，以清算机制创新带动交易市场发展，产品包括航运、能源、碳排放等六大行业 17 个品种，有效服务各类企业管理价格波动风险，切实支持实体经济平稳发展。2019 年，中央对手清算 123.8 万亿元，5 年买年均增长率达到 30.1%。

登记托管业务方面，上海清算所作为我国三大债券登记托管机构之一，已全面覆盖金融债券、信用债券、货币市场工具、凭证类信用衍生品四大类产品，实现了对公司信用债全券种托管，并为市场提供招标发行、登记托管和清算结算等全流程、"一站式"服务。同时，积极发挥金融基础设施优势，推出债券净额清算业务和民营企业债券融资支持工具同步创设等举措，有效推动信用债券发行流通，支持灵营企业发展。2019 年，服务债券发行 25.2 万亿元，期末托管余额 22.3 万亿元，服务发行人近 6 000 家、投资者近 2 5000 家。

三是实践中找规律，探索跨境清算的中国方案。其一，在债券通框架下，与香港债务工具中央结算系统（CMU）建立连接，在银行间债券市场对外开放中引入多级托管创新机制，同时与人民币跨境支付系统（CIPS）建立自动化连接，支持债券通交易通过付款方发起、托管机构发起两种模式灵活办理 DvP 结算，尊重各类市场机构业务习惯，无缝衔接境内与境外市场。

其二，与伦敦金融基础设施合作推出跨境外汇清算业务，其中重点创新了集中授信、实时接单、担保交收、境内外结算银行联动等核心业务模式，有助于规避时区带来的跨境清算结算和流动性风险，填补了我国跨境外汇交易清算基础设施互联互通的空白。其三，与卢森堡证券交易所合作开展面向境内绿色债券发行人的境内外同步信息披露服务，实现境内绿色债券面向境内境外市场的同步信息披露，便利直接入市、债券通投资人获取银行间市场信息等。

在探索跨境清算中国方案的同时，上海清算所持续优化跨境清算服务，提升市场机构参与体验。包括更好地服务境内衍生品市场对外开放、探索境外机构参与银行间市场的解决方案等，目前已成功推动首家境外商业机构通过结算代理模式参与利率互换集中清算业务；不断完善各类国际化金融服务，对标国际最佳实践，切实解决境外投资人诉求，如为熊猫债发行人提供定制化税收服务、制定境外投资者非交易过户操作指引、延长境外投资者结算周期等，持续提升市场参与的便利性。

四是参与标准制定，努力提升我国国际影响力。上海清算所作为全球中央对手方协会（CCP12）现任主席的派出单位，积极参与国际行业协会治理，主导开展了中央对手方量化披露实务标准等国际行业标准的制定工作，并已成为国际上广受认同的"外滩标准"，入选"上海标准"的金融领域行业标准。截至 2020 年，不仅占全球市场业务规模 95% 以上的主流国际清算机构均遵守"外滩标准"，欧洲系统性风险委员会也根据该标准制定了风险监测数据指标。

未来将进一步拓展境内外金融市场连接桥梁

为落实《统筹监管金融基础设施工作方案》要求，上海清算所将发挥保障金融市场稳健高效运行的基础作用，进一步探索高效专业的跨境清算业务，持续服务我国金融对外开放发展。

一是深耕银行间市场创新发展。在中国人民银行金融基础设施统筹监管框架下，立足全局参与金融基础设施更高效率、更高质量的互联互通，不断深化与国内金融基础设施的联动。为全力服务实体经济发展，上海清算所将进一步深化研究大宗商品市场的金融机制设计，积极对接规范的大宗商品现货平台，创新构建大宗商品清算通业务模式，为大宗商品市场提供安全、高效的清算云服务，实现现货、衍生品以及金融、仓储、物流多维衔接。未来，还将研究基于上海自贸区临港新片区本外币"一体化"自由贸易账户体系，研究引入境外投资者，打造服务境内外机构的交易、清算、风险管理和定价等综合性需求的，期现联动、境内外联通的大市场和大平台。

二是拓展境内外市场连接桥梁。探索多样化国际合作，巩固银行间市场对外开放主战场地位，研究增加债券通渠道交易品种，丰富境外投资者流动性管理和风险管理的手段，并以此为基础，研究推动更好地满足国际需求的模式，包括与全球托管行、国际中央证券存管机构（ICSD）、境外中央证券存管机构（CSD）等互联互通的可行合作方式。同时，积极研究莫斯科交易所等境外同业机构，参与外汇集中清算业务等境内衍生品市场对外开放的可行性。

三是延伸服务深度与广度。为持续完善产品和服务、更好地满足市场需求，上海清算所不断延伸现有债券、利率衍生品、外汇及汇率衍生品、信用衍生品和大宗商品现货及衍生品的清算结算服务体系，扩大以中央对手清算为核心的清算结算机制应用范围。同时，以市场机构的高效便利为导向加速服务优化，特别注重提升境外投资者服务效率，结合投资者需求持续做好配套服务完善，大力发展代理清算，引入更多境外机构参与境内债券市场、参与各项中央对手清算业务，不断拓展金融市场的广度和深度。

四是储备思考业务发展蓝图。上海清算所作为服务我国金融市场对外开放的一线机构，未来将进一步主动探索金融服务生态圈，储备研究国际货币、国际产品的清算平台，面向国际提供全面的中央对手清算服务，满足境内外机构不同产品和币种的交易清算需求，降低境内实体企业参与国际贸易、国际投资等的融资成本和汇率风险，进一步提高清算效率、降低清算成本，更好地防范系统性金融风险，维护金融市场稳定繁荣发展。

（《当代金融家》2020 年第 4 期，略有文字修改）

疫情下 CCP 的市场维稳功能

上海清算所党委委员、副总经理，全球中央对手方协会执行委员会委员
汪洪波

2020 年以来，受新冠肺炎疫情影响，全球金融市场发生大幅震荡。面对瞬息万变的不确定因素，各国系统重要性中央对手方（CCP）积极采取应对措施，在防范风险传染、维护市场稳定方面发挥了积极作用，凸显了中央对手清算机制对于增强金融系统韧性的重要性，也对我国进一步加强 CCP 建设提供了诸多有益启示。

全球金融市场运行情况

2020 年上半年，尽管遭受新冠肺炎疫情冲击，我国金融市场运行情况较为平稳。股票市场方面，上证指数在春节后开市首日（2 月 3 日）大跌 7.72% 至 2 746.61 点，此后迅速回升至 3 000 点；经过几轮震荡，目前已稳定在 3 000 点上方。利率市场方面，FR007 和 Shibor-3M 利率互换曲线在第一季度呈现相对平缓的单向波动趋势。进入第二季度，利率互换曲线缓慢回升，FR007 和 Shibor-3M 利率互换曲线在 6 月 30 日分别收于 2.15% 和 2.32%。外汇市场方面，3 月以来，全球疫情大规模暴发叠加石油价格暴跌和美元流动性紧缺，导致人民币对美元汇率在 3 月 23 日突破 7.1 关口，达到 7.1225。此后，人民币汇率在 7.0 附近呈现双向宽幅波动。上半年，人民币汇率保持弹性，在合理均衡水平上基本稳定。

与中国的金融市场相比，国际市场波动则更为猛烈。几乎在所有资产类别上，本次疫情期间许多国家的市场波动都超过了 2008 年国际金融危机

期间的峰值。

股票市场。2020 年初，恐慌指数（VIX）从 1 月 2 日的 13.46 开始，在 2 月中下旬飙升至 40。3 月，随着疫情的全球暴发，VIX 持续飙涨，于 3 月 16 日达到历史最高点 82.69。美国标普 500 指数在 2020 年 2 月下旬达到历史最高点约 3 300 点，在随后 1 个月内（2 月 20 日至 3 月 23 日）下跌了约 34%。之后，指数慢慢回升，2020 年 5 月再次回到 3 000 点。

利率。2008 年国际金融危机爆发后，美国、英国和欧元区等主要经济体的利率水平急剧下降。此次疫情期间，除欧元区继续维持 0 利率水平外，主要经济体利率水平再次大幅下降：如美国联邦基金利率从 1.75% 降至 0.25% 以下，英国基准利率从 0.75% 降至 0.1%，降幅均超过 80%。

原油市场。疫情期间，许多国家的国际旅行禁令和经济封锁措施导致原油需求急剧下降，叠加主要石油产出国之间在限制供应方面存在分歧，原油价格暴跌。2020 年 3 月 6 日至 9 日，西得克萨斯轻质原油（WTI）价格下跌 27% 以上。而 WTI 原油期货价格在 4 月 20 日甚至瞬间跌至每桶 −37 美元，创下原油期货历史上的首次负价格。

全球 CCP 维护金融市场稳定的关键作用

金融市场巨震下，全球多家 CCP 清算量创下新高，表明压力时期 CCP 管理的风险规模更大，在维护市场稳定性和安全性中发挥的作用也更大。伦敦清算所（LCH）2020 年第一季度利率互换（IRS）业务清算规模达 402 万亿美元，环比增长 73%。美国期权清算公司（OCC）2020 年 2 月、3 月单月清算笔数均创历史同期新高，分别为 5.69 亿笔和 6.71 亿笔，相比 2019 年同期增长超过 60% 以上。洲际交易所（ICE）2020 年第一季度信用违约互换（CDS）清算量达 7.5 万亿美元，达到历史单季度最高纪录。在我国，上海清算所 2020 年 1 月至 4 月清算业务总规模 134.0 万亿元人民币，同比增长 6.6%。

从近期全球主要 CCP 量化披露数据来看，全球 CCP 在疫情期间均保持

银行间市场中央对手清算
发展报告 (2020)

正常运营，为市场提供高效、稳健的中央对手清算服务，持续监测、管理金融市场风险，为维护金融市场稳定发挥了积极作用。

一是实施业务连续性计划（BCP）确保核心系统和关键业务持续运行。纳斯达克清算公司（Nasdaq Clearing）、芝加哥商品交易所清算公司（CME Clearing）、欧洲期货交易所清算公司（ECAG）、上海清算所等均采取了远程办公与实地办公相结合等灵活办公方案，确保中央对手清算业务系统高效运行、金融市场服务不间断。从核心业务系统可用性指标来看，2019年3月至2020年3月，全球主要CCP核心业务系统可用性均达到99.9%以上，部分CCP的指标甚至高于2019年第四季度的水平。

二是通过变动保证金的每日结算确保无风险累积。新冠肺炎疫情暴发后，全球主要CCP变动保证金规模增长显著，环比增长高达65%，准确反映了市场价格波动带来的风险敞口变化。2020年第一季度，洲际交易所日均收取的变动保证金规模为20.04亿美元，环比增长307%；欧洲期货交易所清算公司日均收取变动保证金规模为30.56亿美元，环比增长124%；香港交易所、日本证券清算公司、上海清算所日均收取变动保证金规模环比增幅分别为69%、77%和42%。为应对市场剧震，全球CCP均按照《金融市场基础设施原则》（PFMI）要求，严格履行变动保证金收缴，必要时提高变动保证金的追缴频率和追缴金额，避免风险累积。

三是初始保证金要求相对于变动保证金的增长幅度较小，表明市场的大幅波动并未显著突破多数CCP初始保证金模型预设的置信水平。2020年第一季度，全球CCP初始保证金要求总额环比增长37.6%，规模达1.1万亿美元。例如，伦敦清算所、洲际交易所欧洲清算公司2020年第一季度初始保证金规模环比分别增长18%、24%。上海清算所的保证金模型整体表现更为稳健，初始保证金要求基本持平。总体而言，全球初始保证金增幅小于市场的极端波动，符合保证金模型设计初衷，也表明CCP初始保证金水平在疫情前已经处于相对审慎的水平上，对于风险的整体覆盖水平较高，CCP保证金模型有效降低顺周期性影响。

　　四是清算基金规模保持稳定。2020 年第一季度，全球 CCP 清算基金规模达 1 282 亿美元，环比增长 24.6%。芝加哥商品交易所、洲际交易所、上海清算所清算基金规模环比增长率均低于 10%，伦敦清算所环比负增长。这充分表明 CCP 的压力测试机制设计是合理、审慎的，能够有效应对极端市场波动，并在一定程度上进一步降低顺周期性影响。

　　五是实时监控会员风险，运用 CCP 清算规则及时阻断潜在的违约风险。芝加哥商品交易所、美国托管清算公司（DTCC）及时处置了未能满足清算会员资本要求的浪人资本（Ronin Capital），停止其会员资格，并联合对其投资组合进行对冲处理和拍卖，在 2 个交易日内高效完成了违约处置流程，仅用该会员的初始保证金即可完全覆盖处置损失，成功防范了违约风险的发生。

启示与建议

　　2009 年 G20 匹兹堡峰会提出"所有标准化的场外衍生品合约都应当纳入中央对手清算"后，全球场外金融市场的中央对手清算率大幅提升，美国、欧盟、日本等经济体主要利率和信用类衍生品的中央对手清算率已超过 90%，市场结构与 2008 年国际金融危机时相比已发生明显转变。在此次疫情冲击下，尽管全球金融市场震荡幅度超过 2008 年峰值水平，CCP 仍按照其设计原则和目标，稳健管理市场风险和运营风险，缓解了信用和流动性风险冲击，展示了明显的机制优越性。

　　一是 CCP 依托审慎的风险管理机制，为金融市场交易提供多边净额结算和担保交收服务，能够在压力市场条件下确保合约的正常履行并降低市场整体风险敞口。相比双边清算机制中依靠交易对手方的双边授信开展交易，符合国际标准、具有韧性的 CCP 更能在市场动荡时期下维护市场信心，帮助市场参与者根据不断变化的市场情况开展有效的交易后风险管理。

　　二是此次抗疫实战证明，CCP 基于风险计量的风险防范资源设置符合系统性风险防控需要。全球 CCP 的保证金模型和压力测试模型在此次市场波动中的表现总体稳健，2020 年第一季度中各家 CCP 的风险资源规模均能覆盖极端但可能（extreme but plausible）市场条件下的潜在风险敞口，未发生突破情况。

三是 CCP 业务规则为清算会员在压力时期全额履约提供充分激励。面对市场大幅波动，尽管全球 CCP 每日收付的变动保证金规模达到历史高点，但均未出现清算会员保证金违约情况，这与 2008 年国际金融危机时双边市场出现的混乱复杂局面形成鲜明对比。这表明在 CCP 机制下，市场参与者能够主动管理市场风险，肩负履约责任。

鉴于 CCP 机制在防范化解系统性风险方面的优越性，加强 CCP 的风险抵御能力、完善 CCP 运行的法律基础、建立中央银行对 CCP 的流动性支持机制已成为国际共识。为进一步夯实包括上海清算所在内的我国金融基础设施防范化解系统性风险的基础条件，笔者拟提出相关政策建议。

一是增强资本实力，强化 CCP 抵御极端风险冲击的能力。在国际通行的"瀑布式"风险防范结构（waterfall structure）中，CCP 在使用非违约会员风险准备资源前，应当首先使用自有资本金或风险准备金抵御风险冲击。从本次疫情来看，现代金融市场对外部冲击高度敏感，市场极端振幅不断突破历史峰值，跨市场风险易集中爆发。因此，进一步增厚 CCP 资本金实力对于抵御极端风险尤为必要。

二是完善净额结算有效性与结算最终性等方面的法律基础。目前，我国《证券法》已能够保障证券结算机构按照业务规则处理用于交收的证券、资金和担保物，不会被司法机构强制执行。而银行间市场中央对手清算仍然缺乏类似的法律规定，终止净额结算和结算最终性问题主要集中在与《破产法》的不匹配上。建议最高人民法院等司法机关出台中央对手清算相关的司法解释，明确相关基础法律适用于中央对手清算业务，消除中央对手清算的法律不确定性。

三是建立极端市场情况下中国人民银行对我国 CCP 的流动性支持机制。极端市场情况下中央银行流动性支持是确保 CCP 核心业务持续运营、支持金融市场运行安全稳定的最有效手段。国际货币基金组织（IMF）2018

年 6 月发布的《欧元区金融稳定评估》提出，在压力市场条件下中央银行对 CCP 的流动性支持对于金融稳定至关重要。建议明确中国人民银行作为 CCP 流动性提供者的职能，在金融市场失效等特定、极端市场情况下，作为应急机制向 CCP 提供流动性支持。

（《中国金融》2020 年第 16 期，略有文字修改）

外滩金融峰会云会场"新冠肺炎疫情下的中央对手方发展与监管"讲话实录

编者按：2020 年 10 月 23 日至 25 日，由中国金融四十人论坛（CF40）联合各组委会成员机构举办的第二届外滩金融峰会在上海召开，主题为"危与机：新格局下的新金融与新经济"。

峰会期间，于 10 月 25 日晚 20 点举办的外滩云会场中央对手方专场上，上海清算所谢众董事长与国际上来自监管机构、同业机构等嘉宾围绕主题"新冠肺炎疫情下的中央对手方发展与监管"就中央对手方（CCP）应对新冠肺炎疫情、CCP 监管动态、CCP 服务拓展等主题，深入对话交流，以增进了解、扩大共识，更好地推进中央对手方的建设发展。嘉宾们会上分享的观点具有意义和价值，因此将会议实录整理如下。讲话实录根据现场录音整理，未经本人核实。

（一）参会人员

主持人：倪骥烨，上海清算所风险管理部总经理、全球中央对手方协会运营工作委员会联席主席。

演讲嘉宾：谢众，上海清算所董事长；Teo Floor，全球中央对手方协会秘书长；Daniel Maguire，伦敦清算所集团首席执行官；Patrick Pearson，欧盟委员会金融市场基础设施部门主任；Ananda Radhakrishnan，美国银行业协会银行衍生品政策中心副主席。

（二）开场白

倪骥烨：女士们、先生们，早上好、下午好和晚上好。我是上海清算所风险管理部总经理倪骥烨，很高兴担任外滩云会场"新冠肺炎疫情下的中央对手方发展与监管"的主持人。

我们都知道，自 2008 年国际金融危机后，中央对手方的清算机制开始被广泛采用，到目前为止，已经成为场外衍生品市场最为重要的清算机制。BIS 的统计显示，截至 2019 年底，全球场外利率衍生品和信用衍生品的中央对手清算比例分别达到 77% 和 55%。同时，根据金融稳定委员会（FSB）的统计，过去 10 年来，全球的清算所数量也有大幅增加。今年，我们又面临另外一场危机，突如其来的新冠肺炎疫情，对全球金融市场造成冲击并导致流动性枯竭。VIX 指数甚至超过了 2008 年的高点。但这一次，我们看到 CCP 成功维持了金融市场的稳定。所以，在本场会议中，与会嘉宾将与我们讨论 CCP 是如何应对新冠肺炎疫情的危机，如何应对监管变化、市场改变，以及其他重要的议题。言归正传，我们立即开始第一个问题的讨论。

（三）问题 1：新冠肺炎疫情对金融市场的影响及清算所的应对措施

倪骥烨：新冠肺炎疫情对金融市场造成什么样的影响，以及 CCP 在维护市场稳定方面采取了哪些应对措施？ Daniel Maguire 是伦敦证券交易所交易后部门负责人，同时也是伦敦清算所的 CEO，在 1999 年加入 LCH，担任过包括 LCH 的首席运营官（COO）在内的很多职务，曾负责成功处理雷曼兄弟在 LCH 清算的债券和回购投资组合的交易和平仓。同时，他也对 CCP 的发展和衍生品监管框架在全球的发展作出巨大贡献。Daniel 先生，我们知道 LCH 成功处置了雷曼兄弟当时的违约，许多经济体都基于您的成功案例实施了 CCP 清算。很多人说今年新冠肺炎疫情导致的危机，从某种程度来说和 2008 年国际金融危机不相上下。您是否可以和我们分享一下

LCH 如何应对这一次新冠肺炎疫情所造成的市场动荡?

Daniel Maguire: 非常感谢您的介绍。首先,我要特别感谢主办方今天邀请我参加这么重要的会议。我很高兴能来这里,也很高兴与包括上海清算所董事长谢众先生在内的各位尊敬的嘉宾一起参与专题讨论。我很乐意率先发言,我将快速地谈一下第一季度市场大致情况,再从 CCP 的角度讲几点观察,最后说说我们所学习到的经验。

在开场白中您讲到,我们这次遇到了席卷全球的,被称为"史无前例"的压力和动荡,尤其是 3 月。疫情本质上是全球的,压力遍及所有市场各个角落。LCH 经历的压力,与全球其他 CCP 一样,并不特殊。这种压力不同于以往历史水平。权益市场达到了历史低点,互换市场的波动甚至高于英国"脱欧"时期,与 2011 年欧洲主权债务危机时期类似。这次的波动还叠加了疫情期间员工在家远程办公造成的挑战。从很多方面来说,这都是一次真正的压力事件。

我有三点观察:一是操作层面,LCH 最为关注的是要一直确保市场有序运转、为客户提供强有力的咨询服务、竭力维护市场稳定,以及最重要的——把握好节奏。我们的行为要有预测性、节奏性和连续性。我们能很高兴地说,虽然我们尚处在新冠肺炎疫情危机之中,但市场并没有出现太大的问题。我们维持了操作韧性,夜以继日地向会员和客户提供关键服务,所有系统都运行顺畅。2008 年以来,很多事情都已清晰明确,市场风险就是信用风险,但我认为我们需要继续关注业务规模和韧性,因为我们有巨大的交易量。我们的系统和性能足以处理更大的交易量,我们的员工也成功地实现远程办公。我们也非常关注员工的身心健康,因为业务想要安全无虞地继续运营还需依赖我们的员工。对员工来说,这也是前所未有的压力。

二是市场动荡对于我们的风险模型的影响。关于保证金模型,我们花了很多时间和精力设计和测试保证金计算方法。我们使用了逆周期保证金追加通知或逆周期工具,确保了在夜间或市场平稳时初始保证金(IM)也不会降得太低。这意味着当市场出现动荡时，不会出现保证金的顺周期性增长。在这段时间里，我们需尽可能保持行为的连续性。我们对此投入了大量时间和精力。令人高兴的是，从 LCH 的角度看，在疫情中，我们的保证金波动幅度不超过 10%。欧盟委员会对 CCP 的逆周期性要求也有自己的一套严格的监管标准。我们实际上已经走在了监管的前面，我们认识到，监管要求是最低要求而不是唯一的要求。这在整个过程中证明了风险模型的有效性。我们的风险模型发挥了作用，未出现保证金缺口。所有追加保证金通知都起了作用，所以我认为从广义上讲，我们的基础设施运行良好。在如此庞大的业务量中，应付保证金被全部支付，并没有出现大的缺口，基础设施也没有出现任何问题。在未来几个月，我们应该会看到市场可能再度出现动荡。但我们很满意现有模型，相信它设计良好、将再次有效应对市场情况，避免顺周期性行为。

三是此次疫情危机和 2008 年国际金融危机的某些相似之处。我直接参与了雷曼兄弟违约之前、违约期间，以及之后的大量收尾工作，事实上我认为这次的情况有所不同。现在的金融市场在各国政府、G20、FSB，以及全球监管者等共同努力及监管标准的约束下，已经变得更加安全。2009 年 G20 匹兹堡峰会的承诺已在诸多司法辖区落实，如今我们已经拥有了一个更加稳健和有抵押的系统。G20 匹兹堡峰会讨论了很多，中央对手清算被视为一项强制性政策。但实际上，如果我们追根溯源，G20 匹兹堡峰会实质要求的是，无论是中央对手清算还是双边清算，场外衍生品交易必须提交抵押品。我们不想冒无抵押品的风险。我们看到，通过落实强制集中清算，以及征收双边保证金，实现了更高水平的抵押，加上银行现有的资本，使市场更安全、更具有韧性，不再有无抵押的风险。综上所述，我今天想要说的是中央对手清算不会使流动性枯竭。实际上，现在不存在无抵押品的交易，无论是通过清算所清算还是双边自行清算，均需提交抵押品。我可以向您保证，在抵押品方面，中央对手清算模型总是比多边净额轧差更有效率。根据 BIS 统计，利率互换市场清算率从 2009 年的 24% 提高至 2018 年的 60%~70%。我认为现在与 2008 年最大的不同在于,尽管市场在这一史无前例的事件中发生高波动,但仍持续运转,敞口也很安全。与此同时,即使是双边清算也存在巨大的抵押品需求,正如我所说,中央对手清算是最有效的方式。

最后我想说,现在我们的交易中抵押品是不可或缺的,我认为 CCP 清算无疑是进行抵押的最有效率的方式之一,就经济和市场整体来说也是如此。CCP 能满足多样化的市场需求也相当重要。我们观察到,亚太经济合作组织(APEC)地区的许多客户喜欢使用当地货币作为 CCP 清算的保证金。LCH 提供了 27 种货币的清算服务,包括人民币、韩元、印度卢比、新台币、泰铢计价的不可交割利率互换。我们了解到,对亚洲客户而言,考虑到时区造成的运营资金的流动性紧张,初始保证金接受的货币种类也是他们关心的问题。目前,我们可接受新加坡元作为初始保证金,并且正在将货币种类拓展至日元及其他 APEC 币种。要使用不同的货币,我们需要做到以下几点:一是法律上的确定性,包括在亚洲地区拓展强制集中清算背景下,我们对终止净额机制更加关注。二是风险管理方面的问题,即能获得现金流,并能够安全地投资。对清算所而言,最不希望现金投资没有安全保障。因此,将现金存入亚洲以及全球的中央银行非常重要。换而言之,我们想在央行存储现金,并能随时使用这些资金。我们要考虑如何不给整个系统带来风险。如果我们收取现金保证金来覆盖衍生品交易风险,将其存在央行是最佳方式,可以实现快速向市场投放现金保证金,防止任何流动性陷阱或流动性枯竭。所以对我们来说,这是需要前瞻考虑的关键方面。综上所述,我们应确保风控模型中考虑了逆周期因素,同时确保可在流动性资源中将逆周期的部分取出来覆盖对应风险。此外,还应确保有能力将存放的流动性资源尽快取出用于金融系统中。

倪骏烨:谢谢 Daniel Maguire,接下来我想请上海清算所董事长回答这个问题。他之前曾担任中国人民银行支付结算司司长,也曾经担任过武汉市副市长和上海清算所的总经理。

我们知道上海清算所是 2008 年国际金融危机之后迅速新建的 CCP,在

69

银行间市场中央对手清算

发展报告 (2020)

亚洲也是危机后建立的第一家清算所。所以今年疫情所带来的全球金融市场的波动，对上海清算所可以说是一次大考，想请您介绍一下上海清算所在期间面临哪些挑战？应对的情况如何？在过程中又有哪些启示？

谢众：谢谢主持人，各位讨论嘉宾好，感谢刚才 Daniel 的分享。跟国际金融市场一样，突如其来的新冠肺炎疫情使中国的金融市场也受到了比较大的影响，如在 2 月 3 日股票市场开市的首日下跌了 7.72%，在 3 月 23 日外汇市场人民币兑美元的汇率突破了 7.1 的大关。对清算所来说，面对新冠肺炎疫情这种非常态"黑天鹅"事件，我们面临两个大考，也就是两个考验。

第一个考验，是如何在保持系统的连续稳定运行，以及在新的工作条件下怎么能有序地开展生产经营，因为我们是一直到春节长假（结束）前才知道开市时间最后定到 2 月 3 日，在很短的时间内要对所有涉及日期计算、起息、到期的近百万条信息在系统中进行重置和处理。此外，当时出于疫情防控的要求，公司的人员配备最少化，不足三分之一的人到场工作；为防备疫情暴发的情况，我们还开辟了第二工作场所，并临时开放了系统授权，工作人员可以居家登录系统进行操作。通过这些操作，最终实现的结果是，在疫情防控方面，没有出现任何一起新冠肺炎病例或者疑似病例，实现了零风险。在业务处理过程中系统稳定运行，除了客户现场拜访业务暂停以外，我们业务产品的上线、宣传、培训统统没有中断，业务量还实现了两位数的增长。

第二个考验，是风险资源充足性能否应对这次价格波动带来的冲击。在变动保证金方面，跟国际同业相对接近，上海清算所第一季度同比增加了 42%，全球同业平均水平是 65%；在初始保证金方面，全球是 38%，我们是 3%；清算基金全球是 25%，我们是 6%。因此，就像刚才 Daniel 说的，根据风险敞口的变化，我们模型测试的调整，以及逆周期的调整等一系列的措施，证明我们的风控机制是非常有效的。

从结果来看，我们的实战压力测试应该说是交出了一份合格的答卷。当然这得益于两个方面：一方面，中国政府对于疫情防控采取了非常严格且有效的控制手段，并对复工复产给予强力支持，使金融市场经过一定的

70

波动后马上恢复了稳定，增强了信心，经济和金融市场都实现了 V 形增长。另一方面，得益于从清算所建立之初到现在一直坚持对标国际最高和最严的标准，制度体系和风控体系建设起来并得到了市场机构和金融监管部门的认可。例如，上海清算所 2016 年得到了人民银行的合格 CCP 认证，也得到了美国商品期货交易委员会的不行动函，2017 年在金融部门评估规划（FSAP）评估里也得到了比较高的评价，此外我们推动 CCP12 出台了行业内第一个量化披露标准，也就是"外滩标准"，并带头遵守这一标准。

（四）问题 2：欧盟对 CCP 的监管方法及未来重点关注的问题

倪骥烨：下一个问题，我想问一下来自监管机构的嘉宾。我们知道，对于 CCP 清算机制的全面拓展，监管政策可以说是最为直接和重要的推动因素。而清算所的稳健运营，尤其是在市场不稳定的阶段，也进一步增强了监管机构支持 CCP 行业发展的信心。Patrick Pearson 是欧盟委员会金融稳定、金融服务及资本市场联盟总局金融市场基础设施部门负责人，曾经担任处置和危机管理团队负责人并负责金融服务行动计划。在此之前，Patrick 在荷兰财政部的法律服务和外国金融市场事务部工作。我们了解到，欧盟今年就 CCP 监管推出了不少新举措，例如，新修订了《欧洲市场基础设施监管条例》（EMIR），特别是其中关于第三国中央对手方（TC-CCP）条款，通过 CCP 恢复与处置规则的立法草案，等等。从您的经验出发，可以请您跟我们分享一下欧盟方面对 CCP 监管思路及下一阶段的重点考虑吗？

Patrick Pearson：非常荣幸能够参加此次外滩金融峰会，我想讲以下几点。

首先，我们要想知道未来如何，首先要追根溯源。Daniel 刚才也讲了，在 2008 年国际金融危机之后，G20 推出了非常重要的措施，使整个清算行业更加稳健。过去的金融体系无抵押，那时的交易是未清算的，也没有办法评估、衡量或监测金融系统的风险。全球司法管辖区采取的各种措施都致力于集中解决这些问题。但是有一点我们应永远铭记，那就是即使我们把风险从银行的资产负债表上拿走了，但是这个风险并没有从金融系统中消失。风险现在集中在少数 CCP 中。对此，CCP 系统中 1 万多亿美元的抵押品发挥了巨大的缓冲作用。相应地，资本要求、监管要求必须不断加强、与之配套。这是我们的本源和当前的处境。金融系统中仍然存在风险，并没有奇迹般地消失。

其次，我们现在的做法对吗？刚才 Daniel 也提到了非常重要的几点：关于金融市场的压力测试，在金融体系面临压力时（尤其是 2020 年 3 月），市场应对得如何？ CCP 应对得如何？结果显示，市场和 CCP 均应对得当。交易活跃度大幅提升、业务规模显著增长。我们看到了巨大的现金流，各种资产类别包括黄金均有出售。大家都在想办法找抵押品，清算保证金大幅增加，规模和方向具有波动性，先是流入后是流出，说明整个系统在起作用。保证金的模型具有可预测性且至关重要。市场参与者确切地知道他们面对什么、如何应对。回应刚刚 Daniel 提到的一点，欧盟和英国监管框架中都已经提出了非常重要的通过逆周期要求来平滑对市场的影响。长话短说，我们看到回购市场冻结了，看到银行资产负债表缩减了，看到支付结算行为增加了，但最终 CCP 展现出了惊人的韧性。我们已经在监管辖区内多次进行了压力测试。我们非常有信心，我们目前的做法是正确的。最终，无疑是由央行，包括欧洲央行、美联储以及其他央行，向市场注入流动性，缓解和扭转抛售风险资产的紧张局面，并释放银行的信贷额度。所以，我认为，中央银行的干预，加上我们稳健的监管措施，确实发挥了作用。但我必须在这里提出一点警告，虽然基础设施很稳健，但是如果从清算会员的客户角度看，即使保证金水平浮动 1 个百分点，一些客户都会出问题。我们看到荷兰银行清算的一家美国客户陷入了困境[①]。还有一些客户表示，

---

① 译者注：2020 年 3 月 26 日，荷兰银行（ABN Amro）发布公告，宣布"由于新冠肺炎疫情暴发后金融市场出现了剧震，荷兰银行的清算业务将因一家美国客户而净亏损 2 亿美元"，并表示该客户"未能满足最低风险和保证金要求"，荷兰银行决定平仓该客户的头寸。资料来源：https://www.abnamro.com/en/newsroom/press-releases/2020/abn-amro-records-incidental-net-loss-of-usd-200-million.html。

如果这种情况再持续两周，他们也会出现严重的抵押品问题。我们都知道，市场经历了一段非常紧张和压力的阶段，中央银行的干预解决了这个问题。综上所述，我们的做法是正确的，这一轮危机不在清算领域，监管措施确实起作用了。

但是，还有一些其他事情需要关注。我将按照随机顺序展开：第一，关于逆周期的保证金要求，我们几十年来积累的数据表明，在欧洲，在刚才 Daniel 也提到的英国，以及在其他欧盟成员国，清算所所做的已经超出这一要求。我们将再次检查这些逆周期的保证金要求，看它们是否真如我们所预计的那么有效，根据过去的经验教训是否需要进行调整。第二，关于双边清算的保证金，刚才 Daniel 讲得非常正确，还是有很多的交易没有实施强制集中清算。大家知道，受疫情影响，监管机构为双边清算政策落实提供了更加宽裕的时间。今年夏天之前，我们刚刚将双边保证金要求又推迟了 1 年。这给了我们一些时间，可以仔细研究该类保证金要求如何尽快运作。第三，从三四年之前欧盟的教训中吸取经验，我们一定要尽可能管理好系统性风险，所有的辖区都是如此。正如我一开始所说，我们把风险从银行的资产负债表当中拿走了，但风险还在金融系统里面，我们没有消除风险，风险仍然集中在清算领域。几年前我们决定，确保我们能获得欧盟内所有必要的信息，以监测和衡量金融体系面临的风险。我们也在关注即将到来的风险以及成因。因为清算活动是全球性和国际化的，你无法给你的清算行业筑墙，也不能给一个国际性的全球活动筑墙。因此，我们要确切地知道即将面临的风险是什么，我们希望能够衡量它，而且我们必须能够化解任何风险。我认为这是任何司法管辖区的监管机构都应牢记心的事情。

再次，我们在欧洲还将看到什么？如果具有系统重要性的 CCP 面临严峻压力，甚至最终失灵的话，我们必须要做好完全的准备，这就是为什么在这个非常重要的时候，欧洲立法者正就 CCP 的恢复和处置的监管规则达成一致。这一切都符合 FSB 的建议，CCP 和监管机构都需做好准备，不应该有任何惊讶之处。我们需要恢复计划、处置方案和监管机构都到位。我想和你们分享一个信息，关于 CCP 风险共担资本（SITG），像其他个别司法管辖区一样，欧盟将规定额外的资本要求。目前，欧洲的法规规定了一层 SITG，规模至少为最低资本要求的 25%。我们将在一项立法中引入第二层 SITG。这背后隐含的是一项共识，即如此多的风险都集中在金融市场基础设施。这个第二层 SITG 是我希望同行在接下来的几个月、几年里关注并发展的。它不是一个固定的标准，也不是一个固定的额度。第二层 SITG 需要有一定的比例要求，我们必须考虑每一个欧盟 CCP 在风险模型、风险敞口等方面的差异。我们要在接下来的几个月、几年间对它进行研究。我们从这一次的危机中也学习到了很多经验，将在接下来的几个月、几年中加以运用。

最后，再讲两点：第一点，许多监管机构正在努力解决的一个问题，就是数字化运营的韧性。我们要求 CCP 是全球最可靠的风险管理者之一。他们只做一件事，即管理风险。他们承担风险，管理风险；他们参与市场，管理市场风险。CCP 可能是我们已知的最好的风险管理机构。我在银行监管和巴塞尔银行监管委员会工作了 9 年。我比较了全球性银行和 CCP 各自适用的运营风险要求。银行确实可以为 CCP 做些什么并管理风险。我想讲一下数字化韧性，我对其他司法管辖区的做法也很感兴趣，这也是他们一直在关注的。我们知道，金融部门可以说是使用信息通信技术（ICT）最多的，大概占全球 ICT 活动和支出的 20%，这里的 ICT 包括模型、技术、分布式账本、移动支付和高频交易算法等方面。这也给我们带来了许多新的挑战。我们两周前刚刚提出了一项关于监管规则的提议，希望包括金融市场基础设施在内的金融公司密切关注和应用这些规则。我们希望能严肃对待事故报告、落实到位韧性框架的网络测试、全部第三方 ICT 供应商实现外包。这些是我们的 CCP 已经在研究的，其中大部分已经开始采取措施。我们认为需要在整个金融系统中通过跨境合作实现统筹安排。

第二点，在过去的 10 年当中，我们一直在讲监管合作。清算是一个全球性的、跨境的业务，所以说只解决本辖区内的问题而不管别人是不行的，我们需要合作和协调，和国际监管方讨论和沟通，想办法让跨境业务正常开展。同时，还需要遵从其他司法管辖区的监管，以避免不必要的成本开支、多头监管、双重报告、规则重复和缺失。过去几年，我们一直与所有监管机构密切合作。最近，我们与美国互换交易的监管机构美国商品期货交易委员会（CFTC）达成了进一步共识，深化了与 CFTC 的等效协议。同时我们也正密切关注与美国证券交易委员会（SEC）的合作。我们也正与中国人民银行密切合作，以期实现等效监管。为确保清算领域实现国际化，并能受到充分的监管，我们正在开展这样的对话，进行相互学习。我们可以从中国和其他司法管辖区的监管机构那里学到很多东西。我认为，正是不断的交流经验，才能使清算领域更加稳健。

倪骥烨：接下来有请 Ananda Radhakrishnan 先生。Ananda 是美国银行业协会银行衍生品政策中心副主席，之前是一家国际律师事务所的合伙人。再之前，他在美国商品期货交易委员会（CFTC）工作了 12 年，同时也是 CFTC 清算和风险管理部门的创始人之一。他积极推动了《金融市场基础设施原则（PFMI）》的颁布，同时还推动实行了《多德—弗兰克华尔街改革和消费者保护法案》中的许多关键条款。Ananda，我们了解到，CFTC 一直在持续修订 CFTC 条例第 39 部分的规章，这里面包括 DCO 注册、风险管理、信息报送义务等内容，您在 CFTC 和 CME 都任职过，可以和我们分享一些关于 CCP 的监管趋势吗？您认为有哪些监管措施可以优化、加强或修改？

Ananda Radhakrishnan：非常感谢邀请我参与这个讨论。在我发言之前，我想说，我不再是监管方了，但我一直在关注监管领域的最新动态。

先回答您的第一个问题，正如 Patrick 所说，关于跨境运营实体的监管问题，母国监管机构应充分尊重其他司法管辖区的对等监管机构。例如，CFTC 最近颁布了一些法规，同意那些在 CFTC 注册的、实际位于美国境外的 CCP 遵守其母国的监管规定，前提是它们不具有系统重要性。这条规则很受欢迎。因为它厘清了这样一个事实，对于采用国际标准的司法管辖区，遵从该辖区监管机构对 CCP 的监督实际上是非常恰当的。前面 Patrick 有提到的监管机构之间更加紧密的合作，这点非常关键，因为清算是一项全球性的活动，不仅有活跃于各个市场的市场参与者，清算成员也是全球性的。例如，一家美国银行的英国分行，可能是伦敦一家 CCP 的重要的清算成员，反之亦然。这些实体并不是独立运行的。它们都是一个大型全球性实体的一部分。因此，监管机构开展合作并定期对话，讨论对双方都很重要的问题是很重要的。至于我认为需要解决的问题，如恢复与处置，我不清楚在美国是否有令人满意的处置方案。如果要在美国处置一个 CCP，实施该处置的法律基础必须非常明确。依我拙见，这还不是很明确。监管机构认为它很明确，但也有其他人认为没有一个明确的特定实体有权处置 CCP。此外，处置当局需要钱才能完成 CCP 的处置工作。例如，在美国，联邦存款保险公司 (FDIC) 是银行的处置机构，但有一项是由银行出资的基金来帮助 FDIC 完成银行处置工作的。有些人认为，FDIC 也是美国某些 CCP 的处置机构，但明显没有专门的基金资金来源用于处置一个失败的 CCP。所以，如果 FDIC 不具备这个条件，我不清楚它们能做到什么。这个问题必须要解决，并且我认为这个问题可能是美国特有的，不知道亚洲、欧洲有没有类似的问题。

另外一个问题，可能不是那么普遍。讲到恢复，一个 CCP 是否可以从违约中恢复，这其实是由它有多少资源决定的。对于 CCP 所需的资源存在国际标准。但是，对于是否要求 CCP 最大的几家清算会员追加额外资源，我没有看到任何相关讨论。因为目前的国际标准是，CCP 需要足够的资源来抵御一家最大清算会员的违约，对于辖区内的系统重要性 CCP 来说，需要覆盖两家最大清算会员违约造成的损失。如果我没记错的话，我上次检查 LCH，显示它有能力抵御五家最大清算会员违约。但我还没有看到过关于最大的五家清算会员是否需要缴纳更多资源的相关讨论，也可能是被我忽略了。因为它们当中的任何一方违约，都可能将导致 CCP 动用其默认资源。我建议把这个问题放在恢复资源的框架中进行讨论。CCP 今年的表现非常好，事实上，许多监管机构都在关注 CCP 是如何表现如此出色的。正如 Patrick 所说，央行的干预是非常重要的。但你不应该仅依赖法律，因为你不知道下一个问题会是什么。没有人能预料到疫情会变成一个问题，没有人能预料到石油期货的价格居然会变成负的。所以，我们一定要有未雨绸缪的思维，要考虑可能发生的事件。

（五）问题 3：CCP12 对其会员提供的服务及对协会未来发展的展望

倪骥烨：CCP 如果要实现健康和可持续发展，就必须始终结合市场实际、有针对性地调整服务。所以说，肯定会有一些行业普遍性的经验，也有一些个性化的体会。接下来，我要问问 Teo Floor，他是全球中央对手方协会，即 CCP12 的秘书长。之前，他在欧洲期货交易所清算公司做过许多风险和战略方面的工作，并曾担任首席执行官的特别顾问。首先，要祝贺您当选 CCP12 的秘书长。您之前也和 CCP12 有很多合作，是否可以和我们分享一下 CCP12 是如何支持和帮助全球的 37 个会员，如何支持它们提供和加强服务以满足其所在辖区的特殊情况，以及对协会的下一步工作的想法？

Teo Floor：谢谢 Andy，非常高兴可以参加外滩金融峰会，也非常高兴可以在 CCP12 任职，非常高兴可以来上海。中国政府强有力的抗击疫情措施非常管用，我们可以在一个房间里面开会而且不用戴口罩，在这里真的很棒。

至于 CCP12 在支持成员这方面的问题，今天在座就有我们最有成就的成员中的两位，我认为，首先，很显然，协会有助于组织参与者相互讨论、分享经验。他们当中的许多机构可能与同一个监管方打交道。另外，我认为从成员的角度来讲，协会的独特价值在于有助建立行业最佳实践。今年我们也发布了一些这方面的论文。一些最佳实践是 CCP 自发贡献的，有助于相互学习。例如，新冠肺炎疫情给我们带来一些成功的违约管理经验。正如刚才谢董事长和 Daniel 讲到的，如何通过多种方式维持正常运营。这些经验都是非常值得分享的；另一些最佳实践是由监管者主导的，如国际标准制定机构 CPMI、IOSCO 的政策指导小组和其他监管机构，经常要求 CCP12 参与探讨开展风险管理活动的最佳方式。上述正是 CCP12 支持其成员的表现。协会也与尊敬的清算会员及其客户进行对话，讨论如何最好地确保 CCP 解决其可能存在的问题，并调整 CCP 的模型，以更好地满足新的或发展中市场的需求。换言之，CCP12 为其会员提供标准的讨论平台。除此之外，与上海清算所和 LCH 相比，还有一些发展初期或经验不足的 CCP。在这种情况下，对欧盟委员会或 CFTC 等监管机构的政策意图进行一些本地化的翻译，向它们解释或帮助它们理解其他司法管辖区的监管，将极大地帮助到它们。我认为，在其他司法管辖区提供更广泛的服务是大多数 CCP 业务发展的自然路径。跨境服务的程度取决于不同的 CCP，但无疑是 CCP 业务增长的重要促进因素。就发展的方式而言，我认为在很大程度上取决于前面讨论过的关键点。尽管 CCP 表现出色，但关于它们是否加剧或促进了危机一直存在争议。我认为正如很多人之前提到的，现在的问题只是你如何抵押你的风险。Patrick 说，这种风险并没有从金融体系中消除。这是对的，但现在它是有抵押的，而且通过 CCP 把风险集中起来管理能实现更好抵押，尤其在多边净额轧差的特征下。我们都知道，为了维持现有交易的当前市场价格，在双边清算模式下，交易方需支付大额的变动保证金。而在 CCP 清算模式下，交易方支付的变动保证金将会低得多。所以，我认为，真实地、更好地统计描述市场中实物和货币最终流向，以及最终有多少流入了 CCP，是一个正在发展的领域。如果孤立地观察 CCP，可能无法把握市场全局。我认为，这将是我们与监管机构继续合作的领域。

倪骥烨：谢谢 Teo Floor。谢董事长，中国是最大的新兴经济体，中国金融市场的改革与发展也备受瞩目。接下来，请您为我们介绍一下上海清算所如何在与国际标准、风控标准充分接轨的前提下，具体服务中国金融市场的发展与改革。

谢众：上海清算所的成立，兑现了金融危机后 G20 匹兹堡峰会达成的

"所有标准化的场外衍生品都应该纳入集中清算"这一共识和承诺。所以，我们成立以来的使命一直是聚焦于服务场外金融市场，建立中央对手方清算机制。因为中央对手清算机制，对于防控风险、提高效率、增加市场透明度，降低成本有非常好的作用。我们工作最核心的出发点，就是顺应市场、顺应需求，充分地发挥金融基础设施的作用。中国场外金融市场的规模、体量和（发展）空间都比较大，2019 年场外金融市场的交易量到 1 500 万亿元，其中本币有 1 200 万亿元，还有衍生品 136 万亿元。上海清算所 2019 年纳入集中清算总额是 363 万亿元，其中中央对手清算达到 124 万亿元。也就是说，近 10 年来的复合增长量，达到 122%。这展示了作为一个新兴经济体的金融市场的发展空间。

我们主要抓了几个方面，一是抓重点。首先是利率衍生品，在国际市场衍生品中，利率衍生品的规模和占比都是最高的，同时标准化程度高，特别适于纳入集中清算。中国 2014 年对利率互换衍生品强制集中清算，通过这个方式，反过来也促进了利率互换的交易快速增长，到现在应该说规模翻倍了。我们现在正在结合贷款市场报价利率，进一步研发基于 LPR 的利率互换，争取尽快推出相关产品。其次是外汇衍生品，在中国外汇衍生品达到了 100 万亿元的规模，超过利率衍生品，这是中国的特色。我们因此在这个情况下，同步开展了外汇即期、远期、掉期和期权的整体化集中清算产品。

二是补短板。在中国，信用衍生品刚刚起步，场外大宗商品几乎还是空白。债券市场尤其回购市场等，大多未纳入集中清算。我们这些年来一是在信用衍生品市场，同步推动交易和清算环节的业务创新。二是在航运、有色、黑色、能源、化工和绿色金融 6 个行业推出了 20 个品种的产品，纳入了集中清算。在债券市场，我们推出了集中清算，目前已经达到 20 万亿元的清算额。

三是降低中央对手方清算的成本。目前该领域规模相对较小，这样的情况下中央对手清算的优势并不明显。所以现在我们一是推动监管政策，关于中央对手的清算在风险资源上将优惠政策落地；二是通过创新操作，降低参与者的成本。比如说在利率互换业务中，我们推出了两种标准，其一是按照名义本金计算收费标准，其二是按照风险敞口计算收费标准，由市场成员选择。再比如说拿抵押品充抵保证金以及收取组合保证金的方案，即不按产品，而可以按法人、按机构统一组合保证金。这些方式大大降低了参与者的成本，更加突出了中央对手清算的优势，促进其发展。我们下一步准备在各领域，尤其是在大宗商品、信用衍生品方面推出更多的服务，以支持金融机构避险和实体经济的要求。

（六）问题 4：中央对手清算未来发展的三项任务

倪骥烨：我们接下来还有时间来问最后一个问题，我想请所有的嘉宾列出，在接下来的 CCP 清算发展过程当中你觉得最重要的三项工作，我们先从云端的嘉宾开始，Daniel 有请。

Daniel Maguire：谢谢！第一，我们要继续推动清算准入不受限制。退一步说，我们有全球化的市场、全球化的参与者、多种类的货币，这都要求全球性、多样化的清算所，同时也需要全球性的监管。前面我们的演讲嘉宾谈到了很多，我们需要监管合作和跨司法管辖区的互惠互利，来确保市场的高效运作。这取决于不同的市场运作方式，有些清算所是全球性的，有些清算所是地方性的，但是如果止步于此，就会出现供需失衡。在国际金融体系中，监管遵循 G20、FSB 和 IMF 的指导非常重要，有助于避免造成监管分散化。

第二，CCP 出现问题时的解决办法，即恢复和处置。我认为需要把重点放在预防上。这实际上是关于 CCP 的风险管理和韧性。CCP 管理市场、信用和流动性风险，而相比其他领域，有一个领域我们投入了更多的时间和资金，就是运营风险和韧性领域。关注这一点至关重要，从技术到人员，再到流程、能力和规模。当你展望清算所的未来时，抗风险性、可靠性和韧性是非常关键的。新冠肺炎疫情就是一个很好的例子，但正如其他嘉宾所言，我们不能仅依赖我们的法律。

第三，持续关注，我们可以这么说，在 2007 年之后，监管和立法都跟上了，现在我们正处在一个有担保的世界。这影响了对于流动性的需求。首先，我们需要确保 CCP 能够获得充足的抵押品。其次，确保 CCP 具备多样化的抵押品管理工具，以保障其能够接受来自其他司法管辖区的抵押品，而不仅仅是 G3 货币[①]。再次，确保在法律规则中承认终止净额结算有效性。最后，我们还需要确保安全性，这一点我觉得中央银行发挥的作用非常重要。如果一个 CCP 能够从央行获得流动性并将抵押品存入央行，那么央行就可以把流动性还给市场。向市场释放流动性并不是 CCP 的职责，它们的职责是管理风险。

这就是我提出的三大问题：继续推动清算准入不受限制；专注于韧性和风险管理；从流动性的角度出发，围绕抵押品安全性提出良好的解决方案。

倪骥烨： 谢谢，接下来有请 Patrick，三项工作。

Patrick Pearson： 合作、改善和利益。

一是需要加强跨时区的跨境合作。举个例子，如果日本 CCP 出现问题，它会通过时区，穿过中亚进入欧洲，最后到达芝加哥。这就是地球运转的逻辑。我们仍然没有一个央行之间的全球合作和信息交换协议。我们需要加快这一进程。

二是改善，不断提高监管警惕性绝对至关重要。"改善"是一个古老的汉语词语，被广泛流传，并被韩语和日语采纳。监管者需要不断改善规则，这是我们应该履行的对市场和 CCP 的责任。在欧洲，EMIR 于 2012 年被采纳。在过去的 8 年当中我们改善了两次，要不断对它进行改进，来满足市场和监管的需求。

三是利益，其实银行和 CCP 之间，有很多利益不一定是完全一致的，我们最近在讨论 CCP 的恢复和处置，这是一个真正的问题。我们可能会出

---

① 译者注：G3 货币是指美元、欧元和日元。

现大量资金支付缺口，我们需要确保银行和 CCP 之间的利益分歧得到更充分的解决，并作为一个整体来共同应对。巴塞尔协议中的银行审慎要求与 CCP 标准之间的相互作用就是一个很好的例子。未来我们真的需要更多地考虑这个问题。

倪骥烨： 谢谢，接下来有请 Ananda。

Ananda Radhakrishnan： 第一，我们要更多地去探索 CCP 之间相互的联系，换而言之，探索一个 CCP 和另一个 CCP 之间的交叉保证金或某种联系。LCH 作为全球美元利率互换的主要清算机构，可能有人希望参与其他市场，但不希望在这些市场进行清算，更愿意通过 LCH 清算。因此，我不知道是否有可能建立类似于沪港通、深港通的联系。

第二，监管机构之间的头寸信息共享。CFTC 能够行使职责，防范美国系统性风险的一种方式是掌握市场参与者的头寸信息，但我不清楚监管机构之间该如何交换头寸信息。我认为这个是有必要的，至少是需要全球监管机构去考虑的，对监管者来说，了解参与者的活动是很重要的。

第三，全球破产制度的统一。有时人们不希望直接参与某些司法管辖区，仅仅是因为要么那里没有破产制度，要么破产制度没有考虑到中介机构或 CCP 破产的情况。

倪骥烨： 下面我们再请台上的两位嘉宾谈一下。

Teo Floor： 我觉得我的观点和前面大家说得非常相近了。首先，是要持续保有优秀的风险管理的韧性，要不然其他一切都没有意义。如果下次再发生类似的意料之外的危机，我们希望 CCP 还能表现得如此优秀。

其次，更好地了解整个行业的情况，不仅是清算比例，而是包括大家很少提到的量化披露（PQD），即"外滩标准"。在这方面还需要做更多的工作。这能从侧面了解一些问题：哪些系统性风险会跨境流动？持有一种或多种货币的央行账户有多大用处？虽然目前还很难确定未清算市场的规模，但我认为获取未清算市场的信息是一个先决条件，有助于解决对监管规则的遵守方面的问题。

最后，我认为，目前一些产品还没有被清算，但金融市场基础设施或CCP提供的集中服务实际上有利于这些市场。这对参与者来说可能更有效率。推行清算存在阻碍和难度，但我认为，应继续进一步拓展清算范围。

谢众： 让我选的话，第一个也是CCP的韧性问题，其中一个重要的方面就是全面地分析、评估和梳理出现极端风险的状况，比如说这一次的新冠肺炎疫情，极端风险到底还有哪些场景，以及出现了以后怎么办。

第二个就是关于跨境监管的协调问题，现在由于金融市场的交互性和延展性，需要解决监管的合作问题，使我们的基础设施和参与方都有明确的框架和规则以及确定性，这是非常重要的。

第三个就是行业组织的作用要更好地发挥，因为行业内有更多的共同语言，也能为监管和经营者之间搭建一个比较顺畅的平台和桥梁，使差异化的CCP之间能够得到最佳规范。

倪骥烨： 我们这一场的讨论差不多要结束了，我们首先要感谢所有的嘉宾给我们分享的专业知识和独到见解，今天的讨论为我们提供了许多信息，我们将持续思考。我也要感谢所有在网上和现场的听众，祝大家晚安和度过愉快的一天！

第三章　行业热点及启示

回顾 2020 年中央对手清算行业的每一个热点议题或事件，基本上都无法从"新冠肺炎疫情""行业监管改革进程""英国'脱欧'"等年度线索中完全脱离。突发的新冠肺炎疫情成为全球各行业不得不共同面对的主题。中央对手清算在这样真实发生的极端压力测试中的表现和暴露出的一些问题，更加受到关注和重视，包括保证金模型顺周期性和业务连续性等问题。为体谅疫情冲击下市场的承受力，部分监管改革进程有所放缓，如双边保证金后续阶段推迟落实，但国际组织和各国监管当局在政策制定和规则发布方面总体上保持了稳步、有序和可控的节奏进行，监管改革依然是近年来持续推动行业发展的重要驱动力和不变的行业发展主线之一。中央对手清算机制在恢复与处置、违约管理、股权处理等方面取得的成果均有重要意义。英国"脱欧"作为导火索，使中央对手清算的监管政策附加了政治敏感性，相关的时间节点一定程度上促成了 2020 年成为欧美监管制度重大变革的元年。本章将全年行业热点事件按前述几条线索进行归类整理。

一、应对新冠肺炎疫情冲击

（一）风险事件处置

2020 年 3 月 20 日，芝加哥商品交易所（CME）发布公告[1]，宣布完成对清算会员浪人资本（Ronin Capital）投资组合头寸的拍卖。此次事件被认为是新冠肺炎疫情导致国际金融市场急剧波动情况下的首例大型金融机构风险处置[2]。

---

[1] 资料来源：CME 官网（https://www.cmegroup.com/media-room/press-releases/2020/3/20/cme_group_statementonroninllc.html）。

[2] 资料来源：约翰·罗西安新闻报道（https://johnlothiannews.com/trouble-at-ronin/）。

银行间市场中央对手清算
发展报告 (2020)

1. 涉事机构及风险事件概述

浪人资本成立于 2002 年，总部位于芝加哥，是一家全球性金融服务公司，在纽约、伦敦和中国香港设有办事处，提供投资组合管理、资本募集、财务规划和相关咨询服务。浪人资本只从事自营交易，主营场内交易、场外公司证券业务、政府证券交易以及期权交易和承销四类业务，不为其他经纪公司做代理业务。其财务报表显示，截至 2018 年底，浪人资本的总资产为 212 亿美元，负债 208 亿美元，所有者权益 4 亿美元。

浪人资本已在美国证券交易委员会（SEC）注册，获得经纪人/交易商（broker/delear）和政府证券经纪人/交易商资格；是 CME 集团旗下的 CME 和芝加哥期货交易所（CBOT）两家中央对手方的清算会员；是存托信托清算公司（DTCC）旗下固定收入清算公司（FICC）政府证券部门的清算会员；已在芝加哥期权交易所（CBOE）注册为交易允许持有人（trading permit holder，即交易会员），拥有 CBOE 做市商资格，但不是 CBOE 相应清算机构期权清算公司（OCC）的清算会员。

2020 年 3 月 20 日，CME 发布公告，宣布已于当天上午完成对浪人资本投资组合头寸的拍卖，理由是"浪人资本不再满足其清算会员的资本要求"。CME 表示，浪人资本是 CME 的直接清算会员，但不做客户代理业务，因此没有客户受到影响。

据报道[1]，浪人资本的问题主要源于波动率指数（VIX）期货头寸的亏损。VIX 期货合约是 CBOE 的产品，浪人资本持有的投资组合亏损导致其公司整体财务状况受影响，以致无法满足 CME 对清算会员的最低资本要求。VIX 由标准普尔 500 指数（S&P500）的隐含波动率计算得来，被广泛用于衡量市场风险和投资者恐慌程度。疫情在全球暴发引发金融市场剧烈波动，VIX 主连合约自 2 月 21 日起累计涨幅近 300%，在 3 月 18 日至 20 日加剧震荡，

---

[1] 资料来源：美国全国广播公司财经频道（CNBC）（https://www.cnbc.com/2020/03/20/clearing-firm-ronin-capital-unable-to-meet-capital-requirements-at-cme-sources.html）。

报价最高超 80，2008 年金融危机时期峰值也只有 90。

2. 对风险处置事件的进一步分析

（1）CME 业务规则的相关规定。根据 CME 声明，浪人资本头寸被拍卖的原因是浪人资本不再满足 CME 清算会员的资本要求，而非浪人资本破产、违约或未足额缴纳保证金。

关于清算会员资本要求，CME 规定，所有 CME 清算会员需持续满足最低资本要求，包括监管部门的相关规定和 CME 制定的最低标准[①]。对于银行类清算会员，"资本"指银行的一级资本；对于非银行类清算会员，"资本"指调整后净资本（Adjusted Net Capital，ANC），计算方法：ANC= 流动资产 − 负债 − 调整项[②]。

CME 根据业务类别对清算会员设置了不同的最低资本要求（见表 3-1）。其中，对于浪人资本等只参与交易所期货、期权或农产品互换产品清算业务的非银行清算会员，要求其 ANC 不得低于 500 万美元。

表 3-1 CME 对清算会员的最低资本要求

	最低资本要求	业务类别
非银行清算会员	500 万美元	交易所期货、期权或农产品互换等产品
	5 000 万美元	互换衍生品（包含但不限于外汇互换、利率互换等）
银行清算会员	50 亿美元	交易所期货、期权或农业互换产品
	5 000 万美元	互换衍生品

资料来源：《CME 清算会员手册》第 4-1 条"清算会员资本与财务要求"。

[①] 资料来源：《CME 业务规则》（CME Rulebook）第 970 条"财务要求"，《CME 清算会员手册》（CME Clearing Membership Handbook）第 4-1 条"清算会员资本与财务要求"。

[②] 根据《CFTC 监管条例》第 1.17 部 (c)(5) 条，ANC= 流动资产 − 负债 − 调整项；其中，调整项包括现金商品合同预付款超额部分；一定比例的存货市值；证券折扣、合同承诺减计；FCM 在清算机构为保证金不足客户缴纳的特定头寸保证金；未被已持有头寸覆盖或不是"换手交易"结果的未平仓期货合约、已清算场外衍生品头寸，以及已出售商品期权的一定比例的对应保证金要求；一定比例的无抵押应收款；等等。

　　CME 持续对清算会员的财务状况进行监测，确保其有能力履行对客户和中央对手方的支付义务。同时，美国《证券交易法》、《CFTC 监管条例》和《CME 业务规则》分别规定，经纪人或交易商的资本降至最低资本要求以下时，必须在 24 小时内通知监管部门和中央对手方[①]。

　　据报道："没有迹象表明浪人资本正在倒闭，没有迹象表明它的负债超过了它的资产，甚至没有迹象表明它无力支付债务。"[②] 根据公开信息，目前无法明确浪人资本投资组合头寸拍卖完成后能否满足最低资本要求，以及其 CME 直接清算会员的资格是否受影响。目前，CME 在其官方网站公布的清算会员名单[③]中，浪人资本仍然在列。

　　（2）CME 拍卖头寸的有关情况。CME 规定，如果 CME 认为清算会员的财务和经营状况导致其继续经营将危及 CME 或对金融市场带来消极影响，则可对该清算会员采取清偿或转让未平仓头寸、限制头寸、暂停会员资格等措施[④]。此外，当 CME 风险委员会认定发生清算会员或其他主体未能履行合约、资不抵债，或其继续经营将影响 CME、其他清算会员或客户资金等紧急情况时，可采取追加保证金、规定其他额外资本要求、设置头寸限制等紧急应对措施[⑤]。

　　（3）涉事机构之前被 CBOE 处罚情况。浪人资本并非首次因无法满足交易所的最低资本要求而陷入困境。浪人资本是 CBOE 的交易会员，2014年 11 月，浪人资本因不满足 CBOE 规定的最低资本要求，遭处罚 4 万美元[⑥]。

[①]　资料来源：美国《证券交易法》第 s240 节 17a-11、《CFTC 监管条例》第 1.12 部 (b)(4) 条、《CME 业务规则》第 970 条 A 款 3 段。

[②]　资料来源：约翰·罗西安新闻（https://johnlothiannews.com/trouble-at-ronin/）。

[③]　资料来源：CME Group 官网（https://www.cmegroup.com/clearing/financial-and-regulatory-surveillance/clearing-firms.html）。

[④]　资料来源：《CME 业务规则》第 975 条 "紧急财务状况"。

[⑤]　资料来源：《CME 业务规则》第 403.C 条 "紧急行动"。

[⑥]　资料来源：参阅 https://files.brokercheck.finra.org/firm/firm_118428.pdf。

《CBOE 业务规则》的最低资本要求与美国《证券交易法》对经纪人／交易商的要求保持一致，即净资本 ① 不得低于 25 万美元或不低于 2% 的比率要求 ②。经纪人／交易商可以选择两种标准中的一种遵守，选定后不得更改。浪人资本选择遵守 25 万美元的最低净资本要求。

CBOE 对浪人资本列出三项处罚原因：一是在 2012 年 8 月至 2013 年 4 月、2013 年 7 月至 9 月，浪人资本在不满足 CBOE 最低资本要求的情况下持续运营；二是浪人资本在前述期间未能准确对净资本进行计算；三是内部管理存在监督缺陷，导致未能严格遵守最低资本要求。

3. DTCC 停止向涉事机构提供服务

2020 年 3 月 20 日，DTCC 发布公告 ③，称 DTCC 旗下的 FICC 将终止向浪人资本提供政府证券部门服务。3 月 25 日，DTCC 宣布 ④，浪人资本在 FICC 政府证券部门的头寸清偿程序已经完成，FICC 政府证券部门的清算会员不会因此次清偿而承担任何损失。

浪人资本共有两个 FICC 政府证券部门账户：一是浪人资本账户，该账户自 2017 年 11 月 13 日开始参与净额结算和回购净额结算业务 ⑤；二是浪人资本基金账户，该账户除了能够参与净额结算和回购净额结算业务外，自 2019 年 3 月 28 日起还能参与通用抵押品业务（GCF）⑥。

依据 DTCC《业务规则》⑦ 第 21 条 "服务禁止准入"，FICC 政府证券

---

① 根据美国《证券交易法》第 s240 节 15c 3-1，经纪人或交易商的净资本是根据美国一般公认会计原则（GAAP）计算的资本净值经过调整后得出，调整项包括未实现利润和损失调整、递延税拨备、次级债务、难变现资产等。

② 根据美国《证券交易法》第 s240 节 15c 3-1、15c3-3a 规定的公式和要求计算，净资本不低于美国《证券交易法》第 240 章 15c3-3a 中明确规定的财务报表几项借方账项之和的 2%。

③ 资料来源：参阅 https://www.dtcc.com/-/media/Files/pdf/2020/3/20/GOV857-20.pdf。

④ 资料来源：参阅 https://www.dtcc.com/-/media/Files/pdf/2020/3/25/GOV864-20.pdf。

⑤ 资料来源：参阅 https://www.dtcc.com/-/media/Files/pdf/2017/11/6/GOV337-17.pdf。

⑥ 资料来源：参阅 https://www.dtcc.com/-/media/Files/pdf/2019/3/18/GOV616-19.pdf。

⑦ 资料来源：参阅 https://www.dtcc.com/~/media/Files/Downloads/legal/rules/ficc_gov_rules.pdf。

部门将终止浪人资本两个账户接入其服务。根据该规则，清算会员在以下两种情形可能被禁止准入：一是该部门委员会有理由相信该会员处于或将面临财务或运营困境，可能无法履行自身职责；二是银行决定对该会员停止授信。DTCC 未指明浪人资本属于哪种情形。

4. 国际金融市场后续动态

2020 年，荷兰银行（ABN Amro）发布公告[①]，宣布"由于新冠肺炎疫情暴发后金融市场出现了剧震，荷兰银行的清算业务将因一家美国客户而净亏损 2 亿美元"，并表示该客户"未能满足最低风险和保证金要求"，荷兰银行决定平仓该客户的头寸。据悉，荷兰银行此前为浪人资本及与浪人资本有密切联系的对冲基金帕普拉斯（Parplus）提供清算代理服务[②]。此次事件被认为是继浪人资本之后，新冠肺炎疫情冲击下的第二次"神秘违约"[③]。

（二）风险资源的顺周期性

1. 国际清算银行研究论文指出保证金机制具有顺周期性

2020 年，国际清算银行（BIS）发布新冠肺炎疫情期间市场跟踪研究论文《新冠肺炎疫情期间中央对手方和银行的联动》，对中央对手方（CCP）保证金模型的顺周期性以及 CCP 与银行清算会员之间的联动性进行讨论。

报告指出，CCP 的变动保证金机制具有顺周期性。新冠肺炎疫情期间，CCP 向清算会员发出了大量的变动保证金追缴通知，给银行类清算会员造成了流动性压力。变动保证金是 CCP 根据参与者持有头寸的盈亏情况追缴

---

① 资料来源：参阅 https://www.abnamro.com/en/newsroom/press-releases/2020/abn-amro-records-incidental-net-loss-of-usd-200-million.html。

② 资料来源：参阅 https://www.risk.net/derivatives/7514381/hedge-fund-parplus-said-to-be-source-of-abns-200m-loss。

③ 资料来源：参阅 https://www.risk.net/risk-management/7513566/abn-winds-down-ronin-books-after-vix-losses。

或退还的，而在剧烈的价格波动下，银行类清算会员一方面因头寸亏损而导致资产减值、资本降低，另一方面还需要使用现金支付追缴的变动保证金，导致其不能满足巴塞尔监管框架下关于杠杆率的要求，不得不抛售持有的头寸，这会进一步加剧价格下跌。此外，CCP 的变动保证金制度实质上是将流动性资产在盈利方和亏损方之间分配的过程，如果 CCP 当天完成追缴亏损头寸的保证金，却在隔天退还盈利头寸的保证金，将导致收取和分配间存在延迟，对流动性造成一定的负面影响。

报告指出，初始保证金机制的模型风险也可能具有顺周期性。CCP 收取初始保证金是为覆盖参与者未来一定时期潜在的违约损失，要求预缴的金额是基于历史数据和概率模型预测的。目前 CCP 初始保证金模型回溯周期较短，都是基于市场平静时期的数据，因此无法完全覆盖压力时期陡然上升的信用风险。当模型风险发生时，CCP 意识到市场波动超出预期，预缴的初始保证金可能不足，更会被迫提高初始保证金要求补救，进一步挤压市场流动性。

报告还指出，CCP 的风险厌恶情绪和银行囤积流动性行为都会挤压市场流动性。如疫情期间，加拿大多伦多证券交易所（TMX）试图提高所有清算会员 15% 的初始保证金。银行在保证金追加的预期下可能会选择囤积流动资产，如美国银行业的现金资产在 3 月和 4 月增长了近两倍。

报告建议，中央银行和监管机构需要统筹考虑对 CCP 和银行的监管，在指导 CCP 设置保证金要求时做好权衡，一方面能从微观审慎的角度动态调整保证金要求，以反映不断变化的风险，另一方面能从宏观审慎的角度限制压力时期保证金的增加，可采取在市场平静时期预防性提高保证金要求等应对措施。

2. 欧洲系统风险理事会提出建议应对保证金追缴可能引发流动性风险的问题

2020 年，为应对新冠肺炎疫情对欧盟金融系统的冲击，欧洲系统风险理事会（ESRB）召开特别会议，为欧盟的监管机构提出实施建议。其中，"中央对手清算和双边清算保证金追缴可能引发流动性风险"被认为是需优先处理的问题之一。

为预防流动性压力导致的系统性抛售，ESRB 提出了以下四方面建议：

一是防范 CCP 清算和双边清算中抵押品要求的"悬崖效应"：建议参与者使用更精细的信用评分模型、渐进调整保证金要求、严格遵守顺周期性相关监管要求、特别考虑信用评级降低的情形；要求 CCP 在减少合格抵押品范围、大幅调整抵押品折扣率、大幅降低集中度限制时必须立即报告；等等。

二是要求 CCP 增加压力测试方案，涵盖类似场景；要求 CCP 确保拥有获取流动性的替代来源；监管机构可联合第三国监管机构开展联合的流动性压力测试演练。

三是减少收取保证金操作相关的限制，CCP 在每日追加保证金时，应明确告知哪部分用于覆盖当天完成合约替代的交易、哪部分是市场波动导致；CCP 应优先使用参与者缴纳的超额部分而不是额外追缴，除非清算会员自愿。

四是建议欧盟相关机构积极参与国际层面的讨论和国际标准制定组织的活动，积极推动解决顺周期性问题有关国际标准的制定。

3. 美国期货业协会发布白皮书《重温顺周期性：新冠肺炎疫情市场波动对保证金要求的影响》

2020 年 10 月 29 日，美国期货业协会（FIA）发布白皮书《重温顺周期性：新冠肺炎疫情市场波动对保证金要求的影响》，回顾了 2020 年第一季度全球衍生品 CCP 的保证金在市场急剧波动下急剧增加呈现出的顺周期现象，强调了抑制 CCP 保证金过度顺周期性的必要性，并提出了一些具体建议。

FIA 指出，目前 CCP 需应对保证金模型顺周期性问题，主要有三方面原因：第一，保证金追缴给清算会员及其客户带来巨大的挑战。首先，保证金规模的空前增加，给清算会员寻找和交付抵押品造成了极大的运营压力。其次，保证金追缴不只发生在日终，很多 CCP 可能选择日间追缴，日间追缴保证金是 CCP 重要的风险管理工具，但给清算会员流动性管理带来更大的挑战， 2020 年第一季度多个 CCP 都增加了日间追缴工具的使用。最后，单个清算会员违约可能演变成系统性风险的来源，一个市场参与者在一家 CCP 未能及时补充保证金，根据清算业务规则，这家 CCP 可以在短时间内宣布违约，其他相关性不高的 CCP 也可同时宣布该参与者违约，从而引发连锁反应。

第二，顺周期性影响有溢出效应，会波及其他金融市场，例如，在 3 月市场波动的高峰期，美国回购市场出现的流动性短缺迹象，就与 CCP 的保证金追缴有一定关系。美国的场内外衍生品市场都与回购市场紧密相连。幸运的是，美联储迅速采取行动挽救了局面，但金融市场流动性风险管理不应依赖中央银行的紧急行动。

第三，CCP 在全球清算系统中的竞争性和关联性较高，使全面、妥善地应对顺周期问题变得更加重要。一套全球统一的缓解顺周期性问题的标准有利于降低 CCP 在制定保证金标准中"向下竞争"的可能，并引导 CCP 在其他领域竞争，如运营效率和技术创新。此外，全球衍生品市场中的 CCP，无论规模大小，对于本地市场的稳定和本地市场中的抵押品资源都有至关重要的影响，它们之间通过相同的清算会员相互紧密关联。在市场压力时期，当许多 CCP 同时发出大量追加保证金要求时，将急剧增加全球性清算银行的流动性压力，可能引发全球范围的系统性风险。

FIA 提出四条具体建议：一是应用或改进最低保证金（margin floor）要求，最低保证金要求的作用是防止在市场平静期保证金水平过低。最低保证金要求的设置无法做到用一套标准适用所有情况，应以原则为导向，建议考虑三条主要原则：其一，用于校准最低保证金的回溯期必须足够长，能包含金融危机这样的严重压力时期；其二，设置最低波动率要求，防止因波动过低使最低保证金要求降低；其三，从绝对数值和相对百分比两个维度设置和调整最低保证金。二是对保证金要求的调整速度进行管理，即限制特定时间内保证金的最大增长幅度。三是规范日间保证金追缴，包括日间保证金追缴固定在每天的同一时刻、保证金追加要区分初始保证金和交易损失部分、允许非现金抵押品的使用、允许清算会员超额存放证券抵押品用于补缴保证金、临时的保证金追缴只允许在特殊情况下发生。四是整体改进保证金模型，如在日终结算价格统计、回溯周期、风险保证金期限、保证金的集中度和流动性方面可以进一步优化。

4."风险美国"研讨会专题讨论疫情期间中央对手方保证金模型顺周期效应

2020年11月16日至19日，由Risk.net主办的每年一度研讨会"风险美国"（Risk USA）在线上举行。11月18日举行的"回顾疫情危机期间中央对手方和交易对手方的韧性"专题讨论中，来自贝莱德、芝加哥商品交易所集团、摩根大通、汇丰银行的专家主要围绕如何应对疫情期间CCP保证金模型的顺周期效应展开了讨论。

贝莱德执行董事Eileen Kiely表示，保证金模型存在顺周期效应，表明保证金模型并未充分校准。在各主要司法辖区中，欧盟的监管规则制定了相对完整的抑制保证金模型顺周期性的监管安排，可能也正因为如此，疫情危机期间欧洲地区保证金的增长幅度低于美国，但这些措施仍然不够。她认为，监管规则制定的重点应当是将保证金水平维持在更高的水平，而不是制定所谓的"抑制顺周期性"的标准。她比喻说："如果窗户破损，仅仅盖上窗帘并不足以修缮窗户，而是应该固定窗户。欧盟采取的抑制顺周期性措施只是相当于在破损的窗户上盖上了窗帘。"据Risk.net报道，Kiely的评论呼应了多家银行的观点，他们都认为进入新冠肺炎疫情危机时CCP征收的保证金太低，尤其是在全球性CCP清算的主要基准合约。Eileen Kiely建议，采用更长的回溯周期和更恰当、审慎的风险保证金期限（MPOR）标准可能更加有效。她指出，目前欧美监管规则中MPOR的规定其实都没有抓住重点，按清算产品类型制定1天、2天等不同时长的MPOR标准，特别是对于场外衍生品来说是错误的方法。MPOR的标准制定应当根据合同本身风险进行调整。

欧盟的监管规则中有三项对保证金模型的规定与抑制顺周期性相关：一是对保证金计算施加 25% 的附加值要求；二是规定至少将 25% 的权重分配给回溯期内的压力观测值；三是确保保证金要求不低于以 10 年回溯期计算出的值。本质上，这些规定都是为使保证金维持在一个较高的水平，欧盟 CCP 必须至少遵守上述三项规定中的一项。美国期货业协会（FIA）在10 月发布的白皮书中①指出，欧洲的抑制顺周期性措施在所有辖区中最为严格，对其他辖区 CCP 也有一定的影响，欧盟以外的大型 CCP 必须遵守这些规定才能服务欧洲客户。欧美地区的主要 CCP 因此通常都采取了抑制保证金顺周期性的相关措施，但实施情况差异很大，例如，一些 CCP 选择从产品的整个交易历史中选取静态的压力区间作为风险缓冲，另一些 CCP 选择引入压力场景，采用标准的回溯周期和动态的风险价值（VaR）模型，还有的 CCP 以假设性压力场景（hypothetical stresses）作为对未知波动性事件的预测，进一步延长回溯期。此外，CCP 间静态场景的应用权重也有很大差异。

CME 集团主管信用和流动性风险的执行董事 Suzanne Sprague 提出，新冠肺炎疫情危机堪称"百年一遇"的事件，CCP 无法真正做到预测市场以及下次极端波动将如何变化。CCP 的保证金模型除了已考虑风险保证金期限外，还设置了一个 99% 的置信区间，旨在覆盖一定时间内 99% 的波动，并非要求必须能捕捉尾部风险。面对尾部风险，CCP 通过进行压力测试、向清算会员收取其他资金和费用等方式应对。他还表示，芝加哥商品交易所清算公司（CME Clearing）获得欧盟的认证，即表明了自身抑制顺周期性措施已按照标准落实到位。

摩根大通主管清算所风险和策略的执行董事 Rajalakshmi Ramanath 建议，制定顺周期性措施应结合考虑 CCP 的会员结构，即由 CCP 的参与者基础决

① 2020 年 10 月 29 日，美国期货业协会发布白皮书《重温顺周期性：新冠肺炎疫情市场波动对保证金要求的影响》（https://www.fia.org/resources/fia-issues-white-paper-impact-pandemic-volatility-ccp-margin-requirements）。

定。对于清算会员主要是大型银行的 CCP，可容忍短时间内更快的保证金增长速度，因为大型银行拥有更大规模的头寸和更强的获取隔夜流动性的能力；对于清算会员多为零售经纪商的 CCP，则应当更加谨慎，因为过快的保证金增长速度可能超出参与者的接受范围。

（三）业务连续性

2020 年 3 月 11 日，欧洲证券与市场管理局（ESMA）发布公告，建议金融市场参与者，特别是金融市场基础设施，稳妥实施业务连续性计划（BCP），以应对新冠病毒影响。3 月 11 日至 18 日，芝加哥商品交易所（CME）、美国存管信托和清算公司（DTCC）、芝加哥期权交易所（CBOE）、伦敦金属交易所（LME）、纽约证券交易所（NYSE）、香港交易所（HKEX）等金融市场基础设施陆续发布通知，应急采取 BCP 措施。

1. BCP 的定义、主要国家监管规定和主要国际标准

（1）BCP 的定义。BCP 是指成文的、全面性的计划，旨在确定相关流程、步骤和制度，帮助机构在运营发生中断后继续或者恢复运行。

"9·11 事件"后，BCP 问题受到国际金融市场重视。美国、欧盟等司法辖区加快推进监管政策研究准备，金融市场基础设施（FMI）是优先考虑的对象。在此基础上，国际清算银行（BIS）、国际证监会组织（IOSCO）等从 BCP 国际标准的制定应用层面，开展了大量工作。

（2）主要国家监管规定。

美国。2003 年 4 月，美国联邦储备委员会（FED）、美国货币监理署（OCC）和美国证券交易委员会（SEC）联合发布《加强美国金融体系韧性的有效实践》白皮书，呼吁关键金融市场的核心清算结算组织 / 公司采取三条措施：一是制定合适的恢复时间目标，二是维持足够的跨地理区域资源，三是定期测试业务连续性安排。之后，美国各金融监管机构陆续把白皮书精神细化并纳入部门规章。2003 年 10 月，SEC 发布《交易市场业务连续性计划》，要求自律组织市场（SRO Market）、电子通信网络（ECN）

等 FMI 制定 BCP，确保在出现大范围业务中断时，不迟于次交易日恢复运行。2010 年 7 月，美国商品期货交易委员会（CFTC）发布《业务连续性和灾难恢复》并修订《CFTC 监管条例》，要求衍生品清算组织（DCO）、指定合约市场（DCM）等 FMI 建立 BCP 安排，在出现大范围业务中断当日恢复运行。2020 年 1 月最新修订的《CFTC 监管条例》第 39 章规定，具有系统重要性的衍生品清算组织（DCO）应达到 2 小时的恢复时间目标。

欧盟。2012 年 7 月，欧盟颁布《欧洲市场基础设施监管规则》（EMIR），规定中央对手方（CCP）应当设立、执行并维持充分的业务连续性管理政策及灾后恢复计划，以保护业务职能、及时恢复运营、履行支付结算义务。欧盟随后颁布实施细则《中央对手方要求的监管技术标准》（EMIR RTS 153/2013），其中第 5 章为"业务连续性管理"，从战略与政策、业务影响分析、灾难恢复、测试与监控、定期审查与更新、危机管理以及沟通机制共 7 个方面对 BCP 进行详细规定。

英国。2019 年 12 月，英格兰银行（BOE）发布《中央对手方的运行韧性（征求意见稿）》，要求 CCP 从以下三个方面提升运行韧性：识别对金融稳定有影响的重要业务；设置重要业务所能承受的最长中断时间（即容忍度）；制定应变措施以便重启重要业务。BOE 在该报告中制定了 CCP 运行韧性框架，以降低运行中断事件发生的可能性，并帮助 CCP 从运行中断中恢复，具体包括以下内容：一是识别重要业务；二是审批对重要业务影响的容忍度；三是识别每个重要业务所需的人员、流程、技术、设施和信息，并与运行风险管理框架保持一致；四是识别重要业务中断的风险；五是若重要业务发生中断，确保可在设置的容忍度内恢复；六是利用测试结果改进流程；七是建立沟通机制，特别考虑对关联的 FMI、跨司法辖区、跨市场及跨产品的影响。

（3）主要国际标准。2006 年 8 月，由巴塞尔银行监管委员会（BCBS）、IOSCO 等国际组织组成的联合论坛（Joint Forum）发布《业务连续性的高级别原则》，提出了七方面普适性要求，包括董事会和高管责任、重大运营中断风险管理、业务恢复目标、沟通、跨境协调、测试、审核，为后续业务连续性具体规定搭建了框架。对于"为金融系统提供关键服务"的组织（如支付与结算系统），该原则规定，在制定业务恢复目标时点时，应适用较普通金融机构更高的目标，至少为中断当日内恢复。

2012年4月，支付与市场基础设施委员会（CPMI）与IOSCO共同发布《金融市场基础设施原则》（PFMI），其中规定FMI应制定BCP，以应对可能导致运行中断的显著风险事件。FMI的BCP应满足五方面要求，一是明确规定目标、制度和程序。二是确保重要信息技术系统能在2小时之内恢复运行。在极端情况下，要求在中断日日终完成结算。三是建立备用站点，能在需要时接管运行。四是明确规定危机和事件管理办法。五是应接受定期评审和测试。

为推动FMI制定BCP，2015年底，IOSCO发布《市场中介机构业务连续和恢复计划》报告，提出两项要求：一是监管机构应要求包括FMI在内的市场中介机构制定和维护书面形式的BCP，包括制定应对紧急情况或重大业务中断情况的有关流程；二是监管机构应要求包括FMI在内的市场中介机构在运营、结构、业务、地点发生重大变化的情况下更新其BCP并每年审核。

2. FMI 的 BCP 主要内容及其与 FMI 恢复与处置计划的区别

（1）BCP 的主要内容。根据前述主要国家监管规定和主要国际标准，FMI 的 BCP 一般包括以下内容：

一是明确关键业务功能并确定优先级。关键业务功能的判断因素包括所占市场份额、客户数量及范围、相关交易的风险状况、该业务功能的可替代性、政策规定（如强制集中清算要求）等。

二是确定恢复时间目标（RTO）和恢复点目标（RPO）。RTO指，信息系统如要恢复至不对业务造成负面影响的程度，所需的目标总时长。在设定RTO时，应考虑不同情况下关键系统所需的恢复时间，如人员减少（如暴发传染病）、厂址损坏（如发生火灾、地震）、技术故障（如受到恶意网络攻击）等不同情况。RPO 指，为恢复业务功能，可还原业务数据至中断事件发生前的目标节点（以时间增量计算，如分钟、小时或天）。RPO 代表了系统恢复后对数据丢失的容忍度，为达到这一目标，需制定数据备份和存储策略。设计备份策略时，一般考虑两种备份：现场备份和异地备份。

三是建立备用站点以在需要时接管运行。备用站点具备充足的资源、容量、功能和合适的人员配备，并接受定期站点切换测试，以更好地评估风险并改进转移方案。

四是具备人员配备的应急计划。当遭遇自然灾害、极端气候条件或流行性疾病时，机构可能面临人员缺岗，因此需要提前为工作人员的缺席做好应急安排，如考虑配备在相关地区以外居住和工作的人力资源。

与普通金融机构相比，FMI 具有系统重要性，尤其是严重的业务中断可能导致系统性风险，因此，对于 FMI 的 BCP 要求较普通金融机构严格，这主要体现在 RTO 方面。对于 FMI，一般要求其重要信息技术系统能在中断事故发生 2 小时之内恢复运行，而普通金融机构没有硬性要求。为实现这一目标，FMI 在建立备用站点等方面也适用更高要求，如 PFMI 要求 FMI "考虑建立第三站点的需求和可能性"。此外，CCP 在进行季度量化信息披露时，也被要求披露核心清算系统在最近 1 年发生故障的次数和时长。

（2）FMI 的 BCP 与 FMI 恢复计划的区别。FMI 的恢复计划，是指 FMI 采取的与规则、程序以及其他事前协议保持一致措施，用于处理由参与者违约或其他原因造成的未覆盖损失、流动性缺口或资本金不足，包括为维持 FMI 存续经营并提供核心服务所需的补充金融资源的措施和流动性安排。

FMI 的 BCP 和恢复计划均是以维持 FMI 的继续经营及继续提供关键服务为目的，且均需在计划中鉴别 FMI 的关键服务，但二者存在如下三方面不同：

一是针对的压力情景不同。BCP 针对的是运行风险导致 FMI 服务中断的情况，包括技术故障、大范围流行病、自然灾害和恐怖主义等。恢复计划主要针对的是 FMI 陷入财务困境威胁其持续经营的情况，包括由参与者违约导致的信用亏损或流动性不足、一般商业风险损失、托管和投资风险损失等。

二是实施措施不同。BCP 计划的有效实施主要依赖的是事先安排的备用站点，以及组织、技术、员工等方面保障，一般不需要涉及参与者。恢复计划常用的恢复工具包括现金追加、初始保证金及变动保证金收益折扣、从参与者或第三方机构获得流动性、资本和资产重组、保险与赔偿协议等。

三是触发的时机不同。对于 FMI 来说，启用 BCP 的时机是明确的，即发生服务中断时。恢复计划的触发时机存在不确定性，即不能判定所遭遇的某种危机是不是前所未有的并需要动用恢复计划。一般而言，FMI 需事先（定量和定性）制订部分或全部恢复计划被触发执行的定义和标准。在一些情况下，触发时机较容易判断。如当参与者违约时，恢复计划将在 FMI 预缴金融资源用尽或相关流动性安排枯竭时触发。在其他情况下，恢复计划的触发时机不易把握。例如，在一般商业风险造成 FMI 损失的情况下，判断何时启用恢复计划比较困难。

（3）FMI 的 BCP 与 FMI 处置计划的区别。FMI 的处置计划，是指当 FMI 恢复计划失效且难以保证其关键性业务连续性时，监管部门所及时采取的一系列措施，以恢复机构的关键业务或保障其有序解散。

FMI 的 BCP 和处置计划均以实现 FMI 关键业务的连续性为目标，但二者存在如下三方面的不同：

一是内涵存在区别。BCP 的关键业务连续性是指仍由该 FMI 继续提供服务。而处置计划中关键业务连续性是指在所属司法辖区内维持连续性，实现方式可以是将该 FMI 的股份、业务转移或出售给第三方，也可以是将 FMI 的关键功能通过债权人出资进行资本结构调整。

二是实施主体不同。BCP 计划的实施主体为 FMI 自身，而处置计划的实施主体（也即处置当局）为其管理部门，一般为监管当局。若处置当局不是监管当局，则处置当局应具有调用监管当局资源的能力。若为多个部门共同组成处置当局，则应协调好各自的职责和分工，并且明确一个部门为主导部门。

三是实施措施不同。BCP 计划主要通过安排备用站点、完善数据备份等措施实施。而处置当局的处置工具根据 FMI 的类型有所区别，以 CCP 为例，可包括根据 CCP 规则和协议执行未平仓合约；继续临时性运营 CCP；通过拍卖、中止合同、征求自愿捐助等方式恢复账面平衡；处理未清偿的违约和非违约损失；补充财务资源；降低（完整或部分）CCP 股权以及无担保债务账面价值；将 CCP 关键业务功能转移给有偿付能力的第三方；关闭 CCP 的非关键业务功能。

3. 国际主要 CCP 制定并运用 BCP 的相关实践

本文基于国际主要 CCP 公布的 PFMI 自评估报告、量化信息披露报告、BCP 报告或业务连续性管理相关文件，对各家机构 BCP 的主要内容、共同要素和实际运行中的故障数据进行了介绍，并梳理了各家机构启动 BCP 应对新冠肺炎疫情的最新动态。

（1）国际主要 CCP 的 BCP 内容。LCH 的 BCP 主要包括五方面：一是设有首选备用办公区和伦敦外的次选备用办公区；二是当发生危机事件时，LCH 将把重要工作转移给另一个地区 / 国家的工作人员，且每项清算业务和功能都能够在任意情况下进行跨地区切换；三是设定关键服务的 RTO 为两个小时；四是设有三个数据中心，并定期对这些数据中心进行测试；五是规定员工在危机情况下将进行远程办公，并对远程工作进行测试。LCH 通过业务影响评估（BIA）定期审查其 BCP。

CME 的 BCP 主要包括五方面：一是设有多处办公场所，具备支持工作转移和员工远程办公的设备　二是当其芝加哥或纽约交易大厅无法使用时，将把剩余的交易活动转移至 CME Globex 电子交易平台；三是 CME 对位于主要生产办公区域以外的工作人员进行处理关键业务流程的培训；四是设定关键服务的 RTO 为两个小时；五是设置两个数据中心，主数据中心位于美国中西部地区，容纳了 CME Globex 电子交易系统、清算系统和监管应用程序，备用数据中心位于美国东海岸，主要是为主数据中心的系统提供备份，CME 清算交易数据能够几乎实时地复制到主数据中心和备用数据中心。

DTCC 的 BCP 主要包括五方面：一是在纽约市以外的多个地点均有工作人员和远程数据中心等运营设备，在突发情况下能够恢复存托和清算功能等关键的数据处理操作；二是备选工作地点均配有应急电力系统，且其最重要的运营部门至少使用两个独立的地点来处理数据；三是设定关键服务的 RTO 为两个小时；四是配备支持远距离高速数据复制功能的远程数据中心；五是数据存储设施支持多项关键功能的自动化，具有在系统中断后自动重启数据复制的功能。

Eurex Clearing 的 BCP 主要包括五方面：一是设有备用办公区，且支持与主数据中心和备用数据中心联网；二是设有主数据中心和备用数据中心，均配备了足够的数据处理和通信设备，并使用高速光学数据链相互连接；三是设定关键服务的 RTO 为两个小时；四是设有主数据中心和备用数据中心，均配备了足够的数据处理和通信设备，并使用高速光学数据链相互连接；五是在其数据中心配备了安全设置，包括入侵侦测系统、火警及湿度探测器、灭火系统及后备发电机性。

（2）各 CCP 的 BCP 具备的共同要素。通过对比 LCH、CME、DTCC 和 Eurex Clearing 的 BCP，可以发现国际主要 CCP 的 BCP 具有以下四点共性：

一是设置备用工作区。4 家 CCP 均设置完善的备用工作区，部分 CCP 还设置多处办公地点，能够有效地避免因主办公区域无法使用所带来的风险，有助于维持关键的数据处理以及业务的开展。

二是设定明确的 RTO。各 CCP 均明确设定关键服务的 RTO 为两个小时，即必须在破坏性事件、危机或灾难发生后两个小时内恢复关键系统，包括清算、结算等系统。

三是具有快速转移重要工作的机制。快速转移的对象主要为工作人员及系统平台。LCH 和 CME 均明确规定在危机情况下可将工作转移给别的

办公地点 / 国家的工作人员，DTCC 也在多地点配有工作人员能够完成工作的衔接。此外，部分 CCP 会对非主要办公区的相关工作人员进行处理关键业务流程的相关培训，以确保在突发情况下关键业务的顺利衔接。

四是设置具有韧性和地理多样性的数据中心。当主数据中心无法使用，则可以启用备用数据中心，有效避免数据丢失。各家 CCP 均配备至少两个数据中心，如 LCH 设有三个数据中心、DTCC 在多处办公点设有远程数据中心等。此外，部分 CCP 还为其数据中心配备了安全设置，以确保数据中心的正常运行。

（3）CCP 系统故障次数和持续时间对比。根据 LCH、Eurex Clearing、CME、DTCC 的量化信息披露报告，各 CCP 均将恢复时间目标设置为两个小时，与 PFMI 等国际标准及各国的监管要求保持一致。

在实际发生故障的次数和时长方面，以上几家 CCP 中，LCH 故障次数最多（最近 1 年发生 12 次），DTCC 平均故障时间最长（最近 1 年平均时长为 1 小时 25 分钟），且 DTCC 的平均恢复时长曾超出两个小时恢复时间目标（见表 3-2）。

表 3-2　部分国际 CCP 系统故障次数及平均时长

		2015Q4~2016Q3	2016Q4~2017Q3	2017Q4~2018Q3	2018Q4~2019Q3
LCH	故障次数	11	9	13	12
	平均每次故障时长	1:06:05	1:10:47	1:11:09	0:50:28
Eurex Clearing	故障次数	10	0	0	2
	平均每次故障时长	0:16:04	0:00:00	0:00:00	0:37:30
CME	故障次数	0	9	0	2
	平均每次故障时长	0:00:00	1:30:00	0:00:00	0:45:00
DTCC	故障次数	6	3	3	3
	平均每次故障时长	2:32:10	2:20:40	1:10:00	1:25:20

资料来源：各 CCP 量化信息披露报告要点第 17.3.1 节。

（4）国际 FMI 应对新冠肺炎疫情实施 BCP 的实践。2020 年 3 月 11 日，CME 发表声明，宣布将在 3 月 13 日盘后关闭其芝加哥交易大厅，所有产品交易将转移至 CME Globex 电子交易系统，以减少可能导致新冠肺炎病毒传播的大规模聚集。CME Globex 电子交易系统提供一周 6 天、24 小时全天候无间断市场交易，投资者可以从超过 150 个国家和地区接入。此外，CME 还发布若干关于业务开展的说明，包括允许场内经纪商在未注册过的实体或交易大厅处理客户订单等。

2020 年 3 月 11 日，DTCC 披露，可以实现员工分布多地远程办公保证业务连续性，目前业务正常进行。DTCC 已做好以下预案以应对进一步恶化的情况：一是一旦第三方服务提供方运行出现困难，将临时性减少或暂停部分严重依赖第三方支持的服务；二是如果只允许有限的一部分员工进入工作场所，可能会采取暂停部分服务、每日设定处理规模限制等措施；三是疫情彻底暴发不允许员工进入办公场所时，将取消实物证券处理相关的服务。

2020 年 3 月 12 日，CBOE 发表声明，宣布将于 2020 年 3 月 13 日（上周五）起关闭其交易大厅，相关交易将继续以电子交易模式进行。此前，CBOE 曾发布关于疫情进一步升级情况下业务开展的说明，涉及 BCP 的主要包括两方面：一方面在必要的情况下，将允许员工通过远程 / 居家办公来正常操作所有交易平台；另一方面如果必须暂停交易大厅的公开叫价交易，CBOE 将仅在电子交易模式下运作。

2020 年 3 月 13 日，LME 发布公告，表示 LME 已在业务连续性管理制度中考虑流行病传染的场景。为防止新冠肺炎疫情的传播并维持有序的市场，LME 采取以下措施：一是限制旅行和会议。二是要求员工分团队轮岗工作，三是制订应急计划。交易所服务仍主要从伦敦提供，在特殊情况下可转移到异地备用系统。四是正与托管服务提供商协商制订权证交割的应急计划。考虑到极端情况下疫情可能影响金属的运输、导致无法交割，LME 建议空头持有者确保可以用于交割的库存。五是赋予 LME 特别委员会维持金属进出仓库秩序的权力。六是每周持续向会员发布有关政策变动的信息。3 月 17 日，根据英国政府建议，LME 宣布从 3 月 23 日起暂时关闭交易大厅，交易转移至电子平台 LMEselect 进行。

2020 年 3 月 16 日，香港交易所（HKEX）发布公告，表示受疫情影响，上市公司业绩预告可延期 60 天发布。3 月 18 日，HKEX 行政总裁李小加发布文章，表示 HKEX 已建立全面的业务连续性管理方案，目前结算及风险管理系统运作正常，衍生产品收市后交易时段的暂停交易机制在市况急剧波动时正常启动。

2020 年 3 月 18 日，NYSE 发布公告，宣布自 2020 年 3 月 23 日起关闭交易大厅，全部交易活动将在电子交易平台上进行。NYSE 官员表示，虽然市场急剧下跌（截至 3 月 18 日，美股已在近 10 天内 4 次熔断），关闭交易大厅不会损害市场的运作能力。

二、场外市场发展与改革

（一）中央对手清算和双边保证金改革进展

1. 金融稳定理事会发布 2020 年度场外衍生品市场改革进展报告

2020 年 11 月 25 日，金融稳定理事会（FSB）发布了 2020 年全球场外衍生品改革进展报告（截至 2020 年 9 月底，个别数据截至 2020 年 6 月底），总结了 24 个 FSB 司法辖区中央对手清算的最新进展（相比 2019 年 10 月）：强制中央对手清算要求方面，已有 17 个 FSB 司法辖区建立强制中央对手清算要求的全面标准，没有新的变化。俄罗斯通过了确定衍生品何时将被纳入强制中央对手清算的标准，但尚未正式生效。非中央对手清算衍生品（NCCDs）保证金要求已在 16 个司法辖区生效，没有新的变化。受新冠肺炎疫情影响，巴塞尔银行监管委员会（BCBS）和国际证监会组织（IOSCO）商定 NCCDs 保证金要求实施的最后两个阶段期限延长 1 年。此外，南非发布了 NCCDs 保证金要求最终标准，印度尼西亚和墨西哥就 NCCDs 保证金要求公开征求意见。NCCDs 资本金要求方面，过渡期标准已在 23 个 FSB 司法辖区生效，没有新的变化。最终标准在 8 个 FSB 司法辖区生效，较 2019 年 9 月新增了瑞士。美国和中国香港地区两个司法辖区通过了 NCCDs 资本金最终标准。

（1）中央对手清算。2019 年 10 月以来，强制中央对手清算全面标准已生效的司法辖区数量保持不变，仍为 17 家（见表 3-3）。俄罗斯立法通过了确定衍生品何时将被纳入强制中央对手清算的标准，自 2021 年 1 月生效，2021 年第四季度起实施（根据前三个季度数据计算是否达到规定的最低金额门槛）。南非和土耳其依靠激励机制或自愿措施鼓励中央对手清算，印度尼西亚和南非均已采取措施引入中央对手方（CCP），作为实施强制中央对手清算的前提。

表 3-3　中央对手清算监管实施进展

国家（地区）	2019Q3	2019Q4	2020Q1	2020Q2	2020Q3	2020Q4	2021H1	2021H2
阿根廷	1	1	1	1	1	1	1	1
澳大利亚	—	—	—	—	—	—	—	—
巴西	—	—	—	—	—	—	—	—
加拿大	—	—	—	—	—	—	—	—
中国	—	—	—	—	—	—	—	—
欧盟	—	—	—	—	—	—	—	—
中国香港	—	—	—	—	—	—	—	—
印度	3	3	3	3	3	3	3	3
印度尼西亚	3	3	3	3	3	3	3	3
日本	—	—	—	—	—	—	—	—
韩国	—	—	—	—	—	—	—	—
墨西哥	—	—	—	—	—	—	—	—

续表

国家（地区）	2019Q3	2019Q4	2020Q1	2020Q2	2020Q3	2020Q4	2021H1	2021H2
俄罗斯	2	2	3	3	3	3	3	3
沙特阿拉伯	1	1	1	1	1	1	1	1
新加坡	—	—	—	—	—	—	—	—
南非	3	3	3	3	3	3	3	3
瑞士	—	—	—	—	—	—	—	—
土耳其	1	1	1	1	1	1	2	1
英国	—	—	—	—	—	—	—	—
美国	—	—	—	—	—	—	—	—

资料来源：FSB。

注：1. 立法框架或其他监管手段已经生效，或已处于公开征求意见阶段，或已推出公开提案；

2. 实施改革的有关立法框架或其他监管手段已经生效，并且对于至少部分交易，判断其是否纳入强制中央对手清算的具体标准或要求已处于公开征求意见阶段，或已推出公开提案；

3. 立法框架或其他监管手段已经生效，并且对于至少部分交易，判断其是否纳入强制中央对手清算的具体标准或要求已获通过。

一：立法框架或其他监管手段已经生效，并且对于超过90%的交易，判断其是否纳入强制中央对手清算的具体标准或要求已经生效。有适当的监管机构根据这些标准定期评估以上交易。

一些司法辖区进一步延长了现有的中央对手清算豁免，如澳大利亚将澳大利亚元计价的远期利率办议的强制中央对手清算豁免期延长至2022年4月，而另一些司法辖区扩大了纳入强制中央对手清算的衍生品和实体的范围，如新加坡自2020年4月起将欧元和英镑计价的利率互换纳入强制中央对手清算的范围。2020年上半年，由于新冠肺炎疫情的蔓延，信用衍生品交易量有所增加，因此新增交易中可中央对手清算信用衍生品的占比有所提高。如图3-1所示，中央对手清算率的区间继续提高。此外，中国首次提供外汇和利率衍生品有关数据。

银行间市场中央对手清算
发展报告 (2020)

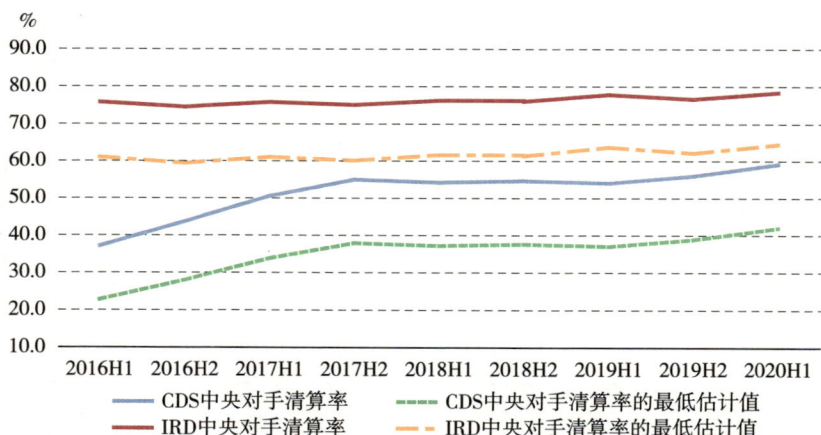

注：中央对手清算率指的是中央对手清算的场外利率衍生品（IRD）和信用违约互换（CDS）的存续名义本金占所有场外 IRD 和 CDS 存续名义本金的比例。

最低估算值的计算公式是（CCP/2）／〔1－（CCP/2）〕，其中 CCP 是指交易商报告的与 CCP 相关的交易规模，CCP 除以 2，是为了避免重复计算。

图 3-1　场外利率衍生品和信用违约互换中央对手清算率

（数据来源：国际清算银行（BIS））

如表 3-4 所示，2019 年 10 月以来，中央对手清算服务的可得性进一步提高，尤其是场外利率衍生品。日本批准 OTC Clearing Hong Kong 和 Eurex Clearing 两家境外 CCP 开展利率衍生品清算业务。土耳其批准设立了其国内首家 CCP（伊斯坦布尔结算和托管银行公司）来清算场外利率衍生品。同时，新加坡交易所（SGX）在美国的衍生品清算组织（DCO）注册状态自 2019 年末起处于休眠状态，因此不再在美国提供场外衍生品清算服务。

表 3-4　各资产类别、司法辖区中央对手清算服务可得性

CCP 名称	国家 （地区）	获取业务经营许可的 FSB 司法辖区	商品	信用	权益	外汇	利率
1. Asigna	墨西哥	墨西哥	—	—	—	—	1
2. ASX Clear	澳大利亚	澳大利亚、欧盟、英国	3	3	3	3	3
3. ASX Clear (Futures)	澳大利亚	澳大利亚、欧盟、美国、瑞士、英国	3	3	3	3	5

CCP 名称	国家 （地区）	获取业务经营许可的 FSB 司法辖区	商品	信用	权益	外汇	利率
4. B3	巴西	巴西	1	1	1	1	1
5. BME Clearing	西班牙	欧盟、英国	2	—	—	—	2
6. CDCC	加拿大	加拿大、欧盟、英国	—	—	3	—	2
7. Clearing Corporation of India Ltd. (CCIL)	印度	欧盟、印度、英国	—	1	—	3	3
8. CME Group Inc.	美国	澳大利亚、加拿大、欧盟、中国香港、日本、墨西哥、新加坡、瑞士、英国、美国	6	3	1	5	10
9. European Commodity Clearing	德国	欧盟、瑞士、英国	3	—	—	—	—
10. Eurex Clearing	德国	澳大利亚、加拿大、欧盟、日本（新增）、新加坡、瑞士、英国、美国	—	—	—	2	8
11. ICE Clear Credit LLC.	美国	加拿大、欧盟、新加坡、瑞士、英国、美国	2	6	—	2	2
12. ICE Clear Europe Ltd.	英国	欧盟、瑞士、英国、美国	1	4	2	3	2
13. ICE Clear Netherlands	荷兰	欧盟、英国				2	
14. Indonesia Clearing House	印度尼西亚	印度尼西亚	1	—	—	—	—
15. JSCC	日本	澳大利亚、欧盟、中国香港、日本、瑞士、英国、美国	—	3	—		7
16. KDPW CCP	波兰	欧盟、英国					2
17. Kliring Berjangka Indonesia	印度尼西亚	印度尼西亚	1	—	—	—	—
18. Korea Exchange	韩国	欧盟、韩国、日本、英国、美国	—	—	—	—	5
19. LCH Ltd.	英国	澳大利亚、加拿大、欧盟、中国香港、日本、新加坡、瑞士、美国、英国、墨西哥	—	—	2	7	10

续表

CCP 名称	国家（地区）	获取业务经营许可的 FSB 司法辖区	商品	信用	权益	外汇	利率
20. LCH SA	法国	加拿大（新增）、欧盟、瑞士、英国、美国	—	5	—	—	—
21. LME Clear Ltd.	英国	欧盟、加拿大、瑞士、英国	4	—	—	—	—
22. Nasdaq OMX Stockholm	瑞典	澳大利亚、欧盟、英国	2	—	2	—	3
23. NBCI National Clearing Centre	俄罗斯	俄罗斯	—	—	—	1	1
24. ICE NGX Canada Inc.	加拿大	加拿大、欧盟、英国、美国	4	—	—	—	—
25. OCC	美国	加拿大、美国	1	—	2	—	—
26. OMI Clear	葡萄牙	欧盟、英国	2	—	—	—	—
27. OTC Clearing Hong Kong Ltd.	中国香港	澳大利亚、欧盟、中国香港、日本（新增）、英国、美国	—	—	—	4	5
28. SGX Derivatives Clearing Ltd.	新加坡	欧盟、新加坡、瑞士、英国	4	—	3	3	3
29. Shanghai Clearing House	中国	中国	1	1	—	1	1
30. SIX x–clear AG	瑞士	欧盟、英国	—	—	2	—	—
31. Istanbul Settlement and Custody Bank Inc.（新增）	土耳其	土耳其	—	—	—	—	1
每个资产类别中的 CCP 数量			17	10	12	13	21
每种资产类别中认证 CCP 的司法管辖区数量			41	30	26	38	78

注：（新增）及同一行中的粗体数字表示自 2019 年 10 月以来的状态变化。
资料来源：FSB。

（2）非中央对手清算衍生品（NCCDs）保证金要求。鉴于新冠肺炎疫情带来的巨大挑战，2020 年 4 月巴塞尔银行监管委员会（BCBS）和国际证监会组织（IOSCO）商定将完成 NCCDs 保证金要求最后两个实施阶段的期限延长 1 年。延期将为企业提供额外的运营能力以应对疫情的短期影响，同时使受监管实体加紧行动以便在新的截止日期之前达标。

此次延期后，NCCDs 保证金要求最终实施阶段将于 2022 年 9 月 1 日开始，届时 NCCDs 平均名义金额总计超过 80 亿欧元的受监管实体需达标。作为过渡期安排，自 2021 年 9 月 1 日起，NCCDs 平均名义金额总计超过 500 亿欧元的受监管实体需达标。

NCCDs 保证金要求目前已在 16 个司法辖区中生效，自上次进展报告之后没有新变化（见表 3–5）。所有这些司法辖区均根据 BCBS 和 IOSCO 的意见采取了措施，修订最后两个阶段的实施步骤。南非在发布保证金要求最终标准方面取得了进展，但考虑到新冠肺炎疫情的影响，具体实施日期待定。印度尼西亚和墨西哥已就标准公开征求意见。预计还有两个司法辖区将在 2021 年发布最终规则，其中，印度于 2020 年发布了变动保证金规则，将于 2021 年发布初始保证金规则，土耳其预计将于 2021 年上半年发布监管规定并于 2021 年下半年正式实施。

表 3–5 非中央对手清算衍生品保证金要求实施进展

国家（地区）	2019Q3	2019Q4	2020Q1	2020Q2	2020Q3	2020Q4	2021H1	2021H2
阿根廷	1	1	1	1	1	1	1	1
澳大利亚	—	—	—	—	—	—	—	—
巴西	—	—	—	—	—	—	—	—
加拿大	—	—	—	—	—	—	—	—
中国	1	1	1	1	1	1	1	1
欧盟	—	—	—	—	—	—	—	—
中国香港	—	—	—	—	—	—	—	—
印度	2	2	2	2	2	3	3	
印度尼西亚	1	1	1	1	2	2	2	2
日本	—	—	—	—	—	—	—	—
韩国	—	—	—	—	—	—	—	—

银行间市场中央对手清算
发展报告 (2020)

续表

国家（地区）	2019Q3	2019Q4	2020Q1	2020Q2	2020Q3	2020Q4	2021H1	2021H2
墨西哥	2	2	2	2	2	2	3	3
俄罗斯	1	1	1	1	1	1	1	1
沙特阿拉伯	—	—	—	—	—	—	—	—
新加坡	—	—	—	—	—	—	—	—
南非	2	2	2	3	3	3	3	3
瑞士								
土耳其	1	1	1	1	1	1	3	—
英国								
美国								

注：1. 立法框架或其他监管手段已经生效，或已处于公开征求意见阶段，或已推出公开提案；

2. 立法框架或其他监管手段已经生效，并且至少就某些交易而言，已经发布标准／要求以征询公众意见或建议；

3. 立法框架或其他监管手段已经生效，并且至少就某些交易而言，公共标准／要求已获通过。

—：立法框架或其他监管手段已经生效，并且在一段时间内，与各自的保证金工作组阶段一致的 90% 以上交易的标准／要求均已生效。

资料来源：FSB。

（3）非中央对手清算衍生品（NCCDs）更高资本金要求。尽管对 NCCDs 过渡性的较高资本要求已经在 23 个司法辖区生效，但目前只有 8 个司法辖区实施了 NCCDs 资本金要求最终标准（包括交易对手信用风险的标准化方法和银行对 CCP 交易敞口的最终标准）。

2019 年进度报告以来，仍然出现了一些进展。中国香港地区已于 2020 年第二季度通过了 NCCDs 资本金要求最终标准。瑞士已完成过渡期，NCCDs 资本金要求最终标准于 2020 年 1 月生效。美国银行业监管机构于 2019 年 11 月最终确定了大型国际活跃银行的资本金监管规则，强制实施的日期为 2022 年 1 月 1 日，但对于截至 2020 年 3 月的报告期已允许提前采用，以提高市场流动性并避免任何干扰。此外，美国商品期货交易委员会（CFTC）于 2020 年 7 月发布了对不受银行监管机构监管的掉期交易商和主要掉期参与者的资本金要求；市场参与者必须在 2021 年 10 月 6 日之前满足监管要求。受新冠肺炎疫情影响，墨西哥有关最终规则的征求意见（原计划于 2020 年上半年开始）被推迟到 2021 年下半年。

表 3-6　非中央对手清算衍生品的资本金要求过渡标准监管实施进展

国家（地区）	2019Q3	2019Q4	2020Q1	2020Q2	2020Q3	2020Q4	2021H1	2021H2
阿根廷	—	—	—	—	—	—	—	—
澳大利亚	—	—	—	—	—	—	—	—
巴西	—	—	—	—	—	—	—	—
加拿大	—	—	—	—	—	—	—	—
中国	—	—	—	—	—	—	—	—
欧盟	—	—	—	—	—	—	—	—
中国香港	—	—	—	—	—	—	—	—
印度	—	—	—	—	—	—	—	—
印度尼西亚	—	—	—	—	—	—	—	—
日本	—	—	—	—	—	—	—	—
韩国	—	—	—	—	—	—	—	—
墨西哥	—	—	—	—	—	—	—	—
俄罗斯	—	—	—	—	—	—	—	—
沙特阿拉伯	—	—	—	—	—	—	—	—
新加坡	—	—	—	—	—	—	—	—
南非	—	—	—	—	—	—	—	—
瑞士	—	—	—	—	—	—	—	—
土耳其	—	—	—	—	—	—	—	—
英国	—	—	—	—	—	—	—	—
美国	3	3	3	3	3	3	3	3

注：1. 立法框架或其他监管手段已经生效，或已处于公开征求意见阶段，或已推出公开提案；

2. 立法框架或其他监管手段已经生效，并且至少就某些交易而言，已经发布标准 / 要求以征询公众意见或建议；

3. 立法框架或其他监管手段已经生效，并且至少就 90% 以上的交易而言，公共标准 / 要求已获通过。

—：立法框架或其他监管手段已经生效，并且至少就 90% 以上的交易而言，标准 / 要求已获实施。

资料来源：FSB。

表 3-7　非中央对手清算衍生品的资本金要求最终标准监管实施进展

国家（地区）	2019Q3	2019Q4	2020Q1	2020Q2	2020Q3	2020Q4	2021H1	2021H2
阿根廷	—	—	—	—	—	—	—	—
澳大利亚	—	—	—	—	—	—	—	—
巴西	—	—	—	—	—	—	—	—
加拿大	—	—	—	—	—	—	—	—
中国	3	3	3	3	3	3	3	3
欧盟	3	3	3	3	3	3	3	3
中国香港	2	2	2	3	3	3	3	—
印度	3	3	3	3	3	3	3	3
印度尼西亚	—	—	—	—	—	—	—	—
日本	3	3	3	3	3	3	3	3
韩国	—	—	—	—	—	—	—	—
墨西哥	1	1	1	1	1	1	1	2
俄罗斯	2	2	2	2	2	2	2	2
沙特阿拉伯	—	—	—	—	—	—	—	—
新加坡	3	3	3	3	3	3	3	3
南非	2	2	2	2	2	2	—	—
瑞士	3	3	3					
土耳其	2	2	2	2	2	2	2	2
英国	3	3	3	3	3	3	3	3
美国	3	3	3	3	3	3	3	3

注：1. 立法框架或其他监管手段已经生效，或已处于公开征求意见阶段，或已推出公开提案；

2. 立法框架或其他监管手段已经生效，并且至少就某些交易而言，已经发布标准／要求以征询公众意见或建议；

3. 立法框架或其他监管手段已经生效，并且至少就 90% 以上的交易而言，公共标准／要求已获通过。

—：立法框架或其他监管手段已经生效，并且至少就 90% 以上的交易而言，标准／要求已获实施。

资料来源：FSB。

（4）新冠肺炎疫情对中央对手清算的影响。为应对 2020 年 3 月金融市场波动加剧和保证金增加的情况，一些司法辖区如加拿大、欧盟和英国的主管部门发布了政策建议或采取措施来管理和缓解顺周期性，其中包括改变银行的交易对手信用风险框架，降低其压力风险价值乘数或减轻 CCP 保证金管理实践中潜在的过度顺周期特征。此类措施反映了监管当局希望在保证金要求方面提供更大的灵活性，并减少 CCP 抵押品管理实践的可能顺周期性影响。

（5）CCP 处置计划。全球各司法辖区在具体实施有效的 CCP 处置制度，以及建立 CCP 跨境监管合作安排方面，仍有大量工作有待开展。多国监管当局已根据 FSB 发布的《CCP 处置与处置计划指引》中设定的一系列指标确定了哪些 CCP 在一个以上司法辖区（S>1）被认为具有系统重要性，并为这些 CCP 中的大部分建立了危机管理小组（CMG）、制订处置方案；但是在拥有 S>1 CCP 的十个司法辖区中，至少还有四个尚未完成 CCP 的法定处置制度。

FSB 与支付和市场基础设施委员会（CPMI）、国际证监会组织（IOSCO）密切合作，继续支持负责 CCP 处置的监管当局和危机管理小组（CMG）对用于 CCP 处置的金融资源的充足性进行评估。CPMI 和 IOSCO 已论述了 CCP 在违约处置拍卖过程中需关注的问题，提供了相应的解决方案，并与业内机构合作推动进展。

2. 国际掉期与衍生工具协会发布双边保证金规则检查清单

2020 年 2 月 7 日，国际掉期与衍生工具协会（ISDA）发布《双边保证金规则检查清单》，为市场机构遵守双边保证金规则提供指引。该检查清单列明了市场机构在执行双边保证金规则时的主要注意事项，包括初始保证金计算、抵押品管理、风险和争议管理、信息报送等八方面，共 58 项职能。

八方面注意事项包括：一是自我评估，包括明确适用于双边保证金规则的产品类别、计算每一法律实体的平均合计名义本金等 4 项职能；二是初始保证金计算，包括决定、计算和测试初始保证金计算模型等 11 项职能；三是隔离和托管，包括审查现有的托管关系、与托管人进行账户转移测试等 9 项职能；四是初始保证金的监管记录管理，包括协商制定信用支持附录、配置适用阈值等 6 项职能；五是抵押品安排，包括抵押品的集中限制、风险小组向谈判小组提供关于抵押品资格和折扣率的建议等 6 项职能；六是抵押品管理，包括制定抵押品管理流程和日常检查表以确保合规、在使用第三方托管时制定内部抵押品资格和风险监测等 12 项职能；七是风险和争议管理，包括建立回溯测试、初始保证金模型监测框架等 5 项职能；八是信息报送，包括生成数据以满足初始保证金的监管报送要求等 5 项职能。

3. 21 家行业协会联名呼吁全球监管机构推迟实施后续阶段的双边保证金要求

2020 年 3 月 25 日，ISDA 和美国证券行业和金融市场协会（SIFMA）等 21 家行业协会联合发布公开信，呼吁全球监管机构考虑疫情和市场动荡给企业带来的压力，推迟衍生品双边保证金要求第五阶段和最终阶段的实施，在形势明朗后再明确新的时间表。

巴塞尔银行监管委员会（BCBS）和国际证监会组织（IOSCO）于 2013年 9 月联合发布《双边保证金要求》框架，规定了征收双边初始保证金的最低门槛为 5 000 万欧元名义本金，并要求超过门槛的机构分阶段逐步落实，机构规模从大到小逐步覆盖。2019 年 7 月 23 日，BCBS 和 IOSCO 修订《双边保证金要求》，决定将双边保证金要求第五阶段的起始时间确定为 2020年 9 月，并推迟最终阶段的起始时间至 2021 年 9 月。

这些协会指出，尽管它们的会员机构都建立了强韧的业务连续性计划，但是受疫情和市场波动的影响，落实双边保证金要求仍主要面临人员和系统两方面障碍。人员方面，员工被迫居家办公并在市场波动时期被重新分配了工作任务，同时居家办公限制了其对法律和运营文件访问，以及与合约方的沟通。随着封锁的扩大，这些情况可能进一步恶化。系统方面，在当前的市场环境下，大部分公司无暇顾及系统和基础架构的部署和测试，不能为保证金要求的实施提供所需的系统支持。

信中指出，在当前形势下，各协会的成员机构都全身心地聚焦市场风险和信用风险的管理，它们的运营团队则将确保业务连续性计划的有效性作为工作重心。这 21 家协会一致认为，下一阶段的双边保证金要求旨在应对小型参与者未来的风险敞口，与之相比，更应将降低眼前危机造成的损失放在首位。他们呼吁全球监管机构尽快采取一致的监管行动来推迟双边保证金要求第五阶段和最终阶段的实施，并建议在疫情的总体影响得到进一步明确后，再制定落实双边保证金要求的时间表。

4. 巴塞尔银行监管委员会和国际证监会组织推迟实施后续阶段的双边保证金要求

为应对新冠肺炎疫情给市场带来的冲击，2020 年 4 月 3 日，BCBS 和 IOSCO 发布新修订的《双边保证金要求》，宣布将衍生品双边保证金要求第五阶段和最终阶段的起始时间分别延长 1 年至 2021 年 9 月和 2022 年 9 月，未对双边保证金要求框架进行实质性变更。

5. 欧美监管机构先后推出制度延长双边初始保证金实施期限

欧盟方面，2020 年 5 月 4 日，欧洲银行管理局（EBA）、欧洲保险和职业养老金管理局（EIOPA）以及欧洲证券与市场管理局（ESMA）联合发布声明，拟通过修订《欧洲市场基础设施监管规则》（EMIR）下的《监管技术标准》（RTS），将双边初始保证金规则的实施日期推迟 1 年，第五阶段至 2021 年 9 月、最终阶段至 2022 年 9 月，分别适用于持仓量 0.05 万亿 ~0.75 万亿欧元、0.008 万亿 ~0.05 万亿欧元的实体。声明表示，修订版的 RTS 将继续以欧盟委员会授权条例的法律形式公布，对欧盟范围内成员国均具有法律约束力，草案文本已提交欧盟委员会，下一步，将在欧盟委员会批准后接受欧洲议会和欧洲理事会的无异议审查。

美国方面，2020 年 5 月 28 日，美国商品期货交易委员会（CFTC）公开会议一致通过了临时最终规则（interim final rule），将双边初始保证金规则第五阶段和最终阶段的实施期限推迟 1 年，并规定该规则在《联邦公报》上刊登后即生效。

（二）全球场外衍生品市场数据概览

2020 年 11 月 9 日，国际清算银行（BIS）发布 2020 年上半年全球场外衍生品市场统计分析报告。报告有三点值得关注：一是 2020 年上半年场外

衍生品的总市值 [①] 在利率衍生品的带动下由 11.6 万亿美元增长至 15.5 万亿美元。二是总信用风险敞口 [②] 从 2019 年底的 2.4 万亿美元上升至 2020 年 6月底的 3.2 万亿美元，这是 2009 年以来的最大（半年度）增幅。三是信用违约互换的中央对手清算占比从 2019 年底的 56% 上升至 2020 年 6 月底的60%，这是 2017 年上半年以来的最大（半年度）增幅。

1. 场外衍生品总市值在 2020 年上半年快速增长

新冠肺炎疫情引发的市场动荡和强有力的政策反应推动了 2020 年上半年衍生品市场的增长。衍生品合约总市值从 2019 年底的 11.6 万亿美元激增至 2020 年 6 月底的 15.5 万亿美元，6 个月内增长了 33%（见图 3-2）。同样地，总信用风险敞口在 2020 年上半年也大幅增加，从 2019 年底的 2.4万亿美元增至 2020 年 6 月底的 3.2 万亿美元，这是 2009 年以来的最大（半年度）涨幅。

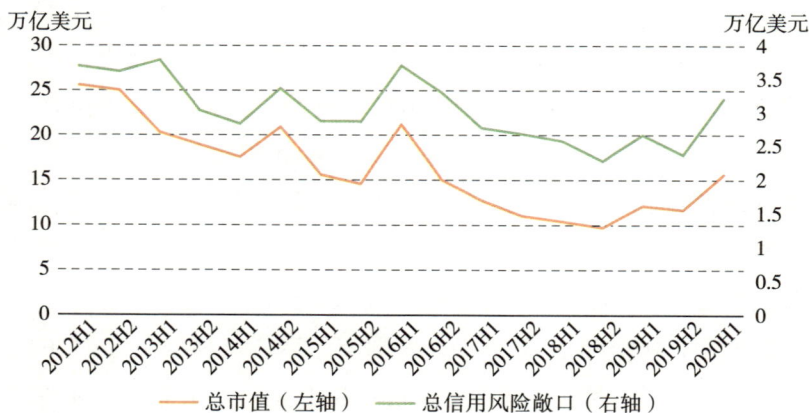

图 3-2　场外衍生品总市值和总信用风险敞口

（数据来源：BIS）

[①] 所有未到期衍生品合约在报告日的重置价值（正向或负向）绝对值之和。
[②] 在总市值基础上，根据有约束力的双边净额轧差，进行调减。

这些急剧变化与 2020 年上半年衍生品合约名义本金的相对稳定形成了鲜明对比，衍生品合约名义本金的变化与近年来趋势大致吻合。2020 年 6 月底，所有场外衍生品名义本金总和增加至 607 万亿美元，仅比 2019 年 12 月底高 9%（见图 3-3）。这一增长主要由利率衍生产品带动，其名义本金从 2019 年底的 449 万亿美元增至 2020 年 6 月底的 495 万亿美元，这主要归因于季节性因素。同期，其他衍生品的名义本金仍相对平稳。

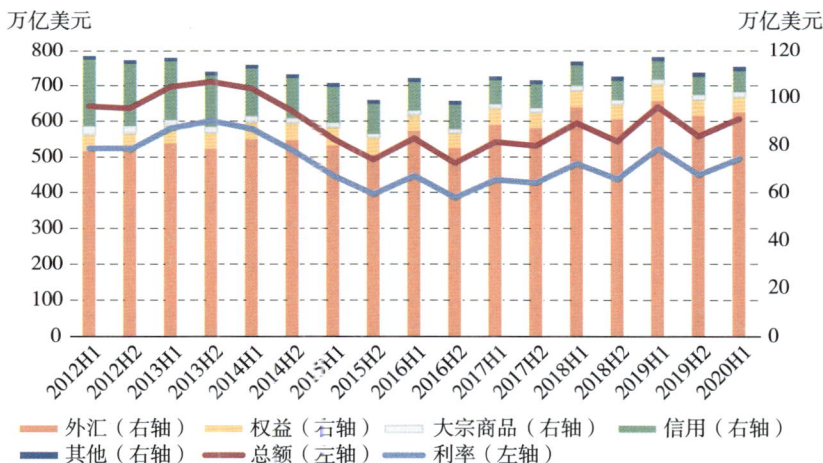

图 3-3 各类别场外衍生品存续名义本金

（数据来源：BIS）

2. 利率衍生品推动衍生品总市值增长，美元利率衍生品合约市值升幅最大

利率衍生品（IRD）总市值增长最大（40%）（见图 3-4），主要由美元计价的合约推动。以美元计价的合约跃升了 86%，达到 3 万亿美元（见图 3-5），这是 2007—2009 年国际金融危机以来的最大（半年度）涨幅。以欧元计价的合约总市值也增长了 26%，2020 年 6 月底达到 5 万亿美元（见图 3-5）。

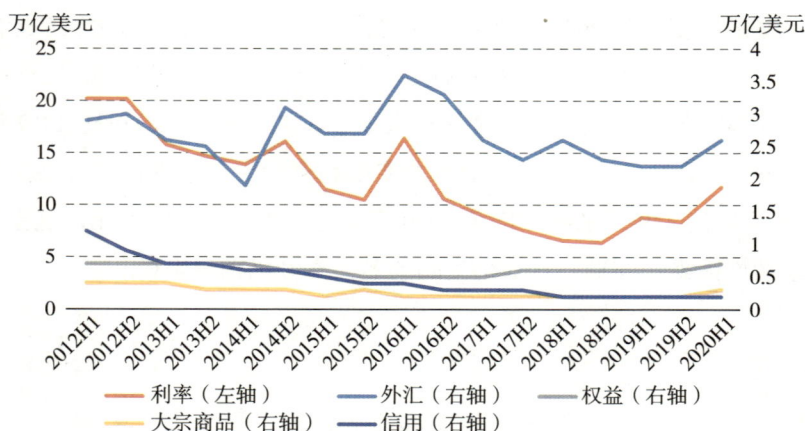

图 3-4　各类场外衍生品总市值

（数据来源：BIS）

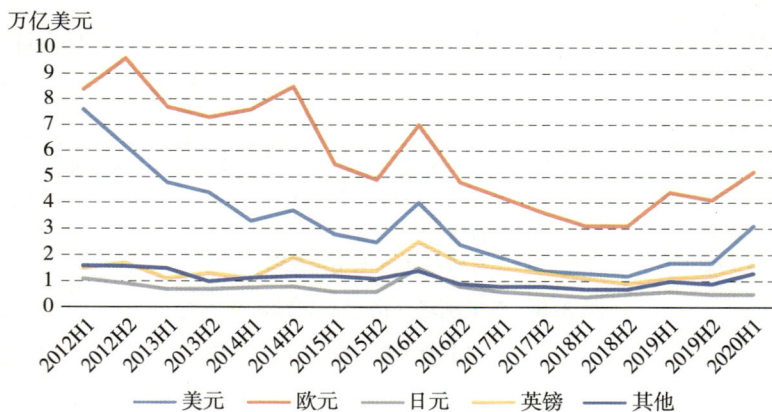

图 3-5　美元、欧元等币种场外利率衍生品总市值

（数据来源：BIS）

　　2020 年 3 月新冠肺炎疫情引发市场震荡之后，许多中央银行采取了降息以及其他措施来支持经济活动。特别是，以美元计价的利率衍生品合约的未来趋势，相比其他币种合约，发生了更显著的变化。意外变化导致报告日期市场利率与合约开始时利率之间的差距，从而提高了所报告的总市值。

2020 年上半年，其他类型衍生品的总市值也有所上升，这反映了价格的大幅波动和市场波动率的增加。大宗商品合约的总市值增长了 32%，2020 年 6 月底达到 2 600 亿美元（见图 3-4）。场外外汇合约和权益挂钩合约的增幅分别为 18% 和 13%，虽然幅度较小，但是仍然显著，2020 年 6 月底的市值分别达到 2.6 万亿美元和 0.7 万亿美元。相比之下，信用衍生品 2020 年 6 月底的市值下降了 10%，为 1 990 亿美元。

3. 中央对手清算占比呈上升趋势，尤其是信用违约互换

中央对手清算占比近年来总体趋于平稳，但是信用违约互换（CDS）的中央对手清算占比在 2020 年上半年再次上升。CDS 合约（存续期名义本金）的中央对手清算占比从 2019 年底的 56% 增加至 2020 年 6 月底的 60%（见图 3-6），这是 2017 年上半年以来的最大增幅。在 2009 年 G20 峰会承诺对标准化的场外衍生品合约进行中央对手清算后，中央对手清算占比呈上升趋势。

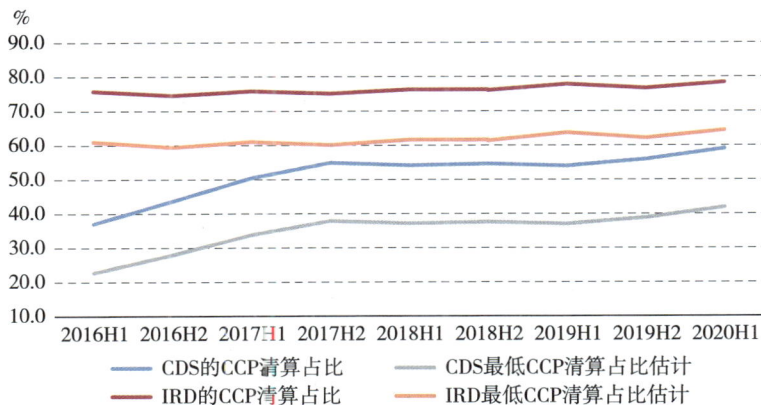

图 3-6　场外利率衍生品和信用违约互换中央对手清算占比
（数据来源：BIS）

近期 CDS 中央对手清算占比的增加主要源于多名 CDS。2020 年上半年，根据存续期名义本金计算的中央对手清算占比从 60% 增至 65%（见图 3-6）。单名 CDS 的中央对手清算占比同步轻微上升，从 52% 上升至

53%。

利率衍生品的中央对手清算占比几乎保持不变，2020 年上半年从 77%
上升至 78%。增长的大部分源自以欧元和美元计价的合约。2020 年 6 月底，
以欧元和美元计价的利率衍生品合约中，CCP 清算的合约占比超过 77% 和
75%，分别高于 2019 年底的 73% 和 74%（见图 3-7）。

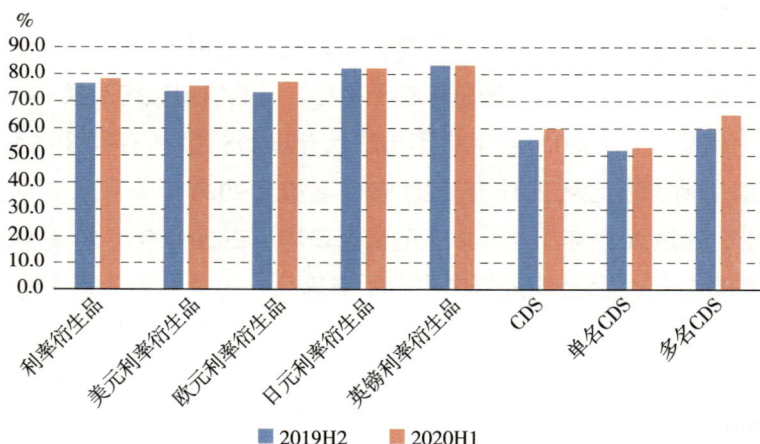

图 3-7　美元和欧元场外利率衍生品、单名和多名信用违约互换中央对手清算占比

（数据来源：BIS）

（三）市场结构

1. 纳入中央对手清算的产品种类（以利率衍生品市场为例）

2020 年 7 月 8 日，国际掉期与衍生工具协会（ISDA）发布研究文章《利
率互换：中央对手清算和定制化》，指出虽然部分纳入中央对手清算的利
率衍生品具有标准化特征，但这并不代表所有纳入中央对手清算的场外利
率衍生品与利率期货等场内产品无差别，事实上，市场参与者对定制化利
率衍生品的需求仍然显著，纳入中央对手清算的场外利率衍生品仍具有很
高的定制化特征。

根据美国存管信托与清算公司（DTCC）2019 年的数据，ISDA 发现固

定—浮动利率互换（IRS）交易的参考利率、交易金额、合约期限、计息方式都是高度可定制的。从参考利率上，ISDA 共统计出 55 种不同参考利率的固定—浮动 IRS 产品，这些互换还可以按照参考利率的期限、重置频率、计息基准、营业日以及复利惯例进一步区分；从交易金额上，ISDA 统计出超过 480 种不同的交易金额的产品，交易金额从 1 000 美元以下到 6 500 亿美元不等；从合约期限上，ISDA 共统计出 497 种期限的固定—浮动 IRS 产品，从不足 3 个月到超过 40 年；从计息方式上，IRS 可以有不同的即期开始日、远期开始日和回溯开始日，使计息方式更加灵活。例如，从远期开始日计息的 IRS（非国际货币市场起始日品种）目前有 366 种不同的开始日。

文章指出，场外中央对手清算利率衍生品的高度定制化使买卖双方能够就定制条款进行协商，满足了参与者日益增长的利率、汇率、通胀等各种风险的对冲需求。

2. 代理清算与直接清算

（1）英格兰银行专家发表论文《太多，太年轻：改进代理清算义务》。2020 年 10 月，英格兰银行审慎政策委员会的高级顾问 David Murphy 发表论文《太多，太年轻：改进代理清算义务》[1]。论文主要对中央对手代理清算（client clearing）服务的发展现状、政策背景、存在的问题及成因等进行了分析讨论，涉及服务供给的集中化、客户转移（porting）[2]、强制集中清算义务（clearing mandate）的合理范围等问题，并借助数据分析结果的验证支持，提出了相应的政策建议。

论文指出，代理清算服务的供给不断趋于集中化，服务提供商减少，大型的代理清算客户为避免承担过高的转移失败风险，多数选择将头寸分散在几家清算会员中，无法充分享受中央对手清算在多边净额、降低对手方信用风险敞口方面的好处。论文还认为，强制集中清算义务相关要求一

---

① 资料来源：*Journal of Financial Market Infrastructures 2020*, 8(3): 29–50, DOI: 10.21314/JFMI.2019.121。

② 译者注：客户转移指清算客户将头寸和保证金从一个清算会员向其他清算会员转移。

银行间市场中央对手清算
发展报告 (2020)

直是危机后推动场外衍生品市场衍化发展的最重要驱动力之一，合理设置强制清算集中义务是影响中央对手代理清算市场发展全局的关键方面之一。

关于代理清算服务供给的集中化，论文引用 CFTC 数据，指出 5 家最大的服务提供商持有的场外衍生品初始保证金规模占比超过 60%。代理清算服务供给的集中化主要由两方面原因导致：一是银行监管机构对客户初始保证金在杠杆率计算中的处理方法较为严格；二是提供代理清算服务的固定成本投入较高，意味着代理服务提供者只有在预计代理规模足够大、足以覆盖固定成本时，才会选择提供代理服务。

关于客户转移，论文提出，转移成功的可能性直接影响客户参与中央对手方清算的受益程度。一方面，中央对手清算的一大重要优势就是，即使出现清算会员风险事件的情况，也能保证服务的连续性。但如果清算会员失败、客户无法转移，将导致客户头寸被迫结算，无法保证服务的连续性。此外，大多数的代理清算安排都允许清算会员主动退出服务，提前 90 天发出通知即可，即使不发生风险事件，清算客户也面临被迫转移的风险。另一方面，转移的可能性与对手方信用风险负相关，转移的可能性越高，相关的信用风险越小。中央对手代理清算与双边清算比，相当于将来自大量双边交易对手方的信用风险向少数的清算会员集中，客户转移有利于降低这种集中度风险。

关于强制集中清算的适用范围，当前的阈值是根据合约的名义总金额划分，但是名义金额与风险程度不一定存在紧密联系，因为名义金额没有将风险控制、头寸多样化等影响计算在内。论文对一家主要的场内 CCP在 6 个月内的代理清算数据进行了线性散点分析，印证了这一结论。论文强调，如果将已充分对冲或定向型的合约头寸都和其他合约头寸同样的方式处理，将打击创造更多风险管理措施的积极性。事实上，这个问题长期以来持续被讨论，大部分人都认同以头寸的初始保证金要求制定标准更加适合。

论文分别就上述讨论的三方面提出了对应的政策建议。

在提高可转移性方面，一是引入特殊清算会员，接收需要转移的客户。在这种方法下，如果普通清算会员停止提供清算服务，其客户可转接给特殊清算会员，这潜在地减少了违约管理的压力和清算会员对 CCP 的敞口。二是改进直接或保荐会员管理模式，鼓励大型的被代理客户成为直接参与者，但是接收高风险的客户成为清算会员可能显著提高 CCP 的系统风险，因此需更加谨慎地设计好直接参与会员的管理模式。

在降低代理清算服务供给的集中度方面，一是取消客户初始保证金在计算杠杆率中的特殊处理方法，同时在对全球系统重要性银行（G-SIB）的监管措施中做相匹配的调整。二是修改交易对手信用风险标准方法（SA-CCR）的定义，以更好地解释已清算组合的风险。三是提高对双边场外衍生品的保证金要求，要求其初始保证金覆盖其他目前未覆盖到的风险，如集中度风险。

在改进代理清算的强制集中清算要求方面，一是建议以初始保证金作为衡量标准规定阈值。二是建议监管机构考虑在为代理清算制定清算义务要求时，将市场参与者分为四类：第一类是初始保证金要求总额较小、造成较小风险的，应被排除在强制集中清算要求之外；第二类是初始保证金要求很高、对系统构成风险的，应履行强制集中清算义务，大部分场外衍生品交易商都属于这一类；第三类是违约的可能性极低、不对系统构成风险的，不履行强制集中清算义务，如信用质量较高的国家主权机构和超国家机构；第四类是初始保证金总额非常高、有一定违约可能性的，应鼓励它们成为 CCP 的直接清算会员。

（2）芝加哥联邦储备银行发表论文《衍生品清算的集中化：扩大直接中央对手清算渠道的案例》。2020 年 10 月 28 日，芝加哥联邦储备银行金融市场组发表研究论文《衍生品清算的集中化：扩大直接中央对手清算渠道的案例》，探讨在衍生品清算市场的集中化背景下，拓宽直接中央对手清算渠道的方法和益处，并分析客户成为 CCP 直接清算会员的挑战以及潜在应对方法。

银行间市场中央对手清算
发展报告 (2020)

　　论文指出，衍生品清算市场的集中度越来越高，风险主要集中在少数几家大型 FCM，这可能会产生不利后果，导致系统性风险的发生。一是对违约管理不利，作为非违约清算会员，FCM 吸收违约方的头寸需要增持头寸并缴纳更多的初始保证金，如果 FCM 是银行的子公司还需要额外的监管资本，因此 FCM 可能选择不参与或消极参与违约头寸的拍卖，可能导致大规模的头寸被迫清偿，加剧市场波动。二是不利于损失共担机制的良性发展，吸收共同损失的清算会员数量减少，可能导致单个会员承担巨大的财务损失，且可能被迫留出额外的监管资本。三是衍生品清算市场的高度集中意味着清算会员与 CCP 间高度关联，一家清算会员违约可能会影响多个 CCP。四是不利于终端客户获取清算服务，清算会员的一些行动（如提高代理客户费用、剥离不盈利的客户，甚至完全退出衍生品清算业务）将直接增加终端客户获取清算服务的难度。

　　论文建议，应拓宽直接参与中央对手清算的渠道，使更多终端客户成为 CCP 的直接清算会员。直接参与渠道一般有保荐准入（sponsored access）和非保荐准入（nonsponsored access）两种模式。在保荐准入模式下，终端客户借助保荐清算会员（sponsoring clearing member）的运营服务和财务担保，成为 CCP 的对手方，终端客户的头寸和初始保证金被存放在 CCP 的独立账户中，并在其保荐清算会员违约时受到保护。实践中，洲际交易所欧洲清算公司（ICE Clear Europe）、欧洲期货交易所清算公司（Eurex Clearing）、芝加哥商品交易所清算公司（CME Clearing）和固定收益清算公司（FICC）均提供保荐准入服务。在非保荐准入方面下，共有两种形式：一是大型终端客户可以选择成为一个或多个 CCP 的独立直接清算会员；二是来自同行业的一小部分市场参与者组成合作社，成为一个或多个清算会员。

　　论文指出，终端客户成为 CCP 直接清算会员将带来许多益处，例如，首先，扩大违约拍卖竞标者的范围，有利于改善拍卖结果；其次，终端客户以自有账户持有头寸，可以避免清算会员违约造成客户头寸难以转移的风险；再次，如果终端客户是银行关联（bank-affiliated）参与者，其直接参与可以降低相关的成本，其现金初始保证金不用反映在资产负债表中，也不用合并到母公司资产负债表中，可以降低杠杆率以及所需的监管资本；最后，FCM 都有较大的隔夜流动性要求，以适应通常客户与 FCM 结算时的一天时滞，因此，直接参与途径的推广有利于降低部分 FCM 的隔夜和日间流动性压力等。

论文指出，终端客户成为 CCP 直接清算会员也面临挑战：

一是投资管理人不可能成为直接清算会员，因为投资管理人是资产组合多个受益方的代理人，理论上投资管理人建立的头寸是为管理所有受益人的账户和风险，如果投资管理人成为清算会员，这些头寸应不属于其自营头寸。

二是虽然来自同行业的部分市场参与者可以组成合作社成为 CCP 的直接清算会员，但许多小型终端客户出于财务资源和经营策略等原因不愿与 CCP 建立直接关系，且现有的清算会员可能不愿意与新的清算会员分摊损失。

三是直接清算会员的交易后处理需要额外的人员和费用，但这可以通过将交易后处理外包给第三方服务供应商得以解决。

四是如果由于会员违约耗尽了所有预缴财务资源，清算会员将被额外追缴费用，一些客户可能不愿意承担这些义务。论文建议，有意成为直接清算会员的客户可以寻求其他方案来履行清算基金义务，例如，直接参与者可以向 FCM 的母行购买规模等同于需缴纳的清算基金份额的银行同业存单（CD），母行用 CD 的入账款为该直接参与者支付清算基金义务。直接参与者还需要向 FCM 的母行支付这部分基金缴纳份额的资金成本，以及万一这部分资金被消耗而不用承担损失的保险费用。支付这些成本后，直接参与者只需承担存单的履约风险。

五是 CCP 清算会员通常需要持有大量现金储备以在下午或特别的结算周期中支付潜在的变动保证金（VM），但许多潜在的直接清算会员由于在上午就将现金全部投资而缺少必要的现金储备。论文建议 CCP 调整其结算流程，具体方案如下：对于 VM 为盈利状态的清算会员，CCP 提供推迟至第二天早上退回盈利的选项，CCP 将隔夜的 VM 视作存在 CCP 的额外现金初始保证金（IM）处理，向清算会员支付利息，目前 CME Clearing 已提供该选项；对于 VM 为损失状态的清算会员，CCP 可以允许它们用其 CCP 账户中多余的现金 IM 来弥补，部分 CCP 已提供该选择；对于在下午有支付 VM 义务的清算会员，若其账户中没有足够的超额现金 IM，可以用超额的主权债 IM 暂时替代至第二天上午，这个过程主要是通过 CCP 与清算会员间的回购协议实现，CCP 收到清算会员的现金 VM 后，将主权债返还给清算会员。目前 LCH 和 Eurex Cleairng 已允许清算会员进行此项操作。

三、国际监管政策更新

（一）欧美中央对手方监管制度 2.0

近年来，欧美分别更新中央对手方（CCP）监管制度。欧盟于 2019 年 12 月颁布《欧洲市场基础设施监管条例》修订版（EMIR 2.2），并于 2020 年 7 月颁布关于境外 CCP（第三国中央对手方 TC-CCP）的细化条例；美国商品期货交易委员会（CFTC）于 2020 年 1 月颁布 CFTC 条例第 39 部 "衍生品清算组织"（DCO）修订版，于 2020 年 9 月进一步对此修订，正式引入 "平行合规"（Alternative Compliance）注册 DCO 模式，并于 2020 年 11 月正式将 DCO 注册豁免的具体要求写入法规。

1. 欧盟

欧盟对 EMIR 2.2 的更新主要体现在分层监管 TC-CCP 和明确监管职权两大方面：

在分层监管 TC-CCP 方面，将具有系统重要性的境外 CCP 列为 "二级

CCP"，其余境外 CCP 列为"一级 CCP"。"二级 CCP"的评估标准包括业务性质、倒闭影响、清算会员结构、可替代性、相互依存度五方面，量化标准包括欧元计价存续期合约超过 1 万亿欧元、欧盟会员保证金和清算基金超过 250 亿欧元、欧盟会员预计违约付款义务超过 30 亿欧元等。"二级 CCP"面临更严格的认证条件、更高的审查评估频率、范围更广的处罚措施，还需接受一般调查和现场检查。特别地，"二级 CCP"需满足欧盟境内 CCP 需满足的所有条件，而不仅满足母国监管要求，才可被视为符合欧盟监管要求。

在监管职权方面，赋予欧洲证券与市场管理局（ESMA）开展调查检查和监管协调的权力，并在 ESMA 设立 CCP 监督委员会，同时规定 ESMA 将向 TC-CCP 收取认证费和年费。

2. 美国

美国对 CFTC 条例第 39 部的更新主要体现在对 DCO 的监管要求更新、引入"平行合规"注册模式和确定注册豁免流程三方面：

在 DCO 监管要求更新方面，条例对 DCO 的注册流程、注销流程等予以明确和简化，还对 DCO 的风险管理、信息报送披露等方面的要求进行更新。

在"平行合规"注册模式方面，法规允许在美国境外成立的 CCP，在不对美国金融体系构成重大风险的前提下（通过"20+20"原则判定），可在"平行合规"模式下申请注册为 DCO，既可为美国人提供自营业务清算，也可通过期货经纪商（FCM）为美国客户提供代理清算服务，并需满足其母国监管要求以及其他关于管辖报批、客户账户隔离、客户资金存放、信息报送等方面的要求。

在注册豁免流程方面，仅允许注册豁免 DCO 为美国人提供自营清算服务，条件是该 CCP 受到母国监管机构可比的、全面的监管，且 CFTC 与 CCP 母国监管机构签订的谅解备忘录（MOU）或类似安排已生效。

专栏 3-1　欧美中央对手方监管制度 2.0

1. 背景

CCP 的监管制度建设是国际场外衍生品市场改革的重要内容之一。2010 年，美国通过《多德—弗兰克华尔街改革和消费者保护法案》，对美国《商品交易法》、《证券交易法》进行了修订，其中明确了对 CCP 的监管制度。2012 年，欧盟颁发《欧洲市场基础设施条例》（EMIR），其中对 CCP 提出了准入、持续合规、信息报送、监督管理等多方面的规定。随着国际形势的持续变化，欧美近期对初步建立的 CCP 监管制度进行了更新。

一是对系统重要性 CCP 的重视程度提高。2008 年国际金融危机、2009 年 G20 匹兹堡峰会承诺以来，CCP 在全球的清算活动迅速在规模和范围上扩张，清算逐渐出现集中化的趋势。根据国际清算银行（BIS）2018 年发布的工作论文 [1]，国际场外衍生品市场清算行业的赫芬达尔—赫希曼指数（HHI）[2] 逐年上升，利率衍生品清算的 HHI 超过 0.8，场外信用衍生品清算的 HHI 超过 0.6，均为高度集中。行业扩张与行业集中的趋势，使具有系统重要性的 CCP 对金融体系的重要性和对金融稳定性的影响不断提升。

二是部分风险事件或潜在风险点引起监管重视。2018 年 9 月，纳斯达克清算所（Nasdaq Clearing）的一名个人清算会员违约，导致未违约清算会员缴纳的清算基金损失 1.07 亿欧元；2019 年 9 月，美国期权清算公司（OCC）未能按照相关法律及美国证券交易委员会（SEC）和

---

[1] 参见 Umar Faruqui, Wenqian Huang and Előd Takáts．"Clearing risks in OTC derivatives markets: the CCP-bank nexus"，*BIS Quarterly Review*, 16 December 2018, pp. 77–78。

[2] 赫芬达尔—赫希曼指数（HHI）是市场集中度指标，计算方式如下：对每个在市场上竞争的公司的市场份额求平方，然后求和。根据美国司法部的规定，HHI 超过 0.25 表明该市场高度集中。

CFTC 的有关规定贯彻执行多项风险管理政策，而被 SEC 和 CFTC 联合处罚共 2 000 万美元；基于 2018—2019 年数据开展的欧盟第三次监管压力测试显示，信用压力测试方面伦敦金属交易所清算公司（LME Clear）在信用风险压力场景下的损失金额超出其预缴违约资源，集中度压力测试方面欧盟范围内大宗商品衍生品市场集中附加保证金仅能覆盖大宗商品衍生品市场 11.7% 的集中度风险，仍有 80 亿欧元的缺口。这些事件使出台更严格明确的审慎监管制度具有必要性和紧迫性。

2.《欧洲市场基础设施监管条例》修订版及相关细则

2.1 概况

2019 年 12 月 12 日，欧洲议会和理事会正式颁布 EMIR 2.2，对欧盟认证和监管 TC-CCP 的程序、模式和监管职权等进行了重大调整，于 2020 年 1 月 1 日起正式生效。EMIR 2.2 是欧盟对系统重要性日益增加的 CCP 实施监管的重要努力之一，主要修订集中在第三篇"CCP 的授权和监督"，修订内容主要涉及对境外 CCP 的认证和监管，以及 ESMA 的监管职权。

2020 年 7 月 14 日，欧盟委员会基于 EMIR 2.2 框架，发布三份关于 TC-CCP 的细化条例，对 EMIR 2.2 做进一步明确和细化，主要涉及 TC-CCP 的收费要求、系统重要性判定、认定"可比合规"（comparable compliance）的基本要素。

2.2 对"第三国中央对手方"监管制度的更新

EMIR 2.2 在原有的第 25 条"第三国中央对手方认证"原则性条款的基础上，大篇幅地增加了 17 个子章节的新条款，包括"可比合规""持续合规""费用""罚款""职权行使"等更具体的规定，是本版本中对 EMIR 最大篇幅的调整。

2.2.1 分层监管

对于处于欧盟境外的 TC-CCP，引入分层监管模式，非系统重要性的 TC-CCP 为"一级 CCP"，具有系统重要性或可能变得具有系统重要性的 TC-CCP 为"二级 CCP"。"一级 CCP"主要依赖母国的等效监管（"可比合规"）。"二级 CCP"面临更严格的准入和监管要求。

关于如何确定是否具有系统重要性（一家境外 CCP 是否应被认定为"二级 CCP"），由 ESMA 商欧洲系统性风险理事会（ESRB）和相关中央银行后确定，主要考虑因素包括五方面：一是 CCP 业务的性质、规模和复杂性，及其业务对欧盟或其成员可能具有的系统性影响，具体考虑因素包括市场深度、流动性、透明度、产品类型、所有权结构等。二是 CCP 的倒闭或运行中断对金融市场流动性、金融机构稳健性、金融体系乃至欧盟各国金融整体稳定性的影响，具体考虑因素包括金融资源充足程度、抵押品类型、结算和流动性风险、恢复处置框架等。三是 CCP 的清算会员结构，包括其在欧盟建立的清算会员和间接客户网络，具体考虑因素包括准入条件、参与模式、参与者关联、参与者市场份额等。四是 CCP 的可替代性，具体指其他 CCP 在多大程度上为欧盟清算会员及其客户提供以欧盟货币计价的金融工具的替代清算服务。五是 CCP 与其他金融市场基础设施、其他金融机构和金融体系之间相互依存度，具体考虑因素包括与欧盟交易场所的联系、与欧盟 CCP 的互可操作性安排及交叉保证金协议等。

此外，细化条例新增了四条定量标准，TC-CCP 必须至少满足其中一条，才能被判定为"二级 CCP"。四条标准分别为：一是由 CCP 清算、以欧盟货币计价的证券或场内衍生品交易的未平仓头寸，在 1 年内的峰值超过 1 万亿欧元；二是由 CCP 清算、以欧盟货币计价的场外衍生品交易的存续期名义本金，在 1 年内的峰值超过 1 万亿欧元；三是欧盟清算会员在 CCP 账户中的保证金和清算基金总额，在 2 年内的均值超过 250 亿欧元；四是在极端但合理的市场条件下，由 CCP 至少 2 家最大清算会员违约产生、预计由欧盟清算会员承担的付款义务，在 1 年内的峰值超过 30 亿欧元。

关于"二级 CCP"应满足的准入要求，除原制度规定的母国在监管上与欧盟"可比合规"、CCP在母国合规、已建立监管合作安排、母国在反洗钱和反恐怖主义融资上与欧盟等效四方面的要求之外，还需额外满足三方面的准入要求：一是CCP在申请认证前后都应持续满足EMIR关于欧盟境内CCP的所有合规要求，包括组织机构要求、商业行为准则、审慎要求、互操作性四方面的要求。二是已确认该CCP满足相关发钞央行的要求，包括提交材料、充分合作、开设隔夜存款账户、遵守处理临时性系统流动性风险相关的特殊要求等。三是CCP出具法律上有效的声明，表示无条件同意向ESMA提供任何文件、记录、信息和数据，并允许ESMA进入该CCP的营业场所。

细化条例明确了根据EMIR 2.2不同条款授予"可比合规"的条件，包括"二级CCP"的资本（包括留存收益和储备金，下同）中的永久且可动用的初始资本至少应相当于750万欧元或"二级CCP"的资本始终高于或等于CCP对营运和法律风险、信用风险、对手方风险和市场风险等资本要求的总和、"二级CCP"与根据EMIR2.2授权的CCP达成了互操作性安排等。细化条例还明确了在认定"可比合规"时需考虑的基本要素，要求"二级CCP"需遵守EMIR 2.2中对欧盟CCP的相关规定，因此，在"可比合规"模式下，"二级CCP"在第三国框架下接受监管，但事实上仍需完全符合欧盟对境内CCP的监管要求。

此外，新规提出拒绝认证境外CCP的情况。EMIR 2.2规定，系统重要性过高的境外CCP不适合认证为TC-CCP，经与ESRB和相关中央银行协商后，ESMA有权建议拒绝将对欧盟金融稳定构成足够风险的境外CCP认证为TC-CCP。这意味着适用于此类别的CCP将需要搬迁至欧盟，或者停止向欧盟提供清算服务。

2.2.2 主要监管手段

在设置具体监管措施时，与分层监管的思路保持一致，对于"一级CCP"和"二级CCP"设置了不同的监管方式。在第25条新增的17个子章节中，有5个仅适用于"二级CCP"，其余12个适用于所有

TC–CCP（见表 3–8）。

表 3–8　第 25 条新增各章节适用 TC–CCP 类别情况

分类	具体章节
仅适用"二级 CCP"	第 25b 条"持续遵守认证条件"、第 25g 条"一般调查"、第 25h 条"现场检查"、第 25k 条"定期罚款"、第 25q 条"ESMA 采取的监督措施"
适用所有 TC–CCP	第 25a 条"可比合规"、第 25c 条"TC–CCP 监管专家组"、第 25d 条"费用"、第 25e 条"行使第 25f 条至第 25h 条所述的权力"、第 25f 条"索取资料"、第 25i 条"采取监督措施和处以罚款的程序性规则"、第 25j 条"罚款"、第 25l 条"有关人员的聆讯"、第 25m 条"罚款和定期罚款的披露、性质、执行和分配"、第 25n 条"法院复核"、第 25o 条"附件四的修正案"、第 25p 条"撤销认可"

在组织架构上，ESMA 组建"TC–CCP 监管专家组"（TC–CCP college），由 ESMA 内设部门"CCP 监督委员会"（CCP Supervisory Committee）主席担任组长，ESRB 和其他欧盟成员国金融市场基础设施的监管机构等派员参加，旨在促进欧盟监管机构间信息共享，专门负责研讨 TC–CCP 相关议题。

对于"一级 CCP"，主要监管手段包括以下方面：一是在认证方面，欧盟委员会颁发等效认证，确保满足第三国母国的规定即满足了 EMIR 的相关规定。二是在审查和评估方面，ESMA 应至少每 5 年审查其已颁发的 TC–CCP 认证牌照，如果某 TC–CCP 打算扩大或减少其在欧盟中的活动和服务范围，则 ESMA 应对此进行额外审查。三是在费用收取方面，在申请认证时需提交申请费，在获得认证后需每年提交认证申请费用，费用将与 TC–CCP 的营业收入挂钩。四是在索取资料方面，ESMA 可通过简单请求或决议的方式，要求获得认证的 TC–CCP 及相关外包第三方提供一切必要的资料。五是在处罚措施方面，对于妨碍监督活动的处以罚款；对于半年内未使用牌照、虚假陈述、严重违反认证条件且未采取补救措施、监管机构未提供合作措施、等效认证被撤回等情况，撤销 TC–CCP 认证。

对于"二级 CCP",除需执行"一级 CCP"适用的所有监管手段外,ESMA 还有额外的监管手段,包括:一是在审查方面,不同于"一级 CCP"每 5 年审查的频率,"二级 CCP"需每年受 ESMA 审查,确认持续满足准入要求。二是在调查和检查方面,"二级 CCP"和相关外包第三方需接受 ESMA 认为必要的调查检查,ESMA 采取的调查检查措施包括:进入该"二级 CCP"的营业场所、土地或财产,在必要的范围内封存营业场所和账簿记录,获取记录、数据、程序,传唤员工并要求口头或书面解释,采访其他机构个人,要求提供数据和电话记录等。三是在处罚措施方面,对于发现违规行为的处以罚款,罚款金额收归欧盟所有,违规行为包括资本、组织性、利益冲突、操作、透明度活动等方面;增加定期罚款条款,对于"二级 CCP"延误整改的期间按日进行罚款;罚款数额最高可达违法所得收益或所致损失的两倍或 TC-CCP 上年度营业收入的 10%,不得超过 TC-CCP 上年度营业收入的 20%。

细化条例对 EMIR 2.2 中 ESMA 向 TC-CCP 收取认证费和年费的标准进行细化:认证费方面,"一级 CCP"为 5 万欧元,在提交认证时支付;"二级 CCP"为 41 万欧元,其中 5 万欧元在提交认证时支付,其余部分在确定其为"二级 CCP"时支付;如果欧盟委员会尚未对 CCP 所在的第三国颁布等效认证决议,则 CCP 需在等效认证决议颁发并生效时缴纳认证费。年费方面,由 TC-CCP 在获得认证后每年支付;每家"一级 CCP"的年费相等,与 ESMA 监管一级 CCP 的实际支出挂钩;"二级 CCP"的年费与 ESMA 监管"二级 CCP"的实际支出和其营业额占比挂钩,ESMA 确定年费总额,每家"二级 CCP"以年营业额权重系数占比承担相应份额的费用。年营业额低于 6 亿欧元的权重系数为 1,年营业额大于等于 6 亿欧元的权重系数为 1.2。

2.3 对监管职权的更新

在监管职权方面,EMIR 2.2 加强了 ESMA 的权力,以更好地履行对 CCP 的监管职责。

2.3.1 赋予 ESMA 调查和监督权力

在原有制度下，ESMA 关于 TC-CCP 的权力主要在受理认证申请、咨询各监管机构、颁发监管认证方面。具体来说，境外 CCP 向 ESMA 递交 TC-CCP 认证的申请，ESMA 负责审核申请材料的完整性和该 CCP 所在国是否在反洗钱和反恐融资方面具有等效制度，并与该 CCP 监管机构签订谅解备忘录，同时需要咨询该 CCP 提供服务涉及的监管机构的意见。

在新监管模式下，除现有职权之外，ESMA 被新赋予了调查和监督系统重要性 TC-CCP 的权力，具体如下：一是持续监督"二级 CCP"遵守准入要求；要求 TC-CCP 提供所需信息；二是对 CCP 参数和模型重大调整进行审批确认；三是对"二级 CCP"进行一般性调查、现场调查，或必要时雇佣独立调查人员对"二级 CCP"的违规行为进行调查；四是对于"二级 CCP"的违规行为，ESMA 有权采取要求终止违规行为、发布行政通告、处以罚款、取消 TC-CCP 资格等监管措施。

2.3.2 ESMA 成立"CCP 监督委员会"

在原有制度下，ESMA 没有专门对 CCP 实施监管的职能机构，受理授权和认证申请等事宜主要由 ESMA 的市场部（market department）负责。

根据 EMIR 2.2 最新规定，考虑到金融市场具有跨境特征，同时有必要解决欧盟内 CCP 和 TC-CCP 监管不一致的问题，ESMA 应增强促进 CCP 监管融合的能力。为此，应建立一个 CCP 常设内部委员会（CCP 监督委员会），以处理授权欧盟内 CCP 和认证境外 TC-CCP 事宜。

委员会的主要构成包括一名主席、两名独立成员以及相关成员国监管机构代表。在涉及系统重要性评估时，相关货币的发钞中央银行官员将以无投票权成员身份参与决策。主席和独立成员由 ESMA 监事会任命，对欧洲议会和欧洲理事会负责。主席和独立成员不得在国家、欧盟及国际层面担任任何职务。

委员会的主要任务包括至少每年就 CCP 的授权和监管方面对所有欧盟 CCP 的主管机构进行同行评审、至少每年就 CCP 应对不利市场发展的能力进行评估、促进各主管机构之间就 CCP 授权监管等话题进行定期交流和讨论等。

根据 EMIR 2.2 的上述要求，ESMA 也同步发布《2020—2022 年战略方向》，其中在组织架构方面，ESMA 宣布将新设 CCP 理事会（CCP directorate），并计划扩大人员编制（在 2022 年达到 384 人），以落实新增的监管职责。

2.3.3 加强 ESMA 在促进监管合作和协调方面的职能

在原有制度下，ESMA 在监管协调方面的职能仅体现在监管专家组（college）协调中。具体来说，欧盟内 CCP 向本国监管机构提交授权申请，监管机构组建监管专家组，ESMA 仅作为专家组成员参与决策，并在其中起到协调作用。

新制度强化了 ESMA 在成员国国家监管机构以及各监管专家组之间的协调作用，扩大了履行协调的范围。具体来说，各成员国监管机构在允许 CCP 接入交易场所、授权 CCP、批准 CCP 扩展业务范围、收到 CCP 发生重大变更的报告、批准互联互通等事项前，均应事先征询 ESMA 意见，如未采纳 ESMA 意见的，还应提供解释说明。同时，规定 ESMA 应在主管机构之间以及整个监管专家组内发挥协调作用，以期建立一致的监管做法，确保欧盟范围内都采用统一的流程和方法，促进监管结果的一致性，特别是对于具有跨境规模或可能产生跨境影响的监管领域。

3. 美国《商品期货交易委员会条例》第 39 部修订版

3.1 概况

经《多德—弗兰克华尔街改革和消费者保护法案》修订的美国《商品交易法》规定，CCP 要成为注册的 DCO，需满足一系列核心原则，并受到 CFTC 的监管。为此，CFTC 制定了 CFTC 条例第 39 部"衍生品清算组织"，确定了 DCO 需遵守的原则标准，以及需满足的监管要求。

2020 年 1 月 27 日，CFTC 发布文件提出修订 CFTC 条例第 39 部，于 2020 年 2 月 26 日正式生效，对 DCO 的监管要求进行更新。

2020 年 9 月 17 日，CFTC 通过一份提案，引入"平行合规"注册 DCO 模式，允许在美国境外成立的 CCP，在不对美国金融体系构成重大风险的前提下，在"平行合规"模式下申请注册为 DCO。根据该提案，CFTC 进一步修订 CFTC 条例第 39 部。

总体来说，2020 年 1 月的修订使注册 DCO 的监管要求更加严格，包括更审慎的风险管理要求以及更细致的信息报告披露要求；2020 年 9 月的修订是分层监管思路的体现，对不具有系统重要性的境外注册 DCO，在一定程度上放松了监管要求。

3.2 2020 年 1 月对 DCO 监管要求的更新

2020 年 1 月对 CFTC 条例第 39 部的修订共有 74 个方面，其中：A 分部"适用于 DCO 的一般条款"共 13 方面修订，主要涉及条款定义、申请注册流程和规则审批等内容；B 分部"遵守核心原则"共 58 方面修订，是该次修订的核心内容，主要涉及风险管理框架、金融风险管理、治理、信息报送和披露等方面；C 分部"适用于系统重要性 DCO 和选择遵守本分部条款 DCO 的条款"共三方面修订，对具有系统重要性的 DCO 提出了额外要求，涉及风险管理和信息披露。

3.2.1 准入退出流程相关更新

在申请流程方面，主要简化了注册流程并提高了流程的清晰度，包括修订 DCO 的申请表格、新增关于 DCO 提交补充信息的规定、明确将公开 DCO 申请表格的封面以及法律遵从表等信息、将 DCO 申请的审查期由 180 天延长至申请人书面同意的任何期限。

在修改注册申请方面，进一步简化了流程，当 DCO 发现提供给 CFTC 的信息存在重大遗漏或错误，或者发生重大变更，则申请人将不再需要按照原要求使用 DCO 表格来请求修改注册申请，而"只需要提交与申请修订有关的证明文件及其他资料"。

在申请注销方面，进一步明确对DCO请求注销的要求，包括撤销的生效日期必须在请求提出后最少90天内、DCO需发布关于在撤销注册申请后将继续在必要的法定和监管保留期内保留其账簿与记录的声明等。

3.2.2 风险管理相关更新

在风险管理框架方面，主要修订如下：一是修改规定，要求DCO具有成文的风险管理规则，而不能只是过程稿。二是明确DCO应每年对其风险管理模型进行独立验证，并允许不负责开发和运行模型的DCO附属机构员工进行验证；如果模型并未发生重大变化，可在年审时审核之前的验证。三是折扣率的评估频率由每季度一次变为每月一次。

在金融风险管理方面，主要修订包括：一是明确"完全抵押头寸"①不会引起相关信用风险和流动性风险，因此DCO无须对完全抵押头寸适用压力测试、流动性资源测算、报告、违约处置等方面的要求；二是在用于覆盖清算会员违约给DCO带来最大金融风险敞口的金融资源中，删除"保证金"，仅包括DCO自有资本、清算基金、违约保险等；三是阐明在覆盖每日结算义务时，不得将对初始保证金的追加金额纳入计算，并允许使用承诺信用额度或类似授信安排；四是在回溯测试中新增规定，要求应只将投资组合损失与初始保证金中反映市场风险因素变化的组成部分进行比较；五是修改原有要求，规定DCO不得强行要求清算会员投标部分或承诺分配违约清算会员的头寸，而应在清算会员有能力管理新头寸风险的情况下进行拍卖和分配；六是对于具有系统重要性的DCO，进一步明确相关要求，包括流动性资源应足以覆盖"以所有相关货币为单位"的最大流动性债务总额、应在可行状况下使用央行存

---

① "完全抵押头寸"（fully collateralized position），指DCO清算的一类合约，这类合约要求DCO随时持有足以覆盖合约任何一方在平仓或合约期满时可能遭受的最大损失所需支付的款项。

款账户及相关服务、应"至少每年"评估保证金模型。

在法律风险管理方面，新增要求，规定在美国境外提供清算服务的 DCO 在申请时应向 CFTC 提供备忘录，分析申请人所在司法管辖区的破产问题，并在获批注册后持续确保该备忘录的准确性和及时更新，有重大变更还应该立即报告 CFTC。

在治理方面，主要修订如下：一是完善关于首席合规官年度报告的规定；二是新增要求，规定 DCO 指派全权负责管理企业风险的企业风险主管（Enterprise Risk Officer）并对董事会负责；三是新增要求，规定 DCO 应在其董事会中纳入来自市场参与者的代表，以及不是 DCO 高管、高级职员和普通员工的个人。

3.2.3 信息报送和披露相关更新

在信息报送方面，主要修订如下：一是仅允许 DCO 每季度报送自身的财务报表，不再允许报送其母公司的财务报表，以更好地体现自身财务实力；二是修改每日报告信息，DCO 除了报告每个清算会员的保证金、现金流和头寸信息外，还需报送客户的上述信息，对于一个客户有多个单独账户的，需按账户分别报告；三是在现有触发事件基础上，新增特定事件报告要求，规定 DCO 在金融资源或流动性资源减少 25% 以上、流动性融资安排变化、保证金模型发生问题（并显著影响计算和收集保证金的能力）、结算银行选择发生变化、结算银行出现严重问题、财年变更、会计师事务所变更、董事会做出重大决策时，均应在要求的时间内报告 CFTC；四是要求 DCO 制订并向 CFTC 报告恢复和关闭计划，后续如有修订也应报告；五是对于具有系统重要性的 DCO，进一步明确相关要求，包括在因系统或环境发生重大变化而更新《金融市场基础设施原则》（PFMI）信息披露报告 10 日内需向 CFTC 告知更新内容等。

在信息披露方面，主要修订如下：一是要求在发生清算会员违约后尽快发布违约公告，未提及具体时间要求；二是明确列出 DCO 应在网站上公开披露的信息，包括清算结算协议的条款、清算及其他相关费用、保证金设置方法、违约可用资源的规模和构成、产品每日结算价、成交量、未平仓量、违约规则和程序，且应在网站上单独列示而不仅在业务规则中列示。

3.3 2020年9月新增"平行合规"注册模式

2020年9月，CFTC条例第39部新增D分部"适用于通过遵守母国监管制度而遵守核心原则的DCO的条款"，对"平行合规"模式下申请注册的DCO的适用范围、准入要求和持续监管要求等方面做出规定。

3.3.1 "平行合规"的适用范围

"平行合规"模式允许在美国境外成立的CCP，在不对美国金融体系构成重大风险的前提下，申请注册为DCO。

CFTC通过'20+20'原则判定DCO是否"对美国金融体系构成重大风险"：首先，该CCP要求美国清算会员缴纳的初始保证金数额，占所有获注册和豁免DCO要求美国清算会员缴纳初始保证金总额的比例超过20%。其次，美国清算会员被要求向该CCP缴纳的初始保证金，占该CCP要求缴纳初始保证金总额的比例超过20%。同时满足两项条件的，则该CCP不能申请"平行合规"模式下注册，而应申请"注册DCO"；在任一比例接近20%时，CFTC可自由裁决该CCP是否对美国市场具有重大风险，此时CFTC可能会考虑其他反映该DCO对美国金融体系风险的指标。

在业务范围方面，"平行合规"模式下注册的非美国DCO，可为美国人提供自营业务清算，也可通过FCM为美国客户提供代理清算。

3.3.2 准入条件和持续监管要求

在准入条件方面，境外CCP需满足四项条件：一是母国监管制度与美国DCO核心监管原则相符；二是在母国处于良好合规状况；三是对美国金融系统无重大风险（不满足"20+20"原则）；四是母国监管机构与CFTC达成谅解备忘录。

在持续监管要求方面，"平行合规"模式下注册的非美国DCO，需要遵守其母国监管制度及DCO注册令中规定的其他要求。其中，"其他要求"包括但不限于以下内容：

一是所有注册DCO都需遵守的"DCO的一般条款"，包括同意美国的管辖权、指定美国代理人、持续遵守注册时的合规要求等基本要求；遵守DCO注册申请、撤销和修改注册申请等流程性规定；履行业务规则和新业务向CFTC的报批流程；接受CFTC的互换产品清算资格审查；不得有欺诈行为；等等。

二是客户账户隔离方面，对于互换类衍生品，DCO应将从FCM处收取的客户抵押品（包括现金、证券及其他财产）与DCO的财产、FCM的财产以及其他非FCM代理客户的财产在物理上分离，并在账簿记录中进行同样区分。对于期货等场内衍生品，DCO从会员处收取的所有客户资金以及这些客户因交易、持有合约而产生的所有资金，均应作为客户的资金分别存放及核算。

三是客户资产的存放方面，对于互换类衍生品，DCO应将从FCM处收取的客户抵押品（包括现金、证券及其他财产）存放于自身处，或存放于"允许的存托处"（permitted depository），包括位于美国的银行或信托公司、注册FCM、注册DCO等，DCO还需在每个存托处开立"已清算互换的客户账户"。对于期货等场内衍生品，DCO应将从会员处收取的客户资金存放于美国的银行或信托机构、注册FCM、注册DCO，或美国境外的监管资本超过10亿美元的银行或信托公司。

四是数据记录和报送方面，要求如下：向CFTC提供用于评估该CCP是否符合注册条件的信息；每日报送交易和保证金信息；每季度报送美国清算会员名单；报告母国监管环境变化、注册状态变化、受到审查等重大事项；报告违约情况，包括非美国违约清算会员的债务金额，以及美国违约清算会员的名称、债务金额、头寸清单；报告该CCP对美国清算会员采取行动的情况；等等。

3.4 2020 年 11 月确定"注册豁免"模式最终规则

2020 年 11 月 18 日，美国商品期货交易委员会（CFTC）通过衍生品清算组织（DCO）注册豁免的最终规则（以下简称最终规则），成为《CFTC 监管条例》第 39 部的新增部分，包括新相关定义、监管要求、报送要求等条款，为美国境外的清算机构申请 DCO 注册豁免的要求、流程等建立了规范化的制度要求。

最终规则依然采用了 2015 年以来在实践中采用的原注册豁免模式，未采用 2019 年 7 月征求意见稿中的方案。原模式仅允许注册豁免 DCO 为美国人提供自营清算服务。

随着"注册豁免"模式的最终确定，CFTC 对境外中央对手方的分层监管思路基本确定，见表 3-9。

表 3-9　CFTC 对境外中央对手方的分层监管思路

		调整前	调整后	说明
注册	适用机构	—	对美国具有系统重要性的境内外 CCP	明确了适用范围"20+20"
	美国法人的业务范围	自营 代理 被代理	自营 代理 被代理	
	信息报送	严格	严格	
平行合规注册	适用机构	—	对美国不具有系统重要性的境外 CCP	该模式为新增内容
	美国法人的业务范围	—	自营 部分代理（仅美国期货经纪商 FCM） 被代理	
	信息报送	—	比注册 DCO 宽松	
注册豁免	适用机构	境外 CCP	对美国不具有系统重要性的境外 CCP	扩大了美国法人可参与的业务范围
	美国法人的业务范围	自营	自营	

银行间市场中央对手清算
发展报告 (2020)

　　根据最终规则新增条款内容，境外的中央对手方（CCP）首先需要符合豁免资格要求，同时必须遵守 CFTC 对注册豁免申请提出的条件，以及履行数据报送义务，才可能被授予注册豁免 DCO 资格。

　　关于申请豁免资格，境外 CCP 需满足两方面的要求：一是受到母国监管机构可比的、全面的监管。二是 CFTC 与 CCP 母国监管机构签订的谅解备忘录（MOU）或类似安排已生效。

　　关于注册豁免条件，具体如下：一是 CCP 应制定规则明确仅为美国人或期货经纪商（FCM）自营账户提供清算。二是开放性准入原则，对交易对手中包含美国人的互换交易制定关于经济等价和非歧视性清算的规则。三是 CCP 应同意美国有管辖权，并指定和告知 CFTC 其在美国的代理人，在变更时及时通知 CFTC。四是 CCP 应遵守所有的豁免条件，并能在 CFTC 要求其证明时，予以证明。五是 CFTC 能在需要时查阅和复制账簿和记录。六是遵守 PFMI，并在财政年度结束后 60 日内向 CFTC 提供持续遵守 PFMI 的证明。七是需具有良好的监管遵守情况，在财政年度结束后的 60 日内，其母国监管机构应向 CFTC 递交证明 CCP 受良好监管的书面声明等。

　　数据报送要求方面，包含"一般报告要求"和"互换数据报送要求"两项内容。"一般报告要求"规定，注册豁免 DCO 除了提供 CFTC 认为必要的资料和通知外，还需在 T+1 日的上午 10 点前（美国中部时间）向 CFTC 报送关于每个美国人的初始保证金要求、初始保证金存款、变动保证金等数据，以及在财政季度结束的 17 个工作日内报送包括财政季度内美国人清算总量、未平仓合约头寸均值等数据。此外，还规定注册豁免 DCO 在任何清算会员违约时，都报送违约方的负债金额；如果违约方是美国清算会员，还应报送违约方的名称及其头寸。"互换数据报送要求"规定，注册豁免 DCO 应向互换数据库（SDR）报送因原互换的合约替代而产生的两笔互换的数据，并应向原互换报送的 SDR 报送原互换的终止情况。

（二）终止净额的法律确定性

1. 印度尼西亚央行拟推动立法明确终止净额结算有效性

2020 年 8 月，据 Risk.net 报告，印度尼西亚央行正在推动一项法律改革，允许银行对衍生品交易实行终止净额结算（close-out netting）。

印度尼西亚《破产和中止偿还债务法》规定，如发生破产，资产管理权由交易方转移至指定的管理人，意味着由管理人而非交易双方决定如何进行交易轧差。投资者担心在印度尼西亚运用终止净额结算可能与印度尼西亚破产法的规定冲突。

为此，印度尼西亚央行牵头、印度尼西亚金融服务局和财政部共同参与，组建了跨机构工作组，向印度尼西亚的国家法律教育机构（NLEA）致函，敦促其准备修改破产法。目前，NLEA 正在撰写关于终止净额结算有效性的具体修订条款，但尚未就此公开征求意见。

据介绍，印度也在尝试通过一揽子立法而非制度单独法规的方式来解决终止净额结算法律不确定性的问题。而此前于 2020 年 4 月，加纳在其《企业破产和重组法 2020》中，通过专门条款"净额协议的执行"，明确了终止净额结算有效性。

2. 美国商品期货交易委员会发布破产规则的修订提案，遭质疑可能削弱终止净额结算法律基础

2020 年，美国商品期货交易委员会（CFTC）公布的对《CFTC 监管条例》第 190 部（以下简称第 190 部）"破产规则"的修订方案，在其向公众征询意见期间，引起业内热烈讨论，外界普遍担忧其中的部分条款可能会削弱终止净额结算的法律基础。

（1）"破产规则"修订草案 6 月首次公布引质疑。第 190 部原本是 CFTC 依据《破产法典》（Bankruptcy Code）第 7 章第 4 分章（subchapter IV，chapter 7）中管辖商品经纪商的基本规定，修订的专门针对经纪交易商（broker dealer）的监管规则，后来逐渐也被适用于衍生品清算组织（DCO）、

期货经纪商（FCM）等机构的监管。

专家们一直呼吁，以对待银行类似的方式处理 CCP 的破产问题不合适，应该专门为 CCP 制定规则。2020 年 6 月，CFTC 公布第 190 部"破产规则"的修订草案[①]，在第 190 部下新增了 C 分部（Subpart C），专门处理 DCO 的破产问题。其中新增的第 190.14 节关于"DCO 作为债务人提交破产申请后的资产处理"的部分条款引起了市场的广泛担忧，被指可能威胁到 CCP 终止净额结算[②]的法律基础。

具体来说，第 190.14 节（b）条规定，DCO 在破产后必须立即停止征收或支付保证金，但如果受托人（Trustee，通常为联邦存款保险公司 FDIC）判定，DCO 破产后继续运营将有利于后续向其他 DCO 转让，或有利于提高处置的成功率，且满足"切实可行"原则，则经履行申请流程后，CFTC 可允许 DCO 在破产后继续运营最长 6 个自然日，用于处理 DCO 的未平仓合约，包括进行终止合约和收付保证金等活动。"切实可行"原则依据两条标准判定：一是 DCO 业务规则还未强迫终止所有的（或绝大部分）未平仓合约；二是清算会员愿意合作，所有的（或绝大部分）清算会员都能够且愿意支付变动保证金。

CFTC 制定该特殊条款的初衷是为 CCP 的转让和处置争取更多机会，尽量避免因 DCO 破产而造成的系统性影响，但却引起破坏终止净额结算法律基础和有效性的担忧。

在美国的监管框架下，金融衍生品合约只有被 FDIC 认定为"合格净额主协议"（Qualifying Master Netting Agreement，QMNA），终止净额结

---

① 资料来源：参阅 https://www.federalregister.gov/documents/2020/06/12/2020-08482/bankruptcy-regulations。

② 根据国际掉期与衍生品协会（ISDA）定义，终止净额结算（close-out netting）是衍生品交易中一项信用风险管理工具。具体来讲，是指衍生品交易双方通过交易主协议约定，若任何一方存在违约或合约终止事件，双方各类衍生品合约不管是否到期均告终止，合约项下各自所负债务按双方约定转换成支付义务，并经轧差最终计算出净额，由净支付方转移给净收入方。

算才能被认定为在法律上有效，合约方才能以净额为基础计算其资本计提要求 [1]。获得 QMNA 认证的核心条件就是必须符合 QMNA 的定义 [2]。QMNA 的定义中有一条重要的标准，"在任何情况下，相关司法管辖区的适用法律不得禁止或妨碍按协议行使的任何权利，除非是根据《联邦存款保险法》、《多德—弗兰克华尔街改革和消费者保护法案》第二篇或其他类似的对政府资助实体适用的破产法进入处置、接管或托管程序，以及其他辖区的类似法律。" [3]《破产法典》第 7 章以及 CFTC 据其修订的第 190部都不属于定义中列出的特例范围。因此，外界质疑，6 月的草案可能使当前的交易协议无法满足 QMNA 的定义，破坏终止净额结算的法律基础，清算参与者将不得不以合约敞口的全额（而非净额）计算资本要求，导致资本要求显著增加。

（2）9 月发布补充条款调整监管方案。针对市场的质疑，CFTC 于 9月 24 日发布补充条款调整了 190.14 节（b）条的方案 [4]，调整后的规定只对系统重要性衍生品清算组织（SIDCO）适用，SIDCO 在提交破产申请后，必须获得三家审慎监管机构（包括 FDIC、美联储和美国货币监理署）同意，才可以设置一个暂缓期（stay period），暂缓期内 DCO 可以终止未平仓合约和行使其他违约相关的权力，但不能收付保证金。暂缓期的期限取以下二者的孰短值：一是从开始接管时间算起至后一个工作日下午 5 点（美东时间）和从开始接管算起的 48 小时，这两种算法中的更迟时间；二是 3 家审慎监管机构分别要求的期限中的最小值。

① 美国联邦法典第 12 篇"银行和银行业"第三章《FDIC 监管条例》第 324.10（c）（4）节。
② 美国联邦法典第 12 篇"银行和银行业"第三章《FDIC 监管条例》第 324.3（d）节。
③ 美国联邦法典第 12 篇"银行和银行业"第三章《FDIC 监管条例》第 324.2 节。
④ 资料来源：参阅 https://www.federalregister.gov/documents/2020/09/24/2020-21005/bankruptcy-regulations#footnote-2-p60111。

CFTC 在征求意见稿中重申了其观点，保留原草案中提出的暂缓期安排很有必要，这有助于尽量避免 CCP 破产清算，而尽可能实施替代方案（如关键业务转让、处置计划等）。针对公众的主要疑虑，CFTC 表示，已通过优化监管方案来解决，并就主要的调整分别解释了理由。

一是暂缓期条款将仅对 SIDCO 适用，且增加必须获得 3 家审慎监管机构的弹性条款，这是为了使第 190 部能获得《多德—弗兰克华尔街改革和消费者保护法案》第 2 篇的立法支持，而《多德—弗兰克华尔街改革和消费者保护法案》第 2 篇是法律层级高于 QMNA 的制度之一，这样可解决关于终止净额结算法律基础问题的主要担忧。《多德—弗兰克华尔街改革和消费者保护法案》第 2 篇是专门为系统重要性金融机构设计的，依据该法规使金融机构进入接管或处置等程序是一个需要深思熟虑和复杂决策的过程。例如，如果是 SIDCO 破产或濒临破产，需要 FDIC 和美联储分别提交书面建议，财政部长询问总统意见后充分考虑七方面因素后做出决定[①]。财政部长做出决定之后，FDIC 才可被任命接管该 SIDCO。

二是暂缓期不再允许征收或支付保证金，这是因为在 DCO 已经提交破产原则的情况下，考虑到 DCO 的财务状况和清算会员的合作意愿，保证金收付可能有违"切实可行"原则。但暂缓期仍允许终止合约和行使其他权利，CFTC 解释，这是因为暂缓期已经大大缩短，行使相关权利使 DCO 和清算会员承受的风险也更能被控制。

三是引入"暂缓期"的表述和 48 小时等期限标准的规定，主要是参考沿用了 FDIC 对受监管合格金融合约（Covered QFC）的类似规定[②]。CFTC 认为，审慎监管机构在其他监管场景中率先使用了暂缓期的概念并明确了相关标准，说明这一监管理念和标准主张是受到认可和支持的。

---

① 《多德—弗兰克华尔街改革和消费者保护法案》第 12 篇 53 章 5383 条。
② 美国联邦法典第 3 章第 12 篇 "银行和银行业" 第 3 章《FDIC 监管条例》第 382.4 节。

（3）市场对于CFTC 9月更新方案的质疑。有法律界专业人士指出，这不仅可能会推翻DCO已通过CFTC批准的终止和清算规则，还与美国破产制度的两个现有要素相违背：一是破产法中的"安全港"条款，该条款允许特定对手方在CCP终止期货、衍生品和其他商品合约，而不必将其投入统一的破产财产中。二是《1991年联邦存款保险公司推进法》，该法案中确保了CCP业务规则口的终止净额结算相关规定的效力，可不受其他联邦法律的影响。

芝加哥商品交易所清算公司等机构表示，CFTC的作为与自身的初衷背道而驰，引入了极大的法律不确定性，模糊了市场参与者对CCP破产后处理方式的预期。不应该只是为了一些尾部风险，使DCO清算合约的QMNA认证状态持续受到质疑。

还有声音质疑，以FDIC被任命为接管人的决定作为暂缓期的起始点，存在较大的不确定性，因为DCO可以向法庭申诉撤销该决定。

（4）12月最终规则中删除有争议条款。2020年12月8日，CFTC表决通过了关于修订《CFTC监管条例》第190部的最终提案。

关于DCO作为债务人提交破产申请后的资产处理，规定DCO在破产后必须立即停止征收或支付保证金，删除了此前引起争议的暂缓性过渡条款"CFTC可允许DCO在破产后继续运营"，以确保终止净额有效性。还规定，受托管理人须在DCC递交破产申请并由美国破产法院颁发豁免后不迟于7个自然日终止、平仓或转让所有未结合约。

关于外国DCO的适用性，规定外国DCO仅适用一般规定、报告记录、美国期货经纪商（FCM）客户净资产计算、FCM客户财产分配等相关要求，不适用关于破产申请后债务人财产的处理、恢复和关闭计划、违约处置、交割、每日结算等方面的要求。

关于递交资料的时间，规定提出破产申请的DCO应在提交破产申请后3个小时内提供破产诉讼案卷、违约处置流程等资料，次日内提供所有业务相关资料和法律意见等给受托管理人和CFTC。

（三）监管测试和评估

1. 欧盟监管压力测试

2020 年 7 月 13 日，ESMA 公布对欧盟 CCP 的第三次压力测试结果，结果显示，欧盟 CCP 总体上有能力应对信用、流动性和集中度风险方面的共同冲击。此次压力测试基于参与者 2018 年 12 月和 2019 年 3 月的资产负债表信息进行，欧盟 16 家获得授权的 CCP 均参与本次测试，测试结果包括财务资源分析、关联性和集中度分析、信用风险压力测试、反向压力测试、集中度压力测试、流动性压力测试六个方面。

对财务资源的分析结果显示，16 家 CCP 共有约 3 350 亿欧元的保证金和清算基金等预缴资源，其中头部 CCP 的财务资源远高于其余 CCP，如伦敦清算所英国子公司持有保证金占所有 CCP 保证金总额的约 47%、持有清算基金占比约为 30%。14 家 CCP 拥有要求非违约参与者提供额外非预缴资源的权力。在所有财务资源中，59% 的抵押品为债券和权益，40% 为现金。

对关联性和集中度的分析结果显示，在 CCP 相互依赖性方面，大多数 CCP 都与欧盟前十大清算会员集团有联系，部分 CCP 有共同的存托机构，CCP 的部分流动性提供者同时是其清算会员，这些将加剧 CCP 的相互依赖性。在信用风险的集中度方面，主要评估清算基金缴纳份额的集中情况，2 家 CCP 为高度集中，4 家 CCP 为中度集中，剩余的 10 家 CCP 无明显集中；在流动性风险的集中度方面，主要评估由流动性提供者承诺的流动性资源的集中度，其中 3 家 CCP 为高度集中，4 家 CCP 为低度集中，剩余的 9 家 CCP 无明显集中。

信用风险压力测试结果显示，基于 2019 年 3 月的资产负债表数据，15 家 CCP 的预缴违约资源均能够覆盖压力场景下的损失，只有伦敦金属交易所清算公司（LME Clear）在压力场景下的损失金额（7.12 亿欧元）超出其预缴违约资源（4.46 亿欧元），需额外动用未违约清算会员的资源来覆盖 2.66 亿欧元的损失。基于 2018 年 12 月的数据，所有 CCP 都通过测试。

反向压力测试通过逐步增加违约组内的会员数量和市场冲击的严重程度，对 CCP 系统的损失吸收能力进行二维分析。压力测试结果显示，市场冲击程度比违约组内会员数量对 CCP 风险的影响更大。当压力测试场景的冲击程度降低 30% 时，即使违约组内会员数量增加，也不会对 CCP 构成重大风险。

集中度压力测试是本次监管压力测试的新增内容，主要关注市场不流动的风险（集中度风险），即在较短时间（实践中是分配给 CCP 处理违约的时间）内，将头寸平仓或对冲掉需要额外成本而引起的风险。结果显示，绝对金额方面，在欧盟范围内，在利率衍生品市场平仓或对冲头寸所需的额外成本最高（约 200 亿欧元），其次为大宗商品衍生品和权益类产品。应对措施方面，多数的 CCP 通过集中附加保证金来管理集中度风险，但有 4 家 CCP 未向清算会员征收集中附加保证金。风险覆盖比例方面，欧盟范围内预估的额外成本和集中附加保证金之间存在巨大的差距，大宗商品衍生品市场差距最大，集中附加保证金仅能覆盖大宗商品衍生品市场 11.7% 的风险，留有 80 亿欧元的缺口。权益类产品其次，覆盖比例为 57%，留有 42 亿欧元的缺口。

流动性压力测试使用 2019 年 3 月的数据进行测试，欧盟 CCP 在假设的压力场景下总体具有韧性。在进行不同货币类别的流动性汇总时，欧洲期货交易所清算公司（Eurex Clearing）和荷兰 EUROCCP 出现少量英镑的流动性短缺，Eurex Clearing 出现 18.9 亿美元的流动性短缺。

2. 国际货币基金组织发布美国金融部门评估规划评估报告，对美国中央对手方的监管提出建议

2020 年 8 月 10 日，国际货币基金组织（IMF）发布对美国的"金融部门评估规划"（FSAP）评估报告和《金融市场基础设施监管、中央对手方的韧性和创新技术》技术说明。此次评估回顾了 2015 年美国 FSAP 评估以来，美国金融体系在落实评估建议以及监管改革方面取得的进展。两份报告中，前者是对整个美国金融体系评估结果的概述，后者聚焦金融市场基础设施（FMI），特别是中央对手方（CCP），其主要是以《金融市场基础设施原则》（PFMI）为标准，包括对 FMI 的监管和 CCP 的韧性、可恢复性和可处置性等方面进行了更加详细的阐述。

在对 FMI 的监管方面，报告将美国对 FMI 的监管与 PFMI 的五项职责相比较并分析可能导致系统性风险的问题。结果显示，美国对系统重要性 FMI 的监管总体上充分、有效，但美国商品期货交易委员会（CFTC）的规则审批程序及其资源（主要是人力资源）仍需加强。报告提出以下三方面建议。

一是将 CFTC 对系统重要衍生品清算组织（SIDCO）规则的审批流程由原有的"无异议则自动批准"更改为"审核批准"，防止忽视 SIDCO 的重要规则变化。

二是 CFTC 应在审批程序中新增公开征询意见的流程，使各利益相关方能正式表达意见。

三是 CFTC 应拓展员工队伍，保证能履行好其监督职责。报告指出，2015 年的 FSAP 评估以来，CFTC 员工有所增加但不足以匹配其承担的更多职责。

在 CCP 的韧性方面，报告对芝加哥商品交易所（CME）、固定收益工具清算公司（FICC）、洲际交易所信用清算公司（ICC）和期权清算公司（OCC）4 家 CCP 进行信用和流动性风险管理框架的分析。结果显示，4 家 CCP 总体上是健全的，但它们在以下方面可能存在问题。

一是关于风险管理委员会的独立性，几家 CCP 的风险管理委员会主席均由独立董事担任，但 CME 风险管理委员会主席同时在会员机构任职。虽然 CME 规定在会员机构任职也可被视为具有独立性，但报告仍建议审查 CME 风险管理委员会的独立性，以确保对风险相关事项的判断不受业务因素的影响。

二是关于保证金风险期限（MPOR）规则，CME 对场内衍生品交易采用的最小 MPOR 与其他几家 CCP 相比偏低。OCC 对股票期权、指数期权和期货的最小 MPOR 为 2 天，FICC 的 MPOR 为 3 天，ICC 的 MPOR 至少为 5 天。CME 对不同的产品线使用不同的 MPOR，期货产品有 1 天、2 天和 3 天，场外衍生品为 5 天。报告建议审查所有账户的保证金情况，考虑确定适当的规则，既要考虑确保 CCP 能够应对大额头寸被平仓的情况，同时避免在压力时期出现顺周期保证金追加的负面效应。

三是关于日间保证金追缴，部分 CCP 对于触发临时保证金追缴的阈值并未予以明确，如 CME 的日间保证金追缴的触发主要依赖其风险管理部门的监测决定，而不是根据清算会员保证金的变动自动触发，由于监测账户数目和交易量可能很高，可能导致操作风险。建议 CCP 对保证金的阈值予以明确。

报告还就 CCP 的韧性对监管机构提出两条建议：一是美联储、CFTC 和美国证券交易委员会（SEC）合作采取一致的、保守的风险管理标准；二是美联储、CFTC 和 SEC 对 CCP 进行更全面的监管压力测试。

在 CCP 的可恢复性和可处置性方面，报告结论如下：

关于恢复计划，2015 年 FSAP 评估以来，美国主要监管机构都制定了关于恢复和业务关闭计划的规则，美国主要的 CCP 也都逐步根据规则和指引制订了恢复计划。美国监管机构还会定期审查和评估 CCP 的恢复和业务关闭计划。一些 CCP 选择对其恢复计划进行了微调，例如 CME 和 ICC 于 2016 年通过修改规则建立恢复计划，近期进行了修订；ICC 准备修订规则，将非违约损失分配给清算会员。

关于处置计划，2017 年，美国财政部正式解释，根据《多德—弗兰克华尔街改革和消费者保护法案》进行处置的系统重要性 FMI，其处置机构为联邦存款保险公司（FDIC）。FDIC 没有对 CCP 的监管职能，需要与其他监管机构协调。目前，FDIC 正与国内外的监管机构合作，为 CME 和 ICC 制定处置策略。但是，美国 CCP 的处置计划建设仍处于初步阶段，报告建议 FDIC 继续与国内外其他主要监管机构在以下方面进行协调：一是 CCP 监管压力测试，二是为更多 CCP 制订处置计划，三是修订规则为违约和非违约场景下处置工具的合理使用做出规定，四是为恢复和处置计划间相互作用、处置计划的触发机制等修订规则。

四、中央对手方的韧性、恢复与处置

（一）韧性

1. 会员准入

2020 年 1 月 7 日，欧洲证券与市场管理局（ESMA）发布了关于中央对手方（CCP）清算会员准入和尽职调查工作的调查报告。由于纳斯达克清算公司的一名作为个人投资者的清算会员于 2018 年 9 月发生违约并造成重大损失，ESMA 对 16 家欧盟 CCP 的清算会员准入（尤其是个人投资者准入）以及清算会员的尽职调查等情况展开调查。

关于是否接收个人投资者成为清算会员，在 ESMA 调查报告覆盖的 16 家 CCP 中，目前没有 1 家 CCP 接收个人投资者成为清算会员的情况，有 12 家 CCP 明确禁止个人成为清算会员，剩余 4 家 CCP 未在其规则中说明。根据《欧洲市场基础设施监管条例》（EMIR）的条款和《结算最终性指令》，ESMA 无权禁止个人投资者成为清算会员，但明确要求个人必须在资本要求、财务账目的审计、业务能力、与相关 CCP 和支付系统的连接以及应急安排方面满足与其他清算会员相同的要求，才能成为清算会员。

关于非金融企业成为清算会员的情况，调查显示有 7 家 CCP 允许非金融企业成为清算会员，目前共有 241 家非金融企业清算会员。这些 CCP 采用了两种方法来管理非金融企业的对手方风险：一是对准入和清算费用设限，即限制非金融企业成为特定类型的清算会员、提高非金融企业的清算费；二是要求非金融企业清算会员履行与金融企业清算会员相同的义务。

关于 CCP 对清算会员进行的尽职调查，报告归纳了 CCP 采取的六项主要措施：一是根据清算会员的年报和外部评级等信息对其进行内部信用评分；二是通过预警监测系统实时监测清算会员偿付能力的变化；三是通过与清算会员连接风险系统、获取风险数据信息，以便及时应对可能的变故；四是要求清算会员每年填写尽职调查问卷以确认会员资格相关的详细信息和会员安排的变化；五是进行现场尽职调查；六是定期与清算会员举行会议，就风险治理安排和风险政策等业务相关事项进行沟通。

2. 违约管理

（1）国际清算银行支付与市场基础设施委员会和国际证监会组织发布报告《中央对手方违约管理拍卖——需考虑的问题》。2020 年 6 月 25 日，国际清算银行支付与市场基础设施委员会（CPMI）和国际证监会组织（IOSCO）联合发布报告《中央对手方违约管理拍卖——需考虑的问题》，提出了中央对手方（CCP）在设计和执行违约管理拍卖时应该考虑的问题，并为 CCP 制定和改进违约管理拍卖规则提出了建议。

在设计拍卖过程时，CCP 应考虑六方面因素：一是准备拍卖的资产组合，决定打包全部拍卖或者拆分成更小的组合提高拍卖成功率；二是确定拍卖形式，包括确定如何提交投标、判定中标的标准和如何分配投资组合等；三是确定拍卖参与者范围，CCP 应充分考虑拍卖资产的性质和拍卖参与者的投标能力、类型、数量等因素；四是确定投标的时点，CCP 应确保拍卖参与者有充足的时间对投资组合进行评估和定价；五是强制投标或激励投标，CCP 可在业务规则或其他治理安排中要求强制参与拍卖，还可通过中标获利的激励机制和优先使用未提交投标或投标积极性较低的清算会员的清算基金的惩罚机制等鼓励投标；六是权衡灵活性和可预测性，既要预先确定拍卖形式等要素使拍卖具有一定可预测性，也要在拍卖安排中提供灵活的调整机制，以便更精确地调整参数促进拍卖的成功。

在日常运营中，CCP 应考虑三方面问题以促进拍卖的有效执行。首先，CCP 应在日常运营中为违约拍卖做好准备，包括向潜在拍卖参与者传达拍卖标准并进行相关培训、以协议或规则手册等形式明确信息共享相关的限制要求、维护潜在拍卖参与者名单等。其次，在拍卖前和拍卖过程中，CCP 与有关各方之间有效的信息沟通也是影响拍卖成功的重要因素。最后，与违约管理拍卖有关的测试也有助于提高拍卖的成功率。

关于清算客户参与违约拍卖，CCP 及其清算会员在决定是否允许或推动客户参与时，应考虑清算会员的责任、客户投标动机、客户的法律和运营水平以及信息泄露风险等因素。清算客户可以独立于清算会员提交投标（直接参与模式），也可以通过清算会员提交投标（间接参与模式）。

（2）世界交易所联合会发布关于中央对手方非违约损失管理的行业指南。2020 年 6 月 11 日，世界交易所联合会（WFE）发布《非违约损失指南》，介绍了 CCP 面临违约之外因素导致的损失（非违约损失），并总结了 CCP 管理和分配非违约损失的行业实践。

非违约损失涉及的风险种类主要包括运营风险、托管风险和投资风险，对此 CCP 一般通过制定业务规则和恢复计划进行管理。运营风险方面，CCP 一般采用运营管理控制、风险与合规审查、内部审计"三道防线"应对 IT 软硬件缺陷、信息安全性不足、数据保护差、网络犯罪等因素造成的 CCP 运营风险。其他措施包括建立负责风险管理流程的"企业风险管理团队"、制订业务连续性计划（BCP）、定期在《金融市场基础设施原则》（PFMI）量化信息披露报告中披露运营失败事件等。关于如何管理运营风险导致的损失，CCP 一般在业务规则中制订分配计划：公司制 CCP 由 CCP 股东承担运营损失，以一般业务风险损失进行会计处理，但因清算会员的雇员导致运营风险等特殊情况除外；少数会员制 CCP 采用了其他的损失分摊和会计处理方法。托管风险方面，WFE 认为 CCP 产生托管损失的概率很低，因为 CCP 一般将收取的现金和非现金抵押品存放在银行和第三方托管机构，这些机构都必须遵守严格的资本要求和相关规则，且托管机构的破产一般不会将 CCP 的非现金抵押品卷入。一些 CCP 还取得了法律意见，明确在 CCP 破产时，非违约清算会员及其客户的抵押品不会算在 CCP 的财产中，因此这部分抵押品更不会受到托管风险的影响。WFE 还认为，强迫 CCP 承担第三方托管机构的风险，既违反市场惯例又不合适，因为这隐含着要求 CCP 成为无限责任担保人的导向，将大大削弱 CCP 的运行效率。投资风险方面，CCP 投资政策受到监管的直接影响，但可在一定范围内作出决策，需在风险和回报间做好权衡，在分配投资回报和损失时也需遵循该原则。此外，CCP 在制定投资政策时，清算会员代表也可参与，CCP 分配投资损失的做法也必须遵守与清算会员的协议条款。

3. 流动性风险管理

（1）欧洲中央银行考虑允许 CCP 接入央行账户设施

欧洲中央银行（ECB）市场设施和支付司副司长菲奥娜·凡爱舍波（Fiona Van Echelpoel）在欧洲期货交易所组织的 2020 年法兰克福会议讨论和采访时表示，ECB 正在考虑允许欧元区的 CCP 在无银行牌照的情况下接入 ECB 的账户设施。

业内人士表示，CCP 接入央行账户设施有利于风险管理。CCP 将其收到的保证金存在 ECB，可减少抵押品被再投资在回购市场或商业账户中产生的非违约损失。同时，利用中央银行流动性额度来满足紧急追加保证金的能力，可使 CCP 快速获取现金、平滑处理清算会员违约。

当前欧盟的规则只允许持有银行牌照的 CCP 开立央行账户。欧元区也只有欧洲期货交易所清算公司（Eurex Clearing）和伦敦清算所法国公司（LCH SA）两家拥有银行牌照的 CCP，可以向 ECB 提供抵押品换取现金。CCP 申请银行牌照意味着将受制于银行监管规定，而银行式监管对 CCP 不完全适用。为此，欧盟《资本要求监管条例》第二部（CRR II）中要求立法部门为 CCP 出台豁免政策。

此外，《欧洲市场基础设施监管条例》修订版（EMIR 2.2）规定，相关中央银行可要求具有系统重要性的第三国中央对手方（TC-CCP）开立央行账户，意味着 ECB 如不改变规则，将导致具有系统重要性的 TC-CCP 被迫申请银行牌照。

（2）美国期货业协会和国际掉期与衍生工具协会支持 CCP 使用美联储账户

2020 年 7 月 17 日，美国期货业协会（FIA）和国际掉期与衍生工具协会（ISDA）致信美国众议院克里弗（Emmanuel Cleaver）等议员代表，表示支持其倡导和推动的改革议案，允许所有在美国商品期货交易委员会（CFTC）注册的衍生品清算组织（DCO）和在证券交易委员会（SEC）注册的清算机构（CA）在美联储开设存款账户。目前，根据《指定为系统重要性金融市场设施的职责》的有关规定，只有对美国具有系统重要性的指定金融市场设施（DFMU）可以在美联储开设存款账户。

FIA 和 ISDA 在信中指出，在存管和收支客户美元保证金方面，CCP 在美联储开设账户是最安全和最具流动性的方式。在市场剧烈波动的压力时期，允许所有 CCP 接入央行账户有利于提升衍生品清算生态体系的流动性，降低 CCP 和银行间的相互关联性，同时能够更好地保护客户和终端用户的资金。2017 年 10 月，美国财政部在发布的资本市场报告中将 CCP 在美联储开设账户存管客户保证金列为系统性风险缓释工具之一。FIA 和 ISDA 表示，在新冠肺炎疫情期间推动此项政策工具有利于强化金融体系韧性，希望能将其加入未来或将推出的应对新冠肺炎疫情的一揽子改革政策中。

4. 中央对手方风险共担自有资本（SITG）

2020 年 7 月，欧盟公布恢复与处置监管规则的立法提案，其中要求中央对手方（CCP）进一步增加风险共担自有资本（SITG），引发全行业热烈讨论。该提案要求 CCP 额外投入第二层 SITG，规模为 10%~25% 的最低资本，使用顺序为违约瀑布末端，即在使用未违约清算会员缴款之后、采取恢复措施之前。ESMA 正起草相关监管技术标准，阐明第二层 SITG 准确数额的计算方法。

专栏 3-2　关于中央对手方风险共担自有资本的情况介绍

1. SITG 的定义

当中央对手方（CCP）的参与者违约时，CCP 将按照事先制定的违约处置瀑布式流程，依序使用风险准备资源弥补违约损失。在风险准备资源中，CCP 将贡献一定的自有资本（skin-in-the-game，SITG），以体现风险共担原则。

狭义来说，SITG 指在违约瀑布中，CCP 在非违约清算会员承担损失之前贡献的自有资本。根据伦敦清算所（LCH）定义，SITG 指使用顺序在违约清算会员的保证金和清算基金后、非违约清算会员缴纳的金融资源之前的 CCP 资本[①]。

广义来说，SITG 指 CCP 在违约瀑布中贡献的一切自有资本，既包括狭义定义中的自有资本，也包括在使用非违约清算会员缴纳金融资源的同时及之后使用的自有资本。根据国际清算银行（BIS）定义，SITG 指"CCP 分配给信用风险的专项资本"[②]。根据澳大利亚储备银行（RBA）定义，SITG 指"CCP 资本中，被分配用于弥补参与者违约事件导致损失的部分"[③]。根据欧洲中央对手方清算所协会（EACH）定义，SITG 指"CCP 贡献的自有资源"[④]。

考虑到设立 SITG 的目的是让 CCP 参与风险共担、激励 CCP 积极管理风险，而 CCP 贡献的所有资源均有助于实现该目的，因此在本文中，采用广义的 SITG 定义。

2. 国际监管规定概况

2.1 国际标准

国际清算银行支付与市场基础设施委员会（CPMI）及国际证监会组织（IOSCO）2012 年发布的《金融市场基础设施原则》（PFMI）[⑤]

---

① 参见："CCP Conundrums"，London Clearing House, https://www.lch.com/index.php/system/files?file=media_root/CCP%20Conundrums.pdf。

② 参见："Model risk at central counterparties: Is skin-in-the-game a game changer?"，Wenqian Huang and Előd Takáts, BIS Working Papers No 866, May 2020, https://www.bis.org/publ/work866.pdf。

③ 参见："Skin in the Game – Central Counterparty Risk Controls and Incentives"，Louise Carter and Megan Garner, Bulletin（JUNE QUARTER 2015），https://www.rba.gov.au/publications/bulletin/2015/jun/pdf/bu-0615-9.pdf。

④ 参见：https://www.eachccp.eu/wp-content/uploads/2015/12/Website-presentation-EACH.pdf.。

⑤ 参见：https://www.bis.org/cpmi/publ/d101a.pdf。

原则 4 规定，CCP 的违约瀑布"可包括违约者的初始保证金、违约者按预缴违约安排缴纳的清算基金、特定比例的 CCP 自有资金和其他参与者按预缴违约安排缴纳的资金"。

此后，CPMI 和 IOSCO 于 2015 年 2 月发布的《中央对手方量化信息披露标准》[①] 规定，CCP 应每季度公开披露包括 SITG 信息在内的一系列量化信息。其中，根据在违约瀑布中使用的先后顺序，将 CCP 的 SITG 分为以下三类：

一是前置资本（own capital used before member contributions），即在违约清算会员缴纳的保证金和清算基金之后、未违约清算会员缴纳的金融资源之前使用的自有资本；

二是并置资本（own capital used alongside member contributions），即与未违约清算会员缴纳的金融资源同时使用的自有资本；

三是后置资本（own capital used after member contributions），即在未违约清算会员缴纳的金融资源之后使用的自有资本。

2.2 欧盟

在欧盟现行生效的监管要求中，SITG 仅包括前置资本，金额要求为最低资本的 25%；同时，在欧盟正在履行立法流程的恢复处置新规中，新增关于 CCP 应额外投入后置资本的要求，金额为最低资本的 10%~25%。具体情况如下：

关于前置资本的原则性规定，《欧洲市场基础设施监管条例》（EMIR）[②] 第 45 条"瀑布式违约处置"第 4 款规定："CCP 在使用非违约清算会员的清算基金缴款之前，应使用专用的自有资源。"

关于前置资本的具体要求，欧洲证券与市场管理局（ESMA）制定

---

① 参见：https://www.bis.org/cpmi/publ/d125.pdf.。

② 2020 年 1 月 1 日，EMIR 修订版（即 EMIR 2.2）正式生效，详见：https://eur-lex.europa.eu/legal-content/EN/TXT/?uri=CELEX%3A02012R0648-20200618&qid=1603940200494。

的监管技术标准（第 153/2013 号条例）① 规定，CCP 应保留一定数额的专用自有资源，并在其资产负债表中单独列示。还要求 CCP 持有的自有资源金额应不低于 CCP 的最低资本的 25%。

其中，最低资本（minimum capital）指欧盟监管制度中要求 CCP 应最低持有的资本金额，具体来说，取以下二者孰高：一是 CCP 永久可用的初始资本至少为 750 万欧元②；二是 CCP 应符合与银行等金融机构类似的资本要求③，即应大于等于以下各项之和：（1）CCP 关闭或重组的资本要求；（2）操作风险和法律风险的资本要求；（3）保证金、清算基金、其他金融资源、流动性资源无法覆盖的信用风险、交易对手信用风险和市场风险的资本要求；（4）业务风险资本要求。其中，第（1）（4）项与 CCP 最近一年的经营支出有关，第（2）（3）项是根据银行风险资本计提方法计算。例如，欧洲期货交易所清算公司（Eurex Clearing）2019 年的最低资本为 1.73 亿欧元④。

关于后置资本，欧盟委员会、欧盟理事会和欧洲议会于 2020 年 6 月 23 日就《CCP 恢复与处置规则》的立法提案达成一致⑤。该提案要求 CCP 额外投入第二层 SITG，规模为 10%~25% 的最低资本，使用顺序为违约瀑布末端，即在取用未违约清算会员缴款之后、采取恢复措施之前。ESMA 正起草相关监管技术标准，阐明第二层 SITG 准确数额的

① 参见：https://eur—lex.europa.eu/legal-content/EN/TXT/?uri=CELEX%3A02013R0153-20160615&qid=1603940289634。
② 参见 EMIR 2.2 第 16 条。
③ 参见 EMIR 2.2 第 16 条及欧盟监管技术标准第 152/2013 号，https://eur—lex.europa.eu/legal-content/EN/TXT/HTML/?uri=CELEX:32013R0152&qid=1603874956138&from=EN#d1e338-37-1。
④ 参见：https://www.eurex.com/resource/blob/1975584/6d5fb574b6e8bf52fc1267d9c2155a5a/data/annual_report_2019_en.pdf。
⑤ 该提案于 2020 年 7 月 22 日获欧盟理事会批准，通过"一读"程序，目前已进入"二读"程序，将先后接受欧洲议会和理事会的审议，参见：https://eur—lex.europa.eu/legal-content/EN/TXT/?uri=CELEX%3A52016PC0856。

计算方法。

2.3 美国

根据《美国商品期货交易委员会（CFTC）条例》第 39 部 "衍生品清算组织" 第 39.11 条 "金融资源"[1]，衍生品清算组织（DCO）的金融资源应至少超过以下两项之和：

一是在合理市场条件下，单个清算会员违约对 DCO 造成的最大财务风险情况下，DCO 持有的金融资源确保其仍能履行对清算成员的金融义务。此项金融资源包括符合要求的保证金、DCO 的自有资本、担保基金存款、违约保险、DCO 规则允许的额外担保基金的潜在估价以及 CFTC 认可的其他金融资源。

二是 DCO 持有的金融资源能够支付至少最近一年的运营成本。此项的金融资源包括 DCO 的自有资本和 CFTC 认可的其他金融资源。

金融资源只能用于第一项或第二项，不能重复计算。根据上述规定推断，第一项中提到的 "DCO 的自有资本" 应为 SITG。

2.4 新加坡

目前，新加坡对 CCP 的公开要求以遵守 PFMI 各项原则要求为主，未公开披露 SITG 要求。但有关的专业报告提到[2]，新加坡金融管理局（MAS）在实践中要求，CCP 应向违约瀑布贡献的 SITG 最低为其 "违约资源"[3] 总额的 25%。

2.5 澳大利亚

根据澳大利亚储备银行（RBA）2013 年发布的《中央对手方金融

---

[1] 参见：https://www.ecfr.gov/cgi-bin/text-idx?SID=89625cfe1f20d9cd3ee1e8efe7e5a607&mc=true&node=se17.1.39_111&rgn=div8。

[2] 参见："Standards for Covered Clearing Agencies"，The Clearing House, May 27 2014, https://www.sec.gov/comments/s7-03-14/s70314-18.pdf。

[3] 此处为 "清算基金或担保基金"（clearing or guaranty fund），指清算会员贡献的清算基金与 CCP 贡献的 SITG 之和，为避免概念混淆，本文称为 "违约资源"，下同。

稳定标准指引》①，CCP用于管理违约清算会员损失的预缴金融资源可包括违约清算会员的初始保证金、违约清算会员的清算基金缴款、特定部分的CCP自有资金以及其他清算会员的缴款。

2014年，针对在澳大利亚境内、向欧盟清算参与者提供清算服务的CCP，RBA发布《关于中央对手方金融稳定标准的补充解释》②，其中说明，RBA期望CCP能够在金融资源中投入"较大部分"的CCP自有资源，还指出将就SITG的金额标准对澳大利亚证券交易所的权益清算公司（ASX Clear）和期货清算公司（ASX Clear Futures）另行解释，但具体金额要求未予公开。

3. 主要中央对手方实践

3.1 会计处理

SITG是CCP所有者权益的一部分。原则上，SITG应在资产负债表中作为专项预留的储备金单列（我公司将风险准备金作为所有者权益项下科目单列）。但在具体实践中，国际上大部分CCP在公开披露的财务报表中并未将SITG单独列出，所有者权益仅包括注册资本、资本公积、留存收益等部分。

根据大部分CCP的财务报表推断，SITG一般属于留存收益项下。例如，在2018年纳斯达克清算所（Nasdaq Clearing）的清算会员违约事件中，纳斯达克清算所的SITG损失了7 000万瑞典克朗。纳斯达克清算所虽未在资产负债表中单列SITG属于哪一项下，但在当期亏损、无利润可抵的情况下，纳斯达克清算所的所有者权益中，当年的注册资

---

① 参见：https://www.rba.gov.au/payments-and-infrastructure/financial-market-infrastructure/clearing-and-settlement-facilities/standards/201212-new-fss-ris/pdf/attachment-3.pdf。

② 参见：https://www.rba.gov.au/payments-and-infrastructure/financial-market-infrastructure/clearing-and-settlement-facilities/pdf/supplementary-guidance-domestic-derivatives-ccps.pdf#:~:text=SUPPLEMENTARY%20INTERPRETATION%20OF%20THE%20FINANCIAL%20STABILITY%20STANDARDS%20FOR,with%20that%20established%20in%20the%20European%20Union%20%28EU%29。

本和资本公积未发生变化，留存收益发生减记[1]，说明 SITG 的出资由留存收益进行了充抵。又如，LCH 在其财务报表注释中标明，留存收益项下的资金应受资本要求（包括 SITG 计提要求）的约束[2]。

此外，少数 CCP 在财务报表中可能将 SITG 纳入类似资本公积的项目下。例如，Eurex Clearing 的 2019 年财务报表[3]中，资本准备金（capital reserves）项下有 5.8 亿欧元，是所有者权益各分项中唯一大于其 SITG 金额（2 亿欧元）的项目，而同期留存收益为 950 万欧元、注册资本 2 500 万欧元，说明 SITG 更可能纳入资本准备金项下计算。

3.2 规模和特点

3.2.1 规模大小

本文选取了国际上较有代表性的 16 家 CCP，以比较其 SITG 总体规模。选取的 CCP 分别是伦敦清算所英国公司（LCH Ltd.）、法国公司（LCH SA）；欧洲期货交易所清算公司（Eurex Clearing）；芝加哥商业交易所清算公司（CME Clearing）；洲际交易所信用衍生品清算公司（ICE Clear Credit）、欧洲清算公司（ICE Clear Europe）、美国清算公司 (ICE Clear US)、新加坡清算公司 (ICE Clear SG)、荷兰清算公司（ICE Clear NL）、天然气清算公司（ICE NGX）；加拿大衍生品清算公司（CDCC）；澳大利亚证券交易所权益清算公司（ASX Clear）、期货清算公司（ASX Clear Futures）；日本证券清算公司（JSCC）；韩国交易所（KRX）；新加坡交易所衍生品清算公司（SGX DC）。

通过将以上 16 家 CCP 在 2019 年底的 SITG 规模进行对比，可以发现，亚太区域 CCP 的 SITG 绝对规模处于较高水平（见图 3-8）。

---

[1] 参见：https://www.nasdaq.com/docs/STAB%202018_ENG.pdf。

[2] 参见：https://www.lch.com/system/files/media_root/2019%20Ltd%20Stat%20Accounts%20Final%20signed%20EYv2.pdf。

[3] 参见：https://www.eurex.com/resource/blob/1975584/6d5fb574b6e8bf52fc1267d9c2155a5a/data/annual_report_2019_en.pdf。

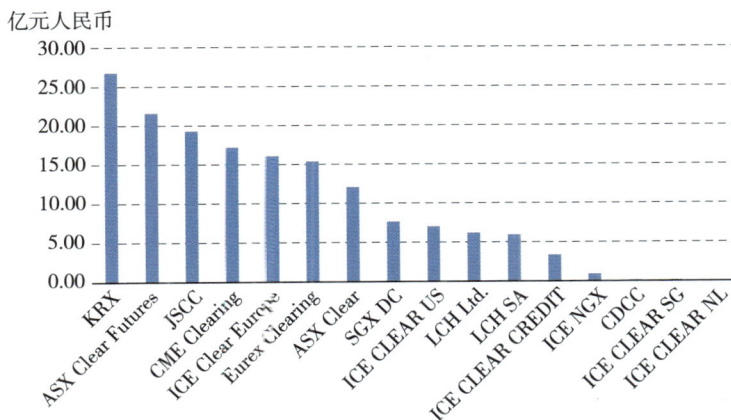

注：为便于比较，相关金额按 2019 年底汇率中间价折算为人民币，下同。

图 3-8　各 CCP 的 SITG 规模

（资料来源：各 CCP 官网披露的 2019 年第四季度 PFMI 量化信息）

3.2.2 具体特点

各 CCP 的 SITG 一般具有以下特点：

一是 SITG 以前置资本和并置资本（如有）为主。欧美地区 CCP 的 SITG 一般仅由前置资本构成，如 LCH Ltd. LCH SA、Eurex Clearing、CME Clearing、CDCC 以及 ICE 集团下属的 6 家 CCP。亚太地区 CCP 的 SITG 除了有前置资本外，还有并置资本和（或）后置资本。例如，KRX 和 SGX DC 的 SITG 由前置资本和后置资本构成；JSCC 的 SITG 由前置资本和并置资本构成；ASX Future 的 SITG 由前置资本、并置资本和后置资本构成（见表 3-10）。

表 3-10　各 CCP 的 SITG 构成情况

	前置资本	并置资本	后置资本
ASX Clear	100%	0%	0%
CDCC	100%	0%	0%
CME Clearing	100%	0%	0%
Eurex Clearing	100%	0%	0%

续表

	前置资本	并置资本	后置资本
ICE CLEAR CREDIT	100%	0%	0%
ICE Clear Europe	100%	0%	0%
ICE CLEAR NL	100%	0%	0%
ICE CLEAR US	100%	0%	0%
ICE NGX	100%	0%	0%
LCH Ltd.	100%	0%	0%
LCH SA	100%	0%	0%
ICE CLEAR SG	94%	0%	6%
JSCC	83%	17%	0%
SGX DC	60%	0%	40%
ASX Clear Futures	27%	33%	40%
KRX	17%	0%	83%

资料来源：各 CCP 官网披露的 2019 年第四季度 PFMI 量化信息。

从绝对规模来看，以前置资本与并置资本的规模之和来计算，国际对比见图 3-9。

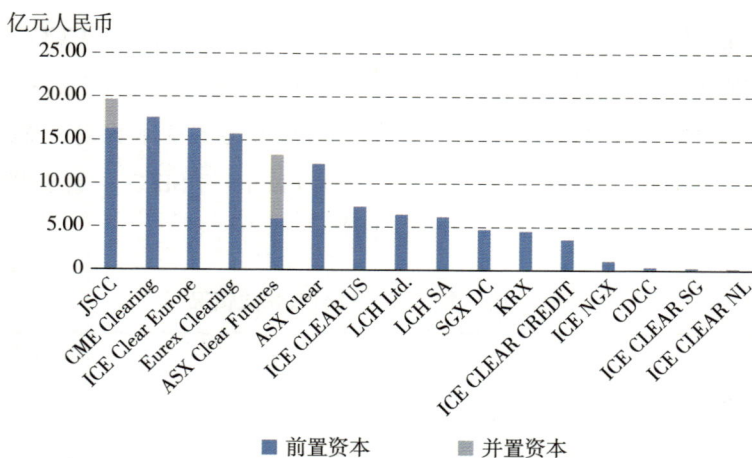

图 3-9 各 CCP 的前置资本和并置资本（如有）之和

（资料来源：各 CCP 官网披露的 2019 年第四季度 PFMI 量化信息）

二是 SITG 通常为专项资本，不得混用。例如，在 2020 年之前，美国期权清算公司（OCC）一直未公布 SITG 的规模，对 SITG 的描述为"覆盖潜在业务损失的流动资本（liquid capital）和较大规模的金融资源，并承诺 OCC 也可能按照公司规则动用公司资本（corporate capital）覆盖违约损失"，其中，特别是将"覆盖潜在业务损失的流动资本"作为 SITG 的一部分存在资本混用的嫌疑。2019 年 9 月，OCC 受到监管机构处罚。对 OCC 的指控之一是 OCC 违反《CFTC 条例》中与 SITG 相关的第 39.11 条"金融资源"[1]。受到监管处罚后，OCC 采取了多项补救措施以及开展了深度整改，包括留出专项资金作为 SITG 投入违约瀑布，并不断加大 SITG 规模。自 2020 年起，OCC 开始公布 SITG 规模和构成。第一季度末，SITG 达 0.58 亿美元，共分为前置资本和并置资本两层，规模分别为 0.55 亿美元和 0.03 亿美元；第二季度末，SITG 达 1.5 亿美元，前置资本和并置资本分别为 1.46 亿美元和 0.04 亿美元。

三是 SITG 包含前置资本是国际惯例。例如，韩国 KRX 曾因未设置前置资本而引起争议。在 2014 年之前，KRX 的 SITG 不存在前置资本，仅为后置资本。2013 年 12 月，KRX 的一家清算会员违约，违约损失中约 0.4 亿美元无法支付。根据当时的韩国《资本法》第 394 条规定，KRX 仅在清算会员承担相当于 1.9 亿美元的违约损失之后才对剩下损失承担责任[2]。因此，该清算会员违约造成的 0.4 亿美元的损失全部由清算会员承担。此举引起了市场机构、国际社会的大量讨论，最终 KRX 宣布修改规定，使 SITG 包括前置资本和后置资本两层。

---

[1] 2019 年 9 月 4 日，美国证券交易委员会（SEC）和美国商品期货交易委员会（CFTC）指控 OCC 未能按照有关规定贯彻执行多项风险管理政策，并处以共 2 000 万美元罚款。参见：https://www.sec.gov/litigation/admin/2019/34-86871.pdf 和 https://www.cftc.gov/media/2396/enfoptionsclearingorder090419/download。

[2] 参见："The Goldilocks problem: How to get incentives and default waterfalls 'just right'", John McPartland and Rebecca Lewis, *Economic Perspectives*, Federal Reserve Bank of Chicago, 1/2017, https://www.chicagofed.org/~/media/publications/economic-perspectives/2017/ep2017-1-pdf.pdf。

3.3 衡量 SITG 充分程度的若干参照基准

根据目前公开的 SITG 计算要求，欧盟以最低资本要求为参照基准，新加坡以违约资源规模为参照基准。业内认同，CCP 注入的自有资本规模应与 CCP 管理的清算活动风险规模成比例[1]。基于这一原则，在具体实践中，目前主要有三种关于 SITG 参照基准的观点。

一是支持欧盟标准，以最低资本为参照基准。支持者认为，CCP 最低资本要求是为保证 CCP 有充足资源应对各类风险而设置的，能全面反映 CCP 可能面临的各类风险，比使用违约资源作为乘数更合理[2]。

遵循欧盟标准的 CCP 中，以下几家 CCP 披露了 SITG 与最低资本的相对比例[3]：LCH 旗下 SwapClear 为 25%；伦敦金属交易所（LME）为 50%，其中前置资本 25%，后置资本 25%；Nasdaq Clearing 为 59%，包含前置资本 36%，后置资本 23%；Eurex Clearing 经计算为 156%，远超 25%；ICE Clear Europe 为 25%，此外，还有 7.5 亿欧元的保险资金供其期货和期权两项清算服务使用，也被 ICE Clear Europe 自称为后置资本。

二是支持新加坡标准，以违约资源为参照基准。该标准较受市场参与者的支持，2019 年 10 月，摩根大通、道富银行、花旗银行、高盛、贝莱德、法国兴业银行、普信集团、安联银行共 8 家金融集团联合发布《中央对手方韧性、恢复与处置的未来发展之路》报告，呼吁 CCP 应按照违约资源的相对比例（如 20%）在违约瀑布中注入自有资本[4]。支持者认为，使用违约资源作为乘数，是因为违约资源规模与清算会员的风险同步增加，能保证 SITG 的激励效果与 CCP 管理的风险匹配[5]。2015 年，欧洲

---

[1][2][3] 参见："EU hands CCP members a narrow win on skin in the game", Samuel Wilkes, 19 Aug. 2020, https://www.risk.net/regulation/7663321/eu-hands-ccp-members-a-narrow-win-on-skin-in-the-game。

[4] 参见：https://www.jpmorgan.com/solutions/cib/markets/a-path-forward-for-ccp-resilience-recovery-and-resolution。

[5] 参见："EU hands CCP members a narrow win on skin in the game", Samuel Wilkes, 19 Aug. 2020, https://www.risk.net/regulation/7663321/eu-hands-ccp-members-a-narrow-win-on-skin-in-the-game。

系统风险委员会（ESRB）发布的一篇报告[①]也认为，"SITG 应当基于清算活动规模标定，确保对 CCP 的激励效果与 CCP 管理的风险相匹配"。

实践中，新加坡的 SGX DC 采用的标准为 25%× 违约资源（其中 15% 为前置资本，10% 为并置资本）。各指标同行业对比见表 3–11。

表 3–11　各 CCP 的 SITG 占违约资源比例

CCP	SITG/ 违约资源	前置资本 / 违约资源	并置资本 / 违约资源	后置资本 / 违约资源
ASX Clear	100.0%	100.0%	0.0%	0.0%
ICE NGX	100.0%	100.0%	0.0%	0.0%
ASX Clear Futures	69.2%	18.5%	23.1%	27.7%
ICE CLEAR SG	68.1%	63.8%	0.0%	4.3%
ICE CLEAR NL	38.5%	38.5%	0.0%	0.0%
SGX DC	24.2%	14.5%	0.0%	9.7%
KRX	17.0%	2.8%	0.0%	14.1%
ICE CLEAR US	12.7%	12.7%	0.0%	0.0%
ICE Clear Europe	4.8%	4.8%	0.0%	0.0%
Eurex Clearing	4.2%	4.2%	0.0%	0.0%
JSCC	3.0%	2.5%	0.5%	0.0%
CME Clearing	2.8%	2.8%	0.0%	0.0%
ICE CLEAR CREDIT	1.8%	1.8%	0.0%	0.0%
LCH Ltd.	0.8%	0.8%	0.0%	0.0%
LCH SA	0.7%	0.7%	0.0%	0.0%
CDCC	0.3%	0.3%	0.0%	0.0%

注：　"违约资源"为量化信息披露中以下各项之和：4.1.1 "前置资本"、4.1.2 "并置资本"、4.1.3 "后置资本"、4.1.5 "清算会员事先缴纳的违约资源"。各币种按 2019 年底汇率中间价折算为人民币，再统一计算比例。

数据来源：各 CCP 官网披露的 2019 年第四季度 PFMI 量化信息。

[①] 参见："ESRB report on issues to be considered in the EMIR revision other than the efficiency of margining requirements", European Systemic Risk Board, 28 July 2015, https://www.esrb.europa.eu/pub/pdf/other/150729_report_other_issues.en.pdf。

　　三是以清算基金／清算会员数（即清算基金平均份额）作为参照基准，主要的支持者是 CME Clearing。CME Clearing 认为在计算 SITG 时，以每个清算会员平均的清算基金份额作为参照基准更恰当[①]。OCC 于 2020 年 9 月发布的一份报告中也有相关讨论："CCP 前置资本相对于任一个清算会员的清算基金缴存份额过高，意味着将改变风险共担为核心的风控模型，大量的风险将转移给 CCP，使 CCP 更像支持风险共担模型的保险机构。"[②]

　　CME Clearing 利率互换清算服务的 SITG 规模为 1.5 亿美元，清算会员平均份额为 1.49 亿美元，比例约为 1：1。其他主要 CCP 的 SITG/清算基金平均份额情况见图 3—10（部分 CCP 分业务线统计）。

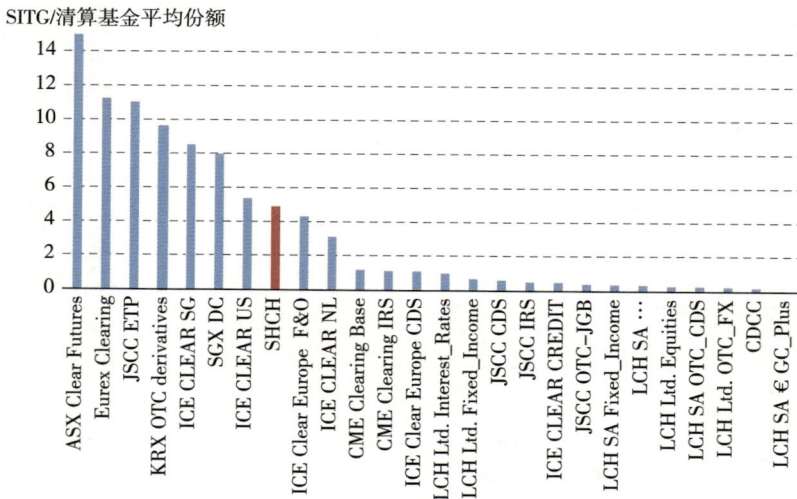

图 3—10　各 CCP 的 SITG/ 清算基金平均份额情况

（资料来源：各 CCP 官网披露的 2019 年第四季度 PFMI 量化信息）

[①]　参见："EU hands CCP members a narrow win on skin in the game", Samuel Wilkes, 19 Aug. 2020, https://www.risk.net/regulation/7663321/eu-hands-ccp-members-a-narrow-win-on-skin-in-the-game。

[②]　参见："Optimizing Incentives, Resilience and Stability in Central Counterparty Clearing", Options Clearing Corporation, September 2020, https://www.theocc.com/Newsroom/Press-Releases/2020/09-22-OCC-Issues-Paper-on-Central-Clearinghouse-Re。

此外，SITG占所有者权益比重也是一个重要的参考指标。CCP的SITG为所有者权益的一部分，维持适当比例对于CCP的整体经营情况有影响。如果过高，将可能影响所有者权益在其他方面的使用效率，间接传导至服务费用，LCH一名员工发表的工作论文表明，随着SITG要求增高，CCP向清算会员要求的清算费用将呈线性增长，以保证CCP有能力将权益资金成本返还给其股东[1]；如果过低，将可能影响CCP的风险管理能力，BIS的一篇工作论文表明，CCP的SITG对保证金模型的模型风险有重要影响，SITG越高，CCP管理风险的审慎程度越高，模型风险越小[2]。经对比，主要CCP的SITG占所有者权益比重情况见图3-11。

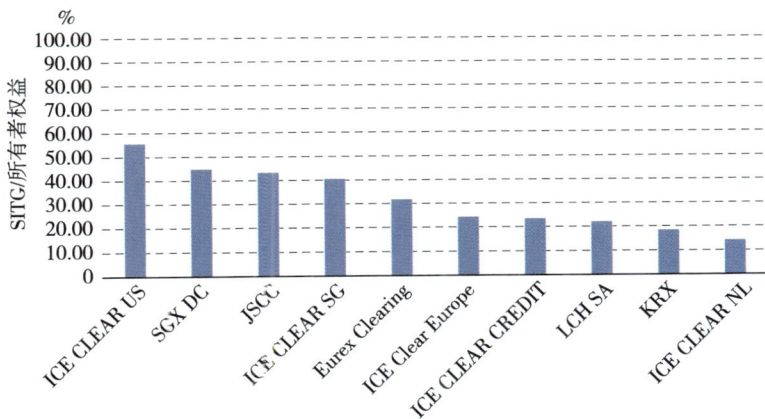

图3-11 各CCP的SITG/所有者权益情况

（资料来源：各CCP官网披露的2019年第四季度PFMI量化信息）

① 参见："Skin in the game"，Dennis McLaughlin, pp. 47–55, *Journal of Financial Market Infrastructures* 10.21314/JFMI.2018.101, 27 September 2018, https://www.risk.net/journal-of-financial-market-infrastructures/5940656/skin-in-the-game。

② 参见："Model risk at central counterparties: Is skin-in-the-game a game changer?"，Wenqian Huang and Előd Takáts, BIS Working Papers No 866, May 2020, https://www.bis.org/publ/work866.pdf。

（二）恢复处置

1. 欧盟中央对手方恢复和处置机制

为应对 CCP 日益增长的重要性所带来的挑战，以及 CCP 在面对极端情况无法持续运行或破产时对金融稳定的潜在风险，欧盟于 2020 年通过了一项关于 CCP 恢复和处置立法提案。目前，欧盟已建立并授权 13 个 CCP，在全球清算领域发挥着重要作用。上述提案的目的是确保 CCP 和欧盟当局在危机情况下采取果断行动，确保 CCP 的关键职能得到保留，同时维持金融稳定。该制度及其要求将影响欧盟 CCP 的所有直接和间接参与者。

（1）CCP 恢复和处置框架背景及发展情况。在 2008 年国际金融危机之后的几年里，CCP 在国际金融体系的整体安全和稳固方面发挥了关键作用，但这也同时引发了市场对 CCP 成为"大而不能倒"机构的担忧。随着场外衍生工具交易强制中央清算，CCP 业务规模快速增长，而 CCP 作为重要的金融市场基础设施，一旦自身发生风险甚至违约，后果将不堪设想。近年来，为进一步加强对 CCP 系统性风险的防范，国际组织和各国监管当局也积极研究 CCP 恢复和处置计划，并形成相关监管制度框架。

在国际方面，2012 年 4 月支付和市场基础设施委员会与国际证监会组织（CPMI、IOSCO）联合发布了《金融市场基础设施原则》(PFMI)；2014 年 10 月，CPMI、IOSCO 又发布了《金融市场基础设施的恢复》报告，要求各大金融市场基础设施制订恢复发展计划；CPMI、IOSCO 于 2017 年对上述报告进行了修订。2017 年 7 月，金融稳定委员会（FSB）发布了 CCP 恢复和处置指南；2020 年 5 月，FSB 又发布有关指导金融资源支持 CCP 处置和股权处理的咨询文件。

在欧盟，CCP 恢复和处置机制也在不断推进，并于 2020 年最终通过有关 CCP 恢复和处置框架。2012 年 10 月，欧盟委员会发布有关非银行的恢复和处置规划咨询报告。2016 年 11 月，欧盟委员会发布有关建立 CCP 恢复和处置框架的监管立法提案。2020 年 7 月，欧洲议会和理事会同意了有关 CCP 恢复和处置框架的规则文本；CCP 恢复和处置规则拟于 2022 年实施。

2015 年 1 月 1 日，英国在已有的银行恢复和处置框架基础上引入了本国 CCP 恢复和处置框架。

（2）欧盟 CCP 恢复和处置制度的关键要素计划。恢复计划：CCP 应当制订并维护其恢复计划，提供在违约或非违约事件或组合情况下的措施，以使 CCP 在经历财务状况严重恶化且无公共财政支持时，能够恢复其财务稳健性并继续提供关键服务。CCP 采取的相关安排和措施应包括恢复 CCP"账簿匹配"①（matchedbook）的运行状态和资本以及补充预先提供的资源②的方案，维持或恢复运营能力和财务状况的资本、损失分配和流动性方案等。

处置计划：CCP 的处置计划由有权处置机构主导制订。处置计划应考虑违约或非违约事件（或组合情况）引起的 CCP 倒闭、处置计划对清算会员和金融市场等的影响，以及 CCP 可能会申请使用中央银行便利工具的方式和情形。

提前干预：在有限的情形下，主管当局在满足处置条件之前可以提前进行干预。此类措施包括要求 CCP 执行恢复计划，变更 CCP 业务战略或其法律和操作结构；要求 CCP 指导清算会员邀请客户直接参与拍卖；全部或部分解雇 CCP 高级管理层或董事会；等等。针对每项措施，主管当局应确定适当的期限，并于采取措施后评估其成效。

---

① CCP 运行的所谓"账簿匹配"状态：与一个交易对手持有的任何头寸总是与另一个交易对手持有的相反头寸相抵消。这意味着 CCP 在其正常业务过程中不承担市场风险（对其所进行交易的市场价值变化的敞口）。
② 近期，欧盟要求欧盟 CCP 补充额外的自有资金，为欧洲市场基础设施监管规则（EMIR）要求的风险加权资产要求的 10%~25%。目前欧盟 CCP 的违约瀑布式序列依次如下：违约方资源（包括抵押品和违约基金）、CCP 自有资金（第一层 SITG）、非违约方违约基金、额外的 CCP 自有资金（第二层 SITG）、进一步的评估并向非违约清算会员分摊损失、CCP 剩余资源。

处置：当 CCP 倒闭或很可能倒闭（或其他处置条件和目标达到）时，为保持 CCP 的关键功能，有权处置机构可利用相关工具进行干预，并从根本上改变一个 CCP。

（3）欧盟关于 CCP 处置的目标和条件。在使用处置工具和行使处置权力时，有权处置机构应考虑所有的处置目标，这些处置目标包括确保 CCP 关键功能的持续性、确保 CCP 与其他金融市场基础设施连接的持续性、避免对金融系统产生严重负面影响以及保护公共资源等。同时，有权处置机构应对所有受影响的利益相关者的成本进行最小化处理，避免破坏 CCP 的价值。当满足以下所有处置条件时，有权处置机构应就 CCP 采取行动：一是当 CCP 倒闭或很可能倒闭的时候；二是在合理的时间范围内，私营机构可采取的替代措施（包括 CCP 的恢复计划等）或监管行动（包括提前干预措施）不可行；三是在正常破产程序下，CCP 的破产清算不能满足处置目标时，对公共利益而言处置行动是必要时。

（4）处置工具。有权处置机构可以单独或组合使用四种处置工具，包括头寸和损失分配工具、减记和转换工具、出售业务工具和 CCP 过桥工具。

一是头寸分配工具[①]：允许有权处置机构终止以下全部或部分合同：

- 与违约清算会员相关的合同；
- 与受影响的清算服务或资产类别相关的合同；
- 与在处置中的 CCP 相关的合同。

该工具可以应用于客户合同和清算所合同，因此相关影响可以分流至清算会员的客户。其中，部分终止（PTU）指以 CCP 根据其规则决定的价格终止与违约方相反的仓位，以此达到"账簿匹配"的运行状态（见图 3-12）；

[①] 该工具为一种非常有效的工具。值得注意的是，一般情况下，若发生违约等事件，若 CCP 仍有大量的违约基金，CCP 将买进相关头寸，保持其"账簿匹配"的运行状态，而当相关资金匮乏或不能说服别的对手方买进新头寸或相关资产流动性较低时，该工具成为保证 CCP 关键功能的有效工具。

全部终止指终止某一特定产品或清算服务的所有合同。

正常业务状态：

清算会员（CM）违约：

PTU：

CM1的头寸
相反于CM2，被终止

图 3-12 "账簿匹配"的运行状态

（资料来源：FIA 和 Allen & Overy）

二是损失分配工具[①]：允许有权处置机构应用 VMGH（变动保证金收益扣减）以及要求追加额外的现金，以便未违约清算会员向 CCP 提供相当于其缴纳违约基金两倍的现金。VMGH 可以应用于客户合同和清算所合同，因此影响可以分流至清算会员的客户。VMGH 允许 CCP 减少其对清算会员及其客户的部分负债（这些负债与每日增加的头寸和其他按市值计价的金额有关）。对 CCP 而言这是一种流动性工具（见图 3-13），也是一种潜在损失分配工具。任何收益扣减周期的适当性和期限都是业界争论的热点。

---

① 针对违约一方，违约方不会再向 CCP 支付金额，CCP 也不必再向其支付金额。针对非违约一方，非违约方继续向 CCP 支付金额，但 CCP 减少向其支付的金额，这种情况下，CCP 实际上获得了一些资产，可用于管理违约。

正常业务状态:

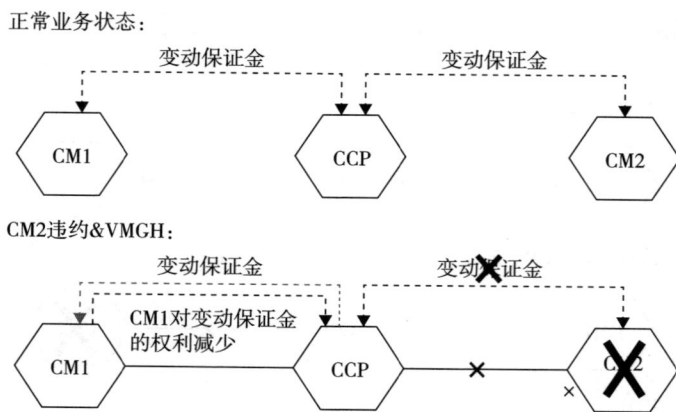

图 3-13　CCP 正常业务状态和 CM2 违约 &VMGH 状态

（资料来源：FIA 和 Allen & Overy）

三是减记和转换工具：对 CCP 的所有权工具减记（但非转换），或对 CCP 的债务工具或其他无担保债务的减记和转换。但涉及以下相关方的债务除外：①员工、商业和交易债权人；②税收和社会安全部门；③运营商和指定结算系统、CCP 和中央银行的参与者；④初始保证金。

四是业务转移工具：其中，出售业务的工具包括向私人购买者转让 CCP 发行的所有权工具或 CCP 的任何资产、权利、债务或责任。CCP 过桥工具包括向一个法人转让 CCP 发行的所有权工具或 CCP 的任何资产、权利、债务或责任，该法人①由有权处置机构或公共机构控制或部分拥有，且②为接收受处置 CCP 的股份或资产而设。

就转让 CCP 的整体业务而言，该方法似乎不会解决任何可能引发 CCP 处置的本质问题，也不会筹集额外资金使 CCP 回到原来"账簿匹配"的运行状态。但是，在引入 CCP 的新所有权 / 管理层之后，转让 CCP 的整体业务可以提供一个改善品牌和市场对 CCP 信心的机会。对于转让 CCP 的部分业务，该方法也会带来一些益处，譬如提供了将 CCP 的"好"业务（未受影响的业务）从"坏"业务（受影响的业务）中区分出来的灵活性。

除以上四种工具，有权处置机构还拥有以下有关停止（stay）的权利：其中，暂停或阻止的权利包括：①付款和交付义务，即在处置的情况下，进入 CCP 的对手双方的任何付款或交付合约义务；②担保权益，即执行与处置 CCP 资产相关的担保权益的担保债权人；③终止权利，即在处置的情况下，任何一方终止与 CCP 合同的权利。另外，在合同项下的实质性义务继续履行期间，停止的一般权利保持不变。

（5）涉及第三国的规定。

一是合约认证：CCP 必须在其与位于第三国或由第三国法律管辖的清算会员、股东和债权人的合同或其他协议中加入合同条款，使其同意遵守有权处置机构作出的任何与其资产、合同权利义务和责任相关的决定，包括头寸和损失分配工具、救助权利和停止权利。

二是处置团和处置计划：①第三国清算会员的第三国当局和②第三国 CCP（与欧盟 CCP 有可互操作性联结）的第三国当局可能会被邀请参与处置团，作为观察员。欧盟 CCP 有权处置机构在起草和审查处置计划时可能会涉及第三国当局。

（6）欧盟相关保障和赔偿措施。欧盟对部分权益转移（partial transfers）的保护包括以下几个方面：①对金融抵押品、抵销和净额协议的保护（头寸分配工具也是从这一保护机制中衍生出来的）；②对担保协议的保护（security arrangements）；③对结构性融资安排和担保债券的保护；④对交易、清算和结算系统的保护。

就补偿措施而言：①在非违约损失的情况下，对处于恢复阶段 VMGH 的补偿，须以现金或工具提供补偿，并承认对未来利润的索赔权，且应与超过合同承诺的损失成比例。②在清算协议达成后，对遭受经济损失的非违约清算会员的赔偿，在不符合 CCP 规则的情况下，有权使用损失分配工具。以所有权工具或债务工具提供补偿，并承认对 CCP 未来利润的索赔权。赔偿数额应该是相称的；并且应该在权利中扣除 NCWO（no creditor worse off）付款，前提是非违约清算会员有权获得 NCWO 付款。③如果损失被转嫁，客户/间接清算会员也有权获得补偿。如果有权处置机构没有对 CCP 采取相应处置行动，则 CCP 进入正常的破产程序，适用业务规则中的合同义务及其他安排。股东、清算会员和其他债权人不应承受其应承受范围之外的更大损失。

2. 市场各方热议欧盟的中央对手方恢复与处置规则草案

欧盟公布关于 CCP 恢复与处置规则的草案，引起市场广泛关注，因为其将直接决定欧盟 CCP 运行失败时 CCP 及其清算会员间的责任分配方案。

市场主要对以下三方面反响进行讨论。

一是 CCP 的第二层自有资本（SITG）要求。

《欧洲市场基础设施监管规则》修订版（EMIR 2.2）及其细则规定，在 CCP 违约瀑布中，CCP 在使用非违约清算会员的清算基金前，应先贡献其自有的资本，金额不少于"25%×最低资本"。在此基础上，提案要求 CCP 额外投入第二层 SITG，规模为 10%~25% 的最低资本，使用顺序为违约瀑布末端，即在采取恢复措施之前。欧洲证券与市场管理局（ESMA）正起草相关监管技术标准（RTS），阐明第二层 SITG 准确数额的计算方法。

对此，国际掉期与衍生工具协会（ISDA）清算服务部门负责人表示，强制第二层 SITG 要求的一大进步是能有效激励 CCP 收取和维持充足规模的清算基金。

欧洲中央对手清算所协会（EACH）发言人指出，鉴于其他辖区还没有强制第二层 SITG 政策，建议 ESMA 在制定 RTS 时能充分考虑欧盟 CCP 的竞争力和欧盟小型 CCP 承受额外负担的能力。

芝加哥商品交易所清算公司（CME Clearing）的发言人认为，在违约发生后，要求 CCP 在现有 SITG 水平上承担更多的金融风险，会降低会员管理自身风险的动力，造成道德风险。而且，在计算 SITG 时，应以 CCP 对每个清算会员分配的 SITG 衡量，而不是按 SITG 总额衡量。

部分欧盟 CCP 的清算会员表示，这个规则目前只在欧洲适用显然是不够的，希望欧盟向其他辖区施加压力，如将第二层 SITG 要求作为对其他辖区等效评估的考虑因素。

　　一位不具名的业内专家呼吁，SITG 的计算应以清算会员缴纳的清算基金份额作为乘数，而不是 CCP 当前的资本情况，因为清算基金规模与 CCP 管理的清算会员风险同步增加，SITG 的激励效果应与 CCP 管理的风险匹配。该观点与 2015 年欧洲系统风险委员会（ESRB）发布的一份报告一致，"SITG 应当基于清算活动规模标定，确保对 CCP 的激励效果与 CCP 管理的风险相匹配"。该观点的反对者们认为，CCP 监管资本要求本就是为保证 CCP 有充足资源应对各类风险而设置的，更能全面反映 CCP 可能面临的各类风险，比使用清算基金份额作为乘数更合理。

　　二是处置工具的范围是否可自由裁量。

　　提案规定的处置工具共四类：头寸和损失分配类工具、减记和转化工具、出售业务工具、向过渡 CCP 转移。提案只允许处置机构使用清单中列出的工具。

　　Risk 网站评论，这一措施受到清算会员的欢迎，因为清算会员可以确定当局在处置中可能采取的措施，预判可能遭受的损失。但对于监管当局来说，要求在极端情况下不得使用其他合适工具，缺乏一定灵活性。此前，欧洲议会的立场就是支持"开放式"的处置工具清单，建议允许 CCP 处置当局在危机中使用所有可能的工具，与 FSB 于 2017 年 7 月推出的《CCP 处置和处置计划指南》保持一致。同时，德国联邦政府通过一项法案，其中规定"处置机构可以采取一切必要措施来达成处置目标"，也明确了处置机构的自由裁量权。

　　三是处置工具清单中列出的现金追缴工具。

　　提案规定，处置机构可以向清算会员发出现金追缴，金额的上限为清算会员两倍的清算基金份额。这是对欧盟几大政策决策机构意见折中的结果：欧洲议会未要求设置上限，欧盟委员会和欧盟理事会将上限设置为一倍的清算基金份额。

　　摩根大通清算所风险和策略全球负责人表示，市场压力时期处置机构发出的大量现金追缴可能破坏金融稳定。

ISDA 清算服务部门负责人表示，支持对处置中的现金追缴设置上限，但建议上限设为一倍的清算基金份额，因为清算会员原本在违约瀑布中已经可能承受了两三次的清算基金补缴要求。

此外，一位业内人士指出，大部分 CCP 的前五大清算会员清算基金份额集中度非常高，如洲际交易所欧洲清算公司（48.82%）、Eurex Clearing（25.52%）、LCH 旗下的 SwapClear（15.10%）、伦敦金属交易所清算公司（48.03%），这意味着现金追缴义务主要由前几大清算会员承担，极端情况下它们需要承受的压力是难以想象的。

五、英国"脱欧"

2020 年 1 月 31 日，英国在"'脱欧'公投"三年半后正式退出欧盟。随后，英国在脱欧后进入过渡期，在此期间，英国与欧盟维持原有的关系不变。过渡期于 2020 年 12 月 31 日结束。2021 年 1 月起，原单一欧盟市场正式变成英国、欧盟两个独立的市场。

英国"脱欧"不可避免地会对英国、欧盟甚至全球金融市场和监管规则带来冲击，对金融市场尤其是金融市场基础设施造成影响。本章节于过渡期尚未结束、形势尚未明朗之际，就未来一段时期脱欧对金融市场基础设施的影响进行了分析探讨。

（一）英国"脱欧"与经济表现

1. 脱欧成为黑天鹅事件，"脱欧"历程一波三折

2016 年 6 月，英国就"脱欧"举行全民公投，脱欧派以 51.9% 的支持率意外获胜，拉开了"脱欧"的帷幕。2017 年 3 月，英国正式向欧盟提出"脱欧"申请，并开启了"脱欧"谈判。然而，"脱欧"进程一波三折，双方谈判的争议主要集中在"脱欧"费用、在英的欧盟公民权利以及爱尔

兰边界等方面，英国与欧盟僵持不下，"脱欧"也被多次延期。最终，经双方反复协商达成了"脱欧"协议，英国于 2020 年 1 月 31 日正式退出欧盟。至此，"脱欧"经历了三年半时间、更替了三任首相、提前举行了两届大选、向欧盟申请了三次"脱欧"延期，英国最终成为第一个脱离欧盟的成员国（见图 3-14）。

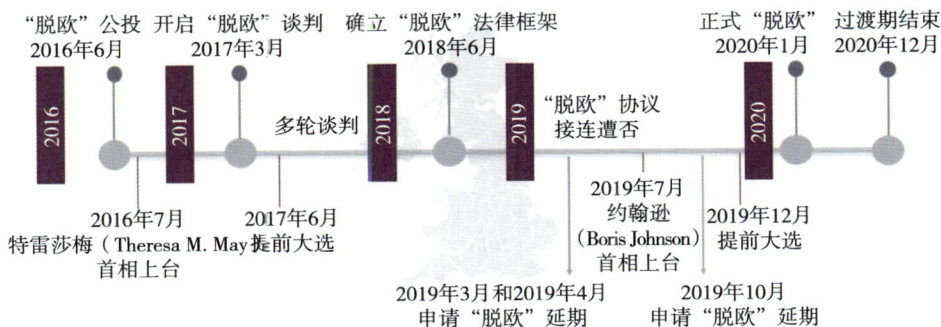

图 3-14　脱欧历程梳理

市场对英国"脱欧"的观点褒贬不一，支持者认为"脱欧"可以使英国摆脱欧盟获得独立运作的自由，其中包括对边境和移民的控制权以及金融市场监管独立性等；反对者则表示"脱欧"使英国丧失了进入欧盟单一市场的特殊准入，对双方的贸易有很大影响，其中也包括对金融服务业的影响，特别是在双方没有达成特定协议之前，企业存在非常大的不确定性。2016 年英国公投决定"脱欧"以来，在多重因素影响下，英国经济表现不佳；英格兰银行也认为"脱欧"将在供需、汇率以及通胀等方面对经济产生持续影响。

2. 脱欧公投以来的经济表现

2016 年以来，由于"脱欧"、新冠肺炎疫情等因素影响，英镑汇率跌宕起伏，英国 GDP、制造业、建造业以及服务业产出均跌至 2007 年以来的历史低位。尤其是 2020 年以来的新冠肺炎疫情，对经济影响的程度已经超过了 2008 年国际金融危机，脱欧导致的商业不确定性大幅回升，英镑汇率较四年前脱欧公投前贬值10%[①] 以上。

总体上，新冠肺炎疫情的暴发加深了脱欧对英国经济的影响，而英国与欧美至今尚未达成贸易协定使本就疲弱的英国经济前景更为严峻。

英国生产水平指数（2017年1月=100）

图 3-15 英国各行业月度生产水平指数

（资料来源：PWC）

图 3-16 "脱欧"导致的商业不确定性

（资料来源：PWC）

---

① 截至 2020 年初数据。

（二）"脱欧"对英国和欧盟金融市场的影响

"脱欧"将对英国和欧盟的政治经贸和金融监管产生直接重大的影响。其中，金融服务业是英国经济的重要支柱，欧盟贡献英国金融及保险服务贸易顺差超过40%。由于英国将失去欧盟成员国"护照权"，并且欧盟就某些市场的准入和等效监管政策尚不明确，英国银行业和金融市场基础设施将受到不同程度的影响，这将对英国和欧盟的经济形成负面拖累。

1."脱欧"对双方银行业产生一定影响，对英国负面影响更深

银行业是英国最重要的金融产业之一，"脱欧"将对外资银行在英国的分支机构和跨境业务模式产生影响。英国银行业约38%由外资银行构成，"脱欧"前，因零时区的地理位置优势，以及拥有进入欧盟单一市场的"护照权"，许多外资银行长期以伦敦作为欧洲区域总部。"脱欧"将导致英国失去欧盟准入而成为第三国，这对以前以英国"护照权"进入欧盟市场的金融机构影响较大，这些机构将需要重新申请欧洲当地授权，或在欧洲建立新的合法实体来继续向欧盟客户提供服务。反之，欧盟其他国家的公司也不能再以"护照权"进入英国市场。

事实上，2016年英国公投以来，许多银行在欧央行的敦促下，已提前制定了应对措施来降低不确定性，并从英国转出欧洲业务相关的资产和人员。据统计，自"脱欧"公投至2020年10月，至少已有1.2万亿英镑资产（约合英国银行总资产的14%）和7 500个金融岗位（约合伦敦金融城4%的岗位）转移至欧洲大陆，未来预计有更多的职位和资产被转移。另外，欧央行目前已接手监管了25家在欧盟重新申请授权的银行业务，以及其他10家大幅扩大欧元区业务规模的银行。

2."脱欧"在短期内对英国清算业影响有限，欧盟总体掌握主动权

伦敦是欧元清算中心，英国欧元清算业务占全球的70%左右，英国在欧元清算方面的主导地位短期内不会动摇。伦敦清算所（LCH）是国际领先的CCP，LCH清算了全球90%的以欧元计价的利率互换交易。LCH虽

然分别在英国和法国注册和运营，但大部分的业务在伦敦开展，法国公司清算产品品种相对较少、范围相对较小。从欧盟竞争对手来看，欧洲期货交易所（Eurex）的清算量和产品类别复杂程度也难以与 LCH 相抗衡。因此，若将位于伦敦的清算业务大规模转移至欧元区，短期内不太容易实现。

2020 年 9 月，为避免大规模业务迁移造成的金融稳定风险，欧盟已对 3 家英国 CCP 实行"有时限"的准入安排，即在"脱欧"过渡期结束后可以继续为欧盟客户提供为期 18 个月的清算服务。时间限制增加了欧盟的控制权，迫使银行将头寸从伦敦转移至欧元区，以减少欧盟市场对伦敦金融业的依赖。2020 年 Eurex 的总体目标是将以欧元计价的利率互换市场份额提升至四分之一。但未来欧盟可能不会占领整个欧元市场，因为只有一部分交易是在欧盟的对手方之间进行，对于非欧盟交易对手之间的欧元掉期交易，LCH 可能还是主导机构。并且，LCH 也在就 LCH 英国公司长期认证事宜与欧盟监管当局进行合作。

3. "脱欧"可能影响英国衍生品和股票交易市场，相关不确定性将使竞争市场获益

虽然英国 3 家 CCP 获得了欧盟的临时性准入，但英国交易场所在欧盟《金融工具市场指令》（MiFID）框架下的衍生品和股票交易义务方面还未取得等价认证。如果在"脱欧"过渡期结束前，适当的等效决定未能达成，将对相关交易方产生重大影响，缺乏此类对等决定还可能加剧欧盟和英国之间的市场流动性分化。

在衍生品交易场所方面，伦敦是全球最大的衍生品和掉期交易中心，若无相关监管等价安排，过渡期结束后，伦敦将失去与欧盟客户的直接联系。届时，欧盟机构可能转向美国的平台，将部分业务转移至纽约（在衍生品交易方面，纽约是伦敦的竞争对手），这样可以同时符合欧盟和英国"衍生品交易义务"（DTO）条件，避免卷入英国和欧盟交易义务的冲突。然而，即使交易方能够在美国的平台上交易某些衍生品，操作复杂程度将显著提升，并对市场产生不可预测的影响。

在股票交易场所方面，伦敦还是欧洲最大的股票交易中心，在没有等价安排的情况下，总部位于欧盟的机构将被禁止在伦敦进行交易，市场参与者正在准备将相关业务转移至阿姆斯特丹和巴黎等城市，避免可能受到欧盟市场规则"股票交易义务"（STO）的限制。目前，伦敦几家最大的股票交易所正准备启动"脱欧"应急计划，其中伦敦证券交易所集团（LSEG）表示计划开放其在阿姆斯特丹的交易平台。此外，近期欧盟交易平台的故障显示，一些在多个司法管辖区上市的公司受影响程度更小。譬如，近期泛欧交易所（Euronext）由于技术故障导致欧洲某些市场交易暂停，但在多个司法辖区上市的机构，其投票交易并未受影响。由此来看，多国上市的公司在"脱欧"形势下的不确定风险更低。

（三）"脱欧"导致的监管环境变化

2016年"脱欧"公投以来，中央对手清算准入和银行业"护照权"一直是欧盟和英国立法者之间的主要讨论焦点，伦敦作为欧元清算中心的地位和难以替代的重要金融市场基础设施甚至是英国与欧盟谈判的重要筹码。为此，欧盟近几年对相关主要法规进行了修订以加强对第三国CCP的监管，同时也修订了相关领域的监管等价框架试图提高英国公司进入欧盟市场的壁垒。相关修订主要集中在《欧洲市场基础设施监管条例》（EMIR）、《金融工具市场监管条例》（MiFIR）和《金融工具市场指令II》（MiFID II）。此外，英国正在进行一系列立法工作，以保障"脱欧"过渡期结束后，欧盟相关法规能够转换为英国国内法规，建立独立的金融监管体系。

欧盟和英国的金融监管框架将逐步进行改革调整，市场也已接受英国银行业将丧失"护照权"的事实。"护照权"将于"脱欧"过渡期结束后失效，市场转而寄希望于监管等价制度，监管等价虽然不能完全替代"护照权"，但是可以促进双方市场的准入。但是监管等效评估除了考虑经济因素外，在很大程度上还取决于双方的政治博弈，相关焦点主要集中在CCP、交易平台等金融市场基础设施和投资公司。

1. 欧盟主要的监管规则调整及监管等效安排

（1）EMIR 的修订加强了对第三国 CCP 的监管。EMIR 是在国际金融危机后引入欧盟的，EMIR 规定了场外交易 (OTC) 衍生品、CCP 和交易报告库（TR）的规则。根据 EMIR，欧洲企业只能成为欧盟 CCP 或对等司法管辖区 CCP 的清算会员。EMIR 还要求所有在欧洲注册的衍生品用户，必须在欧盟或对等第三国 CCP 清算某些利率掉期和信用衍生品。

国际金融危机后实施相关改革以来，CCP 在金融体系内的重要性有所增强，一些 CCP（如 LCH）甚至可以对本国管辖范围以外的国家和市场产生重大影响。英国"脱欧"意味着英国重要的基础设施将远离欧盟的监管。在英国"脱欧"进程推进的背景下，伴随金融体量、复杂度和跨境维度的增长，欧盟针对 EMIR 进行了一系列修订，以加强对金融市场基础设施特别是对第三国 CCP 的监管。

2017 年 5 月和 6 月，欧盟委员会分别对 EMIR 提出两套修正案，分别旨在简化衍生品市场监管条例和提高信息透明度，提高欧盟监管一致性和加强第三国 CCP 监管。特别是第二套修改提案，加强了欧盟对第三国 CCP 的等价规定，并引入了一个新的"两级"制度来对第三国 CCP 进行分类。非系统重要性的 CCP（一级 CCP）将继续能够在之前 EMIR 对等框架下运作，然而具有系统重要性（二级 CCP）的 CCP 则需要遵守 EMIR 的特定要求并接受 ESMA 的监管，有些 CCP 甚至还需要在欧盟内建立经营场所。该修改提案还赋予 ESMA 和欧央行等监管当局更多的监管权利。

目前，EMIR 的最新版本 EMIR 2.2 已于 2020 年 1 月 1 日生效。但欧洲委员会还未完成围绕 CCP 等价决定的所有监管技术标准（RTS）的起草工作，并且不太可能于 2020 年底前出台相关标准。因此，为避免脱欧导致欧盟清算会员和客户被迫从英国 CCP 大规模迁移，以及迁移可能引发的金融稳定问题，欧盟委员会采取了对英国 CCP 有时限的准入安排。

（2）Mifid II 的修订提高了对第三国投资公司的准入门槛。MiFIR 和 MiFID II（以下整体称为 MiFID II）的监管范围涵盖了在欧盟提供金融工具相关的投资公司以及交易场所，旨在加强投资者保护并改善金融市场的运作和透明度，MiFID II 于 2018 年 1 月生效。由于 MiFID II 规定了欧盟对手方的交易义务以及第三国相关条款，英国宣布"脱欧"后，欧盟重新审视了有关第三国监管等价框架。近期，欧盟对 MiFID II 中有关第三国投资公司的等价框架作出修订，同时正在对 MiFID II 框架下的英国交易平台监管等价进行评估，但在"脱欧"过渡期结束前做出相关领域的等价决策仍存在不确定性。

2019 年 11 月，欧盟根据《投资公司监管条例》(IFR) 对 MiFID II 有关第三国投资公司的等效监管和注册等条款进行了修订[①]，相关修订将于 2021 年 6 月生效。最新修订包括引入额外的有关第三国等价监管条件，和对第三国公司的分支机构提出的年度报告要求等。特别地，若第三国公司对欧盟具有系统重要性（如伦敦的许多企业），欧盟将进行更为详尽的评估。因此英国可能更难通过 Mifid II 相关等效评估。迄今为止，在投资公司领域还没有第三国被授予监管等价的地位。欧盟委员会也在近期的一份文件中表示，"短期或中期"内将不会启动 Mifid II 等效评估，主要理由是欧盟相关法律框架尚不完善，这意味着脱欧过渡期结束时，总部设在英国的投资公司将不能获取跨境进入欧盟金融市场的渠道。

此外，欧洲委员会在第三国 CCP 和第三国投资公司等价决策方面的立场也不一致。欧盟委员会针对第三国 CCP 和投资公司的两个等价框架均未完全到位，但其目前只考虑了 EMIR 的临时等价安排，而未考虑 Mifid II 的过渡安排，这将迫使投资公司从伦敦迁往欧洲大陆。市场分析人士认为，英国投资公司只面临市场准入的问题，而 CCP 却真正涉及金融稳定，因此欧盟只采取了 EMIR 临时等价安排。欧盟此举的目的在于不愿过早地对英

---

① IFR 的文本包括对早期 Mifir 第 46 条和第 47 条的修改，该条款规定了非欧盟公司如何在遵守本国监管（所谓的对等规则）的情况下在欧盟开展业务。2020 年 9 月，ESMA 完成了相关监管和实施技术标准（RTS 和 ITS）草案。

国做出太多让步,而希望掌握市场准入方面的影响力,作为有力的谈判筹码。

(3)英国与欧盟博弈引发 Mifid II 下交易平台监管等效的不确定性。英国"脱欧"后将丧失进入单一市场"护照权",监管等效作为替代方案被市场广泛关注和讨论。监管等效框架在近几年的欧盟立法中被引入,但并非所有领域都有对等规定,因此第三国公司通过等价机制进入欧盟市场的可能性相对有限。到目前为止,欧盟已经做出的等价性授权包括 CCP 和中央证券存管机构(CSD)。

表 3-12　欧盟银行业与金融服务业的等效框架

领域	通过等效框架直接进入欧盟市场	
	专业客户	零售客户
银行业(包括存贷)	无	无
支付服务	无	无
投资服务	有	无
受监管的市场(MiFID)	有	有
另类投资基金	有	无
UCITS	无	无
市场基础设施(EMIR)	有	有
评级公司	有	有
CSD	有	有
交易报告库(SFTR)	有	有
金融基准	有	有

资料来源:欧盟议会经济治理支持组(EGOV)。

监管等效虽然不能完全替代"护照权",但却是目前框架下促进市场准入的最优选择。由于受到 Mifid II 下 DTO 和 STO 的限制,欧盟与英国可以通过承认彼此的衍生品和股票交易平台的等价性来避免市场分化。ESMA 表示相关问题将于 2020 年底前明朗,但如果需要涉及修改欧盟基本法律,那么市场机构的灵活性将大大降低。鉴于英国和欧盟的交易场所在过渡期结束时的监管框架本质上是相同的，做出监管等价的决策应该是非技术性的。英国金融市场行为监管局（FCA）则表示将在2020年底之前制定英国衍生品交易制度。然而，相关等价决定有可能被政治化，如2019年欧盟就取消了瑞士的股票交易所监管对等的地位。因此即使英国和欧盟就贸易和未来关系的其他方面达成协议，交易平台监管等效方面也存在不确定性。

2. 英国"脱欧"后将建立独立的金融监管体系

目前，在"脱欧"过渡期内，英国失去了欧盟成员国身份，但仍需遵守欧盟规则。过渡期结束后，英国将根据自己的监管体系运营。因此，英国政府和监管当局正在积极进行国内立法，以确保英国监管体制在过渡期后还能正常运转。此前，英国出台了《2018年欧盟（退出）法案》（EUWA 2018）①，确立了英国"脱欧"后的法律框架。EUWA 的目的在于保留欧盟相关法律，并根据英国本国情况将其转化为英国国内法。后续，英国议会根据 EUWA 通过了一系列沄定文书（SI）、监管机构也相应发布了欧盟退出工具（EU exit instruments）和声明。总体而言，英国"脱欧"后的金融监管体系在短期内不会在欧盟法的基础上做出重大突破。

对于金融市场基础设施（FMI）的监管，在"脱欧"过渡期内，英国对欧盟法本地化转换的主要内容包括英格兰银行作为 FMI 主管机构的角色转换、EMIR 本地转化、中央证券存管条例（CSDR）本地转化，以及对英国结算最终制度的必要修改。在过渡期结束时，英格兰银行将从欧盟当局承接有关 FMI 监管的新职责，包括对非英国 FMI 的认证、制定与 CCP 和中央证券存管机构（CSD）相关的技术标准，以及确定清算义务涵盖的金融产品范围。

---

① EUWA 2018 后经 EUWA 2020 修订。经修订的 EUWA 2018 赋予各部长制定法定文书（SI）的权力，以防止、补救或减轻保留的欧盟法律无法有效运行产生的失败或其他缺陷。这一金融服务立法过程被称为 onshoring（意译为本地转化）。英国财政部正利用这些权力，确保过渡期结束后，英国拥有一个独立、连贯的金融服务监管体制。这反映了英国除在欧盟之外的新立场外，并不打算做出政策上的改变。

其中，针对场外市场衍生品、CCP 和 TR，在过渡期内，根据 EMIR，现有欧盟清算义务继续适用于英国，过渡期结束时，英格兰银行将负责指定需要在英国履行清算义务的场外衍生品类别。根据 EUWA，英国财政部起草了《2020 年场外衍生品、中央对手方和交易报告库法规》，该草案对 EMIR 和英国相关法律进行了修订，以确保英国继续对第三国 CCP 有一个有效的监管框架，包括沿用对第三国 CCP 的分层机制。该草案的目的是保留 EMIR 相关要求，并将新的责任从欧盟当局转移至对应的英国当局。

对欧盟公司的准入方面，英国的态度则更为宽容。英国提议在过渡期结束后，实行临时许可制度（TPR）和临时过渡权力（TTP），帮助英国监管机构及各公司平稳应对过渡期后的英国法律变化。尤其是 TPR 方面，英国将允许目前使用"护照权"的 EEA 公司和基金继续在英国运营，最长期限为 3 年，直到获得相关当局授权。相反，欧盟层面则并无等同的 TPR。

附录

附录一

银行间市场中央对手清算 2020 年大事记

1 月

22 日，上海清算所引入首家境外投资者（鼎亚中国绝对收益债券基金）参与境内利率衍生品中央对手清算。

2 月

3 日，经过在春节期间加班加点迅速完成业务系统调整，上海清算所业务平稳运行，银行间市场顺利开市。

19 日，上海清算所发布《银行间市场清算所股份有限公司集中清算业务规则》。

3 月

18 日，上海清算所联合外汇交易中心对标准债券远期现金交割机制进行优化，启动国开债标准债券远期交易报价机制。

20 日，上海清算所谢众董事长参加中办国办复工复产调研工作组专题座谈会，汇报公司金融支持疫情防控及复工复产工作情况。

5 月

15 日，上海清算所举办 2020 年业务交流会。

6 月

15 日，上海清算所上线外币回购清算业务结算方式拓展。

17 日，上海清算所参加全球中央对手方协会（CCP12）2020 年全体会员视频会议，副总经理汪洪波成功当选新一届执行委员会委员。

7 月

13 日，上海清算所推出大宗商品衍生品中央对手清算业务组合保证金业务。

30 日，上海清算所引入首家境外投资者参与境内利率衍生品中央对手清算业务入选中国（上海）自由贸易试验区第十批金融创新案例。

8 月

15 日，上海清算所顺利实现大宗商品现货交易清算系统同城切换运行 1 周后回切。

22 日，上海清算所顺利实现信用违约互换清算系统同城切换运行 1 周后回切。

10 月

24~25 日，上海清算所谢众董事长参加第二届外滩金融峰会全体大会以及"新冠肺炎疫情下的中央对手方发展与监管"云会场专题讨论。

29 日，上海清算所会同外汇交易中心推出农发债标准债券远期业务，同步启动农发债标准债券远期交易报价机制。

11 月

6 日，上海清算所谢众董事长参加第三届中国国际进口博览会"普惠金融建设和数字化发展"论坛的分论坛Ⅰ"疫情冲击下普惠金融的机遇与挑战"主题讨论。

14 日，上海清算所完成通用质押式回购业务优化功能系统上线。

16 日，上海清算所上线外币回购清算业务券款对付（DVP）等创新优化。

30 日，上海清算所成为竟内第一家也是唯一符合 ISDA 国际标准的标准初始保证金（SIMM）管理服务机构。

30 日，上海清算所上线外汇 T+1 日交易清算业务、外汇期权组合清算业务。

12 月

7 日，上海清算所标准债券远期中央对手清算项目获 2019 年度上海金融创新成果奖提名奖。

11 日，上海清算所利率互换中央对手清算业务迎来首家境外法人客户，即中信银行（国际）有限公司。

22 日，上海清算所获得美国商品期货交易委员会（CFTC）不行动函延期，并将美国机构可参与的清算产品范围全面拓展至上海清算所提供中央对手清算服务的所有互换类金融衍生品。

24 日，上海清算所与全球中央对手方协会（CCP12）联合申报的《CCP12 量化披露实务标准》（"上海清算标准"）成功入选上海市首批"上海标准"。

附录二

上海清算所中央对手清算业务
2020 年统计数据

附表 2-1　上海清算所 2020 年中央对手清算业务规模

单位：亿元

	债券	利率衍生品	外汇	大宗商品 衍生品	中央对手清算 业务合计
2019 年总计	174 359.94	183 311.24	880 195.24	79.56	1 237 945.98
2020 年 1 月	7 553.90	11 274.31	59 835.62	6.88	78 670.70
2020 年 2 月	2 640.01	8 734.71	45 907.56	5.65	57 287.93
2020 年 3 月	17 478.81	22 087.98	70 678.22	10.15	110 255.16
2020 年 4 月	17 132.80	21 231.49	67 278.48	6.04	105 648.81
2020 年 5 月	15 569.53	15 550.41	69 279.52	5.57	100 405.03
2020 年 6 月	15 094.29	18 281.10	79 303.61	5.91	112 684.92
2020 年 7 月	25 341.03	16 889.29	90 100.04	7.81	132 338.17
2020 年 8 月	21 033.91	14 947.16	84 487.09	6.56	120 474.71
2020 年 9 月	20 705.60	15 263.43	79 790.90	6.99	115 766.93
2020 年 10 月	2 716.70	9 749.22	63 575.26	5.20	76 046.38
2020 年 11 月	2 191.53	19 791.41	95 125.49	7.34	117 115.77
2020 年 12 月	3 248.65	21 229.01	117 404.96	10.22	141 892.84
2020 年总计	150 706.75	195 029.52	922 766.75	84.33	1 268 587.35

附表 2-2　上海清算所清算会员名录（截至 2020 年末）

序号	机构名称	会员类型
1	中国工商银行股份有限公司	上海清算所综合清算会员
2	中国农业银行股份有限公司	上海清算所综合清算会员
3	中国银行股份有限公司	上海清算所综合清算会员
4	中国建设银行股份有限公司	上海清算所综合清算会员
5	交通银行股份有限公司	上海清算所综合清算会员
6	上海浦东发展银行股份有限公司	上海清算所综合清算会员
7	中信银行股份有限公司	产品类综合清算会员
8	招商银行股份有限公司	产品类综合清算会员
9	兴业银行股份有限公司	产品类综合清算会员
10	宁波银行股份有限公司	产品类综合清算会员
11	中信证券股份有限公司	产品类综合清算会员
12	国泰君安证券股份有限公司	产品类综合清算会员
13	国家开发银行	A 类普通清算会员
14	中国进出口银行	A 类普通清算会员
15	中国农业发展银行	A 类普通清算会员
16	中国光大银行股份有限公司	A 类普通清算会员
17	华夏银行股份有限公司	A 类普通清算会员
18	中国民生银行股份有限公司	A 类普通清算会员
19	广发银行股份有限公司	A 类普通清算会员
20	平安银行股份有限公司	A 类普通清算会员
21	恒丰银行股份有限公司	A 类普通清算会员
22	中国邮政储蓄银行股份有限公司	A 类普通清算会员
23	北京银行股份有限公司	A 类普通清算会员
24	吉林银行股份有限公司	A 类普通清算会员
25	上海银行股份有限公司	A 类普通清算会员
26	南京银行股份有限公司	A 类普通清算会员
27	杭州银行股份有限公司	A 类普通清算会员
28	广州银行股份有限公司	A 类普通清算会员
29	大连银行股份有限公司	A 类普通清算会员
30	上海农村商业银行股份有限公司	A 类普通清算会员

续表

序号	机构名称	会员类型
31	汇丰银行（中国）有限公司	A 类普通清算会员
32	花旗银行（中国）有限公司	A 类普通清算会员
33	申万宏源证券有限公司	A 类普通清算会员
34	中国国际金融股份有限公司	A 类普通清算会员
35	招商证券股份有限公司	A 类普通清算会员
36	中信建投证券股份有限公司	A 类普通清算会员
37	华泰证券股份有限公司	A 类普通清算会员
38	国信证券股份有限公司	A 类普通清算会员
39	广发证券股份有限公司	A 类普通清算会员
40	东方证券股份有限公司	A 类普通清算会员
41	光大证券股份有限公司	A 类普通清算会员
42	上海汽车集团财务有限责任公司	A 类普通清算会员
43	中海石油财务有限责任公司	A 类普通清算会员
44	三菱日联银行（中国）有限公司	A 类普通清算会员
45	蒙商银行股份有限公司	B 类普通清算会员
46	渤海银行股份有限公司	B 类普通清算会员
47	浙商银行股份有限公司	B 类普通清算会员
48	龙江银行股份有限公司	B 类普通清算会员
49	威海市商业银行股份有限公司	B 类普通清算会员
50	长沙银行股份有限公司	B 类普通清算会员
51	厦门银行股份有限公司	B 类普通清算会员
52	东亚银行（中国）有限公司	B 类普通清算会员
53	瑞穗银行（中国）有限公司	B 类普通清算会员
54	星展银行（中国）有限公司	B 类普通清算会员
55	大华银行（中国）有限公司	B 类普通清算会员
56	澳大利亚和新西兰银行（中国）有限公司	B 类普通清算会员
57	东海证券股份有限公司	B 类普通清算会员
58	国开证券股份有限公司	B 类普通清算会员
59	兴业证券股份有限公司	B 类普通清算会员
60	平安证券股份有限公司	B 类普通清算会员

续表

序号	机构名称	会员类型
61	长城证券股份有限公司	B 类普通清算会员
62	安信证券股份有限公司	B 类普通清算会员
63	法国巴黎银行（中国）有限公司	B 类普通清算会员
64	渣打银行（中国）有限公司	B 类普通清算会员
65	法国兴业银行（中国）有限公司	B 类普通清算会员
66	江苏江南农村商业银行股份有限公司	B 类普通清算会员
67	摩根大通银行（中国）有限公司	B 类普通清算会员
68	德意志银行（中国）有限公司	B 类普通清算会员
69	九江银行股份有限公司	C 类普通清算会员（债券）
70	汉口银行股份有限公司	C 类普通清算会员（债券）
71	广东华兴银行股份有限公司	C 类普通清算会员（债券）
72	西安银行股份有限公司	C 类普通清算会员（债券）
73	吉林九台农村商业银行股份有限公司	C 类普通清算会员（债券）
74	浙江绍兴瑞丰农村商业银行股份有限公司	C 类普通清算会员（债券）
75	东莞农村商业银行股份有限公司	C 类普通清算会员（债券）
76	成都农村商业银行股份有限公司	C 类普通清算会员（债券）
77	东北证券股份有限公司	C 类普通清算会员（债券）
78	财达证券股份有限公司	C 类普通清算会员（债券）
79	瑞银证券有限责任公司	C 类普通清算会员（债券）
80	中山证券有限责任公司	C 类普通清算会员（债券）
81	江门农村商业银行股份有限公司	C 类普通清算会员（债券）
82	华侨永亨银行（中国）有限公司	C 类普通清算会员（IRS）
83	瑞士信贷银行股份有限公司上海分行	C 类普通清算会员（IRS）
84	美国银行有限公司上海分行	C 类普通清算会员（IRS）
85	宁波鄞州农村商业银行股份有限公司	C 类普通清算会员（外汇）
86	蒙特利尔银行（中国）有限公司	C 类普通清算会员（外汇）
87	富邦华一银行有限公司	C 类普通清算会员（外汇）
88	三井住友银行（中国）有限公司	C 类普通清算会员（外汇）
89	大华银行有限公司	C 类普通清算会员（跨境外汇）
90	江苏银行股份有限公司	C 类普通清算会员（外汇）
91	东方汇理银行（中国）有限公司	C 类普通清算会员（外汇）

附录三

《欧洲市场基础设施监管条例》修订版
（2020 年 1 月 1 日生效版本）①

02012R0648 — EN — 01.01.2020 — 015.001

本条例仅作为文档工具使用，没有法律效力。欧盟的机构对其内容不承担任何责任。相关法案的真实版本（包括其序言）已在《欧盟官方公报》上发布，并可从欧盟法律条例数据库（EUR-Lex）获取。

欧洲议会和理事会于 2012 年 7 月 4 日通过的
关于场外衍生品、中央对手方和交易报告库的条例
欧盟第 648/2012 号条例

目　录

---

① 本条例翻自欧洲议会和理事会于 2020 年 1 月 1 日生效的 "REGULATION（EU） No 648/2012 OF THE EURO PEAN PARLIAMENT AND OF THE COUNCIL of 4 July 2012 on OTC derivatives, central counterparties and trade repositvries"，参见 https://eur-lex.europa.eu/legal-content/EN/TXT/PDF/?uri=CELEX:02012R0648-20200101&qid=1621478713678&from=EN.

欧洲议会和理事会
于 2012 年 7 月 4 日通过的
关于场外衍生品、中央对手方和交易报告库的
欧盟第 648/2012 号条例

欧洲议会和欧盟理事会通过了该条例，

已考虑《欧盟运作条约》，特别是其中的第 114 条，

已考虑欧盟委员会的提案，

已将立法法案草案转交各国议会，

已考虑欧洲中央银行的意见，

已考虑欧洲经济和社会委员会的意见，

按照普通立法程序行事，

相关背景如下：

（1） 欧洲议会和理事会通过的欧盟第 648/2012 号条例要求标准化的场外衍生品合约应通过中央对手方（以下简称 CCP）清算，与其他 20 国集团国家的类似要求一致。该条例还对 CCP 提出了严格审慎、组织和商业的行为要求，并就其审慎监管制定了相关安排，以最大限度地降低 CCP 用户的风险并巩固金融稳定。

（2） 欧盟第 648/2012 号条例通过以来，CCP 在欧盟乃至全球的活动量在规模和范围上均迅速增长。随着新的强制清算义务的引入以及越来越多不受清算义务约束的交易对手自愿采用集中清算，CCP 活动将在未来几年继续扩大。欧洲议会和理事会通过的欧盟第 2019/834 号条例有针对性地修改了欧盟第 648/2012 条例，提高了其有效性和比例性，进一步鼓励 CCP 向交易对手提供衍生品的集中清算，并为小

型金融交易对手和非金融交易对手提供清算的便利。资本市场联盟（以下简称 CMU）使资本市场更深入、更一体化，这将进一步增加欧盟中对跨境清算的需求，从而进一步提高 CCP 在金融系统中的重要性和相互联系。

（3） 目前在欧盟中设立并根据欧盟第 648/2012 号条例授权的 CCP 数量仍然相对有限，截至 2019 年 8 月为 16 个。欧洲证券与市场管理局（以下简称 ESMA）根据该条例认证了 33 个第三国 CCP，允许其向欧盟中的清算会员和交易场所提供服务。各清算市场在整个欧盟中已经很好地整合在一起，但是高度集中于某些资产类别且相互之间高度相关联。风险的集中使 CCP 的失败可能性很小，但影响力可能很大。根据 20 国集团的共识，欧盟委员会于 2016 年 11 月通过了一项关于恢复和处置 CCP 的法规提案，以确保各主管机构为应对 CCP 的失败做好适当准备，以此维护金融稳定，并限制纳税人成本。

（4） 尽管有该立法提案，并且鉴于欧盟内及全球范围内清算规模、复杂性和跨界规模的不断增长，仍应重新审查对欧盟和第三国 CCP 的监管安排。通过尽早解决已发现的问题，并为欧盟和第三国 CCP 建立清晰、一致的监管安排，将加强欧盟金融体系的整体稳定性，并进一步降低 CCP 失败的潜在风险。

（5） 基于这些考虑因素，委员会于 2017 年 5 月 4 日发布了关于应对关键金融市场基础设施面临的挑战并进一步发展 CMU 的通知，指出有必要对欧盟第 648/2012 号条例进行进一步修改以改善当前框架，从而确保金融稳定并支持 CMU 的进一步发展和深化。

（6） 欧盟第 648/2012 号条例下的监管安排主要依赖母国主管机构。欧盟中设立的 CCP 目前由成员国主管机构进行授权和监督，并且在授权和监督过程中会与由各国监管人员组成的监管专家组、ESMA、欧洲中央银行系统（以下简称 ESCB）的有关成员以及其他有关机构合作。这些监管专家组依靠负责执行欧盟第 648/2012 号条例的 CCP

主管机构进行协调和信息共享。在整个欧盟中，对 CCP 进行不同监管的做法可能会产生监管套利的风险，从而损害金融稳定性并导致不健康的竞争。欧盟委员会在 2016 年 9 月 14 日的 CMU 通函以及针对欧洲监管机构（以下简称 ESA）运作的公开征求意见稿中，已经提请注意这些新出现的风险，并提出在更大程度上统一监管具有必要性。在 ESMA 已有的总体职权范围内，为了履行主管机构之间以及监管专家组范围内的协调作用，建立共同的监管文化和一致的监管实践，确保统一的程序和一致的方法，并加强监管结果的一致性，ESMA 应特别将重点放在具有跨境维度或可能具有跨境影响的监管领域。ESMA 应根据其在执行欧盟第 648/2012 号条例时积累的专业知识和经验，确定具有跨境维度或可能具有跨境影响的监管领域。

（7） 考虑到金融市场的全球性质以及解决欧盟和第三国 CCP 监管不一致问题的必要性，ESMA 应增强促进 CCP 监管融合的能力。为此，应建立一个 CCP 常设内部委员会（以下简称 CCP 监督委员会），以处理与欧盟内部授权的 CCP 和第三国 CCP 有关的任务。通过在 ESMA 内设立 CCP 监督委员会并确定其职能和组成，才能将 CCP 监管领域的专业知识汇集起来，这是一个独特的处置方案，而不应成为 ESA 的先例。

（8） CCP 监督委员会应负责完成欧盟第 648/2012 号条例下向其分配的特定任务，以确保内部市场的正常运作以及欧盟及其成员国的金融稳定性。

（9） 为了囊括对 CCP 进行监督的全部实践经验和运营专业知识，CCP 监督委员会应由主席、独立成员和具有授权 CCP 的成员国主管机构组成。如果 CCP 监督委员会就授权的 CCP 召开会议，则由该 CCP 所清算的金融工具的欧盟货币的发钞中央银行能够自愿参加 CCP 监督委员会相关领域的工作，以评估 CCP 对不利市场发展和相关市场发展的韧性，以促进获得可能与执行其任务有关的信息。如果 CCP 监督委员会就相关第三国 CCP 召开会议，则已由或拟由该第三国 CCP 所清算的金融工具的欧盟货币的发钞中央银行能够自愿参加 CCP 监督委员会，以就对欧盟或其一个或多个成员国的金融稳定具有系统重要性或可能具有系统重要性的第三国 CCP（以下简称"二级 CCP"）作出决定。发钞中央银行应是 CCP 监督委员会的无表决权成员。CCP 监督委员会主席应能够邀请监管专家组成员担任观察员，以确保 CCP 监督委员会考虑到其他有关机构的意见。

（10） 为了提供适当水平的专业知识和问责制，ESMA 的监事会（以下简称监事会）应根据个人素质，对清算、交易后监管、审慎监管和金融事务的了解，以及与 CCP 监督和管理有关的经验，在委员会的协助下，通过监事会纽织和管理的公开遴选程序（该程序应尊重性别平衡原则），任命 CCP 监督委员会的主席和独立成员。在任命 CCP 监督委员会主席和独立成员之前，以及在监事会进行选举之后的一个月内，欧洲议会应在听取被选人员的意见后，批准或拒绝其任命。只有经欧洲议会批准的选定候选人才能由监事会任命。

（11） 为了确保透明度和民主控制，并维护欧盟机构的权利，CCP 监督委员会主席和独立成员应就根据欧盟第 648/2012 号条例作出的任何决定向欧洲议会和理事会负责。

（12） CCP 监督委员会主席和独立成员应以欧盟的利益为重，独立、客观地行事。它们应确保适当考虑内部市场的正常运作以及每个成员国（无论是否有或没有经授权的 CCP）和欧盟内的金融稳定。

（13） 为了确保适当、有效和迅速的决策程序，CCP 监督委员会的主席、独立成员和拥有经授权 CCP 的成员国的主管机构应具有表决权。中央银行的代表以及观察员应没有表决权。CCP 监督委员会应由其多数成员作出决定，每个有表决权的成员应有一票表决权，如果票数相同，主席有决定权。最终的决策权应保留在监事会中。

（14） 为了确保欧盟内部的监督方法协调一致，CCP 监督委员会应负责制定某些具体的决定并执行委托给 ESMA 的某些任务。此类职责加强了 ESMA 在主管机构之间以及整个监管专家组之间的协调作用，以期建立一种共同的监督文化和一致的监督做法，尤其是在具有跨国界范围或可能产生跨国界影响的监管领域。在这方面，这种有关的监督活动和决定可包括特别的监督领域，其中不同的监督做法可导致监管和监管套利的风险或危害金融稳定。ESMA 还应知晓欧盟第648/2012 号条例规定的监管专家组采纳的所有意见，包括该监管专家组意见相关的决策依据，以及监管专家组在这些意见中坚持的任何建议。

（15） 此外，CCP 监督委员会必须就 CCP 主管机构在某些特别重要的监督领域的决定草案进行事前交流和讨论。此外，所有决定草案应在CCP 主管机构的倡议下，以自愿原则为基础进行事前交流。在 CCP监督委员会经过讨论后没有分歧意见的情况下，ESMA 不得发表意见。ESMA 发表意见的权力应确保 CCP 主管机构从专门且在 CCP监督方面经验丰富的监督成员对决议草案的其他反应。ESMA 在发表意见时，不得暗示 CCP 主管机构有责任作出最终决定，换而言之，相应决定的最终内容将由 CCP 主管机构全权酌情决定。如果主管机构不同意 ESMA 的意见，则其应向 ESMA 提供有关该意见的任何重大偏离的看法。主管机构可以在通过一项决定之前、同时或之后提供该等看法。但是，如果主管机构在通过某一决定后提供看法，则不得有不当的延迟。ESMA 提供的意见不应干扰监管专家组酌情决定其意见内容的权力。

（16） 如果在执行欧盟第 648/2012 条例时针对授权 CCP 的监督活动缺乏统一性和连贯性条例，包括以主管机构对 ESMA 进行强制和自愿协商为基础，以及在 CCP 监督委员会进行讨论，则 ESMA 应该通过发布指南、建议或意见的方式，促进必要的统一性和一致性。为促进这一过程，CCP 监督委员会可以要求监事会考虑由 ESMA 通过指导方针、建议和意见。CCP 监督委员会还可针对 ESMA 拟就 CCP 主管机构的任务和活动作出的决定向监事会提出意见。CCP 监督委员会应就 ESMA 在 CCP 授权和监督领域制定的技术标准草案或指引草案提出意见。

（17）为了对第三国 CCP 提供有效的监督，CCP 监督委员会应编制完整的决定草案，以供监事会批准，并执行针对欧盟第 648/2012 号条例中有关认证和监管第三国 CCP 的规定，并向 ESMA 委托任务。由于合作和信息共享是必不可少的，因此，CCP 监督委员会在召开第三国 CCP 会议时，应与第三国 CCP 监管专家组分享有关的信息，包括其提交给监事会的完整决定草案、监事会通过的最终决定、CCP 监督委员会召开的会议议程和会议记录以及在第三国设立的 CCP 的认证申请。

（18）为了确保有效执行任务，CCP 监督委员会应得到 ESMA 专职人员的支持，以准备会议，进行执行任务所需的分析并支持其国际合作。

（19）发钞中央银行应参与 CCP 监督委员会根据其系统重要性对第三国 CCP 进行分类的决策以及对二级 CCP 的监督，从而确保它们正确执行与货币政策和支付系统的运作有关的任务。由于 ESMA 关于二级 CCP 的保证金要求、流动性风险控制、抵押品、结算和互操作性安排的批准与中央银行的任务尤其相关，因此 CCP 监督委员会应在"遵守或解释"机制的基础上，向已由或将由第三国 CCP 清算的金融工具的所有欧盟货币的发钞中央银行咨询。

（20）监事会应按照欧洲议会和理事会通过的欧盟第 1095/2010 号条例规定的决策程序，批准 CCP 监督委员会提交的决定草案。为确保决策过程有效且迅速，对于某些与第三国 CCP 的认证、分类、对二级 CCP 施加的特定要求，审查或撤销认可，或与第三国 CCP 持续监管基本要素无关的决定，监事会应与发钞中央银行进行协商后，在 3 个工作日内通过。

（21）为了进一步促进监管决策的趋同，ESMA 应该获得新的授权，以制订有关活动和服务扩展的监管技术标准草案，并明确在何种条件下对模型和参数的更改是属于重大的。此外，ESMA 应该发布必要的指南，以进一步规定与 CCP 有关的监督审核和评估过程的通用程序。

（22）欧盟 CCP 设立的监管专家组的良好运作对于有效监督 CCP 至关重要。为了确保欧盟范围内各监管专家组采用协调一致的程序，应完善决定各监管专家组运作的实际安排的书面协议并使之更加规范。为了进一步发挥监管专家组成员的作用，它们应有权为监管专家组会议的议程制定作出贡献。为了增加监管专家组的透明度，其组成应公开。为了避免任何利益冲突，理事会通过的欧盟第 1024/2013 号条例规定欧洲中央银行的监管任务以及与货币政策有关的任务及其任何其他任务应分别独立开展。欧洲中央银行应认识到此等职责的分离。因此，如果欧洲中央银行因其作为"单一监督机制"内的清算会员的主管机构以及作为代表欧元系统的发钞中央银行的职能而成为为欧盟 CCP 设立的监管专家组的成员，则欧洲中央银行在监管专家组中应享有两票表决权。

（23）目前，负责监督成员国清算会员的发钞中央银行和主管当局在为欧盟 CCP 设立的监管专家组中代表的数目是有限的。为了便利更广泛的发钞中央银行和其金融稳定性可能受 CCP 财务困境影响的成员国的主管当局获取信息，更多的发钞中央银行和主管当局应能够请求加入监管专家组。为了促进整个欧盟内 CCP 监管的一致性，CCP 监督委员会的主席或独立成员也应加入监管专家组。为了确保适当、有效和迅速的决策过程，经请求后加入的发钞中央银行和主管机构，以及 CCP 监督委员会的主席或独立成员应无表决权。

（24）为了增强其作用，监管专家组应能够就对 CCP 业务运作有根本影响的其他监管领域提供意见，包括对拥有 CCP 合格股份的股东和成员的评估以及业务职能、服务或活动的外包。此外，监管专家组的任何成员在请求后应能够在其意见中纳入旨在解决 CCP 风险管理中的缺点并提高其应变能力的建议，但要以监管专家组的多数决定为准。监管专家组对纳入此类建议的投票应与监管专家组对意见的投票分开进行。为了增强监管专家组意见和建议的影响力，主管机构应适当考虑这些意见和建议，并在认为该等意见和建议具有重大偏离时说明理由。

（25） 欧盟第 648/2012 号条例中针对在欧盟内提供清算服务的第三国 CCP 的监管安排也需要进行修订。需要提高信息的可获得性、进行现场检查和调查的能力，在相关欧盟和成员国机构之间共享第三国 CCP 信息的可能性以及对第三国 CCP 实施 ESMA 决定的可能性，从而避免对欧盟实体的金融稳定性产生重大影响。还存在一种风险，即无法考虑到对第三国 CCP 规则或第三国监管框架的更改，并且可能对监管或监督结果产生负面影响，从而导致欧盟与第三国 CCP 之间不公平的竞争环境。

（26） 很大一部分以欧盟货币计价的金融工具是由第三国 CCP 清算的。这对欧盟和成员国机构在维护金融稳定方面提出了重大挑战。

（27） 作为对一体化金融市场的承诺的一部分，委员会应继续通过等效决定，确定第三国的法律和监管框架符合欧盟第 648/2012 号条例的要求。为了加强与 CCP 有关的现行等效制度的实施，委员会应能够在必要时进一步规定评估第三国 CCP 制度等效性的标准。此外，委员会有必要授权 ESMA 监督该等被委员会视为等效的第三国 CCP 制度中的监管和监督变动趋势。这是为了确保第三国持续满足等效标准和任何特定使用条件。ESMA 应该在保密的基础上向欧洲议会、理事会、委员会和第三国 CCP 监管专家组汇报其所有发现。

（28） 目前，委员会能够在任何时候，尤其是在第三国的发展趋势严重影响欧盟第 648/2012 号条例项下等效性要求中估定的要素的情况下，修改、暂停、审查或撤销任何等效决定。如果第三国的有关机构不再以良好诚信的态度与 ESMA 或其他欧盟监管机构合作，或者未能持续遵守适用的等效性要求，则委员会还可以向这些机构发出警告或发布具体建议。如果委员会在任何时候决定撤销任何等效决定，则可以推延该决定的发布日期，以便解决金融稳定或市场中断的风险。除目前可用的该等权力外，委员会还应能够设定具体条件，以确保等效决定所涉及的第三国持续不断地满足等效性标准。委员会还应该能够设定条件，以确保 ESMA 能够有效地履行其与根据欧盟第 648/2012 号条例认可的第三国 CCP 有关或与对第三国（该等第三国与已通过的等效性决定相关）的监管和监督趋势进行监控有关的职责。

（29）鉴于 CCP 的跨境规模不断扩大以及欧盟金融体系的联系日渐密切，有必要提高欧盟识别、监测和减轻与第三国 CCP 相关的潜在风险的能力。因此，应进一步发挥 ESMA 的作用，以有效地监督那些申请获得认可以在欧盟中提供清算服务的第三国 CCP。应提高欧盟发钞中央银行在对第三国 CCP（活跃于其所发行的货币市场）的认证、监督、认证审查以及认证撤销方面的参与度。因此，应就可能影响其与以欧盟货币计价的金融工具（已由或拟由欧盟之外的 CCP 进行清算）有关的货币政策责任的某些方面咨询欧盟发钞中央银行。

（30）一旦委员会确定第三国的法律和监督框架与欧盟的框架等效，在认证该第三国 CCP 的程序中应考虑到这些 CCP 可能给欧盟或一个或多个成员国的金融稳定带来的风险。

（31）在考虑第三国 CCP 的认证申请时，ESMA 应根据本条例中确立的客观和透明标准，评估 CCP 对欧盟或其一个或多个成员国金融稳定性的系统性风险程度。这些标准应有助于进行总体评估，但任何单独标准均不被认为具有确定性。在评估任何第三国 CCP 的风险状况时，ESMA 应该考虑所有风险，包括欺诈、犯罪活动、IT 和网络风险等操作风险。委员会的授权法案应进一步指定这些标准。在指定这些标准时，应考虑到 CCP 清算的交易的性质，包括其复杂性、价格波动性和平均期限、相关市场的透明度和流动性以及 CCP 清算活动以欧元或其他欧盟货币计价的程度。上市和执行的某些农业衍生品合约的具体特征可能对欧盟的清算会员和交易场所构成微不足道的风险，因为它们与金融系统其他部分的系统关联度较低，这些具体特征与主要服务该第三国国内非金融对手方的市场相关，且这些市场通过这些合约管理其商业风险。如果在第三国中有恢复和处置 CCP 的框架，则 ESMA 在对该第三国中的 CCP 申请人进行分析时，还应考虑其对欧盟或其一个或多个成员国的金融稳定性可能造成的系统性风险程度。

（32） 那些对欧盟或其一个或多个成员国的金融稳定性不具有系统重要性的 CCP 应被欧盟视为一级 CCP。那些对欧盟或其一个或多个成员国的金融稳定性具有系统重要性或可能具有系统重要性的 CCP 应被视为二级 CCP。如果 ESMA 认为某一第三国 CCP 对欧盟或其一个或多个成员国的金融稳定性不具有系统重要性，则欧盟第 648/2012 号条例中的现有认可条件应适用于该 CCP。如果 ESMA 认为某一第三国 CCP 具有系统重要性，则应对该 CCP 提出特定要求。ESMA 仅应在该 CCP 符合这些要求的情况下认可此类 CCP。这些要求中应包括欧盟第 648/2012 号条例中规定的某些审慎性要求，该等要求旨在提高 CCP 的安全性和效率。ESMA 应该直接负责确保具有系统重要性的第三国 CCP 符合这些要求。根据相关要求，ESMA 还应根据欧盟第 648/2012 号条例对该 CCP 进行全面有效的监督。

（33） 为了确保已由或拟由第三国 CCP 清算的金融工具的所有欧盟货币的发钞中央银行适当参与二级 CCP 的认可，ESMA 在认可此类 CCP 时，应考虑它们是否遵守这些发钞中央银行在执行其货币政策任务时可能施加的特定要求。这些要求应包括在其合理要求下向发钞中央银行提交信息；在 ESMA 评估 CCP 对不利市场发展的应变能力时 CCP 应与发钞中央银行进行合作；在发钞中央银行开设隔夜存款账户；在特殊情况下发钞中央银行认为必要的要求。发钞中央银行开立隔夜存款账户的准入标准和要求不应等同于重新分配 CCP 的全部或部分清算服务的义务。

（34） 就发钞中央银行可能在特殊情况下施加的要求而言，在 CCP 赖以获取流动性的市场（尤其是货币市场和回购市场）压力较大、CCP 的运作会减少市场流动性，或者付款或结算安排的严重失误而阻碍 CCP 履行其付款义务或增加其流动性需求的能力等情况下，货币政策的传导或支付系统的平稳运行可能受到集中清算市场发展的影响。在确定是否存在该等特殊情况时，应完全取决于货币政策考虑因素，而不必与和 CCP 有关的任何紧急情况相吻合。在该等情况下，审慎的框架可能无法完全减轻随之而来的风险，因此，有必要由发钞中央银行采取直接行动，以确保货币政策的传导或支付系统的平稳运行。

（35） 在该等特殊情况下，发钞中央银行可能需要在各自的机构框架允许的范围内，施加与流动性风险、结算安排、保证金要求、抵押品或互操作性安排有关的临时要求。不遵守此类临时要求可能导致 ESMA 撤销对二级 CCP 的认可。这些要求可能包括临时增强二级 CCP 的流动性风险管理，如增加流动性缓冲、增加日间保证金的收取频率及限制交叉货币敞口，或以中央银行货币存放现金和结算付款的具体安排。这些要求不应扩展到审慎监管的其他领域，也不应自动取消认可。此外，这些要求的采用仅应是在不超过 6 个月的有限时间内（可能延长一次，额外延长期限不超过 6 个月）作为认可的条件。在此额外期限到期后，这些要求的采用应不再作为认可二级 CCP 的条件。但是，在出现新的或不同的例外情况时，不应阻止发钞中央银行施加临时要求，这些临时要求的采用将作为欧盟第 648/2012 号条例项下认可二级 CCP 的条件。

（36） 在采用要求之前或在可能的延期之前，发钞中央银行应向 ESMA、已由或拟由第三国 CCP 清算的金融工具的所有欧盟货币的发钞中央银行，以及第三国 CCP 的成员解释有关施加该等要求对 CCP 的效率、稳健性和应变能力的影响，并说明为什么有必要采取该等要求并进行适当调整以确保货币政策的传导或支付系统的顺畅运行，同时充分说明保护保密或敏感信息的必要性。为避免重复，发钞中央银行应持续与 ESMA 以及与其他已由或拟由第三国 CCP 清算的金融工具的所有欧盟货币的发钞中央银行分享有关特殊情况下适用的临时要求，并持续进行合作。

（37）发钞中央银行尽快向 ESMA 提供关于二级 CCP 是否符合任何额外要求的确认，并且在任何情况下，应在确定第三国 CCP 不是一级 CCP 后的 30 个工作日内提供，或者在二级 CCP 被认可后附加要求实施后的 90 个工作日内提供。

（38）具有系统重要性的 CCP 对金融体系和欧盟的稳定性构成的风险程度各不相同。因此，应以与 CCP 可能给欧盟带来的风险成比例的方式向具有系统重要性的 CCP 施加相应的要求。如果 ESMA 在咨询了欧洲系统性风险委员会（ESRB）之后，并与已由或拟由第三国 CCP 清算的金融工具的所有欧盟货币的发钞中央银行达成协议后，基于完全合理的评估（包括对成本和收益的定量技术评估）得出的结论是，第三国 CCP 或其某些清算服务具有系统重要性，即遵守欧盟第 648/2012 号条例规定的特定要求将无法充分解决欧盟或其一个或多个成员国的金融稳定性风险，并且如果认为其他措施不足以解决金融稳定风险，则 ESMA 应该建议委员会不要认可 CCP 或其某些清算服务。ESMA 可以根据该程序建议委员会，不要将某一家 CCP 或其某些服务认可为二级，不论该 CCP 先前是否已被分类。

（39）根据该建议，作为最后的手段，委员会应根据授权通过一项执行法案，规定有关的第三国 CCP 不能向欧盟中设立的清算会员和交易场所提供部分或全部清算服务，除非该 CCP 在任何成员国中根据欧盟第 648/2012 号条例获得授权。该执行法案还应规定不超过两年的适当适应期，该期限可以延长一次，延长时间为 6 个月，并应说明 CCP 在适应期内可以继续提供某些清算服务或开展某些清算活动的条件，以及在该期间内应采取的用于限制清算会员及其客户（尤其是那些在欧盟中建立的机构）的潜在成本的任何措施。

（40）重要的是，ESMA 应单独咨询各个发钞中央银行并寻求它们对于任何可能拒绝认可第三国 CCP 的建议的同意，因为这样的决定可能会对它们发行的货币产生影响，并且会对 ESMA 就该等建议后委员会采取的执行法案所进行的汇报产生影响。但是，就此类建议或汇报而言，发钞中央银行仅可就其发行的货币表示同意或担忧，而不得就整个建议或整体汇报表示同意或担忧。

（41）ESMA 应该定期审查对第三国 CCP 的认证，以及它们的一级或二级 CCP 分类。在这方面，ESMA 应该特别考虑第三国 CCP 业务的性质、规模和复杂性的变化。此类审查至少应每 5 年进行一次，并且每当得到认可的第三国 CCP 扩大或减少其在欧盟内的活动和服务范围时，都应进行此类审查。在经过审查后，如果 ESMA 决定将某——级 CCP 归类为二级 CCP，则 ESMA 应该设置适当的适应期（不超过 18 个月），在此期限内，CCP 应遵守适用于二级 CCP 的要求。

（42）应二级 CCP 的要求，ESMA 还应考虑到可以将此类 CCP 符合该第三国适用要求的程度与该 CCP 符合欧盟第 648/2012 号条例要求的程度进行比较。在进行评估时，ESMA 应考虑到委员会通过的执行法案，并确定 CCP 所在第三国的法律和监管安排是否与欧盟第 648/2012 号条例相一致，以及该实施法案可能适用的任何条件。为了确保相称性，ESMA 在进行评估时，还应考虑 CCP 清算的金融工具以欧盟货币计价的程度。委员会应通过一项授权法案，用于规定评估此类可比合规性的方式和条件。

（43）ESMA 应该拥有监督受认可的第三国 CCP 的所有必要权力，以确保其持续符合欧盟第 648/2012 号条例的要求。

（44）为了促进 ESMA、负责 CCP 监管的成员国主管机构，以及负责监管可能对第三国 CCP 的运作产生影响的实体的主管机构之间的信息共享与合作，ESMA 应该建立一个第三国 CCP 监管专家组。监管专家组成员应能够提出与第三国 CCP 有关的任何具体事项，然后由 CCP 监督委员会进行讨论。

（45）为了使 ESMA 能够有效地执行与第三国 CCP 有关的任务，第三国 CCP 应该为 ESMA 的监督和管理任务支付监管费用。费用应包括与第三国 CCP 认证有关的申请及其监管相关的费用。委员会应通过一项授权法案，进一步规定费用的种类、应缴费用的事项、费用金额以及付款方式。

（46）ESMA 可以对二级 CCP 和相关 CCP 外包运营功能、服务或活动的第三方进行调查和现场检查，并且应该向欧盟内负责监督清算会员的主管机构（若相关）告知此类调查和现场检查的结果。如果任何已由或拟由第三国 CCP 清算的金融工具的所有欧盟货币的发钞中央银行认为该等调查或检查与其执行其货币任务相关，则可申请参加该等现场调查或检查。

（47）ESMA 可以定期收取罚款，旨在要求第三国 CCP 终止违规行为，向 ESMA 提供所需的完整和正确的信息，或者服从调查或现场检查。

（48）如果 ESMA 发现一级 CCP 和二级 CCP 因故意或过失性地向 ESMA 提供了不正确或具误导性的信息而违反了欧盟第 648/2012 号条例，则 ESMA 可以对此等一级和二级 CCP 处以罚款。此外，如果 ESMA 发现二级 CCP 故意或过失性地违反了该条例中对其适用的额外要求，则 ESMA 可以对此等二级 CCP 处以罚款。如果 ESMA 经评估后认为某二级 CCP 遵守适用的第三国法律框架即视为遵守了欧盟第 648/2012 号条例第 16 条以及第 4 篇和第 5 篇中规定的要求，则该 CCP 不得被认为违反了该条例，因为其已遵守了该等可比要求。

（49）ESMA 应根据违规行为的严重程度施加罚款。违规行为应分为不同的类别，并就各类别确定具体的罚款金额。为了计算与特定违规行为有关的罚款，ESMA 应该采用两步方法，包括设置基本金额，并在必要时通过某些系数调整该基本金额。确定基本金额时，应考虑到有关第三国 CCP 的年度营业额，并根据本条例，通过相关系数对基本金额进行增加或减少的调整。

（50）本条例建立了与加剧和缓解情况相关的系数，以便向 ESMA 提供必要的工具，基于对已发生的违规行为之情况的考量，按照违规行为的严重程度，按比例对第三国 CCP 施加罚款。

（51）有关处以罚款或定期罚款的决定应基于独立调查的结果。

（52）在决定是否处以罚款或定期罚款之前，ESMA 应该给予被诉讼者申诉的机会，以尊重其辩护权。

（53）如果由于相同事实或实质上相同的事实而导致的事先无罪或定罪已根据国家法律项下的刑事诉讼取得了重新判决的效力，则 ESMA 应避免施加罚款或定期罚款。

（54）ESMA 作出的有关施加罚款和定期罚款的决定应是可强制执行的，其执行应遵守执行地所在国家适用的民事诉讼规则。民事诉讼规则不应包括刑事诉讼规则，而应包括行政诉讼规则。

（55）针对二级 CCP 所犯的违规行为，ESMA 应有权采取一系列监督措施，包括要求二级 CCP 终止违规行为，并且在二级 CCP 已严重或屡次违反欧盟第 648/2012 号条例的情况下，采取最终措施，即撤销认可。ESMA 在采取监督措施时应考虑违规行为的性质和严重性并应符合相称性原则。在就监督措施作出决定之前，ESMA 应该给予被诉讼人申诉的机会，以尊重其辩护权。如果 ESMA 决定撤销认可，则 ESMA 应该通过确定不超过两年的适当适应期来限制可能发生的市场混乱。

（56）针对主管机构和 ESMA 对用于计算 CCP 保证金要求、清算基金缴款、抵押品要求以及其他风险控制机制之模型和参数的重大变更进行验证而言，应进一步明确程序方面的事项以及此等验证与监管专家组决定之间的相互作用。在需要时，特别是为确保 CCP 风险管理的稳健性的情况下，应临时允许对模型或参数进行重大变更。

（57） 对 CCP 的有效监督依赖权限、专业知识和才能的建立，也依赖机构间合作关系和交流的建立。由于所有这些过程都需要时间的积累，并且均有其自身变化趋势，因此，在设计具功能性、有效且高效的监督系统时，应考虑其潜在的长期演变。因此，本条例中确立的权限划分可能会随着 ESMA 的角色和能力（基于 CCP 监督委员会的支持）的变化而演变。为了开发一种有效且具有应变能力的 CCP 监督方法，委员会应审查 ESMA 任务对于促进欧盟第 648/2012 号条例的一致性应用方面的有效性以及欧盟与成员国机构之间职责分工的有效性，特别是 CCP 监督委员会的任务。委员会还应报告本条例对 CCP 公平竞争的影响，并评估认可和监管第三国 CCP 的框架。委员会应将该报告连同任何适当建议一起提交给欧洲议会和理事会。

（58） 为了确保有效实施本条例中针对第三国 CCP 的规则，ESMA 应授权委员会，使其有权根据《欧盟运作条约》（TFEU）第 290 条就下述事项采用法案：进一步规定费用类型、应缴费用的事项、应缴费用的数额以及支付费用的方式；进一步规定确定第三国 CCP 对于欧盟或其一个或多个成员国的金融稳定性是否具有系统重要性或可能具有系统重要性的标准；进一步规定在第三国的等效评估中使用的标准；规定第三国 CCP 应如何以及在什么条件下遵守特定要求；进一步规定与罚款的施加或定期罚款有关的程序规则，包括关于辩护权、时限、罚款或定期罚款的收取以及对罚款或罚金的处分和执行的时效期限的规定；修订附件 4 的措施，以考虑金融市场的发展。特别重要的是，委员会在筹备工作中应向专家级别的人员进行适当的咨询，并应根据 2016 年 4 月 13 日《关于更好地制定法律的机构间协定》中规定的原则进行咨询。尤其是为了确保平等参与授权法案的准备工作，欧洲议会和理事会将同时接收成员国专家的所有文件，而且其专家将系统地参加负责拟定授权法案的委员会专家组会议。

（59）为了确保在统一的条件下实施本条例，尤其是在认可第三国 CCP 和第三国法律框架等效性方面，委员会应具有执行权力。委员会应根据欧洲议会和理事会通过的欧盟第 182/2011 号条例行使这些权力。

（60）为确保在活动和服务扩展、监管专家组和模型审查、压力测试和回溯测试方面的规则和监管做法的一致性，委员会应有权采用 ESMA 针对以下方面制定的监管技术标准：在何种条件下初始授权不涵盖 CCP 希望就其业务扩展的其他服务或活动；在何种条件下监管专家组内的发钞中央银行会员被认为与欧盟货币最相关，以及监管专家组运作的实际安排的细节；在何种条件下对 CCP 模型和参数的变更被视为是重大的。委员会应根据 TFEU 第 290 条和欧盟第 1095/2010 号条例的第 10~14 条，通过授权法案采用这些监管技术标准。

（61）由于本条例的目标，即通过对 CCP 的活动制定统一的要求来提高其安全性和效率，无法全部由成员国实现，但由于其规模和影响，可以更好地在欧盟层面实现，因此，欧盟可根据《欧盟条约》第 5 条规定的辅助性原则采取措施。根据该条规定的相称性原则，本条例没有超出实现这些目标所需的范围。

（62）在评估以下标准后，ESMA 才能行使其将某一第三国 CCP 认可为一级或二级 CCP 的权利：（a）第三国 CCP 是否具有系统重要性或对于欧盟或其一个或多个成员国的金融系统可能具有系统重要性；（b）进一步明确了可比合规。

（63）因此，应相应地修订欧盟第 648/2012 号条例，本条例已采纳如下：

第一篇　主题、范围和定义

第 1 条　主题和范围

1. 本条例规定了场外（over-the-counter，OTC）衍生品合约的清算和双边风险管理要求、衍生品合约的报告要求，以及中央对手方（central counterparties，CCP）和交易报告库的业务活动的统一要求。

2. 本条例适用于 CCP 及其清算会员、金融交易对手和交易报告库。在本条例中凡涉及非金融交易对手和交易场所的部分应适用于非金融交易对手和交易场所。

3. 本条例的第五篇仅适用于第 2004/39/EC 号指令第 4 条第 1 款第（18）（a）项和（18）（b）项，以及第（19）项定义的可转让证券和货币市场工具。

4. 本条例不适用于：

（a）　ESCB 会员、其他成员国中履行相似职能的机构，以及负责或干预公共债务管理的欧盟其他公共机构；

（b）　国际清算银行；

（c）　在以下国家或地区中负责或干预公共债务管理的中央银行和公共机构：

（ⅰ）　日本；

（ⅱ）　美利坚合众国；

（ⅲ）　澳大利亚；

（ⅳ）　加拿大；

（ⅴ）　中国香港；

（ⅵ）　墨西哥；

（ⅶ）　新加坡；

（ⅷ）　瑞士。

5. 除第 9 条规定的报告义务外，本条例不适用于下列实体：

（a）　第 2006/48/EC 号指令附件六第 1 部分第 4.2 节所列的多边开发

225

银行；

（b）　第 2006/48/EC 号指令第 4 条第 18 款所定义的公共部门实体，但前提是它们归中央政府所有，并由中央政府提供明确的担保安排；

（c）　欧洲金融稳定基金和欧洲稳定机制。

6. 委员会应有权根据第 82 条通过授权法案，以修改本条第 4 款所列清单。

为此目的，欧盟委员会应在 2012 年 11 月 17 日之前向欧洲议会和理事会提交一份报告，旨在评估对负责或干预公共债务和中央银行管理的公共机构的国际待遇。

该报告应包括对许多第三国法律框架内的该等机构和中央银行待遇的比较分析，至少包括就合约交易量而言 3 个最重要的司法管辖区，以及这些司法管辖区内该等机构和中央银行订立的衍生品交易所适用的风险管理标准。如果报告得出结论，尤其是通过比较分析后发现，认为有必要将清算和报告义务从该等第三国中央银行的货币职责中免除，则委员会应将该等第三国中央银行添加到第 4 款所列清单中。

第 2 条　定义

就本条例而言，应适用以下定义：

（1）　"CCP" 是指介入一个或多个金融市场中交易合约的交易对手之间，成为每个卖方的买方和每个买方的卖方的法人；

（2）　"交易报告库" 是指集中收集和维护衍生品记录的法人；

（3）　"清算" 是指建立头寸（包括净债务的计算）并确保有可用的金融工具、现金或二者兼有来为这些头寸中产生的风险敞口提供保障的过程；

（4）　"交易场所" 是指由投资公司或市场运营商，定义见第 2004/39/EC 号指令第 4 条第 1 款（1）项和第 4 条第 1 款（13）项运营的系统，但不包括上述指令第 4 条第 1 款（7）项所定义的内部化程序，该系统按照上述指令第二篇或第三篇的规定，通过签订合约的方式将金融工具的购买权益或出售权益汇总在一起；

（5）"衍生品"或"衍生品合约"是指根据欧盟委员会第 1287/2006 号条例第 38 条和第 39 条实施的第 2004/39/ EC 号指令附件一第 C 部分第（4）～（10）项所规定的金融工具；

（6）"衍生品类别"是指具有共同和基本特征的衍生品子集，这些特征至少包括与标的资产的关系、标的资产的类型和名义金额的货币，属于同一类别的衍生品可能具有不同的到期日；

（7）"场外衍生品"或"场外衍生品合约"是指不是在第 2004/39/EC 号指令第 4 条第 1 款（14）项中规定的受监管市场上，且不是在根据本条例第 2a 条而被视为等同于受监管市场的某一第三国市场上签订的衍生品合约；

（8）"金融交易对手"是指：

（a）根据欧洲议会和理事会第 2014/65/EU 号指令①授权的投资公司；

（b）根据欧洲议会和理事会第 2013/36/EU 号指令②授权的信贷机构

（c）根据欧洲议会和理事会第 2009/138/EC 号指令③授权的保险业务或再保险业务公司；

（d）根据第 2009/65/EC 号指令授权的 UCITS 及其相关的管理公

① 欧洲议会和理事会于 2014 年 5 月 15 日通过的关于金融工具市场的第 2014/65/EU 号指令，其中修订了第 2002/92/EC 号指令和第 2011/61/EU 号指令（OJ L 173，2014 年 6 月 12 日，第 349 页）。
② 欧洲议会和理事会于 2013 年 6 月 26 日通过的关于信贷机构活动的准入和对信贷机构和投资公司的审慎监督的第 2013/36/EU 号指令，其中修订了第 2002/87/EC 号指令，并废除了第 2006/48/EC 和 2006/49/EC 号指令（OJ L 176，2013 年 6 月 27 日，第 338 页）。
③ 欧洲议会和理事会于 2009 年 11 月 25 日通过的关于接管和从事保险和再保险业务（偿付能力 II）的第 2009/138/EC 号指令（CJ L 335，2009 年 12 月 17 日，第 1 页）。

227

司，除非该 UCITS 是专门为服务一个或多个员工股票购买计划而设立的；

（e）欧洲议会和理事会通过的欧盟第 2016/2341 号指令[①] 第 6 条第 1 款所定义的职业退休供应机构（IORP）；

（f）第 2011/61/EU 号指令第 4 条第 1 款（a）款定义的另类投资基金（AIF），该基金在欧盟中成立或由经上述指令授权或登记的另类投资基金管理公司（AIFM）进行管理，但下述情况应排除在外：该 AIF 是专为服务一个或多个员工股票购买计划而设立的；该 AIF 是第 2011/61/EU 号指令第 2 条第 3 款（g）项所述的证券化特殊目的实体及其在欧盟中成立的 AIFM；

（g）根据欧洲议会和理事会通过的欧盟第 909/2014 号条例授权的中央证券存管机构[②]；

（9）"非金融交易对手"是指在欧盟中成立的、除第（1）款和第（8）款所指实体以外的企业；

（10）"养老金计划安排"是指

（a）第 2003/41/EC 号指令第 6 条第 a 款所定义的职业退休供应机构，包括负责管理该机构并根据上述指令第 2 条第 1 款代表该机构行事的任何授权实体，以及为此类机构的投资目的而成立的且仅为其利益行事的任何法人实体；

（b）第 2003/41/EC 号指令第 3 条所指的机构的职业退休供应业务；

---

① 欧洲议会和理事会于 2016 年 12 月 14 日通过的关于职业退休提供机构（IORP）的活动和监管的欧盟第 2016/2341 号指令（OJ L 354，2016 年 12 月 23 日，第 37 页）。

② 欧洲议会和理事会于 2014 年 7 月 23 日通过的关于改进欧洲联盟证券结算和中央证券托管机构的欧盟第 909/2014 号条例，其中修订了第 98/26/EC 号和第 2014/65/EU 号指令以及欧盟第 236/2012 号条例（OJ L 257，2014 年 8 月 28 日，第 1 页）。

（c）第 2002/83/EC 号指令所涵盖的人寿保险企业的职业退休供应业务，但前提是，与该业务相对应的所有资产和负债均与该保险的其他业务活动分开设置、管理和组织，且无任何转移的可能性；

（d）在国家范围内运作的任何其他经授权和受监督的实体或安排，但前提是

    （i）它们是经本国法律所认可的；

    （ii）其主要目的是提供退休福利；

（11）"交易对手信用风险"是指某一交易的交易对手在交易现金流最终结算之前违约的风险；

（12）"互操作性安排"是指两个或多个 CCP 之间涉及跨系统执行交易的安排；

（13）"主管机构"是指本条第 8 款所指立法中提及的主管机构、第 10 条第 5 款所指的主管机构，或每个成员国根据第 22 条指定的机构；

（14）"清算会员"是指参加 CCP 且负责履行因参与 CCP 而产生的财务义务的企业；

（15）"客户"是指与 CCP 的清算会员有合约关系的企业，通过该等合约关系，该企业能够与 CCP 进行其交易的清算；

（16）"集团"是指由第 83/349/EEC 号指令第 1 条和第 2 条定义的母公司及其子公司组成的企业集团，或第 2006/48/EC 号指令第 3 条第 1 款、第 80 条第 7 款和第 80 条第 8 款所指的企业集团；

（17）"金融机构"是指信贷机构以外的企业，其主要活动是获取股份或开展第 2006/48/EC 号指令附件一第（2）～（12）项中所列的一项或多项活动；

（18）"金融控股公司"是指符合下述要求的金融机构：其子公司全部或主要是信贷机构或金融机构，且其中至少一个子公司是信贷

机构；该金融机构不属于欧洲议会和理事会于 2002 年 12 月 16 日通过的第 2002/87/EC 号指令《有关金融集团的信贷机构、保险公司和投资公司的补充监管》第 2 条第 15 款所定义的混合金融控股公司[①]；

（19）"辅助服务企业"是指开展下述主要业务活动的企业：持有或管理财产；管理数据处理服务；开展一个或多个信贷机构的主要活动附带的类似活动；

（20）"合格持股"是指按照欧洲议会和欧盟理事会 2004 年 12 月 15 日第 2004/109/EC 号指令第 9 条和第 10 条关于统一有关证券获准在受监管市场[②]上交易的发行人的信息透明度要求，直接或间接持有 CCP 或交易报告库的任何股份且所持股份至少占资本或投票权的 10%（基于该指令第 12 条第 4、5 款规定的汇总条件），或可能对所持股的 CCP 或交易报告库的管理施加重大影响；

（21）"母公司"是指第 83/349/EEC 号指令第 1 条和第 2 条所述的母公司；

（22）"子公司"是指第 83/349/EEC 号指令第 1 条和第 2 条所述的子公司，包括最终母公司的子公司的子公司；

（23）"控制"是指第 83/349/EEC 号指令第 1 条所述的母公司与子公司之间的关系；

（24）"紧密关联"是指两个或两个以上自然人或法人通过以下方式关联在一起的情况：

　　（a）通过直接所有权或控制权参与企业的 20% 或以上的投票权或资本；或者

---

① OJ L 35，2003 年 2 月 11 日，第 1 页。

② OJ L 390，2004 年 12 月 31 日，第 38 页。

（b）通过任何自然人或法人与一家企业或其子公司的子公司（同被视为母公司的子公司）的控制或类似关系。

如果两个或两个以上自然人或法人通过控制关系与一个人永久联系在一起，则该等人士之间也应视为构成紧密关联。

（25）"资本"是指理事会于1986年12月8日发布的关于银行和其他金融机构的年度账户和合并账户的第86/635/EEC号指令① 第22条所定义的认缴资本，加上相关的股份溢价账户，它在持续经营的情况下充分吸收亏损，并且在破产或清算的情况下，排在所有其他索赔之后；

（26）"储备金"是以关于特定类型公司② 的年度账目和因适用最终损益而结转的利润和亏损的第54条第3款（g）项为基础，1978年7月25日第四届委员会第78/660/EEC号指令第9条所规定的储备金；

（27）"董事会"是指符合国家公司法规定的行政或监督委员会，或二者兼而有之；

（28）董事会的"独立成员"是指符合下述描述的董事会会员：其与有关的CCP或其控股股东，其管理层或清算会员没有业务、家族或其他会引起利益冲突的关系；在担任董事会成员的前5年内也没有此类关系；

（29）"高级管理人员"是指有效指导CCP或交易报告库的业务的人员，以及执行委员或董事会成员；

（30）"担保债券"是指满足欧盟第575/2013号条例第129条要求的债券；

---

① OJ L 372，1986年12月31日，第1页。
② OJ L 222，1978年8月14日，第1页。

（31）"担保债券实体"是指担保债券的发行人或担保债券的担保池。

第 2a 条　为定义场外衍生品的等效决定

1. 就本条例第 2 条第 7 款而言，第三国市场应被视为等同于第 2004/39/EC 号指令第 4 条第 1 款（14）项所定义的受监管市场，但前提是该第三国市场符合与该指令第三篇规定相同的具有法律约束力的要求，并且该第三国市场在该第三国持续受到委员会按照本条第 2 款所述程序确定的有效监督和执行。

2. 委员会可以通过执行法案，确定某一第三国市场符合与第 2004/39/EC 号指令第三篇规定等效的具有法律约束力的要求，并且该第三国市场在该第三国持续受到第 1 款所述的有效监督和执行。

委员会应依照本条例第 86 条第 2 款规定的审查程序采纳执行法案。

3. 委员会和 ESMA 应在其网站上发布依照第 2 款所指执行法案而被视为等效的市场清单。该清单应定期更新。

第 3 条　集团内交易

1. 就非金融交易对手而言，集团内交易是与属于同一集团旗下的另一交易对手订立的场外衍生品合约，但前提是两个交易对手均被纳入同一集团的合并中，且遵循适当的集中式风险评估、测量和控制程序，且该交易对手成立于欧盟内，或者如果该交易对手在第三国成立，则委员会已根据第 13 条第 2 款通过了关于该第三国的执行法案。

2. 就金融交易对手而言，集团内交易为以下任何一项：

（a）　与属于同一集团旗下的其他交易对手订立的场外衍生品合约，但须满足以下条件：

  （i）　金融交易对手成立于欧盟内，或者，如果该金融交易对手成立于第三国，则委员会已根据第 13 条第 2 款对该第三国采取了执行法案；

  （ii）　另一交易对手为金融交易对手、金融控股公司、金融机构或辅助服务企业，但须遵守适当的审慎要求；

（ⅲ）　双方均完全纳入同一合并中；

（ⅳ）　双方均应遵守适当的集中风险评估、测量和控制程序；

（b）　根据第 2006/48/EC 号指令第 80 条第 8 款的规定，与属于同一机构保护计划一部分（定义见）的另一方订立的场外衍生品合约，但前提是必须符合本款第（a）（ⅱ）项中的条件；

（c）　根据第 2006/48/EC 号指令第 3 条第 1 款所述，在附属同一中央机构的信用机构之间或在该信用机构与中央机构之间订立的场外衍生品合约；或者

（d）　与属于同一集团的非金融交易对手订立的场外衍生品合约，但前提是两个交易对手均被完全纳入同一合并中，并且遵守适当的集中式风险评估、测量和控制程序，且该交易对手成立于欧盟内，或者如果该交易对手成立于第三国司法辖区，则委员会已根据该第 13 条第 2 款对该第三国采取了一项执行法案。

3. 就本条而言，当交易双方都是以下情况之一时，应被视为包括在同一合并中：

（a）　根据第 83/349/EEC 号指令或按照欧盟委员会第 1606/2002 号条例通过的国际财务报告准则（IFRS），或者就母公司的总部位于第三国的集团而言，根据在欧盟委员会第 1569/2007 号条例中确定等同于 IFRS 的第三国公认会计原则（或根据该条例第 4 条在第三国允许使用的第三国会计准则）纳入合并；或者

（b）　根据第 2006/48/EC 号指令或第 2006/49/EC 号指令，受到同一合并监督，或者就母公司的总部位于第三国的集团而言，受到经核实等效于第 2006/48/EC 号指令第 143 条或第 2006/49/EC 号指令第 2 条下的原则的第三国主管机构的同一合并监督。

第二篇　场外衍生品的清算、报告和风险缓释

第 4 条　清算义务

1. 交易对手应清算与根据第 5 条第 2 款被宣布受制于清算义务的一类场外衍生品有关的所有场外衍生品合约，但前提是这些合约同时满足以下两个条件：

（a）　这些合约以下列方式之一订立：

（i）　在符合第 4a 条第 1 款第二子段规定条件的两个金融交易对手之间订立；

（ii）　在符合第 4a 条第 1 款第二子段规定条件的金融交易对手与满足第 10 条第 1 款第二子段规定条件的非金融交易对手之间订立；

（iii）　在符合第 10 条第 1 款第二子段规定条件的两个非金融交易对手之间订立；

（iv）　其中一方是符合第 4a 条第 1 款第二子段条件的金融交易对手，或是符合第 10 条第 1 款第二子段条件的非金融交易对手，而另一方是在第三国成立的实体，如果该第三国成立于欧盟中，则受制于清算义务；

（v）　在一个或多个第三国建立的两个实体之间，如果该第三国成立于欧盟内，则受制于清算义务，但前提是该合约在欧盟内具有直接、实质性和可预见的效力，或者该义务是防止逃避本条例任何规定所必需或适当的；

（b）　这些合约在清算义务生效之日或之后订立或更新的，但前提是交易对手双方在订立或更新之日均符合（a）项规定的条件。

2. 在不损害第 11 条所规定的风险缓释技术的前提下，属于第 3 条所述的集团内交易的场外衍生品合约不受制于清算义务。

第一子段规定的豁免仅适用于下述情况：

（a） 欧盟中成立的属于同一集团的两个交易对手首先以书面形式通知各自的主管机构，其打算对彼此之间订立的场外衍生品合约使用豁免。通知应在使用豁免前不少于 30 个自然日发出。如果交易对手之间的交易不符合第 3 条规定的条件，则主管机构可在收到该通知后的 30 个自然日内拒绝使用此项豁免，但是，如果所述条件在 30 个自然日期限后不再满足，则主管机构也有权在期限后提出异议。如果主管机构之间存在分歧，则 ESMA 可基于欧盟第 1095/2010 号条例第 19 条赋予其的权力，协助这些机构达成一致意见。

（b） 在成员国和第三国设立的同一集团内的两个交易对手之间的场外衍生品合约，其中在欧盟内设立的交易对手已被其主管当局授权在收到欧盟内设立的交易对手通知后的 30 个自然日内使用豁免，但须满足第 3 条规定的条件。主管机构应将该决定通知 ESMA。

3. 对于依照第 2 款受制于清算义务的场外衍生品合约，应在根据第 14 条授权或根据第 25 条认可的 CCP 中进行清算，该 CCP 经授权或认可后有权清算该类场外衍生品，并根据第 6 条第 2 款（b）项列于登记册中。

为此，交易对手应成为清算会员、客户或与清算会员建立间接清算安排，但前提是这些安排不会增加交易对手风险，并确保交易对手的资产和头寸所受的保护等用于第 39 条和第 48 条中所述的保护效果。

4. 为了确保本条的一致适用性，ESMA 应制订监管技术标准草案，详细说明被认为在欧盟内具有直接、实质和可预见效果的合约，以及在何种情况下需要防止如第 1 条第 a 款（v）项所述的对本条例规定的规避，以及符合第 3 款第二子段所指条件的间接合约安排的类型。

ESMA 应在 2012 年 9 月 30 日之前将这些监管技术标准草案提交给委员会。

根据欧盟第 1095/2010 号条例第 10~14 条，委员会有权采用第一子段中提到的监管技术标准。

5. 本条第 1 子段不适用于由担保债券实体就担保债券订立的场外衍生品合约，或证券化特殊目的实体就某一证券化订立的场外衍生品合约（相关定义见欧洲议会和理事会通过的欧盟第 2017/2402 号条例[①]），但是

（a） 就证券化特殊目的实体而言，证券化特殊目的实体应仅发行满足第 18 条以及欧盟第 2017/2402 号条例（证券化条例）第 19~22 条或第 23~26 条要求的证券化；

（b） 场外衍生品合约仅用于对冲担保债券或证券化下的利率或货币错配；

（c） 担保债券或证券化下的安排充分缓解了担保债券实体或证券化特殊目的实体就担保债券或证券化订立的场外衍生品合约的交易对手信用风险。

6. 为了确保本条的一致适用性，并考虑到防止监管套利的必要性，ESA 应制订监管技术标准草案，明确规定在第 5 款含义范围内，担保债券或证券化下的哪些安排能够充分缓解交易对手方信用风险。

ESA 应在 2018 年 7 月 18 日之前向委员会提交这些监管技术标准草案。

根据欧盟第 1093/2010 号条例、欧盟第 1094/2010 号条例或欧盟第 1095/2010 号条例第 10~14 条的规定，委员会有权通过采用本款中提到的监管技术标准来补充本条例。

第 4a 条　受制于清算义务的金融交易对手

1. 在场外衍生品合约中持仓的金融交易对手可以每 12 个月为周期，按照第 3 款的规定计算其过去 12 个月的月末平均总头寸。

如果金融交易对手未计算其头寸，或者计算结果超出了根据第 10 条第

---

① 欧洲议会和理事会于 2017 年 12 月 12 日通过的欧盟第 2017/2402 号条例，规定了证券化的总体框架，并为简单、透明和标准化的证券化创建了具体框架，并修订了第 2009/65/EC 号、第 2009/138/EC 号和第 2011/61/EU 号指令以及欧盟委员会第 1060/2009 号和欧盟第 648/2012 号条例（OJ L 347，2017 年 12 月 28 日，第 35 页）。

4 款（b）项指定的任何清算阈值，则金融交易对手应：

（a） 立即通知 ESMA 及其相关主管机构，并在适当时注明计算所用的期间；

（b） 在本子段（a）款所指的通知后四个月内建立清算安排；

（c） 对于任何一类的场外交易衍生品，在本款（a）项通知发出后 4 个月以上订立或更新的所有场外衍生工具合约，均应承担第 4 条所指的清算义务。

2. 于 2019 年 6 月 17 日受制于第 4 条所述清算义务的金融交易对手，或根据第 1 款第二子段的规定而变为受制于清算义务的金融交易对手，仍应遵守该义务，并应继续进行清算，直至该金融交易对手向有关主管机构证明其过去 12 个月的月末平均总头寸未超过第 10 条第 4 款（b）项规定的清算阈值。

金融交易对手应能够向有关主管机构证明，过去 12 个月的月末平均总头寸的计算不会产生对该头寸的系统性低估。

3. 在计算第 1 款所指的头寸时，金融交易对手应包括该金融交易对手订立的或该金融交易对手所属集团内其他实体订立的所有场外衍生品合约。

尽管有第一子段的规定，对于 UCITS 和 AIF，第 1 款中提到的头寸应按基金水平计算。

管理一个以上 UCITS 的 UCITS 管理公司和管理一个以上 AIF 的 AIFM 应能够向有关主管机构证明，按基金水平计算的头寸不会导致：

（a） 系统地低估他们所管理的任何基金的头寸或管理公司的头寸；

（b） 规避清算义务。

金融交易对手的相关主管机构和集团内其他实体的相关主管机构应建立合作程序，以确保有效地计算集团层面的头寸。

第 5 条 清算义务程序

1. 如果某一主管机构根据第 14 条或第 15 条授权某一 CCP 清算某一类场外衍生品，或如果 CCP 拟开始清算的一类场外衍生品已被第 14 条或第 15 条规定的现有授权所覆盖，则该主管机构应立即将该授权或 CCP 拟开始清算的场外衍生品的类别通知 ESMA。

2. 在根据第 1 款收到通知或完成第 25 条规定的认可程序的 6 个月内，ESMA 应在进行公开征求意见并与 ESRB 以及（如适用）第三国主管机构进行磋商之后，制订监管技术标准草案，并提交给委员会批准，该草案应指明以下内容：

（a） 受制于第 4 条所述的清算义务的场外衍生品类别；

（b） 清算义务的生效日期，包括该义务适用的任何阶段以及交易对手的类别。

委员会有权根据欧盟第 1095/2010 号条例第 10~14 条采用第一子段中提到的监管技术标准。

在本款下制定监管技术标准草案时，ESMA 不得损害第 2014/65/EU 号指令[①]第 95 条所规定的与 C6 能源衍生品合约有关的过渡性规定。

3. ESMA 应在进行公众咨询后，并与 ESRB 和第三国主管机构（若适用）进行磋商后，主动根据第 4 款（a）项、（b）项和（c）项所列标准确定应遵守第 4 条规定的清算义务但尚未获得 CCP 授权的衍生品类别，并通知委员会。

收到通知后，ESMA 应发布呼吁，要求制订有关清算此类衍生品的提案。

4. 基于降低系统性风险的总体目标，第 2（a）款所指部分的监管技术标准草案应考虑以下标准：

（a） 相关类别的场外衍生品的合约条款和运作程序的标准化程度；

（b） 相关类别的场外衍生品的数量和流动性；

（c） 在相关类别的场外衍生品交易中可获得公平、可靠和普遍接受的定价信息。

在编制这些监管技术标准草案时，ESMA 可能考虑使用相关类

[①] 欧洲议会和理事会于 2014 年 5 月 15 日通过的关于金融工具市场的第 2014/65/EU 号指令，其中修订了第 2002/92/EC 号指令和第 2011/61/EU 号指令（OJ L 173，2014 年 6 月 12 日，第 349 页）。

别的场外衍生品的交易对手之间的相互联系、对交易对手之间交易对手信用风险水平的预期影响以及对整个欧盟竞争的影响。为了确保本条的一致适用性，ESMA 应制订监管技术标准草案，进一步规定第一子段中（a）项、（b）项和（c）项中提到的标准。ESMA 应在 2012 年 9 月 30 日之前将这些监管技术标准草案提交给委员会。

根据欧盟第 1095/2010 号条例第 10~14 条的规定，委员会有权采用本款第三子段所指的监管技术标准。

5. 第 2（b）款所指部分的监管技术标准草案应考虑以下标准：

（a） 相关类别的场外衍生品的预期数量；

（b） 是否有一家以上 CCP 已在清算同一类别的场外衍生品；

（c） 相关 CCP 处理预期数量和管理因清算相关类别的场外衍生品而产生的风险的能力；

（d） 活跃和预期活跃于相关类别的场外衍生品市场上的交易对手的类型和数量；

（e） 受制于清算义务的交易对手需要通过 CCP 清算其场外衍生品合约的时间；

（f） 活跃于相关类别的场外衍生品市场上且根据第 4 条第 1 款受制于清算义务的交易对手的风险管理以及法律和运营能力。

6. 如果某一类场外衍生品合约不再具有根据本条例获得授权或获认可的可对这些合约进行清算的 CCP，则这类场外衍生品合约将不再受制于第 4 条所述的清算义务，在此情况下，本条第 3 款应适用。

第 6 条　公众登记册

1. ESMA 应建立、维护和更新公共登记册，以正确且清晰地确定须受制于清算义务的场外衍生品类别。公共登记册可在 ESMA 的网站上获得。

2. 登记册应包括

（a） 须受制于第 4 条规定的清算义务的场外衍生品的类别；

（b）　分别根据第 17 条授权或根据第 25 条认可的 CCP，以及授权或认可的日期，表明该 CCP 已被授权或认可提供清算服务；

（c）　清算义务的生效日期，包括分阶段实施的日期；

（d）　ESMA 根据第 5 条第 3 款确定的场外衍生品类别；

（e）　主管机构已出于清算义务目的向 ESMA 通知的 CCP，以及其每一项的通知时间。

3. 如果某一 CCP 不再拥有本条例下有关清算某一特定类别场外衍生品的授权或认可，则 ESMA 应立即将此 CCP 从有关该类别场外衍生品的公共登记册中删除。

4. 为了确保本条的一致适用性，ESMA 可制订监管技术标准草案，详细说明要包含在第 1 款所指的公共登记册中的细节。

ESMA 应在 2012 年 9 月 30 日之前向委员会提交任何此类监管技术标准草案。

根据欧盟第 1095/2010 号条例第 10~14 条，委员会有权采用第一子段中提到的监管技术标准。

第 6a 条　清算义务的暂停

1. 在满足以下条件之一的情况下，ESMA 可请求委员会针对特定类别的场外衍生品或特定类型的交易对手，暂停第 4 条第 1 款所述的清算义务：

（a）　根据第 5 条第 4 款和第 5 条第 5 款第一子段提及的标准，特定类别的场外衍生品不再适合于集中清算；

（b）　某一 CCP 很可能停止清算这些特定类别的场外衍生品，并且没有其他 CCP 能够无中断地清算这些特定类别的场外衍生品；

（c）　为避免或解决对金融稳定性或对欧盟内金融市场的有序运转的严重威胁，有必要暂停针对那些特定类别的场外衍生品或针对特定类型的交易对手的清算义务，并且该等暂停是与上述目标对应的。

就第一子段（c）项而言，在第一子段提到的要求之前，ESMA 应咨询

ESRB 和根据第 22 条指定的主管机构。

第一子段中提到的要求应附有证据，证明至少满足其中一项条件。

如果 ESMA 认为暂停清算义务是对欧盟第 600/2014 号条例第 32 条第 5 款所述的拟生效的交易义务的标准的重大变更，则本款的第 1 子段所述的请求中还可包括有关暂停该条例第 28 条第 1 款、第 2 款规定的、针对清算义务暂停请求中相关的同类场外衍生品的交易义务的请求。

2. 在本条第 1 款规定的条件下，负责监管清算会员的主管机构和根据第 22 条指定的主管机构可以请求 ESMA 向委员会提交一份有关暂停清算义务的请求。主管机构提出请求时，应说明理由并提交证明，证明至少满足本条第 1 款第 1 子段所列的条件之一。

ESMA 须在收到本款第一子段所述的主管机构的请求后 48 小时内，基于主管机构提供的理由和证据，决定是否向委员会提交有关暂停第 4 条第 1 款所述清算义务的请求，或是拒绝本款第 1 子段中提到的请求。ESMA 应将其决定通知有关主管机构。如果 ESMA 拒绝主管机构的请求，则应以书面形式说明理由。

3. 第 1 款和第 2 款提及的请求不得公开。

4. 委员会应根据 ESMA 提供的理由和证据，在收到第 1 款所述请求后，不得无故拖延决定是否采用执行法案来暂停特定类别的场外衍生品或如第 1 款所述的特定类型的交易对手的清算义务，抑或拒绝该等暂停请求。如果委员会拒绝该等暂停请求，则应以书面形式向 ESMA 说明理由。委员会应立即将此结果告知欧洲议会和理事会，并将其提供给 ESMA 的理由也转发给欧洲议会和理事会。此类信息不得公开。

本款第一子段所述的执行法案应依照第 86 条第 3 款所述的程序通过。

5. 在 ESMA 根据本条第 1 款第 4 子段提出请求的情况下，有关暂停特定类别的场外衍生品的清算义务的执行法案也可如欧盟第 600/2014 号条例第 28 条第 1 款、第 2 款的规定来暂停同一类别的场外衍生品的交易义务。

6. 有关清算义务和（如适用）交易义务的暂停事宜应传达给 ESMA，

并应在《欧盟官方公报》、委员会网站和第 6 条所指的公共登记册中发布。

7. 第 4 款所述的清算义务的暂停有效期为自该暂停之日起不超过 3 个月的初始期限。

第 5 款所述的交易义务的暂停的有效期与上述初始期限相同。

8. 在暂停理由继续适用的情况下，委员会可通过一项执行法案，将第 4 款所述的暂停额外延长，延长期不超过 3 个月，暂停总期限不超过 12 个月。暂停的任何延长均应按照第 6 款的规定予以公布。

本款第一子段所述的执行法案应依照第 86 条第 3 款所述的程序通过。

ESMA 应在本条第 7 款所指的暂停期限或本款第一子段所指的延长期限结束之前的足够时间内，向委员会发送一份关于暂停理由是否继续适用的意见书。就本条第 1 款第一子段（c）项目的而言，ESMA 应咨询 ESRB 和根据第 22 条指定的主管机构。ESMA 应将该意见书的副本发送给欧洲议会和理事会。该意见书不得公开。

有关延长暂停清算义务的执行法案也可以延长暂停第 7 款所述的交易义务的期限。

暂停交易义务的延长期限应与暂停清算义务的延长期限相同。

第 7 条　CCP 的准入

1. 被授权清算场外衍生品合约的 CCP 应在非歧视和透明的基础上接受此类合约的清算工作，包括与准入有关的抵押要求和费用，无论交易场所如何。这是为了确保交易场所在下述各方面的合约处理方式上享有无歧视的平等待遇：

（a）　抵押品要求和对经济等效合约的轧差，但前提是根据适用的破产法将此类合约纳入 CCP 的结算和其他轧差程序中，不会危害此类程序的平稳有序运作、有效性或可执行性；

（b）　在符合第 41 条的风险模型下由同一 CCP 清算的相关合约的组合保证金。

CCP 可要求交易场所遵守 CCP 制定的操作和技术要求，包括风险管理要求。

2. CCP 应在收到交易场所发出的正式准入请求后的 3 个月内接受或拒绝交易场所的正式准入。

3. 如果 CCP 对第 2 款下的请求表示拒绝，则应向交易场所提供充分的拒绝理由。

4. 除非交易场所的主管机构和 CCP 的主管机构拒绝准入，否则 CCP 应根据第二子段的规定，在作出有关同意交易场所提交的请求的决定后的 3 个月内授予准入许可。

交易场所的主管机构和 CCP 的主管机构可以在收到交易场所的正式请求后拒绝其接入 CCP，但唯一的前提是，该交易场所的接入可能会危害市场的平稳有序运行，或对系统风险产生不利影响。

5. ESMA 应根据欧盟第 1095/2010 号条例第 19 条赋予其的权力，解决因主管机构之间的分歧而引起的任何争议。

6. 根据欧盟第 600/2014 号条例① 第 35 条第 6 款采纳的技术标准应进一步说明第 1 款中规定的有关交易场所在下述各方面的合约处理方式上享有的无歧视待遇的条件：抵押品要求和对经济等效合约的轧差，以及由同一 CCP 清算的相关合约的组合保证金。

第 8 条 交易场所的准入

1. 针对任何在申请后被授权为在交易场所进行交易的场外衍生品合约提供清算服务的 CCP，该交易场所应以非歧视和透明的方式向这些 CCP 提供交易。

2. 如果 CCP 已经正式向交易场所提交了准入交易场所的请求，则交易场所应在 3 个月内答复该 CCP。

3. 如果交易场所拒绝 CCP 准入，应据此通知该 CCP，并提供充分的理由。

---

① 欧洲议会和理事会于 2014 年 5 月 15 日通过的关于金融工具市场的欧盟第 600/2014 号条例，其中修订了欧盟第 648/2012 号条例（OJ L 173，2014 年 6 月 12 日，第 84 页）。

4. 在不影响交易场所主管机构和 CCP 主管机构的决定的情况下，交易场所应在对准入请求作出积极回应后的 3 个月内实现该等准入。

只有在下述情况下才应允许 CCP 准入交易场所：此等准入无须互操作性或因流动性的分散而威胁到市场的平稳有序运作，并且交易场所已经建立了适当的机制来防范此类分散。

5. 为了确保本条的一致适用性，ESMA 应制订监管技术标准草案，其中应指明流动性分散的概念。

ESMA 应在 2012 年 9 月 30 日之前将这些监管技术标准草案提交给委员会。

根据欧盟第 1095/2010 号条例第 10~14 条，委员会有权采用第一子段中提到的监管技术标准。

第 9 条　报告义务

1. 交易对手和 CCP 必须确保有关已订立的任何衍生品合约以及对合约的任何修改或终止的细节，均应根据本条第 1a~1f 款向根据第 55 条注册或根据第 77 条认证的交易报告库报告。有关细节应在合约订立、修改或终止后的下一个工作日之前报告。

报告义务应适用于以下情况的衍生品合约：

（a）　于 2014 年 2 月 12 日之前签订，并且在该日期仍未平仓；

（b）　于 2014 年 2 月 12 日或之后签订。

尽管有第 3 条的规定，但如果同一集团内至少有一个交易对手是非金融交易对手，或者因其成立于欧盟内，而有资格作为非金融交易对手，则报告义务不适用于该集团内的衍生品合约，但前提如下：

（a）　交易对手双方均完全纳入同一合并中；

（b）　交易对手双方均应接受适当的集中风险评估、测量和控制程序；

（c）　母公司不是金融交易对手。

交易对手应将其打算使用第三子段所述豁免的情况通知其主管机构。除非被通知的主管机构在通知之日起 3 个月内认为未满足第三子段所指的条件，否则此项豁免将是有效的。

1e. 被要求报告衍生品合约细节的交易对手和 CCP 应确保正确且无重复地报告这些细节。

1f. 受制于第 1 款所述报告义务的交易对手和 CCP 可以将该报告义务委托给他人。

2. 交易对手应在终止合约后至少 5 年内保留其已订立的任何衍生品合约和任何修订案的记录。

3. 如果没有交易报告库采记录衍生品合约的详细信息，则交易对手和 CCP 应确保将此类详细信息报告给 ESMA。

在这种情况下，ESMA 应确保第 81 条第 3 款所指的所有相关实体都可以查看为履行各自职责和任务所需的衍生品合约的所有详细信息。

4. 向交易报告库或 ESMA 报告衍生品合约详情的交易对手或 CCP，或代表交易对手或 CCP 报告该等详情的实体，不得视为违反该合约或任何立法、条例或行政规定对信息披露施加的任何限制。

报告主体或其董事或雇员概不承担因该等披露而引起的责任。

5. 为了确保本条的一致适用性，ESMA 应制订监管技术标准草案，针对不同衍生品类别规定第 1 款和第 3 款所指报告的内容和类型。

第 1 款和第 3 款所指的报告应至少说明以下内容：

（a） 衍生品合约的当事方，以及衍生品合约的权利和义务的受益人；

（b） 衍生品合约的主要特征，包括其类型、标的到期日、名义价值、价格和结算日期。

ESMA 应在 2012 年 9 月 30 日之前将这些监管技术标准草案提交给委员会。

根据欧盟第 1095/2010 号条例第 10~14 条，委员会有权采用第一子段中提到的监管技术标准。

6. 为确保第 1 款和第 3 款的统一适用条件，ESMA 应与 ESCB 密切合作，制订实施技术标准草案，具体如下：

（a） 待报告信息的数据标准和格式，其中至少应包括以下内容：

　　（i） 全球法人实体标识符（LEI）；

　　（ii） 国际证券识别码（ISIN）；

　　（iii） 唯一贸易标识符（UTI）；

（b） 报告的方法和安排；

（c） 报告的频率；

（d） 衍生品合约的报告截止日期。

在制订这些实施技术标准草案时，ESMA 应考虑欧盟或全球层面商定的国际发展和标准，以及它们与欧盟第 2015/2365 号条例[①]第 4 条和欧盟第 600/2014 号条例第 26 条所规定的报告要求的一致性。

ESMA 应在 2020 年 6 月 18 日之前向委员会提交该等实施技术标准草案。

根据欧盟第 1095/2010 号条例第 15 条的规定，委员会有权采纳第一子段中提到的实施技术标准。

第 10 条　非金融交易对手

1. 每隔 12 个月，在场外衍生品合约中持有头寸的非金融交易对手可以按照第 3 款的规定计算其过去 12 个月的月末平均总头寸。

如果非金融交易对手未计算其头寸，或针对一类或多类场外交易衍生品的计算结果超过了第 4 款第一子段（b）项规定的清算阈值，则该非金融交易对手应：

（a） 立即通知 ESMA 及其相关主管机构，并在适当时注明计算所用的期间；

（b） 在本子段（a）项所指的通知后的 4 个月内建立清算安排；

（c） 在本子段（a）项所指通知发出 4 个月后签订或更新的，涉及计算结果超过清算阈值的资产类别的场外衍生品合约，或非金融

[①] 欧洲议会和理事会于 2015 年 11 月 25 日通过的有关证券融资交易和再利用的透明度的欧盟第 2015/2365 号条例，其中修订了欧盟第 648/2012 号条例（OJ L 337，2015 年 12 月 23 日，第 1 页）。

对手方未计算其头寸的，涉及须承担清算义务的任何类别的场外衍生品合约，应受第 4 款所述清算义务的约束。

2. 依照 2019 年 6 月 17 日第 4 条提及的清算义务或根据本条第 1 款第二子段的规定承担清算义务的非金融交易对手，仍应遵守该义务并应继续进行清算，直到该非金融交易对手向有关主管机构证明其过去 12 个月的月末平均总头寸不超过本条第 4 款（b）项所指定的清算阈值。

非金融交易对手应能够向有关主管机构证明，过去 12 个月的月末平均总头寸的计算不会导致对该头寸的系统性低估。

2a. 非金融交易对手和集团内其他实体的有关主管机构应建立合作程序，以确保有效地计算集团层面的头寸。

3. 在计算第 1 款所指的头寸时，非金融交易对手应包括该非金融交易对手或该非金融交易对手所属集团中的其他非金融实体订立的所有场外衍生品合约。从客观上而言，该等合约不可作为减少与非金融交易对手或该集团的商业活动或财政筹资活动直接相关的风险来衡量。

4. 为了确保本条的一致适用性，ESMA 应在咨询 ESRB 和其他相关机构后，制订监管技术标准草案，其中规定：

（a）　确定哪些场外衍生品合约可客观衡量为减少与第 3 款所述的商业活动或财政筹资活动直接相关的风险的标准；

（b）　在考虑了每个交易对手和每种场外衍生品的净头寸和敞口总和的系统相关性后确定的清算阈值的数值。

在进行公开的公众咨询后，ESMA 应在 2012 年 9 月 30 日之前将这些监管技术标准草案提交给委员会。

根据欧盟第 1095/2010 号条例第 10~14 条的规定，委员会有权采纳第一子段中提到的监管技术标准。

在咨询了 ESRB 和其他有关机构之后，ESMA 应定期审查第一子段（b）项所述的清算阈值，特别应考虑到金融交易对手的相互联系，并在必要时按照本款规定提出有关修改监管技术标准的建议。

该定期审查结果应随附在 ESMA 关于该主题的报告中。

5. 每个成员国应指定一个负责确保履行第 1 款规定的义务的机构。

第 11 条　非由 CCP 清算的场外衍生品合约的风险缓释技术

1. 签订非由 CCP 清算的场外衍生品合约的金融交易对手和非金融交易对手应基于审慎原则确保采取适当的程序和安排来衡量、监控和缓解操作风险和交易对手信用风险，至少包括

（a）　通过电子方式及时确认（若适用）相关的场外衍生品合约的条款；

（b）　建立稳健、灵活且可审核的规范流程，以便于调整投资组合，管理相关风险并尽早发现各方之间的争议并加以解决，并监管未履行的合约的价值。

2. 第 10 条所指的金融交易对手和非金融交易对手应每日将未履行合约的价值按市值计价。如果市场条件不允许按市值计价，则应使用可靠而谨慎的模型定价法。

3. 金融交易对手应有风险管理程序，要求对 2012 年 8 月 16 日或之后订立的场外衍生品合约能够在及时、准确、正确隔离的基础上交换抵押品。第 10 条所指的非金融交易对手应设立风险管理程序，应要求针对在超过清算阈值时或之后订立的场外衍生品合约及时、准确且适当隔离地交换抵押品。

4. 金融交易对手应持有适当比例的资本，以管理适当的抵押品交换未覆盖的风险。

5. 本条第 3 款规定的要求不适用于在同一成员国内建立的交易对手进行的第 3 条所指的集团内交易，但前提是当前或未来不存在与交易对手之间迅速转移自有资金或偿还债务有关的实际或法律障碍。

6. 由在不同成员国设立的交易对手进行的第 3 条第 2 款（a）项、（b）项或（c）项所指的集团内交易，应在有关主管机构作出积极决定的基础上，全部或部分免除本条第 3 款规定的要求，但前提是下述条件得以满足：

（a）　交易对手的风险管理程序足够健全、稳健，并与衍生品交易的复杂程度保持一致；

（b） 当前或未来不存在与交易对手之间迅速转移自有资金或偿还债务有关的实际或法律障碍。

如果主管机构在收到豁免申请之日起 30 个自然日内未能作出积极的决定，则 ESMA 可以根据欧盟第 1095/2010 号条例第 19 条的授权，协助这些机构达成协议。

7. 由在不同成员国设立的非金融交易对手进行的第 3 条第（1）款所指的集团内交易，应被豁免于本条第 3 款规定的限制，但须满足以下条件：

（a） 交易对手的风险管理程序足够健全、稳健，并与衍生品交易的复杂程度保持一致；

（b） 当前或未来不存在与交易对手之间迅速转移自有资金或偿还债务有关的实际或法律障碍。

非金融交易对手应将其使用豁免的意图告知第 10 条第 5 款所指的主管机构。除非被通知的任一主管机构在通知之日起 3 个月内被认为未满足第一子段（a）项或（b）项中提到的条件，否则该项豁免应是有效的。

8. 由在欧盟设立的交易对手和在第三国司法辖区设立的交易对手进行的如第 3 条第 2 款（a）~（d）项所述的集团内交易，应完全或部分豁免本条第 3 款规定的要求，根据欧盟内设立的负责监管交易对手的相关主管部门的积极决定，前提是满足以下条件：

（a） 交易对手的风险管理程序足够健全、稳健，并与衍生品交易的复杂程度保持一致；

（b） 当前或未来不存在与交易对手之间迅速转移自有资金或偿还债务有关的实际或法律障碍。

9. 由在欧盟中建立的非金融交易对手和在第三国司法管辖区建立的交易对手订立的如第 3 条第 1 款所述的集团内交易，应被豁免于本条第 3 款规定的要求，但须满足以下条件：

（a） 交易对手的风险管理程序足够健全、稳健，并与衍生品交易的复杂程度保持一致；

（b） 当前或未来不存在与交易对手之间迅速转移自有资金或偿还债务有关的实际或法律障碍。

非金融交易对手应将其使用豁免的意图通知第 10 条第 5 款所述的主管机构。除非被通知的主管机构在通知之日起 3 个月内被认为未满足第一子段（a）项或（b）项中提到的条件，否则该豁免应是有效的。

10. 由在不同成员国设立的非金融交易对手和金融交易对手订立如第 3 条第 1 款所述的集团内交易应基于欧盟内设立的负责监督金融交易对手的相关主管机构的积极决定，应完全或部分豁免本条第 3 款规定的要求，但前提是需满足下述条件：

（a） 交易对手的风险管理程序足够健全、稳健，并与衍生品交易的复杂程度保持一致；

（b） 当前或未来不存在与交易对手之间迅速转移自有资金或偿还债务有关的实际或法律障碍。

负责对金融交易对手进行监督的有关主管机构应将此类决定通知第 10 条第 5 款所述的主管机构。除非被通知的主管机构被认为未满足第一子段（a）项或（b）项中提到的条件，否则此项豁免应是有效的。如果主管机构之间存在分歧，则 ESMA 可以根据欧盟第 1095/2010 号条例第 19 条的赋予其的权力，协助该等机构达成一致意见。

11. 已被豁免于第 3 款规定所述的集团内交易的交易对手应公开披露有关豁免的信息。

主管机构应将根据第 6 款、第 8 款或第 10 款采纳的任何决定或根据第 7 款、第 9 款或第 10 款收到的任何通知告知 ESMA，并应向 ESMA 提供有关集团内交易的详细信息。

12. 第 1~11 款中规定的义务应适用于成立于欧盟内的、受制于该等义务的第三国实体之间订立的场外衍生品合约，但前提是这些合约在欧盟内部或在防止或规避本条例任何规定的必要或适当义务下具有直接、重大和可预见的作用。

13. ESMA 应定期监督不符合清算资格的衍生品的活动，以查明特定类别的衍生品可能造成系统性风险的情况，并防止已清算和未清算的衍生品交易之间的监管套利。特别是，ESMA 在咨询 ESRB 之后，应根据第 5 条第 3 款采取行动，或审查与本条第 14 款和第 41 条规定的保证金要求相关的监管技术标准。

14. 为了确保本条的一致适用性，ESMA 应编制监管技术标准草案，其中规定：

（a） 第 1 款所述的程序和安排；

（b） 不允许按市价计值的市场条件以及第 2 款所指的采用模型定价法的标准；

（c） 第 7 款、第 9 款和第 10 款所指的通知中应包括的被豁免的集团内交易的详情；

（d） 有关第 11 款所指的被豁免的集团内交易的信息详情；

（e） 被认为在欧盟内部或在防止或规避本条例任何规定的必要或适当义务下具有直接、重大和可预见的作用的合约；

ESMA 应在 2012 年 9 月 30 日之前将这些监管技术标准草案提交给委员会。

根据欧盟第 1095/2010 号条例第 10~14 条的规定，委员会应有权采用第一子段中提到的监管技术标准。

15. 为了确保本条的一致适用性，ESA 应制定共同的监管技术标准草案，具体规定：

（a） 风险管理程序，包括第 3 款所指的抵押品和隔离安排的级别和类型；

（aa） 监管程序，以确保对这些风险管理程序获得初步和持续的验证；

（b） 在使用第 6~10 款所述的豁免时交易对手和有关主管机构应遵循的程序；

（c） 第 5~10 款所述的适用标准，尤其包括何种情况被认为是当前或未来不存在与交易对手之间迅速转移自有资金或偿还债务有关的实际或法律障碍。

由担保债券实体就担保债券订立的场外衍生品合约所需的抵押品的级别和类型，或由证券化特殊目的实体就证券化（定义见本条例）订立的、符合本条例第 4 条第 5 款的条件和欧盟第 2017/2402 号条例（证券化条例）第 18 条、第 19~22 条或第 23~26 条的要求的场外衍生品合约所需的抵押品的级别和类型，应在考虑了与担保债券或证券化下的现有抵押品安排交换抵押品时遇到的任何障碍后再作决定。

ESA 应在 2018 年 7 月 18 日之前向委员会提交该等监管技术标准草案［第一子段（aa）项中提到的除外］。

EBA 应与 ESMA 和 EIOPA 合作，在 2020 年 6 月 18 日之前向委员会提交第一子段（aa）项中所述的监管技术标准草案。

根据交易对手的法律性质，根据欧盟第 1093/2010 号条例第 10~14 条、欧盟第 1094/2010 号条例或欧盟第 1095/2010 号条例的规定，委员会应有权采用本款中提到的监管技术标准。

第 12 条　罚款

1. 成员国应制定适用于违反本篇规则的罚款规定，并应采取一切必要措施以确保该等罚款规定得到执行。该等罚款应至少包括行政罚款。规定的罚款应是有效的、相称的和劝阻性的。

2. 成员国应确保负责监督金融交易对手和（在适当情况下）非金融交易对手的主管机构向公众披露因违反第 4 条、第 5 条和第 7~11 条而施加的每项罚款，除非该等披露将严重危害金融市场或对有关各方造成不成比例的损害。成员国应定期发布有关处罚规则有效性的评估报告。此类披露和发布不得包含第 95/46/EC 号指令第 2 条（a）款所指的个人数据。

成员国应在 2013 年 2 月 17 日之前将第 1 款所述的罚款规定通知委员会，并且如果其后有任何修正案，也应立即通知委员会。

3. 违反本篇的规定不会影响场外衍生品合约的有效性或当事方执行场

外衍生品合约条款的可能性。违反本篇的规定不会导致场外衍生品合约的任何一方有权获得任何赔偿。

第 13 条 避免重复的机制或冲突规则

1. ESMA 应协助委员会就第 4 条、第 9 条、第 10 条和第 11 条规定的国际原则适用情况（尤其是关于对市场参与者的潜在重复或冲突要求）进行监督，并向欧洲议会和理事会提交相关报告，同时委员会应建议可能采取的措施。

2. 委员会可通过执行法案，宣布第三国的法律、监督和执行安排：

（a） 等同于本条例第 4、第 9、第 10 和第 11 条规定的要求；

（b） 确保对职业秘密的保护等同于本条例所规定的保护；

（c） 正在以公正和不扭曲的方式有效地实施和执行，以确保在该第三国的有效监督和执行。

执行法案应当依照第 86 条第 2 款规定的审查程序予以采纳。

3. 如果某一执行法案等效于第 2 款所述，则意味着在至少有一个交易对手成立于第三国的情况下，进行受本条例约束之交易的交易对手应被视为已履行第 4、第 9、第 10 和第 11 条所载的义务。

4. 委员会应与 ESMA 合作，监督已采纳等效执行法案的第三国对与第 4、第 9、第 10 和第 11 条规定的要求等效的要求的有效执行，并定期（至少每年一次）向欧洲议会和理事会报告。如果报告显示第三国机构未充分或一致地应用等效要求，则委员会应在提交报告之日起 30 个自然日之内，撤销对有关第三国法律框架的认证。如果某一等效执行法案被撤销，则交易对手应自动再次受制于本条例规定的所有要求。

第三篇 CCP 的授权和监督

第 1 章 CCP 授权的条件和程序

第 14 条 CCP 授权

1. 如果在欧盟内成立的某一法人想要作为 CCP 提供清算服务，则应按照第 17 条中规定的程序向其所在成员国的主管机构（CCP 的主管机构）申请授权。

2. 根据第 17 条获得授权后，该授权应在欧盟的整个领土内有效。

3. 第 1 款所指的授权应仅授予与清算相关的活动，并应指明授权 CCP 提供或执行的服务或活动，包括该授权所涵盖的金融工具类别。

4. CCP 必须始终满足授权所必需的条件。

CCP 应及时将影响授权条件的任何重大变更通知主管机构。

5. 第 1 款所指的授权不会阻止成员国对在其领土内设立的 CCP 采用或继续适用其他要求，包括第 2006/48/EC 号指令下的某些授权要求。

第 15 条　活动和服务的扩展

1. 如果 CCP 希望将其业务扩展到初始授权未涵盖的其他服务或活动，则应向 CCP 主管机构提出扩展申请。CCP 提供未获授权的清算服务应视为该授权的扩展。

授权的扩展应按照第 17 条规定的程序进行。

2. 如果 CCP 希望将其业务扩展到其成立国以外的成员国，则 CCP 主管机构应立即通知该等其他成员国的主管机构。

3. 为了确保本条的一致适用性，ESMA 应与 ESCB 合作，制订监管技术标准草案，指明在何种条件下 CCP 可根据本条第 1 款的规定申请扩展其业务至初始授权未覆盖的额外服务或活动，并且指明就是否满足这些条件向根据第 18 条成立的监管专家组进行咨询的程序。

ESMA 应在 2021 年 1 月 2 日之前将这些监管技术标准草案提交给委员会。

根据欧盟第 1095/2010 号条例第 10~14 条的规定，委员会有权采用第一子段中提到的监管技术标准。

第 16 条　资本要求

1. 根据第 14 条的规定，CCP 的永久性和可动用初始资本至少为 750 万欧元。

2. CCP 包括留存收益和储备金在内的资本应与 CCP 活动产生的风险成比例。该等资本应始终足以确保在适当的时间范围内对业务活动进行有序的停滞和重组，并确保 CCP 在第 41~44 条所述的具体财务资源尚未涵盖的信用、交易对手、市场、运营、法律和业务风险方面得到充分的保护。

3. 为了确保本条的一致适用性，EBA 应与 ESCB 密切合作，并在与 ESMA 协商后，制订监管技术标准草案，具体规定有关第 2 款中所述的 CCP 的资本、留存收益和储备金的要求。

EBA 应在 2012 年 9 月 30 日之前将这些监管技术标准草案提交给委员会。

根据欧盟第 1093/2010 号条例第 10~14 条的规定，委员会应有权采用第一子段中提到的监管技术标准。

第 17 条 批准和拒绝授权的程序

1. CCP 申请人应向其设立所在成员国的主管机构提交一份授权申请。

2. CCP 申请人应提供所有必要的信息，以使主管机构对下述事项满意：CCP 申请人在授权之时已经建立所有必要安排以满足本条例规定的要求。主管机构应立即将从 CCP 申请人处收到的所有信息转交给 ESMA 和第 18 条第 1 款所述的监管专家组。

3. 主管机构应在收到申请后的 30 个工作日内评估申请资料是否完整。如果申请资料不完整，则主管机构应设定 CCP 申请人必须提供补充资料的最后期限。在收到此类补充资料后，主管机构应立即将该等资料转发给 ESMA 和根据第 18 条第 1 款设立的监管专家组。如果经评估认为申请资料已完整，则主管机构应相应地通知 CCP 申请人以及监管专家组成员和 ESMA。

4. 只有在完全确信 CCP 申请人满足本条例规定的所有要求且该 CCP 被通知成为第 98/26/EC 号指令所述的系统时，主管机构才应批准授权。

主管机构应适当考虑根据第 19 条达成的监管专家组的意见。如果 CCP 主管机构不同意该监管专家组的批准意见，则应在其决定中说明充分的理由，并解释不采取批准意见的原因。

　　如果监管专家组的所有成员（不包括 CCP 成立所在的成员国的机构）根据第 19 条第 1 款通过共同协商达成联合意见，认为 CCP 不得获得授权，则 CCP 将不被批准授权。该意见中应以书面形式详细说明为什么监管专家组认为其未满足本条例或其他欧盟法律规定的要求。

　　如果未达成第三子段所述的基于共同协商的联合意见，并且监管专家组中三分之二的成员表示了否决意见，则任何相关的主管机构可基于监管专家组三分之二的多数原则，在采纳该否决意见后的 30 个自然日内，根据欧盟第 1095/2010 号条例第 19 条的规定将该问题转交给 ESMA。

　　所转交的决定应以书面形式详细说明原因，即为什么监管专家组的相关成员认为该 CCP 未满足本条例或其他欧盟法律规定的要求。在这种情况下，CCP 主管机构应推迟其授权决定，并等待 ESMA 根据欧盟第 1095/2010 号条例第 19 条第 3 款作出的任何授权决定。主管机构应根据 ESMA 的决定作出决定。在第四子段所指的 30 天期限结束后，不得将此事宜转交给 ESMA。

　　如果监管专家组的所有成员（不包括 CCP 成立所在的成员国的机构）根据第 19 条第 1 款通过共同协商达成联合意见，认为 CCP 不得获得授权，则 CCP 主管机构可根据欧盟第 1095/2010 号条例第 19 条的规定，将此事宜转交给 ESMA。

　　CCP 成立所在的成员国的主管机构应将其决定转发给其他有关主管机构。

　　5. 如果 CCP 主管机构未使用本条例的规定或以违反欧盟法律的方式使用本条例的规定，则 ESMA 应按照欧盟第 1095/2010 号条例第 17 条行事。

　　在通知主管机构之后，ESMA 可以应监管专家组任何成员的要求或主动调查涉嫌违反欧盟法律或不遵守欧盟法律的行为。

　　6. 在履行职责时，监管专家组任何成员采取的任何行动均不得直接或间接歧视以任何货币提供清算服务的任何成员国或成员国集团。

　　7. 在提交完整的申请后的 6 个月内，主管机构应以书面形式通知 CCP 申请人，并附上充分合理解释，说明授权是被批准还是被拒绝。

第 18 条　监管专家组

1. 在根据第 17 条提交完整的申请后的 30 个自然日内，CCP 主管机构应建立一个监管专家组，对其进行管理，并担任该监管专家组的主席，以便于执行第 15、第 17、第 30、第 31、第 32、第 35、第 49、第 51 和第 54 条所述的任务。

2. 监管专家组应包括

（a）　第 24a 条第 2 款（a）项和（b）项所述的 CCP 监督委员会的主席或任何独立成员；

（b）　CCP 的主管机构；

（c）　负责对本条例第 42 条所述 CCP 清算基金中一年内累计缴款最多的 3 个成员国内设立的 CCP 的清算会员进行监督的主管机构，并且包括根据理事会通过的欧盟第 1024/2013 号条例①赋予的单一监管机制内对信贷机构进行审慎监督的欧洲中央银行；

（ca）　负责监督 CCP 清算会员的、除（c）项所指以外的主管机构，但须经 CCP 主管机构同意。该等主管机构如欲加入监管专家组，应请求 CCP 主管机构的同意，并根据它们对 CCP 的财务困境可能对其各自成员国的金融稳定性造成的影响进行的评估来证明请求的合理性。如果 CCP 主管机构不批准申请，则应当以书面形式说明理由。

（d）　负责监督 CCP 提供服务的交易场所的主管机构；

（e）　监督已建立互操作性安排的 CCP 的主管机构；

（f）　监督与 CCP 挂钩的中央证券存管机构的主管机构；

（g）　负责监督 CCP 的 ESCB 的相关成员和负责监督与之建立互操作性安排的 CCP 的 ESCB 的相关成员；

---

① 理事会于 2013 年 10 月 15 日通过欧盟第 1024/2013 号条例，其中赋予了欧洲中央银行关于信贷机构审慎监管政策的具体任务（OJ L 287，2013 年 10 月 29 日，第 63 页）。

（h） 与所清算的金融工具最相关的欧盟货币的发钞中央银行；

（i） 经 CCP 主管机构同意后与已由或拟由 CCP 清算的金融工具相关的欧盟货币的发钞中央银行，但第（h）项提及的发钞中央银行除外。这些发钞中央银行应向 CCP 主管机构发出有关加入监管专家组的申请，并应基于对 CCP 财务困境可能对其各自发行货币造成的影响进行的评估，来说明此项申请的合理性。如果 CCP 主管机构未批准该申请，则 CCP 主管机构应以书面形式提供完整详细的理由。

CCP 主管机构应在其网站上发布监管专家组成员名单。如果监管专家组成员有任何变化，则 CCP 主管机构应及时更新。CCP 主管机构应在监管专家组成立或成员变动后的 30 个自然日内将此清单通知 ESMA。在收到 CCP 主管机构的通知后，ESMA 应立即在其网站上发布该监管专家组成员名单。

3. 非监管专家组成员的成员国主管机构可以要求监管专家组提供与其履行监督职责有关的任何信息。

4. 监管专家组应在不损害本条例规定的主管机构责任的前提下，确保

（a） 编制第 19 条所指的意见；

（b） 交换信息，包括第 84 条项下的提供信息请求；

（c） 就其成员之间自愿委托任务达成协议；

（d） 根据对 CCP 的风险评估，协调监督检查计划；

（e） 确定处理第 24 条所述的紧急情况的程序和应急计划。

为了便于执行根据第一子段分配给监管专家组的任务，第 2 款所指的监管专家组成员应有权为制定监管专家组会议的议程作出贡献，特别是通过在会议议程上添加要点。

5. 监管专家组的建立和运作应基于其所有成员之间的书面协议。

该协议应确定监管专家组运作的实际安排，包括有关以下方面的详细规则：

（ⅰ） 第 19 条第 3 款所述的投票程序；

（ⅱ） 制定监管专家组会议议程的程序；

（ⅲ） 召开监管专家组会议的频率；

（ⅳ） 由 CCP 主管机构向监管专家组成员提供的信息的格式和范围，尤其是根据第 21 条第 4 款提供的信息；

（ⅴ） 供监管专家组成员评估相关文件的适当最短时限；

（ⅵ） 监管专家组成员之间的沟通方式。

该协议还可以确定要委托给 CCP 主管机构或监管专家组其他成员的任务。

6. 为了确保整个欧盟内监管专家组的运作一致和连贯，ESMA 应与 ESCB 进行合作，制订监管技术标准草案，明确说明第 2 款（h）项所指的欧盟货币被视为最相关的条件以及第 5 款所述的实际安排的细节。

ESMA 应在 2021 年 1 月 2 日之前将这些监管技术标准草案提交给委员会。

根据欧盟第 1095/2010 号条例第 10~14 条的规定，委员会有权采用第一子段中提到的监管技术标准。

第 19 条 监管专家组的意见

1. 在 CCP 根据第 17 条提交完整的申请后的 4 个月内，CCP 主管机构应对 CCP 进行风险评估，并向监管专家组提交一份报告。

在收到报告后的 30 个自然日内，并根据该报告中的发现，监管专家组应达成共同意见，确定 CCP 申请人是否符合本条例所规定的所有要求。

在不影响第 17 条第 4 款第四子段的前提下，如果未根据第二子段达成共同意见，则监管专家组应在同一期间内采用多数意见。

1a. 如果监管专家组根据本条例提出意见，应监管专家组的任何成员的要求，并且在按照本条第 3 款通过监管专家组的多数表决后，该意见除了确定 CCP 是否遵守本条例，还可包含旨在解决 CCP 风险管理中的缺陷并增强其应变能力的建议。

如果监管专家组发表意见，则根据第 18 条第 2 款（h）项和（i）项的规定，属于监管专家组成员的任何发钞中央银行都可以采纳与其发行货币有关的建议。

2. ESMA 应根据欧盟第 1095/2010 号条例第 31 条并基于其一般协调职能，促进联合意见的采纳。

3. 监管专家组的多数意见应在其成员过半数的基础上予以采纳。

对于不超过 12 个成员的监管专家组，最多可有 2 个属于同一成员国的监管专家组成员拥有表决权，而每个有表决权的成员应拥有一票表决权。对于拥有超过 12 个成员的监管专家组，最多应有 3 个属于同一成员国的成员拥有表决权，而每个有表决权的成员应拥有一票表决权。

如果根据第 18 条第 2 款（c）项和（h）项的规定，ECB 是监管专家组的成员时，则应有两票表决权。

第 18 条第 2 款（a）项、（ca）项和（i）项所述的监管专家组成员对监管专家组的意见没有表决权。

4. 在不损害第 17 条规定的程序的前提下，主管机构应适当考虑根据本条第 1 款达成的监管专家组的意见，包括旨在解决 CCP 风险管理中的缺陷并提高其应变能力的任何可能的建议。如果 CCP 主管机构不同意监管专家组的意见（包括旨在解决 CCP 风险管理中的缺陷并提高其应变能力的任何可能的建议），则其决定应包含充分的理由并给出与该监管专家组的意见或建议具有显著差异的解释。

第 20 条　授权的撤销

1. 在不损害第 22 条第 3 款的前提下，CCP 主管机构应在以下情况下撤销授权：

（a）　CCP 在过去 12 个月内未使用授权，明确放弃授权或在过去 6 个月内未提供服务或未进行任何活动；

（b）　CCP 以虚假陈述或任何其他不正常手段获得授权；

（c）　CCP 不再符合授予授权的条件，并且在规定的时间范围内未采取 CCP 主管机构要求的补救措施；

（d） CCP 严重和系统地违反了本条例所规定的任何要求。

2. 如果 CCP 主管机构认为任一第 1 款所述情况适用，则应在 5 个工作日内通知 ESMA 和监管专家组成员。

3. CCP 主管机构应就是否有必要撤销 CCP 的授权与监管专家组成员进行磋商，除非需要紧急作出决定。

4. 监管专家组的任何成员都可以随时要求 CCP 主管机构检查 CCP 是否遵守授权条件。

5. CCP 主管机构可以将撤销限制到特定的服务、活动或金融工具类别。

6. CCP 主管机构应将其充分合理的决定发送给 ESMA 和监管专家组成员，该决定应考虑监管专家组成员权利的保留。

7. 有关撤销授权的决定应在整个欧盟内生效。

第 21 条　审查与评估

1. 在不损害监管专家组职能的前提下，第 22 条所指的主管机构应审查 CCP 为遵守本条例而实施的安排、策略、流程和机制，并评估 CCP 暴露于或可能暴露于其中的风险，至少包括财务和运营风险。

2. 第 1 款所指的审查和评估应涵盖本条例对 CCP 的所有要求。

3. 主管机构应确定第 1 款所述的审查和评估的频率和深度，并特别考虑活动的规模、系统重要性、性质、规模、复杂性以及与有关 CCP 的其他金融市场基础结构的互连性。评审和评估应至少每年更新一次。

CCP 应接受现场检查。根据 ESMA 的要求，主管机构可以邀请 ESMA 工作人员参加现场检查。

主管机构可以在现场检查期间或与现场检查有关的任何方面，将从 CCP 收到的任何信息转发给 ESMA。

4. 主管机构应定期（至少每年）将第 1 款所述的审查和评估的结果告知监管专家组，包括采取的任何补救措施或所施加的罚款。

5. 主管机构应要求任何不符合本条例要求的 CCP 尽早采取必要的行动

或步骤以解决这种情况。

6. 在 2021 年 1 月 2 日之前，为了确保国家主管机构根据本条进行审核的形式、频率和深度的一致性，ESMA 应根据欧盟第 1095/2010 号条例第 16 条发布准则，以适当的方式进一步详细说明 CCP 的规模、结构和内部组织，其活动的性质、范围和复杂性，以及本条第 1 款、第 2 款和第 3 款第一子段所提及的监督评审过程的通用程序和方法。

第 2 章　对 CCP 的监督和监管

第 22 条　主管机构

1. 每个成员国应指定负责执行本条例产生的职责的主管机构，以授权和监督在其领土内成立的 CCP，并应将其通知委员会和 ESMA。

如果一个成员国指定了多个主管机构，则应明确各自的角色，并应指定一个机构负责根据第 23、第 24、第 83 和第 84 条的规定与委员会、ESMA、其他成员国的主管机构、EBA 和 ESCB 的相关成员进行协调沟通和信息交换。

2. 每个成员国均应确保主管机构具有行使其职能所必需的监督和调查权。

3. 每个成员国均应确保可以对违反本条例的自然人或法人采取或施加符合本国法律的适当行政措施。

这些措施应是有效的、相称的和有说服力的，并可以包括在规定的时间范围内采取补救行动的要求。

4. ESMA 应在其网站上发布根据第 1 款指定的主管机构的清单。

第 3 章　合作

第 23 条　机构之间的合作

1. 主管机构应与 ESMA 相互密切合作，在必要时也应与 ESCB 相互密切合作。

2. 主管机构在履行其一般职责时，应基于当时可用的信息，适当考虑其决定对所有其他有关成员国的金融体系稳定性的潜在影响，特别是在第 24 条所述的紧急情况下。

第 23a 条　主管机构与 ESMA 在授权 CCP 方面的监督合作

1. ESMA 应在主管机构之间以及整个监管专家组内发挥协调作用，以期建立共同的监督文化和一致的监督做法，确保统一的程序和一致的方法，并加强监督结果的一致性，特别是对于具有跨境规模或可能产生跨境影响的监管领域。

2. 主管机构应在根据第 7、第 8、第 14、第 15、第 29~33、第 35、第 36 和第 54 条采取任何行动或措施之前，将决定草案提交给 ESMA。

主管机构还可以在其根据第 22 条第 1 款的职责采取任何其他措施或措施之前，向 ESMA 提交决定草案。

3. 在收到根据第 2 款针对特定条款提交的决定草案后的 20 个工作日内，ESMA 应在必要的情况下向主管机构提供对该决定草案的意见，以促进本条的一致适用性。

如果根据第 2 款提交给 ESMA 的决定草案显示出在本条例的实施中缺乏统一性或连贯性，则 ESMA 应当发布准则或建议，以促进本条例的实施中的统一性或连贯性符合欧盟第 1095/2010 号条例第 16 条的规定。

4. 如果 ESMA 根据第 3 款采取意见，则主管机构应予以适当考虑，并应将随后采取的任何行动或不行动通知 ESMA。如果主管机构不同意 ESMA 的意见，则应就与该意见的任何重大偏离向 ESMA 提供解释。

第 24 条　紧急情况

CCP 的主管机构或任何其他相关部门应将与 CCP 有关的任何紧急情况及时通知 ESMA、监管专家组、ESCB 的相关成员和其他相关部门，包括在 CCP 或其清算会员成立所在的任何成员国中可能对金融市场的发展、市场流动性、货币政策传导、支付系统的平稳运行或金融系统的稳定性产生不利影响的情况。

第 3A 章　CCP 监督委员会

第 24a 条　CCP 监督委员会

1. ESMA 应根据欧盟第 1095/2010 号条例第 41 条的规定设立一个常设内部委员会，以供监事会准备决定草案，并执行本条第 7、第 9 和第 10 款中规定的任务（以下简称 CCP 监督委员会）。

2. CCP 监督委员会由以下人员组成：

（a）　主席，具有表决权；

（b）　两名独立成员，具有表决权；

（c）　本条例第 22 条所指的成员国的主管机构，具有表决权；如果一个成员国已经指定了多个主管机构，则该成员国的每个指定主管机构都可以决定根据本项条款任命一名代表参加会议，但是，对于第 24c 条规定的投票程序，各成员国的所有代表应共同视为一个投票成员；

（d）　下列发钞中央银行：

　　（i）　如果 CCP 监督委员会就本条第 10 款中提到的有关二级 CCP 以及有关第 25 条第 2a 款的所有决定而召集第三国 CCP 召开会议，则为第 25 条第 3 款（f）项所指的、已申请加入 CCP 监督委员会的发钞中央银行，但该等发钞中央银行无表决权；

　　（ii）　如果 CCP 监督委员会为本条第 7 款（b）项和（c）（iv）项有关的讨论而召集第 14 条项下授权的 CCP 召开会议，则为已申请加入 CCP 监督委员会的、发行由获授权 CCP 清算的金融工具的欧盟货币的中央银行，但该等发钞中央银行无表决权。

就（i）项和（ii）项所述目的而言，经向主席提出一次性书面申请后，应自动授予成员资格。

3. 在适当及必要的情况下，主席可酌情邀请第 18 条所指的监管专家组成员作为观察员参加 CCP 监督委员会的会议。

4. CCP 监督委员会的会议应由其主席主动或应其任何表决成员的要求召集。CCP 监督委员会每年至少召开 5 次会议。

5. CCP 监督委员会主席和独立成员应为专职、独立的专业人员。按照公开选拔程序，由监事会根据才能、技能、清算知识、交易后知识、审慎监管和财务事务以及与 CCP 监管有关的经验予以任命。

对监事会主席和独立成员的任命，在监事会选拔后一个月之内，监事会应向欧洲议会提交其选定的有关性别平衡的候选人名单，欧洲议会在听取了所选候选人的意见后，应予批准或拒绝。

如果 CCP 监督委员会主席或任何独立成员不再满足履行职责所需的条件，或被发现犯有严重不当行为，则理事会可根据经欧洲议会批准的委员会的建议采取一项执行决定，将其免职。理事会应以合格多数通过。

欧洲议会或理事会可通知委员会，它们考虑了免除将要履行的 CCP 监督委员会主席或一名独立成员的条件，对此委员会应作出回应。

CCP 监督委员会主席和独立成员的任期为 5 年，可以延长一次。

6. CCP 监督委员会主席和独立成员不得在国家、欧盟或国际层面担任任何职务。他们应为整个欧盟的整体利益而独立和客观地采取行动，不得寻求欧盟机构或组织、成员国任何政府或任何其他公共或私人机构的指导，也不应寻求其指示。

成员国、欧盟机构或团体或任何其他公共或私人机构，均不应试图影响 CCP 监督委员会主席和独立成员的职责履行。

根据欧盟第 1095/2010 号条例第 68 条所述的《员工条例》，CCP 监督委员会主席和独立成员在卸任后，在接受某些任命或福利方面，仍应继续受诚信和谨慎行事的义务约束。

7. 对于根据本条例第 14 条已获授权或正申请授权的 CCP，CCP 监督委员会应根据本条例第 23a 条第 1 款的规定，制定决定并执行本条例第 23a 条第 3 款和下述各项下委托给 ESMA 的任务：

（a） 至少每年根据欧盟第 1095/2010 号条例第 30 条，对所有主管机构与 CCP 授权和监督有关的监督活动进行同行评审分析；

（b） 至少每年根据欧盟第 1095/2010 号条例第 32 条第 2 款，发起并协调欧盟针对 CCP 对不利市场发展的应对能力的评估；

（c） 促进根据本条例第 22 条第 1 款指定的主管机构之间就以下方面进行定期交流和讨论：

（i） 第 22 条所指主管机构在根据本条例履行其职责时就在其境内设立的 CCP 的授权和监督所采取的有关监督活动和决定；

（ii） 主管机构根据第 23a 条第 2 款第一子段向 ESMA 提交的决定草案；

（iii） 主管机构根据第 23a 条第 2 款第二子段自愿向 ESMA 提交的决定草案；

（iv） 相关的市场发展，包括影响或可能影响根据第 14 条授权的 CCP 的审慎性或财务稳健性或应变能力的情况或事件；

（d） 获知并讨论监管专家组根据本条例第 19 条通过的所有意见和建议，以促进监管专家组的一致和连贯的运作，并促进它们之间在应用本条例方面的连贯性。

就第一子段（a）～（d）项的目的而言，主管机构应及时向 ESMA 提供所有相关信息和文件。

8. 如果第 7 款（a）～（d）项所述的活动或交流中发现在适用本条例方面缺乏一致性和连贯性，则 ESMA 应根据欧盟第 1095/2010 号条例第 16 条发布必要的指南或建议或根据欧盟第 1095/2010 号条例第 29 条提出意见。如果第 7 款（b）项所述的评估中发现一个或多个 CCP 的应变能力不足，则 ESMA 应根据欧盟第 1095/2010 号条例第 16 条发布必要的建议。

9. 此外，CCP 监督委员会可以

（a）　根据第 7 款（a）~（d）项下的活动，请求监事会考虑是否需要 ESMA 通过准则、建议和意见，以解决主管机构和监管专家组在实施本条例时缺乏统一性和连贯性的问题。监事会应适当考虑这些请求并作出适当答复；

（b）　根据欧盟第 1095/2010 号条例第 44 条向监事会提出关于作出的决定的意见，但该条例第 17 条和第 19 条中提及的关于本规例第 22 条所述主管当局的任务的决定除外。

10. 对于第三国 CCP，CCP 监督委员会应制订将由监事会决定的决议草案，并执行第 25、第 25a、第 25b、第 25f~25q 和第 85 条第 6 款赋予 ESMA 的任务。

11. 对于第三国 CCP，CCP 监督委员会应与第 25c 条提到的第三国 CCP 监管专家组共享其会议议程（在会议前共享）、会议记录以及其向监事会提交的完整的决议草案以及由监事会通过的最终决议。

12. CCP 监督委员会应由 ESMA 的专门人员提供支持，他们应具有足够的知识、技能和经验，以便

（a）　筹备 CCP 监督委员会会议；

（b）　为 CCP 监督委员会执行任务准备必要的分析；

（c）　支持 CCP 监督委员会在行政层面的国际合作。

13. 就本条例而言，ESMA 必须确保 CCP 监督委员会与欧盟第 1095/2010 号条例中提及的其他职能之间的结构分离。

第 24b 条　向发钞中央银行的咨询

1. 关于根据第 41、第 44、第 46、第 50 和第 54 条针对二级 CCP 作出的决定，CCP 监督委员会应咨询第 25 条第 3 款（f）项所述的发钞中央银行。每个发钞中央银行都可以作出回复。该等回复应在决定草案发送后 10 个工作日内作出。在紧急情况下，上述期限不得超过 24 小时。如果任一发钞中央银行根据第 41、第 44、第 46、第 50 和第 54 条提出修正草案或就草案提出反对，则应以书面形式提供完整和详细的理由。咨询期限结束后，CCP 监督委员

会应适当考虑发钞中央银行提出的修正意见。

2. 如果 CCP 监督委员会未在决议草案中反映发钞中央银行提出的修正意见，则 CCP 监督委员会应书面通知该发钞中央银行，说明其不考虑该发钞中央银行提出的修正意见的充分理由，并提供对这些修订的任何偏离的解释。CCP 监督委员会应将发钞中央银行提出的修正意见和有关不采纳相关意见的解释连同决议草案一起提交给监事会。

3. 关于根据第 25 条第 2c 款和第 85 条第 6 款作出的决定，CCP 监督委员会应就第 25 条第 3 款（f）项所指的发钞中央银行发行的货币征求该等发钞中央银行的同意。除非发钞中央银行在决议草案发送后的 10 个工作日内提出修正或反对意见，否则应视为每个发钞中央银行已就此表示同意。如果发钞中央银行对决议草案提出修正或反对意见，则应以书面形式提供完整和详细的理由。如果发钞中央银行对与其发行的货币有关的事项提出修正意见，则 CCP 监督委员会只能向监事会提交经修改的决议草案。如果发钞中央银行对与其发行的货币有关的事项提出反对意见，则 CCP 监督委员会不得将这些事项纳入其提交给监事会以供审查的决议草案中。

第 24c 条　CCP 监督委员会的决策

CCP 监督委员会应由其表决成员按多数表决方式作出决定。如果出现平局，主席应投决定票。

第 24d 条　监事会内部的决策

如果 CCP 监督委员会根据本条例第 25 条第 2 款、第 2a 款、第 2b 款、第 2c 款、第 5 款、第 25p 条、第 85 条第 6 款、第 89 条第 3b 款向监事会提交决议草案，以及根据本条例第 41、第 44、第 46、第 50 和第 54 条提交二级 CCP 的决定草案时，则监事会应在 10 个工作日内根据欧盟第 1095/2010 号条例第 44 条的规定对这些决议草案作出决定。

如果 CCP 监督委员会根据除第一子段所述条款以外的其他条款向监事会提交决议草案，则监事会应在 3 个工作日内根据欧盟第 1095/2010 号条例第 44 条的规定对这些决议草案作出决定。

第24e条 问责制

1. 欧洲议会或理事会可邀请CCP监督委员会主席和独立成员在充分尊重其独立性的同时发表声明。CCP监督委员会主席和独立成员应在欧洲议会之前作出上述声明，并应要求回答其成员提出的任何问题。

2. CCP监督委员会主席和独立成员应在提出要求的情况下，至少在第1款所述声明之前至少15天，向欧洲议会和理事会书面报告CCP监督委员会的主要活动。

3. CCP监督委员会主席和独立成员应在以点对点的方式和保密基础上报告欧洲议会要求的任何相关信息。该报告不应涵盖与个别CCP有关的机密信息。

第4章 与第三国的关系

第25条 对第三国CCP的认证

1. 在第三国设立的CCP只有在获得ESMA认证后，才能为在欧盟设立的清算会员或交易场所提供清算服务。

2. 如果某一在第三国设立的CCP已提出申请，以提供某些清算服务或活动，则ESMA可在咨询第3款所指的机构之后，向该CCP授予认证，但前提如下：

（a） 委员会根据第6款通过了一项执行法案；

（b） 该CCP在相关第三国获得授权，并受到有效监督和执行，以确保完全遵守该第三国适用的审慎要求；

（c） 已根据第7款建立了合作安排；

（d） 该CCP是在下述第三国设立或获得授权的：委员会根据欧洲议会和理事会的欧盟第2015/849号指令①认为该第三国在国家反

---

① 欧洲议会和理事会于2015年5月20日通过的关于防止利用金融系统进行洗钱或资助恐怖主义活动的欧盟第2015/849号指令，其中修订了欧洲议会和理事会通过的欧盟第648/2012号条例，并废止了欧洲议会和理事会第2005/60/EC号指令和欧盟委员会第2006/70/EC号指令（OJ L 141，2015年6月5日，第73页）。

洗钱和反恐怖主义融资相关制度方面存在战略缺陷，且该等缺陷会对欧盟的金融系统构成重大威胁；

（e） 该 CCP 根据第 2a 段未被确定为具有系统重要性或可能具有系统重要性，因此是一级 CCP。

2a. 在征求 ESRB 和第 3 款（f）项所述的发钞中央银行的意见后，ESMA 应确定第三国 CCP 对于欧盟或其中一个或多个成员国的金融稳定性是否具有系统重要性或可能具有系统重要性（即二级 CCP），需考虑以下所有标准：

（a） 该 CCP 在欧盟内部以及在欧盟外部的、可能对欧盟或其一个或多个成员国具有系统性影响的业务的性质、规模和复杂性，包括：

（i） CCP 清算的交易的总价值和以欧盟货币计算的总价值，或从事清算活动的 CCP 对其清算会员的总风险敞口，在可获得信息的范围内，对其在欧盟内建立的客户和间接客户的风险敞口，包括根据 2013/36/EU 指令第 131 条第 3 款被成员国指定为其他系统重要性机构（O-SIIs）的风险敞口；

（ii） 该 CCP 在法律、运营和业务风险等方面的风险概况；

（b） 该 CCP 的失败或中断对以下方面的影响：

（i） 金融市场，包括所服务市场的流动性；

（ii） 金融机构；

（iii） 更广泛的金融体系；

（iv） 欧盟或其一个或多个成员国的金融稳定性；

（c） 该 CCP 的清算会员结构，包括（视情况而定）其在欧盟中建立的清算会员的客户网络和间接客户网络的结构；

（d） 其他 CCP 在多大程度上为欧盟的清算会员及（视情况而定）其客户和在欧盟成立的间接客户提供以欧盟货币计价的金融工具的替代清算服务；

（e）　CCP 与其他金融市场基础设施、其他金融机构和可能影响欧盟或其一个或多个成员国的金融稳定性的更广泛的金融体系之间的关系、相互依存关系或其他相互作用。

委员会应根据第 82 条通过一项授权法案，以在 2021 年 1 月 2 日前进一步规定第一子段中规定的标准。

在不影响认可过程的结果的情况下，ESMA 在完成第一子段所述的评估后，应在确定该 CCP 已根据第 4 款第二子段提交完整申请后 30 个工作日内，告知该 CCP 申请人其是否被视为一级 CCP。

2b. 如果 ESMA 根据第 2a 款的规定，确定某一 CCP 具有系统重要性或可能具有系统重要性（二级 CCP），则 ESMA 应向该 CCP 授予认证，允许其提供某些清算服务或活动，但前提是，除了第 2 款（a）~（d）项所述的条件外，还应满足以下条件

（a）　该 CCP 在认证之时及其后持续地遵守第 16 条以及第四篇和第五篇中规定的要求。就该 CCP 在第 41、第 44、第 46、第 50 和第 54 条项下的合规性而言，ESMA 应按照第 24b 条第 1 款规定的程序咨询第 3 款（f）项所述的发钞中央银行。ESMA 应根据第 25a 条考虑该 CCP 对这些要求的遵守情况在多大程度上符合第三国适用的可比要求。

（b）　第 3 款（f）项所指的发钞中央银行已在根据第 2a 款确定该第三国 CCP 不是一级 CCP 或根据第 5 款进行审核后 30 个工作日内，向 ESMA 发出了书面确认，CCP 已遵守该发钞中央银行在执行货币政策任务时可能提出的下列要求：

（i）　提交发钞中央银行在其合理要求下可能需要的任何资料，前提是 ESMA 无法以其他方式获得该资料；

（ii）　在按照第 25b 条第 3 款的规定评估 CCP 对不利市场发展的应变能力时，与发钞中央银行充分适当地合作；

（iii）　根据相关的准入标准和要求，开设或通知其有意向在发钞

271

中央银行开设隔夜存款账户；

（ⅳ） 遵守发钞中央银行在特殊情况下为处理影响货币政策传导或支付系统平稳运行的临时的系统性流动性风险而适用的要求，以及与流动性风险控制、保证金要求、抵押品、结算安排或互操作性安排有关的要求。

（ⅳ） 项中提到的要求应确保 CCP 的效率、稳健性和应变能力，并与本条例第 16 条以及第四篇和第五篇中规定的要求保持一致。

适用（ⅳ）项所述的要求应作为认证的一个条件，审查是否满足该条件的最长期限为 6 个月。如果在该期限结束时，发钞中央银行认为特殊情况仍然存在，则可将认可要求的适用时间延长一次，延长期不得超过 6 个月。

在施加（ⅳ）项中提到的要求或延长其期限之前，发钞中央银行应通知 ESMA、第 3 款（f）项所述的其他发钞中央银行和第三国 CCP 监管专家组成员，并向他们提供解释，说明其打算施加的要求对 CCP 的效率、稳健性和应变能力的影响，并说明为什么这些与所发行货币有关的要求对于确保货币政策的传导或支付系统的平稳运行而言是必要且相称的。ESMA 应在发出要求草案或延期草案后的 10 个工作日内，向发钞中央银行提交意见。在紧急情况下，上述期限不得超过 24 小时。ESMA 应特别考虑这些要求对 CCP 的效率、稳健性和应变能力的影响。第 3 款（f）项提及的其他发钞中央银行可在同一截止日期前提交意见。咨询期限结束后，发钞中央银行应适当考虑 ESMA 或第 3 款（f）项所指发钞中央银行的意见书中提出的修正意见。

发钞中央银行还应在扩大（ⅳ）项所指要求的适用性之前，通知欧洲议会和理事会。

发钞中央银行应与 ESMA 和第 3 款（f）项所述的其他发钞中央银行就（ⅳ）项中的要求进行合作并持续共享信息，特别是在评估系统性流动性风险以及规定的要求对 CCP 的效率、稳健性和应变能力的影响方面。

如果在某二级 CCP 获得认证之后，发钞中央银行施加了本项提到的任何要求，则应将遵守任何此类要求视为认证的条件，并且发钞中央银行应在 90 个工作日内向 ESMA 提供书面确认，说明该 CCP 符合要求。

如果发钞中央银行未在上述期限内向 ESMA 提供书面确认，则 ESMA 可认为该要求已得到满足。

（c） 该 CCP 已向 ESMA 提供：

　　（i） 由其法定代表人签署的书面声明，表示该 CCP 无条件同意：

　　　— 在收到 ESMA 请求后的 3 个工作日内，提供该 CCP 在请求被接受时保存的任何文件、记录、信息和数据；

　　　— 允许 ESMA 进入 CCP 的任何商用场所；

　　（ii） 独立法律专家提出的合理的法律意见，确认所表达的同意根据相关适用法律是有效且可执行的；

（d） 该 CCP 已采取一切必要措施并建立了一切必要程序，以确保有效遵守（a）项和（c）项中规定的要求；

（e） 委员会未按照第 2c 款通过一项执行法案。

2c. 在与 ESRB 协商并根据第 24b 条第 3 款与第 3 款（f）项所指的发钞中央银行达成一致之后，以及与 CCP 的系统重要性程度进行匹配后，ESMA 可以基于充分合理的评估得出结论，认为该 CCP 或其某些清算服务具有关键的系统重要性，以致不应认证 CCP 提供某些清算服务或活动。发钞中央银行的同意应仅涉及其发行的货币，而不涉及本款第二子段所指的整个建议。ESMA 在评估中还应

（a） 说明为什么遵守第 2b 款规定的条件不足以解决欧盟或其一个或多个成员国的金融稳定风险；

（b） 描述该 CCP 提供的清算服务的特征，包括与提供此类服务有关的流动性和实物结算要求；

（c） 对不认证该 CCP 提供某些清算服务或活动的决定的成本、收益

和后果进行定量的技术评估，并考虑到

（ⅰ） 是否存在可能的替代选择，以相关货币向清算会员以及（视情况而定）在欧盟中建立的其客户和间接客户提供相关清算服务；

（ⅱ） 将在该 CCP 持有的待平仓合约包括在执行法案范围内的潜在后果。

根据评估，ESMA 应建议委员会通过一项执行法案，确认不应认证 CCP 提供某些清算服务或活动。

委员会应至少有 30 个工作日来评估 ESMA 的建议。

在提交第二子段所指建议后，作为最后手段，委员会可以通过一项执行法案，具体规定：

（a） 在委员会根据本子段（b）项指定的适应期之后，该第三国 CCP 的部分或全部清算服务只能在 CCP 根据第 14 条获得授权后，才能提供给该 CCP 在欧盟内建立的清算会员和交易场所；

（b） 该 CCP、其清算会员及其客户的适当适应期。适应期不得超过 2 年，在仍然存在授予适应期的理由的情况下，只能再延长一次，延长时间为 6 个月。

（c） 在（b）项所述的适应期内，该 CCP 可以继续提供某些清算服务或活动的条件；

（d） 在适应期内应采取的任何措施，以限制清算会员及其客户的潜在成本，特别是欧盟内建立客户。

在确定第四子段（a）项和（b）项所指的服务和适应期时，委员会应考虑：

（a） 该 CCP 提供的服务的特点及其可替代性；

（b） 法律和经济后果，是否以及在何种程度上将未清算的交易包括在执行法案的范围内；

（c） 对清算会员以及（视情况而定）其客户的潜在成本影响，特别是在欧盟内建立的客户。

执行法案应依照第 86 条第 2 款规定的审查程序予以通过。

3. 在评估是否满足第 2 款（a）~（d）项所述条件时，ESMA 应咨询：

（a） 该 CCP 提供或拟提供清算服务所在的且由 CCP 选定的成员国的主管机构；

（b） 负责对第 42 条所述 CCP 清算基金中一年内累计缴款最多（或据 CCP 估计将缴款最多）的 3 个成员国内设立的 CCP 的清算会员进行监督的主管机构；

（c） 由 CCP 提供服务或拟提供服务的、负责监督位于欧盟中的交易场所的主管机构；

（d） 负责监督欧盟中建立的、已建立互操作性安排的 CCP 的主管机构；

（e） CCP 提供或拟提供清算服务的成员国的 ESCB 的相关成员，以及负责监督已建立互操作性安排的 CCP 的 ESCB 的相关成员；

（f） 由或拟由 CCP 清算的所有金融工具的欧盟货币的发钞中央银行。

4. 第 1 款中提到的 CCP 应将其申请提交给 ESMA。

CCP 申请人应向 ESMA 提供认可所需的所有资料。在收到后 30 个工作日内，ESMA 应评估申请资料是否完整。如果申请资料不完整，则 ESMA 应当设定 CCP 申请人可提供额外资料的截止日期。ESMA 应立即将从 CCP 申请人处收到的所有资料转交给第三国 CCP 监管专家组。

认证决定应基于第 2 款所规定的条件（针对一级 CCP）以及第 2b 款（a）~（d）项中规定的条件（针对二级 CCP）作出。该决定应独立于任何作为第 13 条第 3 款所述的等效决定之依据的评估。在根据第二款确定申请资料完整后的 180 个工作日内，ESMA 应书面通知 CCP 申请人是否授予认证，并提供充分的解释。

ESMA 应在其网站上发布根据本条例认证的 CCP 清单，并指明其分类，即一级 CCP 或二级 CCP。

5. ESMA 应在咨询第 3 款所指机构和实体后，审查对在第三国设立的 CCP 的认证：

（a） 如果该 CCP 打算扩大或减少其在欧盟中的活动和服务范围，在这种情况下，CCP 应当通知 ESMA 并提交所有必要的资料；

（b） 在任何情况下，至少每 5 年进行一次审查。

该审查应按照第 2~4 款的规定进行。

在根据第一子段所述进行审核之后，如果 ESMA 认为某个已被分类为一级 CCP 的第三国 CCP 应归为二级 CCP，则 ESMA 应当设定适当的适应期，该期限不得超过 18 个月，在此期限内，该 CCP 必须遵守第 2b 款中提到的要求。如果该 CCP 或负责对清算会员进行监督的主管机构提出合理要求，则 ESMA 可以将适应期再延长 6 个月，但前提是这种延期是由于特殊情况并且对欧盟内建立的清算会员的影响而言属合理的。

6. 委员会可根据欧盟第 182/2011 号条例第 5 条通过一项执行法案，以确定

（a） 第三国的法律和监督安排，确保在该第三国授权的 CCP 持续遵守具有法律约束力的要求，这些要求等同于本条例第四篇中规定的要求；

（b） 这些 CCP 不断受到该第三国的有效监督和执行；

（c） 该第三国的法律框架为认证在第三国法律制度授权下的 CCP 提供了有效的等效制度。

委员会在应用第一子段所述的执行法案时，可要求第三国（包括以同意和适用第 7 段所述合作安排的方式）持续有效地满足其中规定的任何要求，并要求 ESMA 有能力对第 2 款和第 2b 款中认可的第三国 CCP 或对第 6b 款所述的监督工作有效地履行其责任。

6a. 委员会可根据第 82 条通过一项授权法案，以进一步规定第 6 款（a）项、（b）项和（c）项所述的标准。

6b. ESMA 应跟踪已根据第 6 款为其采取了执行法案的第三国的监管和

监督进展。

如果 ESMA 认为第三国的任何监管或监督进展可能影响欧盟或其一个或多个成员国的金融稳定性，则 ESMA 应及时通知欧洲议会、理事会、委员会和第 25c 条所指的第三国 CCP 监管专家组的成员。所有此类信息均应保密。

ESMA 应当每年向委员会和第 25c 条所述的第三国 CCP 监管专家组的成员提交一份有关第一子段提及的第三国的监管或监督进展的保密报告。

7. ESMA 应与其法律和监督框架已根据第 6 款被确认为等效于本条例的第三国有关主管机构建立有效的合作安排。此类安排应至少规定

（a）　ESMA、第 3 款（f）项所述的发钞中央银行与有关第三国主管机构之间的信息交换机制，包括获得 ESMA 要求提供的有关第三国经授权的 CCP 的所有信息，例如，有关风险模型和参数的重大变化、CCP 活动和服务的扩展、客户账户结构的变化以及对欧盟产生重大影响的支付系统的使用的变化；

（b）　在第三国主管机构认为其正在监督的 CCP 违反其授权条件或需遵循的其他法律的情况下，迅速通知 ESMA 的机制；

（c）　当第三国主管机构正在监管的 CCP 已被授予向欧盟中建立的清算会员或客户提供清算服务的权利时，第三国主管机构向 ESMA 迅速发送通知的机制；

（d）　有关协调监督活动的程序，包括第三国机构分别允许根据第 25g 条和第 25h 条进行调查和现场检查的协议；

（e）　有效监测第三国监管和监督进展所必需的程序；

（f）　第三国机构用于确保 ESMA 根据第 25b、第 25f~25m、第 25p 和第 25q 条通过的决定得到有效执行的程序；

（g）　第三国机构及时向 ESMA、第 25c 条所述的第三国 CCP 监管专家组以及第 3 款（f）项所述的发钞中央银行通知有关受认证 CCP 的任何紧急情况（包括可能对市场流动性和欧盟或其成员国之一的金融稳定性产生不利影响的金融市场动态）的程序，

以及解决此类情况的程序和应急计划；

（h） 第三国机构同意根据第 3 款所述的机构与第三国 CCP 监管专家组成员在合作安排下，继续分享他们提供给 ESMA 的任何信息，但必须遵守第 83 条的专业保密规定。

如果 ESMA 认为第三国主管机构未执行根据本款建立的合作安排中规定的任何要求，则应立即以保密形式将该情况告知委员会。在这种情况下，委员会可决定审查根据第 6 款通过的执行法案。

8. 为了确保本条的一致适用性，ESMA 应制订监管技术标准草案，具体说明 CCP 申请人在其认可申请中应提供给 ESMA 的信息。

ESMA 应在 2012 年 9 月 30 日之前将这些监管技术标准草案提交给委员会。

根据欧盟第 1095/2010 号条例第 10~14 条的规定，委员会应有权采纳第一子段中提到的监管技术标准。

第 25a 条　可比合规

1. 第 25 条第 2b 款所指的 CCP 可以提出合理请求：ESMA 在评估其是否符合适用的第三国框架时，请求其在考虑根据第 25 条第 6 款通过的执行法案的规定后，认定该 CCP 满足第 16 条以及第四篇和第五篇所规定的要求。ESMA 应立即将该请求发送给第三国 CCP 监管专家组。

2. 第 1 款所指的请求中应提供用于确定可比性的事实依据，并说明遵守第三国适用要求即满足第 16 条以及第四篇和第五篇之要求的原因。

3. 为了确保第 1 款所述的评估有效地反映第 16 条以及第四篇和第五篇规定的监管目标以及欧盟的整体利益，委员会应通过一项授权法案，具体规定以下：

（a） 就本条第 1 款而言应评估的最低要素；

（b） 进行评估的方式和条件。

委员会应在 2021 年 1 月 2 日之前根据第 82 条通过第一子段所指的授权法案。

第 25b 条　对认证条件的持续遵守

1. ESMA 应负责履行本条例规定的职责，以持续监督经认可的二级 CCP 遵守第 25 条第 2b 款（a）项所述的要求。关于根据第 41、第 44、第 46、第 50 和第 54 条作出的决定，ESMA 应根据第 24b 条第 1 款向第 25 条第 3 款（f）项所述的发钞中央银行进行咨询。

ESMA 应至少每年要求每个二级 CCP 确认是否继续满足第 25 条第 2b 款（a）项、（c）项和（d）项所述的要求。

如果第 25 条第 3 款（f）项所述的发钞中央银行认为某二级 CCP 不再满足第 25 条第 2b 款（b）项所述的条件，则应立即通知 ESMA。

2. 如果某二级 CCP 无法向 ESMA 提供第 1 款第二子段所指的确认书，或者 ESMA 如第 1 款第三子段所述收到通知，则该 CCP 应被视为不再满足第 25 条第 2b 款项下的认证条件，而第 25p 条第 2、第 3、第 4 款项下的程序应适用。

3. ESMA 应与 ESRB 合作，根据欧盟第 1095/2010 号条例第 32 条第 2 款，针对经认证的二级 CCP 对不利的市场发展的应变能力进行评估，并与第 24a 条第 7 款（b）项所述的评估进行协调。第 25 条第 3 款（f）项提到的发钞中央银行可以在执行其货币政策任务时为此类评估做出贡献。在进行这些评估时，ESMA 应至少纳入财务和运营风险，并确保与根据本条例第 24a 条第 7 款（b）项进行的欧盟 CCP 的应变能力评估相一致。

第 25c 条　第三国 CCP 监管专家组

1. ESMA 应针对第三国的 CCP 建立一个监管专家组，以促进信息共享。

2. 该监管专家组应由下述组成：

（a）　CCP 监督委员会主席，其主持该监管专家组事务；

（b）　CCP 监督委员会的两名独立成员；

（c）　第 22 条所指的主管机构；在根据第 22 条已指定一个以上主管机构的成员国中，这些主管机构应约定一个共同代表；

（d）　负责监督欧盟内所设立的清算会员的主管机构；

（e）　负责监督由 CCP 提供服务的或拟由 CCP 提供服务的欧盟中设立

的交易场所的主管机构；

（f） 负责监督与 CCP 有联系或拟建立联系的、在欧盟中建立的中央证券存管机构的主管机构；

（g） ESCB 的成员。

3. 监管专家组成员可以请求 CCP 监督委员会讨论与在第三国建立的 CCP 有关的具体事项。此类请求应以书面形式提出，并应包括该请求的详细说明。CCP 监督委员会应适当考虑这些请求并作出适当回应。

4. 监管专家组的建立和运作应基于其所有成员之间的书面协议。第 83 条规定的专业保密义务应适用于所有监管专家组成员。

第 25d 条　费用

1. ESMA 应根据本条例以及根据第 3 款通过的授权法案，向在第三国设立的 CCP 收取以下费用：

（a） 与根据第 25 条提出的认证申请有关的费用；

（b） 对第 25 条项下经认证的 CCP 而言，本条例项下与 ESMA 的任务有关的年费。

2. 第 1 款所指的费用应与相关 CCP 的交易额成比例，并应涵盖 ESMA 根据本条例进行认可和执行其任务而产生的所有费用。

3. 委员会应根据第 82 条通过一项授权法案，以进一步规定以下内容：

（a） 费用的种类；

（b） 应缴费用的事项；

（c） 费用的金额；

（d） 下述各方支付费用的方式：

（i） 申请认证的 CCP；

（ii） 根据第 25 条第 2 款被归类为一级 CCP 的经认证 CCP；

（iii） 根据第 25 条第 2b 款被归类为二级 CCP 的经认证 CCP。

第 25e 条　第 25f~25h 条所述权力的行使

第 25f~25h 条赋予 ESMA 或其任何官员或由其授权的其他人的权力，

不得用于要求披露具有法律特权的信息或文件。

第 25f 条　索取资料

1. ESMA 可通过简单请求或决议的方式，要求经认证的 CCP 及相关第三方（若 CCP 已将业务职能或活动外包给这些第三方）提供一切必要的资料，使 ESMA 能够履行本条例项下规定的职责。

2. 在发送第 1 款规定的有关索要资料的简单请求时，ESMA 应说明以下所有内容：

（a）　对本条的提述，作为请求的法律依据；

（b）　请求的目的；

（c）　要求提供的资料；

（d）　提供资料的时限

（e）　告知被要求提供资料之人，其没有提供资料的义务，但在自愿答复请求的情况下，所提供的资料不得有错误或误导性；

（f）　第 25j 条连同附件三第五节（a）项对所提问题的答案不正确或具有误导性的问题作出罚款规定；

3. 如果是通过决议的方式提出第一款下有关索要资料的请求，则 ESMA 应说明以下所有内容：

（a）　对本条的提述，作为请求的法律依据；

（b）　请求的目的；

（c）　要求提供的资料；

（d）　提供资料的时限

（e）　第 25k 条规定的在提供的所需资料不完整的情况下应缴纳的定期罚款；

（f）　第 25j 条连同附件三第五节（a）项对所提问题的答案不正确或具有误导性的问题作出罚款规定；

（g）　根据欧盟第 1095/2010 号条例第 60 条和第 61 条，有权就该决议向 ESMA 上诉委员会提出上诉，并由欧洲欧盟法院（以下简称法院）对该决议进行复审。

4. 第 1 款所述人员或其代表，如为无法人资格的法人或协会，应由法律或其章程授权的代表提供所要求的资料。经正式授权的律师可代表其客户提供这些信息。如果所提供的资料不完整、不正确或有误导性，其客户应承担全部责任。

5. ESMA 应及时将简单请求或其决议的副本送交第 1 款中提到的索取资料请求所涉及的人员的居住地或设立地的有关第三国主管机构。

第 25g 条　一般调查

1. 为了履行本条例规定的职责，ESMA 可对二级 CCP 和相关第三方（若 CCP 已将业务职能、服务或活动外包给这些第三方）进行必要的调查。为此，ESMA 的官员及其他获授权的人士应有权进行以下调查：

（a）　检查与执行任务有关的任何记录、数据、程序和任何其他材料（无论其以何种媒介存储）；

（b）　取得或获得该等记录、数据、程序及其他材料的核证副本或摘录；

（c）　传唤和要求二级 CCP 或其代表或职员就与调查的主题和目的有关的事实或文件作出口头或书面解释，并记录回答；

（d）　为收集与调查事项有关的资料而采访同意接受采访的其他自然人或法人；

（e）　要求提供电话和数据通信的记录。

第 25 条第 3 款（f）项所指的发钞中央银行可在向 ESMA 提出合理要求后，参加与开展其货币政策任务有关的调查。

第 25c 条所指的第三国 CCP 监管专家组应及时获知可能与执行任务有关的任何调查结果。

2. 经 ESMA 授权进行本条第 1 款所述调查目的的官员和其他人员，应在出示书面授权书后行使其权力，该等授权书应指明调查的主题和目的。该授权书还应指明第 25k 条规定的定期罚款（适用于未提供所需的记录、数据、程序或任何其他材料，未回答向二级 CCP 提出的问题，或者该等记录、数据、程序、材料或回答不完整的情况），以及第 25j 条与附件三第五节（b）项规定的罚款（适用于向二级 CCP 提出的问题的回答不正确或有误导性的情况）。

3. 二级 CCP 必须接受根据 ESMA 的决定启动的调查。该决定应具体说明调查的主题和目的、本条例第 25k 条规定的定期罚款、根据欧盟第 1095/2010 号条例获得的法律补救措施以及要求法院复审该决定的权利。

4. 在向二级 CCP 通知调查之前，ESMA 应将调查事宜和被授权人的身份通知拟进行调查所在的相关第三国主管机构。相关第三国主管机构的官员可应 ESMA 的要求协助该等被授权人履行职责。相关第三国主管机构的官员也可以参加调查。根据本条在第三国进行的调查，应按照与相关第三国主管机构建立的合作安排进行。

第 25h 条　现场检查

1. 为了履行本条例所规定的职责，ESMA 可对二级 CCP 及相关第三方（CCP 已将业务职能、服务或活动外包给这些第三方）的任何商用场所、土地或财产进行一切必要的现场检查。

第 25 条第 3 款(f)项提及的发钞中央银行可以向 ESMA 提交合理的要求，以参加与执行其货币政策任务相关的此类现场检查。

第 25c 条所指的第三国 CCP 监管专家组应及时获知可能与执行任务有关的任何检查结果。

2. 经 ESMA 授权进行现场检查的官员和其他人员可进入受 ESMA 通过的检查决定制约的法人的任何商用场所、土地或财产，并拥有第 25g 条第 1 款规定的所有权力。他们还有权在检查期间并在必要的范围内封存任何商用场所和账簿或记录。

3. ESMA 应在检查前的足够时间内，向拟受检查的相关第三国主管机构发出检查通知。如果行为适当或为了提高检查的效率，ESMA 在通知相关第三国主管机构后，无须事先通知 CCP 即可进行现场检查。根据本条在第三国进行的检查，应按照与有关第三国主管机构建立的合作安排进行。

经 ESMA 授权进行现场检查的官员和其他人员，应在出具书面授权书后行使其权力，该书面授权书应指明检查的主题和目的以及第 25k 条规定的适用于不服从检查的相关人士的定期罚款。

4. 二级 CCP 必须服从 ESMA 决定所要求进行的现场检查。该决定应具体说明检查的主题和目的，指定开始检查的日期，并指明第 25k 条规定的定期罚款、根据欧盟第 1095/2010 号条例提供的法律补救措施以及可要求法院复审该决定的权利。

5. 拟开展检查所在的第三国的官员以及由该第三国主管机构授权或任命的人员，可以应 ESMA 的要求积极协助官员和 ESMA 授权的其他人员。有关第三国主管机构的官员也可以参加现场检查。

6. ESMA 还可以要求第三国主管机构代表其执行本条和第 25g 条第 1 款规定的特定调查任务和现场检查。

7. 如果 ESMA 授权的官员和其他陪同人员发现任何人士反对根据本条下令进行的检查，则 ESMA 可以要求有关的第三国主管机构向他们提供必要的帮助，包括警察或同等执法机构（按适用情况而定）的协助，使他们能够进行现场检查。

第 25i 条　采取监督措施和处以罚款的程序性规则

1. 如果 ESMA 在履行本条例规定的职责时，发现有严重迹象表明可能存在可构成附件三所列一种或多种违规行为的事实，则 ESMA 应在 ESMA 内部任命一名独立的调查官员对该事项进行调查。被任命的官员不得直接或间接参与或曾直接或间接参与有关 CCP 的认证或监督过程，并应独立于 ESMA 履行其职能。

2. 调查官员应在考虑调查对象提出的任何意见的情况下，对被指控的违规行为进行调查，并向 ESMA 提交一份完整的文档，其中包括其调查结果。

为了开展其任务，调查官员可根据第 25f 条行使索要资料的权力，并根据第 25g 条和第 25h 条进行调查和现场检查。在行使这些权力时，调查官员应遵守第 25e 条的规定。

调查官员在执行任务时，应有权查阅 ESMA 在其活动中收集的所有文件和资料。

3. 调查官员在完成调查后，在向 ESMA 提交文档及其调查结果之前，应让调查对象有机会就所调查的事项发表意见。调查官员应仅以有关人员有机会发表意见的事实为依据来编制调查结果。

在本条规定的调查期间，相关人员的辩护权应得到充分尊重。

4. 调查官员在将文档及其调查结果提交给 ESMA 时，应将这一事实通知接受调查的人员。接受调查的人员有权查阅文档，但须保护其他人商业秘密的合法权益。查阅文档的权利不应扩大到机密资料或 ESMA 的内部筹备文件。

5. ESMA 应以载有调查官员的调查结果的文档为依据，并在有关人士提出要求并根据第 25l 条听取了受调查人士的意见后，决定受调查人士是否实施了附件三所列的一项或多项违法行为，在这种情况下，应根据第 25q 条采取监督措施，并根据第 25j 条处以罚款。

6. 调查官员不得参与 ESMA 的审议，也不得以任何其他方式干预 ESMA 的决策过程。

7. 委员会应根据第 82 条的规定通过授权法案，进一步规定行使有关处以罚款或定期支付罚金之权利的程序规则，包括关于辩护权、时间规定、收取罚款或定期支付罚金的规定，以及施加和执行罚金的时效。

8. 如果 ESMA 在履行本条例规定的职责时，发现有严重迹象表明存在其知道的可能构成适用第三国法律框架下的刑事犯罪事实，则应将有关事项提交有关机构进行调查并发起可能的刑事起诉。此外，如果 ESMA 得知，先前因相同的事实或实质上相同的事实所导致的无罪开释或定罪已因国内法律规定的刑事诉讼而具有既判力，则应避免处以罚款或定期支付罚金。

第 25j 条　罚款

1. 如果根据第 25i 条第 5 款的规定，ESMA 认为某一 CCP 故意或过失地实施了任一附件三所列的违规行为，则应根据本条第 2 款的规定作出有关处以罚款的决定。

如果 ESMA 发现有客观因素表明该 CCP 或其高级管理人员故意实施了违规行为，则应视为是该 CCP 实施了违规行为。

2. 第 1 款中提到的罚款的基本金额最高为因违规行为所获得的利润或避免的损失的两倍（如果该等利润或损失可以确定），或最高为上一营业年度法人的年度总营业额（定义见欧盟相关法律）的 10%。

3. 如有必要，应根据附件四所列相关系数，在考虑到加重或减轻系数的情况下，对第 2 款中所列的基本金额进行调整。

相关的加重系数应逐一适用于基本金额。如果适用一个以上的加重系数，则应将基本金额与因适用每个单独的加重系数所得的数额之间的差额加到基本金额上。

相关的减轻系数应逐一适用于基本金额。如果适用一个以上的减轻系数，则应从基本金额中减去基本金额与因适用每个单独的减轻系数所得的数额之间的差额。

4. 尽管有第 2 款和第 3 款的规定，罚款金额不得超过有关 CCP 在上一个营业年度的年营业额的 20%，但如果 CCP 直接或间接从违规行为中获得经济利益，则罚款金额至少应等于该利益。

如果 CCP 的作为或不作为构成附件三中所列的一项以上违规行为，则应仅适用根据第 2 款和第 3 款计算的、与其中一项违规行为有关的较高罚款。

第 25k 条　定期罚款

1. ESMA 应通过决定的方式定期征收罚款，以迫使

（a）　二级 CCP 根据第 25q 条第 1 款（a）项下作出的决定终止违规行为；

（b）　第 25f 条第 1 款所指的人员提供根据第 25f 条的决定所要求的完整信息；

（c）　二级 CCP

（i）　服从调查，尤其是提供完整的记录、数据、程序或任何其

他所需材料，并完成和纠正根据第 25g 条作出的决定而发起的调查中提供的其他信息；或者

（ⅱ） 依照第 25h 条作出的决定接受现场检查。

2. 定期罚款应是有效的和相称的。对于延误的每一天，均应定期缴纳罚款。

3. 尽管有第 2 款的规定，定期罚款的金额应为前一个营业年度的平均每日营业额的 3%，或者（如果是自然人）上一个日历年度的平均每日收入的 2%。定期罚款应从决定中规定的施加定期罚款之日起计算。

4. 在收到 ESMA 的决定通知后，应定期支付罚款，最长期限为 6 个月。该期限结束后，ESMA 应复查该措施。

第 25l 条　有关人员的聆讯

1. 在根据第 25j 条和第 25k 条就罚款或定期罚款作出任何决定之前，ESMA 应给予受诉讼者就其处罚结果发表意见的机会。ESMA 仅应根据受诉讼者有机会发表评论的处罚结果作出决定。

本款第一子段不适用于需要采取紧急行动以防止对金融系统造成重大和紧迫损害的情况。在这和情况下，ESMA 可以通过一项临时决定，并应在作出决定后尽快给予有关人员陈述意见的机会。

2. 在诉讼中应充分尊重受诉讼者的辩护权。他们应有权在保护他人的商业秘密的合法权益的前提下访问 ESMA 的文档。访问文档的权利不应扩展到机密信息或 ESMA 的内部预备文件。

第 25m 条　罚款和定期罚款的披露、性质、执行和分配

1. ESMA 应将根据本条例第 25j 条和第 25k 条施加的每笔罚款和定期罚款向公众披露，除非向公众披露这些罚款会严重危害金融市场或对有关各方造成不成比例的损害。此类披露不得包含欧盟委员会第 45/2001 号条例所定义的个人数据。

2. 根据第 25j 条和第 25k 条施加的罚款和定期罚款应属于行政性质。

3. 如果 ESMA 决定不处以罚款或罚金，则应将其告知欧洲议会、理事会、

委员会和有关第三国主管机构，并说明其作出决定的理由。

4. 根据第 25j 条和第 25k 条施加的罚款和定期罚款应可强制执行。

强制执行应受执行该程序的成员国或第三国中有效的民事诉讼规则的约束。

5. 罚款和定期罚款的金额应分配至欧盟的总预算。

第 25n 条　法院复核

法院对 ESMA 处以罚款或定期罚款的裁决具有无限的管辖权。其可以废除、减少或增加罚款或定期罚款。

第 25o 条　附件四的修正案

为了考虑金融市场的发展情况，委员会有权根据第 82 条（关于修正附件四的措施）通过授权法案。

第 25p 条　认证的撤销

1. 在不影响第 25q 条且不违反以下各款的前提下，ESMA 在咨询第 25 条第 3 款所指的主管机构和实体后，应撤销根据第 25 条通过的认证决定，其中的前提包括

（a）　有关的 CCP 在 6 个月内未使用该认证，明确放弃认证或已停止经营 6 个月以上；

（b）　有关的 CCP 已通过虚假陈述或任何其他不正常手段获得认证；

（c）　有关的 CCP 严重和系统地违反了第 25 条规定的任何认证条件，或不再符合任何这些条件，并且在任何情况下均未在适当的期限（最长 6 个月）内采取 ESMA 要求的补救措施；

（d）　由于 CCP 的第三国主管机构未能按照第 25 条第 7 款的规定向 ESMA 提供所有相关信息或与 ESMA 合作，因此 ESMA 无法有效地行使本条例对有关 CCP 的责任；

（e）　第 25 条第 6 款所指的执行法案已被撤销或暂停执行，或者不再满足其附带的任何条件。

ESMA 可能将认证的撤销限制在特定的服务、活动或某类金融工具上。

在确定撤销认证的决定的生效日期时，ESMA 应努力将潜在的市场扰动降至最低，并设定不超过 2 年的适当适应期。

2. 在根据本条第 1 款（c）项撤销认证之前，ESMA 应考虑根据第 25q 条第 1 款（a）项、（b）项和（c）项采取措施的可能性。

如果 ESMA 发现在本条第 1 款第一子段（c）项规定的最长 6 个月的时限内未采取补救措施，或采取了不适当的措施，并在咨询了第 25 条第 3 款所述的主管机构后，ESMA 应撤销认证决定。

3. ESMA 应立即通知有关第三国主管机构有关撤销对经认证 CCP 的认证决定。

4. 如果第 25 条第 3 款所指的任何主管机构认为已满足第 1 款所述的任一条件，则其可以要求 ESMA 审查是否符合撤销对经认证 CCP 的认证或撤销对某项服务、活动或某类金融工具的认可的条件。如果 ESMA 决定不撤销对相关 CCP 的认证，则应向提出请求的机构提供充分的理由。

第 25q 条　ESMA 采取的监督措施

1. 如果 ESMA 根据第 25i 条第 5 款认为二级 CCP 犯有附件三中所列的一项违规行为，则应做出以下一项或多项决定：

（a）　要求 CCP 停止违规行为；

（b）　根据第 25j 条处以罚款；

（c）　发布公告；

（d）　根据第 25p 条撤销对 CCP 的认证，或对特定服务、活动或金融工具类别的认证。

2. ESMA 在作出第 1 款所述的决定时，应考虑到违规行为的性质和严重性，并考虑以下标准：

（a）　违规行为的持续时间和频率；

（b）　违规行为是否表明 CCP 的程序或其管理体系或内部控制存在严重或系统性缺陷；

（c）　是否曾因违规行为而引起、促成或以其他方式造成金融犯罪；

（d）　违规行为是故意还是过失造成的。

3. ESMA 应立即将根据第 1 款通过的任何决定通知相关 CCP，并将其通知相关第三国主管机构和欧盟委员会。该决定应在通过之日起 10 个工作日内在其网站上公开披露。

在作出第 1 项所述的决定时，ESMA 还应公开有关 CCP 对该决定提出上诉的权利，并说明该上诉已提出且该上诉不具有中止效力效应，以及 ESMA 的上诉委员会可以根据欧盟第 1095/2010 号条例第 60 条第 3 款的规定，暂停对有争议的决定的适用。

第四篇　对 CCP 的要求

第 1 章　组织性要求

第 26 条　一般规定

1. CCP 应具有健全的治理安排，包括清晰的组织结构，明确、透明和一致的职责范围，确定、管理、监测和报告其面临或可能面临的风险的有效程序，以及适当的内部控制机制，包括完善的行政和会计程序。

2. CCP 应采取足够有效的政策和程序，以确保遵守本条例，包括确保其管理人员和雇员遵守本条例的所有规定。

3. CCP 维持并运作的组织架构，应确保其服务和活动的连续性和有序运作。它应采用适当和相称的系统、资源和程序。

4. CCP 应将风险管理的汇报渠道与 CCP 其他业务的汇报渠道明确分开。

5. CCP 应当采用、执行和维持一项促进健全和有效的风险管理的薪酬政策，并且不得鼓励放松风险标准。

6. CCP 应持有足以应对所执行的服务和活动的复杂性、多样性和类型的信息技术系统，以确保高标准的安全性以及所维护信息的完整性和机密性。

7. CCP 应免费公开其治理安排、CCP 治理规则和清算会员的准入标准。

8. CCP 应经常接受独立审计。这些审计的结果应传达给董事会,并应提供给主管机构。

9. 为了确保本条的一致适用性,ESMA 在咨询 ESCB 成员之后,应制订监管技术标准草案,规定第 1~8 款所指规则和治理安排的最低限度内容。

ESMA 应在 2012 年 9 月 30 日之前将这些监管技术标准草案提交给委员会。

根据欧盟第 1095/2010 号条例第 10~14 条的规定,委员会有权通过第一子段中提到的监管技术标准。

第 27 条　高级管理层和董事会

1. CCP 的高级管理人员应有足够良好的声誉,并应有足够的经验,以确保 CCP 得到稳健和审慎的管理。

2. CCP 应设有一个董事会。该董事会的至少三分之一、不少于两名成员应是独立的。清算会员的客户代表应被邀请参加与第 38 条和第 39 条有关的事宜的董事会会议。董事会独立成员和其他非执行成员的报酬不应与 CCP 的业务绩效挂钩。

CCP 董事会成员,包括其独立成员,应有足够良好的声誉,并在金融服务、风险管理和清算服务方面具有足够的专业知识。

3. CCP 应明确董事会的角色和职责,并将董事会会议记录提供给主管机构和审计师。

第 28 条　风险委员会

1. CCP 应建立一个风险委员会,该委员会应由其清算会员代表、董事会独立成员和客户代表组成。风险委员会可以邀请 CCP 的职员和外部独立专家以无表决权的身份参加风险委员会会议。主管机构可以申请以无表决权的身份参加风险委员会的会议,并应适当获知风险委员会的活动和决定。风险委员会的建议应不受 CCP 管理层的任何直接影响。代表小组中的任何一个都不得在风险委员会中享有多数席位。

2. CCP 必须明确任务授权、确保其独立性的治理安排、操作程序、准入标准和风险委员会成员的选举机制。治理安排应公示，并且至少应确定风险委员会由董事会的独立成员主持，直接向董事会报告并举行定期会议。

3. 风险委员会应就可能影响 CCP 风险管理的任何安排向董事会提供建议，如其风险模型的重大变化、违约程序、接受清算会员的标准、新类别工具的清算或职能外包等。CCP 的日常运作不需要风险委员会的建议。应作出合理的努力，就影响紧急情况下影响 CCP 风险管理的发展事态发展向风险委员会征询意见。

4. 在不影响主管机构被适当告知的权利的情况下，风险委员会的成员应受保密义务的约束。如果风险委员会主席确定某成员在某一特定问题上存在实际或潜在利益冲突，则该成员不得对该问题进行表决。

5. 如果董事会决定不遵循风险委员会的建议，则 CCP 应立即将该决定通知主管机构。

第 29 条　记录保存

1. CCP 应将有关所提供的服务和业务活动的所有记录保存至少 10 年，以使主管机构能够监控 CCP 对本条例的遵守情况。

2. 在任何合约终止后，CCP 应对其已处理的所有合约的所有信息至少保留 10 年。该信息至少应使该 CCP 进行清算之前能够识别交易的原始条款。

3. CCP 应根据主管机构的要求向 ESMA 和 ESCB 的相关成员提供第 1 款和第 2 款所指的记录和信息以及有关已清算合约的头寸的所有信息（不论交易的执行场所）。

4. 为确保本条的一致适用性，ESMA 应制订监管技术标准草案，具体规定第 1~3 款中提及的要保留的记录和信息的细节。

ESMA 应在 2012 年 9 月 30 日之前将这些监管技术标准草案提交给委员会。

根据欧盟第 1095/2010 号条例第 10~14 条的规定，委员会有权通过第一子段中提到的监管技术标准。

5. 为了确保第 1 款和第 2 款适用时的统一条件，ESMA 应制订实施技术标准草案，具体说明要保留的记录和信息的格式。

ESMA 应在 2012 年 9 月 30 日之前将这些实施技术标准草案提交给委员会。

根据欧盟第 1095/2010 号条例第 15 条的规定，委员会有权批准第一子段中提到的实施技术标准。

第 30 条 合格持股的股东和会员

1. 主管机构不得向 CCP 授权，除非其已获知持有（无论直接还是间接持股，也无论自然人还是法人）合格股份的股东或会员的身份以及持股量。

2. 考虑到需要确保对 CCP 进行合理和谨慎的管理，如果主管机构对 CCP 中持有合格股份的股东或会员的适用性不满意，则主管机构应拒绝向该 CCP 授权。

3. 如果 CCP 与其他自然人或法人之间存在紧密联系，则只有在该等联系不妨碍有效行使主管机构的监督职能时，主管机构才应向其授权。

4. 如果第 1 款所指人员施加的影响很可能损害 CCP 的稳健和审慎的管理，则主管机构应采取适当措施（包括撤销对 CCP 的授权）终止这种情况。

5. 如果某第三国用于治理与 CCP 具有密切联系的一个或多个自然人或法人的法律、条例或行政规定或其执行中遇到的困难妨碍了主管机构有效行使监督职能，则主管机构应拒绝授权。

第 31 条 给主管机构的信息

1. CCP 应将其管理的任何变更通知其主管机构，并应向主管机构提供为评估对第 27 条第 1 款和第 27 条第 2 款第二子段的合规性所必需的所有信息。

如果某一董事会成员的行为可能损害 CCP 的稳健和审慎管理，则主管机构应采取适当措施，包括将该成员从董事会中撤职。

2. 如果任何自然人、法人或共同行动的此类人士（以下简称拟议收购方）已决定直接或间接收购 CCP 的合格股份，或进一步直接或间接增加 CCP 中的此类合格股份，而导致其表决权或所持股本的比例将达到或超过 10%、20%、30% 或 50%，或导致 CCP 将成为其子公司（以下简称拟议收购），则其应首先以书面形式将其有关寻求收购或增加合格股份的意向通知 CCP 主管机构，并说明拟议持股规模和第 32 条第 4 款所述的相关信息。

如果任何自然人或法人已决定直接或间接处置 CCP 中的合格股份（以下简称拟议出售方），则应首先书面通知主管机构，并说明该股份的规模。如果该人员还决定减少合格股份的持股量，而导致其表决权或所持股本的比例降至 10%、20%、30% 或 50% 以下或导致该 CCP 不再是该人员的子公司，则也应以相同方式通知主管机构。

在任何情况下，主管机构应在收到本款所指的通知和第 3 款所指的信息后的 2 个工作日内，迅速以书面形式向拟议收购方或拟议出售方确认收到通知和信息。

主管机构应自收到通知书及根据第 32 条第 4 款所述的清单而需随附于通知书的所有文件的书面确认之日起最多 60 个工作日的评估期内执行第 32 条第 1 款规定的评估。

主管机构应在确认收到通知书和文件时将评估期的到期日通知拟议收购方或拟议出售方。

3. 主管机构可以在评估期内（视需要而定，但不得迟于评估期的第 50 个工作日），请求提供任何其他的信息来完成评估。此类请求应以书面形式提出，并应指明所需的其他信息。

在主管机构要求提供信息之日至收到拟议收购方的答复之日之间，不应计入评估期。中断时间不得超过 20 个工作日。主管机构对信息补充或澄清的任何进一步请求应由其自行决定，但不得导致评估期中断。

4. 主管机构可以将第 3 款第二子段提到的中断时间延长至 30 个工作日，但前提是拟议收购方或拟议出售方是

（a）　位于欧盟之外或受欧盟之外地区的约束；

（b）　不受以下法律和指令之监督的自然人或法人：本条例，或第
　　　　73/239/EEC 号指令、1992 年 6 月 18 日理事会关于协调与人寿

保险以外的直接保险有关的法律[①]、条例和行政规定的第 92/49/EEC 号指令，或者第 2002/83/EC 号、第 2003/41/EC 号、第 2004/39/EC 号、第 2005/68/EC 号、第 2006/48/EC 号、第 2009/65/EC 号或第 2011/61/EU 号指令。

5. 如果主管机构在完成评估后决定反对拟议收购，则应在 2 个工作日内（不超过评估期限）以书面形式通知拟议收购方，并提供作出该决定的理由。主管机构应据此通知第 18 条所指的监管专家组。在遵守国家法律的前提下，应拟议收购方的要求，可以向公众公开作出适当声明来解释该决定的原因。但是，成员国可以允许主管机构在拟议收购方未要求的情况下进行此类披露。

6. 如果主管机构在评估期内未反对拟议收购，则该拟议收购应视为已被批准。

7. 主管机构可以为完成拟议收购规定最大期限，并酌情延长该期限。

8. 成员国不得对直接或间接取得表决权或资本的通知和批准提出比本条例规定更严格的要求。

第 32 条 评估

1. 主管机构在评估第 31 条第 2 款规定的通知和第 31 条第 3 款提及的信息时，为确保对拟议收购所涉及的 CCP 进行稳健和审慎的管理，并考虑到拟议收购方可能对 CCP 产生的影响，应针对以下所有方面评估拟议收购方的合适性和拟议收购的财务稳定性：

（a） 拟议收购方的声誉和财务状况；

（b） 因拟议收购而将领寻 CCP 业务的任何人士的声誉和经验；

（c） CCP 是否有能力遵守并继续遵守本条例；

（d） 是否有合理的理由怀疑正在或已经实施或试图实施第 2005/60/EC 号指令第 1 条所指的与拟议收购有关的洗钱或恐怖主义融资

[①] OJ L 228，1992 年 8 月 11 日，第 1 页。

活动，或收购可能增加其风险。

在评估拟议收购方的财务稳健性时，主管机构应特别注意拟议收购的 CCP 中所追求和设想的业务类型。

在评估 CCP 遵守本条例的能力时，主管机构应特别注意收购后 CCP 所属的集团在架构上是否支持监管工作的有效开展、是否能在多家主管机构之间进行有效的信息交流并确定各主管机构之间的职责分工。

主管机构在对第 31 条第 2 款规定的通知和第 31 条第 3 款所指信息的评估时应受制于监管专家组根据第 19 条提供的意见。

2. 主管机构只有在根据第 1 款规定的标准有合理理由提出反对的情况下，或者在拟议收购方提供的信息不完整的情况下，才可以反对拟议收购。

3. 成员国不得就应获得的控股水平规定任何先决条件，也不得允许其主管机构根据市场的经济需求审查拟议收购。

4. 成员国应公开提供一份清单，列出进行评估所需的信息（该等信息应在第 31 条第 2 款所指的通知之时提供给主管机构）。所需信息应与拟议收购方和拟议收购的性质相匹配和相适应。成员国不得要求提供与审慎评估无关的信息。

5. 尽管有第 31 条第 2、第 3、第 4 款的规定，如果主管机构获知两个或多个有关收购或增加同一 CCP 的合格股份的提案，则主管机构应将以非歧视的方式平等对待所有拟议收购方。

6. 如果拟议收购方有下列情形之一的，相关主管机构在进行评估时应密切配合：

（a） 拟议收购方是在另一成员国中经授权的另一 CCP、信贷机构、担保机构、保险机构、再保险机构、投资公司、市场运营商、证券结算系统的运营商、UCITS 管理公司或 AIFM；

（b） 拟议收购方是另一成员国中经授权的另一 CCP、信贷机构、担保机构、保险机构、再保险机构、投资公司、市场运营商、证券结算系统的运营商、UCITS 管理公司或 AIFM 的母公司；

（c） 拟议收购方是控制另一 CCP、信贷机构、担保机构、保险机构、再保险机构、投资公司、市场运营商、证券结算系统的运营商、UCITS 管理公司或 AIFM 的自然人或法人。

7. 主管机构应毫不延迟地向彼此提供与评估有关或至关重要的任何信息。主管机构应要求相互传达所有相关信息，并应主动传达所有基本信息。向拟议收购所涉及的 CCP 授权的主管机构作出的决定，应说明负责拟议收购方的主管机构表达的任何观点或保留意见。

第 33 条 利益冲突

1. CCP 应维持并执行有效的书面组织和行政安排，以确定和管理其自身（包括其管理人员、雇员或任何直接或间接控制或有密切联系的人士）与 CCP 的清算会员或其已知客户之间的任何潜在利益冲突。它应维持并执行适当的程序，以解决可能的利益冲突。

2. 如果 CCP 用于管理利益冲突的组织或行政安排不足以合理确信地确保防止损害清算会员或客户利益的风险，则在接受该清算会员的新交易前，应向该清算会员明示披露利益冲突的一般性质或利益冲突的来源。如果 CCP 知道客户的情况，则 CCP 应当通知客户和与其有关的清算会员。

3. 如果 CCP 是母公司或子公司，则书面安排还应考虑 CCP 知道或应该知道的、因与其有母公司或子公司关系的其他公司的结构及业务活动而可能导致利益冲突的任何情况。

4. 根据第一款确定的书面安排应包括以下内容：

（a） 构成或可能引起利益冲突并导致重大风险（一个或多个清算会员或客户的利益受到损害）的情况；

（b） 处理此类冲突应遵循的程序和应采取的措施。

5. CCP 应采取一切合理步骤，以防止滥用其系统中保存的信息，并应防止将该信息用于其他业务活动。未经机密信息所属客户的事先书面同意，与 CCP 有密切联系的自然人或与 CCP 有母公司或子公司关系的法人，不得将该 CCP 中记录的该等机密信息用于任何商业目的。

第 34 条　业务连续性

1. CCP 应制订、执行和维持适当的业务连续性政策和灾后恢复计划,以确保维护其职能、及时恢复业务和履行 CCP 的义务。该计划至少应能够在中断时恢复所有交易,以使 CCP 能够确定地继续运营并在预定日期完成结算。

2. CCP 应制定、执行和维持适当的程序,以确保在根据第 20 条的决定撤销授权的情况下,及时有序地清算或转移客户和清算会员的资产和头寸。

3. 为了确保本条的一致适用性,ESMA 应在咨询 ESCB 成员后,制订监管技术标准草案,规定业务连续性政策和灾后恢复计划的最低限度内容和要求。

ESMA 应在 2012 年 9 月 30 日之前将这些监管技术标准草案提交给委员会。

根据欧盟第 1095/2010 号条例第 10~14 条的规定,委员会有权通知第一子段中提到的监管技术标准。

第 35 条　外包

1. 如果 CCP 将业务职能、服务或活动外包,则应继续全面负责履行本条例规定的所有义务,并应始终确保

（a）　外包不会导致其责任的下放;

（b）　CCP 与其清算会员或客户（如相关）的关系和对其的义务没有改变;

（c）　CCP 授权的条件没有有效改变;

（d）　外包不会妨碍监督和监管职能的行使,包括现场获取履行这些任务所需的任何相关信息的机会;

（e）　外包并不会使 CCP 失去必要的系统和控制手段来管理其面临的风险;

（f）　服务提供商执行与本条例规定的 CCP 必须达到的业务连续性要求相同的要求;

（g）　CCP 保留必要的专业知识和资源,以评估所提供服务的质量以

及服务提供商的组织和资本充足率，并有效地监督外包职能并管理与外包相关的风险，并对这些职能进行监督和持续管理这些风险；

（h） CCP 可以直接查看外包职能的相关信息；

（i） 服务提供商在外包活动方面与主管机构合作；

（j） 服务提供商应保护与 CCP 及其清算会员和客户有关的任何机密信息，或者如果该服务提供商成立于第三国，则服务提供商应确保该第三国的数据保护标准或相关各方之间达成的协议中约定的数据保护标准与欧盟现行的数据保护标准是不相上下的。

CCP 不得将与风险管理相关的主要活动进行外包，除非此类外包获得主管机构的批准。主管机构的决定应受制于监管专家组根据第 19 条给出的意见。

2. 主管机构应要求 CCP 在书面协议中明确分配和列出其权利义务以及服务提供者的权利义务。

3. CCP 应根据要求提供一切必要信息，以使主管机构能够评估外包活动的履行是否符合本条例。

第 2 章　商业行为规则

第 36 条　一般规定

1. CCP 在向其清算会员及其客户（如相关）提供服务时，应根据此类清算会员和客户的最佳利益，并基于合理的风险管理，公平且专业地采取行动。

2. CCP 应制定公开、透明和公平的规则，以迅速处理投诉。

第 37 条　参与要求

1. 当风险委员会根据第 28 条第 3 款给出建议，CCP 应根据该建议，针对每种清算产品类型（如适当），设置清算会员类别和准入标准。此类标准应是非歧视性的、透明的和客观的，以确保公平公开地参与 CCP，并应确保清算会员具有足够的金融资源和运营能力以履行因参与 CCP 而产生的义务。限制参与的标准应仅在其目的是控制 CCP 风险的范围内才允许。

2. CCP 必须确保第 1 款所指标准在应用过程中得到了持续的满足，并应及时获得与该评估有关的信息。CCP 应至少每年进行一次全面的审查，以检查其清算会员是否遵守本条。

3. 代理客户清算交易的清算会员应具有必要的额外金融资源和运营能力来执行此活动。CCP 针对清算会员制定的规则应允许其收集相关的基本信息，以识别、监控和管理与向客户提供服务有关的相关风险集中度。清算会员应根据要求将其允许客户使用其服务的标准和安排告知 CCP。确保客户履行其义务的责任应由清算会员承担。

4. 对于不再符合第 1 款所述标准的清算会员，CCP 应制定客观透明的程序来中止此类会员资格并使此类会员有序退出。

5. 只有在充分给出书面说明并基于全面风险分析的基础上，CCP 才能拒绝符合第 1 款所述标准的清算会员。

6. CCP 可以对清算会员施加特定的额外义务，如参与违约清算会员的头寸的拍卖。此类额外义务应与清算会员带来的风险成比例，并且不应将参与限制在某些类别的清算会员中。

第 38 条　透明度

1. CCP 及其清算会员应公开披露与所提供服务有关的价格和费用。它们应分别披露所提供的每项服务的价格和费用，包括折扣、返利以及享受此类优惠的条件。CCP 应允许其清算会员及其客户（如果相关）单独接入提供的特定服务。

CCP 应分别核算所提供服务的成本和收入，并应向主管机构披露该信息。

2. CCP 应向清算会员和客户披露与所提供服务有关的风险。

3. CCP 应向其清算会员和主管机构披露用于计算其对清算会员的日终敞口的价格信息。

CCP 应公开披露由 CCP 清算的各类工具的清算总量。

4. CCP 应公开披露与通信协议有关的操作和技术要求（其中包括与第三方互动所使用的内容和信息格式），包括第 7 条中提到的操作和技术要求。

5. CCP 应公开披露清算会员违反第 37 条第 1 款所述标准和本条第 1 规定的要求的任何违规行为，除非主管机构在咨询 ESMA 之后认为此类披露会对金融稳定或市场信心构成威胁，或严重危害金融市场或对有关各方造成不成比例的损害。

6. CCP 应向其清算会员提供计算工具，使其能够确定其在清算新交易时可能需要向 CCP 缴纳的额外初始保证金总额。该工具只能在安全访问的基础上使用，模拟结果不具有约束力。

7. CCP 应向其清算会员提供有关其使用的初始保证金模型的信息。该信息应

（a）　清楚地解释初始保证金模型的设计及其运作方式；

（b）　清楚地描述初始保证金模型的主要假设和局限性以及这些假设不再有效的情况；

（c）　记录在案。

第 39 条　分离和可转移

1. CCP 应当保留单独的记录和账户安排，使其能够在任何时候毫不延迟地在 CCP 的账户中将以下各项进行区分：某一清算会员账户持有的资产和头寸、任何其他清算会员账户持有的资产和头寸，以及 CCP 自身的资产。

2. CCP 应提供单独的记录和账户安排，以使每个清算会员能够在 CCP 的账户中将该清算会员的资产和头寸与为其客户的账户所持有的资产和头寸进行区分（以下简称综合客户隔离）。

3. CCP 应提供单独的记录和账户安排，以使每个清算会员可以在 CCP 的账户中将其为一个客户账户持有的资产和头寸与为其他客户账户持有的资产和头寸进行区分（以下简称单独客户隔离）。根据要求，CCP 应为清算会员提供以自己的名义或以客户名义开设更多账户的可能性。

4. 清算会员应保留单独的记录和账户安排，以便在 CCP 的账户和在其自己账户中，清算会员能够将其自有的资产和头寸与在 CCP 账户中为其客户持有的资产和头寸进行区分。

5. 清算会员应至少向其客户提供综合客户隔离和单独客户隔离两个选项，并告知他们每个选项对应的成本和保护级别（如第 7 款所述）。客户应以书面形式确认其选择。

6. 如果客户选择单独客户隔离，则任何超出客户要求的保证金也应存入 CCP，并与其他客户或清算会员的保证金进行区分，该超过要求的保证金不得用于弥补另一账户中记录头寸的相关损失。

7. CCP 和清算会员应公开披露其提供的不同级别隔离的保护水平和相关费用，并应基于合理的商业条款提供这些服务。不同隔离级别的详细信息应包括对所提供的各个隔离级别的主要法律含义的说明，包括有关适用司法管辖区的破产法的信息。

8. 根据欧洲议会和欧盟理事会 2002 年 6 月 6 日关于金融抵押品安排的第 2002/47/EC 号指令[①] 第 2 条第 1 款（c）项的规定，CCP 应有权使用通过担保金融抵押安排收取的保证金或清算基金缴款，但条件是在其经营规则中规定此类安排的使用。清算会员应以书面形式确认其接受经营规则。CCP 应公开披露该使用权，该使用权应按照第 47 条的规定行使。

9. CCP 隔离资产和头寸的要求如下：

（a） 资产和头寸分别记录在单独的账户中；

（b） 不得将不同账户中记录的头寸进行轧差；

（c） 涵盖一个账户中记录头寸的资产不会用于弥补与另一个账户中记录头寸有关的损失。

10. 资产是指为担保头寸而持有的抵押品，包括与该抵押品等价的资产转移权或变现任何抵押品的收益，但不包括清算基金金缴款。

---

① OJ L 168，2002 年 6 月 27 日，第 43 页。

11. 成员国的国家破产法不应阻止 CCP 按照第 48 条第 5、第 6、第 7 款就本条第 2~5 款所述账户中记录的资产和头寸采取行动。

第 3 章 审慎要求

第 40 条 风险敞口管理

CCP 应以接近实时的方式衡量和评估其对每个清算会员的流动性和信用风险,并在相关情况下,衡量和评估其对与之达成互操作性安排的另一个 CCP 的流动性和信用风险。CCP 应在不歧视的基础上及时获取有关的定价来源,以有效地衡量其风险敞口。这项工作应在合理的成本基础上进行。

第 41 条 保证金要求

1. CCP 应向其清算会员以及与其有互操作性安排的 CCP 征收、催收和收取保证金,以限制其信用风险敞口。此类保证金应足以覆盖 CCP 估计在相关头寸清偿之前可能发生的潜在风险敞口。它们还应足以覆盖在适当的时间范围内因至少 99% 的风险敞口变动造成的损失,并且应确保 CCP 至少每天就与所有清算会员以及与其有互操作性安排的 CCP(若适用)相关风险进行充分抵押。CCP 应定期监测并在必要时修订其保证金水平,以反映当前的市场状况,同时考虑到这种修订可能产生的任何潜在的顺周期影响。

2. CCP 在设置保证金要求时,采用的模型和参数应能捕捉清算产品的风险特征,并考虑到保证金收取的间隔、市场流动性以及交易期间变化的可能性。模型和参数应由主管机构进行验证,并应受制于第 19 条项下提供的意见。

3. CCP 应在日间催收和收取保证金,至少在超过预先设定的阈值时应是如此。

4. CCP 应催收并收取足够的保证金,以覆盖因按照第 39 条在特定金融工具下在每个账户中登记的头寸而产生的风险。CCP 可计算金融工具组合的保证金,所使用的方法必须是审慎和稳健的。

5. 为确保本条的一致适用性,ESMA 应在咨询 EBA 和 ESCB 之后,制订监管技术标准草案,具体规定清算期的适当百分比和时间范围,以及对不同类别的金融工具的历史波动率（如第 1 款所述）的计算，同时考虑到限制顺周期性的目标，以及可以实施第 4 款所述的投资组合保证金做法的条件。

ESMA 应在 2012 年 9 月 30 日之前将这些监管技术标准草案提交给委员会。

根据欧盟第 1095/2010 号条例第 10~14 条的规定，委员会有权通过第一子段中提到的监管技术标准。

第 42 条　清算基金

1. 为了进一步限制 CCP 对清算会员的信用风险敞口，CCP 应当保有预缴的清算基金，以覆盖因一个或多个清算会员违约（包括启动破产程序）而产生的损失超出第 41 条规定的保证金要求所涵盖的损失的部分。

CCP 应规定一个最低金额，在任何情况下，清算基金的规模都不得低于该金额。

2. CCP 应确定对清算基金的最小缴款额和单个清算会员的缴款的计算标准。缴款额应与每个清算会员的风险敞口成正比。

3. 清算基金至少应使 CCP 在极端但合理的市场条件下承受其最大风险敞口的清算会员的违约，或者在第二大和第三大清算会员的风险敞口总和更大的情况下，承受第二大和第三大清算会员的违约。CCP 应制定极端但合理的市场场景。这些假设场景应包括 CCP 为其提供服务的市场所经历的最不稳定的时期以及未来可能出现的一系列假设情况，其中应考虑到金融资源的突然出售和市场流动性迅速减少的情况。

4. CCP 可以为其清算的不同工具类别设置多个清算基金。

5. 为了确保本条的一致适用性，ESMA 应与 ESCB 进行密切合作，并在征询 EBA 的意见后，制订监管技术标准草案，具体规定用于定义第 3 款所指的极端但合理的市场条件的框架。该框架应在确定清算基金和第 43 条所指的其他金融资源时使用。

ESMA 应在 2012 年 9 月 30 日之前将这些监管技术标准草案提交给委

员会。

根据欧盟第 1095/2010 号条例第 10~14 条的规定，委员会有权通过第一子段中提到的监管技术标准。

第 43 条　其他金融资源

1. CCP 应维持足够的预备可用金融资源，以覆盖超出第 41 条所规定的保证金要求和第 42 条所述的清算基金所应承担的损失的潜在损失。此类预备的金融资源应包括 CCP 的专用资源，应可供 CCP 自由使用，且不得用于满足第 16 条所规定的资本要求。

2. 第 42 条所述的清算基金和本条第 1 款所述的其他金融资源之和，应始终使 CCP 能够在极端但合理的市场条件下，至少经受住具有最大风险敞口的两个清算会员的违约。

3. CCP 可要求非违约清算会员在另一清算会员违约的情况下提供额外资金。CCP 的清算会员对 CCP 的风险敞口应是有限的。

第 44 条　流动性风险控制

1. CCP 应始终有权获得足够的流动性以执行其服务和活动。为此，如果无法立即获得可动用的金融资源，它应获得必要的信贷额度或类似安排，以满足其流动性需求。清算会员、该清算会员的母公司或子公司所提供的信贷额度不得超过 CCP 所需信贷额度的 25%。

CCP 应每天衡量其潜在的流动性需求。它应考虑到至少两个风险敞口最大的清算会员的违约产生的流动性风险。

2. 为确保本条的一致适用性，ESMA 应在咨询有关机构和 ESCB 成员后，制订监管技术标准草案，具体规定 CCP 根据第 1 款规定应承受的流动性风险的框架。

ESMA 应在 2012 年 9 月 30 日之前将这些监管技术标准草案提交给委员会。

根据欧盟第 1095/2010 号条例第 10~14 条的规定，委员会有权通过第一子段中提到的监管技术标准。

第 45 条　瀑布式违约处置

1. CCP 应在使用其他金融资源之前，优先使用违约清算会员缴纳的保证金来覆盖损失。

2. 如果违约清算会员缴纳的保证金不足以覆盖 CCP 发生的损失，则 CCP 应使用违约会员的清算基金缴款来覆盖这些损失。

3. 只有在用尽了违约清算会员的缴款后，CCP 才可使用非违约清算会员的清算基金缴款和第 43 条第 1 款所述的任何其他金融资源。

4. CCP 在使用非违约清算会员的清算基金缴款之前，应使用专用的自有资源。CCP 不得使用非违约清算会员缴纳的保证金来覆盖另一清算会员违约所造成的损失。

5. 为确保本条的一致适用性，ESMA 应在咨询相关主管机构和 ESCB 成员后，制订监管技术标准草案，规定 CCP 自有资源的计算和维护方法，并按照第 4 款的规定使用。

ESMA 应在 2012 年 9 月 30 日之前将这些监管技术标准草案提交给委员会。

根据欧盟第 1095/2010 号条例第 10~14 条的规定，委员会有权通过第一子段中提到的监管技术标准。

第 46 条　抵押品要求

1. CCP 应接受具有高度流动性的抵押品，并将其信用和市场风险降到最低，以覆盖其对清算会员的初始和持续风险。对于非金融交易对手，CCP 可以接受银行担保，在计算 CCP 对银行清算会员的敞口时，应考虑到此类担保。CCP 应对资产价值进行适当的扣减，以反映资产在上次估值的时点到可以合理地假定其已平仓的时点之间的时间区间内价值下降的可能性。它应考虑市场参与者违约后的流动性风险，以及在确定可接受的抵押品和相关扣减时可能导致的某些资产的集中风险。

2. CCP 可以在适当且足够谨慎的情况下，接受产生 CCP 风险敞口的衍生品合约的标的物或金融工具作为抵押品，以满足其保证金要求。

3.为了确保本条的一致适用性，ESMA 应在咨询 EBA、ESRB 和 ESCB 之后，制订监管技术标准草案，其中规定

（a） 可以被认为具有高度流动性的抵押品类型，如现金、黄金、政府和优质公司债券以及担保债券；

（b） 第 1 款所指的扣减；

（c） 根据第 1 款可以接受商业银行担保作为抵押品的条件。

ESMA 应在 2012 年 9 月 30 日之前将这些监管技术标准草案提交给委员会。

根据欧盟第 1095/2010 号条例第 10~14 条的规定，委员会有权通过第一子段中提到的监管技术标准。

第 47 条　投资政策

1.CCP 应仅将其金融资源投资于现金或流动性极强的金融工具，而将其市场和信用风险降至最低。CCP 的投资应能迅速变现，并将对价格的不利影响降到最低。

2.未按照第 1 款进行投资的资本金额，包括 CCP 的留存收益和储备金，不得用作第 16 条第 2 款或第 45 条第 4 款的目的。

3.以保证金或清算基金缴款形式过账的金融工具应在可行的情况下，存放于证券结算系统，以确保对这些金融工具的充分保护。此外，还可以使用与经授权金融机构达成的其他高度安全的安排。

4.CCP 的现金存款应通过与经授权金融机构达成的高度安全的安排进行，或者通过使用中央银行的定期存款设施或中央银行规定的其他类似方式进行。

5.如果 CCP 将资产存入第三方，则应确保属于清算会员的资产与属于 CCP 的资产和属于该第三方的资产分开识别，方法是在第三方账簿上开立不同名称的账户，或采取其他同等保护措施。CCP 应在需要的时候，及时调取金融工具。

6.CCP 不得将其资本或根据第 41 条、第 42 条、第 43 条或第 44 条的

规定所产生的款项投资于自己的证券或其母公司或其子公司的证券。

7. CCP 在作出投资决定时，应考虑其对单个债务人的整体信用风险敞口，并应确保其对任何单个债务人的整体风险敞口保持在可接受的集中度范围内。

8. 为了确保本条的一致适用性，ESMA 应在与 EBA 和 ESCB 协商后，制订监管技术标准草案，具体规定第 1 款所指的可被认为具有高流动性、信用和市场风险最小的金融工具、第 3 款和第 4 款提及的高度安全的安排以及第 7 款提及的集中度限制。

ESMA 应在 2012 年 9 月 30 日之前将这些监管技术标准草案提交给委员会。

根据欧盟第 1095/2010 号条例第 10~14 条的规定，委员会有权通过第一子段中提到的监管技术标准。

第 48 条　违约程序

1.CCP 应针对清算会员未在规定的时限内遵守第 37 条规定的 CCP 参与要求或者未遵守 CCP 设立的程序的情况，设立详细的程序以供遵守。CCP 应详细规定在其未宣布清算会员违约时应遵循的程序。这些程序应每年进行审查。

2. CCP 应采取迅速行动，以遏制由违约而造成的损失和流动性压力，并应确保任何清算会员的平仓不会干扰其运作，也不会使非违约清算会员遭受他们无法预期或控制的损失。

3. 如果 CCP 认为清算会员将无法履行其未来义务，则应在宣布或触发违约程序之前迅速通知主管机构。主管机构应立即将该信息传达给 ESMA、ESCB 的有关成员以及负责监督违约清算会员的机构。

4. CCP 应验证其违约程序是否可执行。其应采取一切合理的措施，以确保其拥有合法的权利来对违约清算会员的专有头寸进行平仓，以及有权转移或平仓违约清算会员的客户头寸。

5. 如果 CCP 按照第 39 条第 2 款的方式记录被违约清算会员的客户账户

持有的资产和头寸，则 CCP 至少应通过合约承诺，经所有客户要求后（无需违约清算会员的同意），可启动资产和头寸的转移程序，将违约清算会员为所有这些客户账户所持有的资产和头寸转移到所有这些客户指定的另一清算会员。该清算会员只有在其先前与客户建立了合约关系并承诺接受这些资产和头寸的情况下，才有义务接受这些资产和头寸。如果在 CCP 的操作规则规定的预定转让期限内，因任何原因未向该清算会员转让，则 CCP 可采取其规则允许的一切措施，积极管理与这些头寸有关的风险，包括对违约清算会员为其客户持有的资产和头寸进行平仓。

6. 如果 CCP 按照第 39 条第 3 款的方式记录被违约清算会员的客户账户持有的资产和头寸，则 CCP 至少应通过合约承诺，经单个客户要求后（无须违约清算会员的同意），启动资产和头寸的转移程序，将违约清算会员为该客户账户所持有的资产和头寸转移到该客户指定的另一清算会员。该清算会员只有在其先前与客户建立了合约关系并承诺接受这些资产和头寸的情况下，才有义务接受这些资产和头寸。如果在 CCP 的操作规则规定的预定转让期限内，因任何原因未向该清算会员转让，则 CCP 可采取其规则允许的一切措施，积极管理与这些头寸有关的风险，包括对违约清算会员为其客户持有的资产和头寸进行平仓。

7. 根据第 39 条第 2、第 3 款区分的客户抵押品应专门用于覆盖为其账户持有的头寸。CCP 在完成清算会员的违约管理流程后，应将 CCP 所欠的任何余额立即退还给客户（如果 CCP 知道该等客户）或者通过清算会员退至其客户的账户（如果 CCP 不知道该等客户）。

第 49 条　模型审查、压力测试和回溯测试

1. CCP 应定期审查用于计算其保证金要求、清算基金缴款、抵押品要求和其他风险控制机制的模型和参数。其应对模型进行严格而频繁的压力测试，以评估其在极端但合理的市场条件下的应变能力，并应进行回溯测试，以评估所采用方法的可靠性。CCP 必须获得独立的验证，将执行的测试结果告知其主管机构和 ESMA，并应在对模型和参数进行任何重大更改之前，

按照第 1a、第 1b、第 1c、第 1d 和第 1e 款获得其验证。

所采用的模型和参数（包括对其进行的任何重大更改）均应按照以下规定，征求监管专家组的意见。

ESMA 必须确保将有关压力测试结果的信息传递给 ESA、ESCB 和单一处置方案委员会，以使他们能够评估金融企业面临的 CCP 违约的风险。

1a. 如果 CCP 打算对第 1 款中提及的模型和参数进行任何重大更改，则应向主管机构和 ESMA 申请对该更改进行验证。CCP 应对其申请的预期变更进行独立验证。主管机构和 ESMA 均应向 CCP 确认申请是否完整。

1b. 在收到完整申请后的 50 个工作日内，主管机构和 ESMA 应分别对重大变更进行风险评估，并向根据第 18 条设立的监管专家组提交报告。

1c. 在收到第 1b 款所指的报告后的 30 个工作日内，监管专家组应根据第 19 条第 3 款进行多数表决。虽有第 1e 款规定的临时采用，但在监管专家组未通过意见审定之前，主管机构不得做出模型和参数重大更改通过或未通过验证的决定，除非监管专家组未在期限内提供意见。

1d. 在收到第 1a 款所指的申请后的 90 个工作日内，主管机构和 ESMA 均应将是否通过验证的决定（包括具有充分理由的解释）以书面形式通知 CCP 并相互告知对方。

1e. CCP 在获得其主管机构和 ESMA 的验证之前，不得对第 1 款中提到的模型和参数进行任何重大更改。主管机构与 ESMA 达成协议后，可以在适当的验证之前允许临时采用这些模型或参数的重大更改。

2. CCP 应定期测试其违约程序的关键方面，并采取所有合理措施，以确保所有清算会员都理解它们，并有适当的安排应对违约事件。

3. CCP 应公开披露有关其风险管理模型和为进行第 1 款所述压力测试所采用的假设的关键信息。

4. 为了确保本条的一致适用性，ESMA 应在咨询 EBA、其他有关主管机构和 ESCB 成员后，制订监管技术标准草案，其中规定

（a） 针对不同类别的金融工具和投资组合进行的测试类型；

（b） 清算会员或其他当事方是否参与测试；

（c） 测试的频率；

（d） 测试的时间范围；

（e） 第 3 款所指的关键信息。

ESMA 应在 2012 年 9 月 30 日之前将这些监管技术标准草案提交给委员会。

根据欧盟第 1095/2010 号条例第 10~14 条的规定，委员会有权通过第一子段中提到的监管技术标准。

5. 为确保本条适用的统一条件，ESMA 应在与 EBA、其他有关主管机构和 ESCB 成员协商后，制订监管技术标准草案，具体规定第 1 款所指的模型和参数在何种条件下属于发生重大变更。

ESMA 应在 2021 年 1 月 2 日之前将这些监管技术标准草案提交给委员会。

根据欧盟第 1095/2010 号条例第 10~14 条的规定，委员会有权通过第一子段中提到的监管技术标准。

第 50 条　结算

1. CCP 应在实际和可行的情况下，使用中央银行货币结算其交易。不使用中央银行货币的，应当采取措施严格限制现金结算风险。

2. CCP 应明确说明其在金融工具交割方面的义务，包括是否有义务进行金融工具的交割或接受金融工具的交割，或者是否对参与者在交割过程中造成的损失进行赔偿。

3. 如果 CCP 有义务进行金融工具的交割或接受金融工具的交割，则其应尽可能利用券款对付机制来消除主要风险。

第 4 章　就欧盟第 575/2013 号条例而言的计算和报告

第 50a 条　K_{CCP} 的计算

1. 就欧洲议会和理事会 2013 年 6 月 26 日关于信贷机构和投资公司的

审慎要求的欧盟第 575/2013 号条例第 308 条而言 [1]，CCP 应按照本条第 2 款的规定，为其为所有清算会员清算的属于特定清算基金覆盖范围内的所有合约和交易计算 K_{CCP}。

2. CCP 应按以下方式计算假设资本（K_{CCP}）：

$$K_{CCP} = \sum_i \max\{EBRM_i - IM_i - DF_i; 0\}. \, RW. \, capital \, ratio$$

其中：

$EBRM_i$ = 风险缓释前的风险敞口数值，等于 CCP 对清算会员 i 的所有合约和交易产生的风险敞口数值，计算时不考虑该清算会员的抵押品；

IM_i = 清算会员 i 向 CCP 缴纳的初始保证金；

DF_i = 清算会员 i 的预缴资金；

RW = 20% 的风险权重；

资本比率 = 8%。

第一子段公式中的所有值应与交换当日最后一笔保证金之前的日终估值有关。

3. CCP 应至少每季度或按其清算会员机构的主管机构所要求的更高频率，进行第 2 款要求的计算。

4. 就第 3 款的目的而言，EBA 应制订实施技术标准草案，以具体说明以下内容：

（a） 第 2 款规定的计算的频率和日期；

（b） 作为清算会员的机构的主管机构可能要求比（a）项所述的计算和报告频率更高的情况。

EBA 应在 2014 年 1 月 1 日之前向委员会提交这些实施技术标准草案。

根据欧盟第 1093/2010 号条例第 15 条的规定，委员会有权通过第一子段中提到的实施技术标准。

---

[1] OJ L 176，2013 年 6 月 27 日，第 1 页。

第 50b 条 K_{CCP} 计算的一般规则

就第 50a 条第 2 款规定的计算目的而言，应遵循以下规定：

（a）　CCP 应按以下方式计算其对清算会员的风险敞口的数值：

　　（i）　对于欧盟第 575/2013 号条例第 301 条第 1 款（a）项和（d）项所列的合约和交易引起的风险敞口，应按照第 274 条规定的按市值计价的方法进行计算；

　　（ii）　对于欧盟第 575/2013 号条例第 301 条第 1 款（b）项、（c）项和（e）项所列合约和交易引起的风险敞口，应按照该条例第 223 条规定的"金融抵押品综合法"计算，并按该条例第 223 条和第 224 条规定进行监督波动性调整。该条例第 285 条第 3 款（a）项中规定的例外情况不适用；

　　（iii）　对于欧盟第 575/2013 号条例第 301 条第 1 款中未列出的交易产生的且仅涉及结算风险的风险敞口，应根据该条例第五篇第三部分进行计算；

（b）　对于属于欧盟第 575/2013 号条例范围内的机构，轧差组合与该条例第二篇第三部分所定义的轧差组合相同；

（c）　在计算（a）项中提到的数值时，CCP 应从其风险敞口中减去其清算会员所缴纳的抵押品，并根据欧盟第 575/2013 号条例第 224 条规定的"金融抵押品综合方法"适当减少监管波动性调整；

（e）　如果 CCP 有针对一个或多个 CCP 的风险敞口，则应将任何此类风险敞口都视为清算会员的风险敞口，并在计算 K_{CCP} 时包括从这些 CCP 收到的任何保证金或预缴款；

（f）　如果 CCP 与清算会员订立了具有约束力的合约安排，允许其使用从清算会员处收取的全部或部分初始保证金，视作预缴款，则 CCP 应将该初始保证金视为第 1 款中计算的预缴款，而不是初始保证金；

（h）　当采用欧盟第 575/2013 号条例第 274 条规定的"按市值计价方法"

时，CCP 应该条例第 298 条第 1 款（c）（ⅱ）项中的公式替换如下：

$$PCE_{red} = 0.15. \, PCE_{gross} + 0.85. \, NGR. \, PCE_{gross}$$

其中，NGR 的分子是根据该条例第 274 条第 1 款的规定，在结算期结束时在实际兑换变动保证金之前计算的，分母为总重置成本；

（i）　如果 CCP 无法按照欧盟第 575/2013 号条例第 298 条第 1 款（c）（ⅱ）项的规定计算 NGR 的数值，则其应

（ⅰ）　向其主管机构和其机构性清算会员的主管机构通知有关其无法计算 NGR 的事实以及其无法进行计算的原因；

（ⅱ）　在 3 个月的期限内，可以使用 0.3 作为 NGR 值，来计算本条（h）项中指定的 PCE_{red}；

（j）　如果在（i）项下（ⅱ）项指定的期限结束时，CCP 仍无法计算 NGR 的数值时，其应执行以下操作：

（ⅰ）　停止计算 K_{CCP}；

（ⅱ）　向其主管机构和其机构性清算会员的主管机构通知有关其已停止计算 K_{CCP} 的事实；

（k）　为了根据欧盟第 575/2013 号条例第 274 条规定的按市值计价方法计算期权和互换部分的潜在未来风险敞口，CCP 应将合约的名义金额乘以该条例第 280 条第 1 款（a）项下规定的期权 δ（$\delta V/\delta p$）的绝对值；

（l）　如果 CCP 拥有一个以上的清算基金，则其应针对每个清算基金分别进行第 50a 条第 2 款规定的计算。

第 50c 条　信息汇报

1. 就欧盟第 575/2013 号条例第 308 条的目的而言，CCP 应向其主管机构和其机构性清算会员的主管机构汇报以下信息：

（a）　假设资本（K_{CCP}）；

（b）　预缴款的总和（DF_{CM}）；

（c） 在使用其余清算会员的清算基金缴款（DF$_{CCP}$）之前，根据法律规定或由于与清算会员的合约协议而需要使用的预备金融资源的金额，以覆盖一个或多个清算会员违约而造成的损失；

（d） 其清算会员的总数（N）；

（e） 第 50d 条规定的集中度系数（β）。

如果 CCP 拥有一个以上的清算基金，应分别就每个清算基金汇报第一子段所述的信息。

2. CCP 应至少每季度或按照其机构性清算会员的主管机构要求的更高频率，向其机构性清算会员的主管机构进行汇报。

3. EBA 应制订实施技术标准草案，以具体说明以下内容：

（a） 用于第 1 款规定的报告的统一模板；

（b） 第 2 款规定的报告的频率和日期；

（c） 作为清算会员的机构的主管机构可能要求比（b）项所述的更高报告频率的情况。

EBA 应在 2014 年 1 月 1 日之前向委员会提交这些实施技术标准草案。

根据欧盟第 1093/2010 条例第 15 条，委员会有权通过第一子段中提到的实施技术标准。

第 50d 条 拟由 CCP 汇报的特定项目的计算

就第 50c 条目的而言，以下规定适用：

（a） 如果 CCP 的规则规定，就覆盖其一个或多个清算会员违约或破产的情况下 CCP 的损失而言，CCP 可在使用其清算会员的预缴款的同时，使用其部分或全部金融资源，则 CCP 应将该等资源的相应数额加入 DF$_{CM}$；

（b） 如果 CCP 的规则规定，在其用尽清算基金后且在要求其清算会员缴纳承诺缴款前，可用其部分或全部金融资源以覆盖因其一个或多个清算会员违约造成的损失，则 CCP 应将这些额外的金融资源（DF_{CCP}^a）的相应数额加到预缴款总额中，具体如下：

$$DF = DF_{CCP} + DF_{CM} + DF^a_{CCP}$$

（c）CCP 应根据以下公式计算集中度系数（β）：

$$\beta = \frac{PCE_{red,1} + PCE_{red,2}}{\sum_i PCE_{red,i}}$$

其中：

$PCE_{red,1}$ = 与清算会员 i 进行的 CCP 的所有合约和交易的潜在未来信用
敞口的减少数；

$PCE_{red,i}$ = 与具有最大 PCE_{red} 数值的清算会员进行的 CCP 的所有合约和
交易的潜在未来信用敞口的减少数；

$PCE_{red,2}$ = 与具有第二大 PCE_{red} 数值的清算会员进行的 CCP 的所有合约
和交易的潜在未来信用敞口的减少数。

第五篇　互操作性安排

第 51 条　互操作性安排

1. 在满足第 52 条、第 53 条和第 54 条规定的要求的情况下，CCP 可以
与另一个 CCP 签订互操作性安排。

2. 在与另一个 CCP 建立互操作性安排以向特定交易场所提供服务时，
CCP 应能在符合交易场所规定的业务和技术要求的范围内，非歧视性地从
该交易场所获得其履行职能所需的数据，并能进入相关结算系统。

3. 在签订互操作性安排或获取或准入第 1 款和第 2 款所指的数据或结
算系统时，应仅基于控制由该安排、获取或准入（直接或间接）引起的任
何风险而提出拒绝或限制。

第 52 条　风险管理

1. 达成互操作性协议的 CCP 应

（a）　制定适当的政策、程序和系统，以有效地识别、监视和管理该
安排产生的风险，以便它们能够及时履行其义务；

（b）　就各自的权利和义务达成一致，包括适用于其关系的适用法律；

（c） 识别、监控和有效管理信贷和流动性风险，以使一个 CCP 的清算会员的违约不会影响可互操作的其他 CCP；

（d） 识别、监视和解决因互操作性安排而产生的且会影响与清算会员集中度和金融资源池有关的信贷和流动性风险的潜在相互依存和相互关系。

就第一子段（b）项目的而言，CCP 应与第 98/26/EC 号指令所规定的关于将转移指令录入各自系统的时间和不可撤销的时间相同的规则。

就第一子段（c）项目的而言，该安排的条款应列明当与之签订互操作性安排的 CCP 之一违约时管理违约后果的程序。

就第一子段（d）项目的而言，CCP 应在安排下对再使用清算会员的抵押品进行有力的控制，但前提是得到主管机构的允许。该安排应概述如何在考虑到足够的覆盖范围和限制传播范围的情况下解决这些风险。

2. 如果 CCP 用于覆盖其清算会员风险敞口或对等风险敞口的风险管理模型有所不同，则 CCP 应识别出这些差异，评估可能产生的风险并采取措施（包括确保获得额外的金融资源），来限制其对互操作性安排的影响以及就其传播风险而言的潜在后果，并确保这些差异不会影响每个 CCP 处理清算会员违约后果的能力。

3. 第 1 款和第 2 款引起的任何相关费用，应由请求获得互操作性或准入的 CCP 承担，除非双方另有协议。

第 53 条　在 CCP 之间的保证金提供

1. CCP 应在账户中区分为其与之订立互操作性安排的 CCP 持有的资产和头寸。

2. 如果与另一个 CCP 订立互操作性安排的 CCP 仅在金融抵押品安排下向该 CCP 提供了初始保证金，则接收方 CCP 对另一 CCP 提供的保证金没有使用权。

3. 以金融工具形式收到的抵押品应存放于第 98/26/EC 号指令下接到通知的证券结算系统运营商。

317

4. 只有在互操作性安排中提供了担保品的 CCP 违约的情况下，接收方 CCP 才可使用第 1 款和第 2 款中提到的资产。

5. 在互操作性安排中收到担保品的 CCP 违约的情况下，第 1 款和第 2 款所指的抵押品应立即退还给提供方 CCP。

第 54 条　互操作性安排的批准

1. 互操作性安排应事先得到有关 CCP 主管机构的批准。第 17 条规定的程序应适用。

2. 只有在以下情况下，主管机构才应批准互操作性安排，即只有当所涉 CCP 已根据第 17 条获准进行清算，或根据第 25 条获认可进行清算，或根据现有的国家授权制度获准在至少三年的期限内进行清算，符合第 52 条规定的要求，且根据该安排的条款进行清算交易的技术条件可确保金融市场平稳有序运作，且该安排不会损害监管的有效性。

3. 如果主管机构认为未满足第 2 款的要求，则应向其他主管机构和所涉 CCP 提供有关其风险考虑因素的书面说明。其还应通知 ESMA，由 ESMA 就风险考虑因素的有效性发表意见，以此作为拒绝互操作性安排的依据。ESMA 的意见应提供给所有涉及的 CCP。如果 ESMA 的意见与相关主管机构的评估不同，则该主管机构应在考虑 ESMA 的意见后重新考虑其立场。

4. 在 2012 年 12 月 31 日之前，ESMA 应发布准则或建议，以期根据欧盟第 1095/2010 号条例第 16 条规定的程序建立对互操作性安排的一致、高效和有效的评估。

ESMA 应在咨询 ESCB 成员后制订这些指南或建议的草案。

第六篇　交易报告库的注册和监督

第 1 章　交易报告库的注册条件和程序

第 55 条　交易报告库的注册

1. 交易报告库应就第 9 条的目的向 ESMA 注册。

2. 为了有资格根据本条进行注册，交易报告库应是在欧盟中建立的法人，并应满足第七篇中的要求。

3. 交易报告库的注册应在整个欧盟范围内有效。

4. 经登记的交易报告库应始终符合注册条件。交易报告库应立即将注册条件的任何重大变更通知 ESMA。

第 56 条　注册申请

1. 就第 55 条第 1 款目的而言，交易报告库应向 ESMA 提交以下任何一项：

（a）　注册申请；

（b）　对于已根据欧盟第 2015/2365 号条例第三章注册的交易报告库，则为延长注册的申请。

2. ESMA 应在收到申请后的 20 个工作日内评估申请资料是否完整。

如果申请资料不完整，则 ESMA 应当设定交易报告库可提供补充资料的截止日期。

如果经评估后认为申请资料完整，则 ESMA 应相应地通知交易报告库。

3. 为确保本条的一致适用性，ESMA 应制订监管技术标准草案，具体规定以下内容：

（a）　第 1 款（a）项所指的注册申请的细节；

（b）　第 1 款（b）项所指的有关延长注册的简化申请的细节。

ESMA 应在 2020 年 6 月 18 日之前向委员会提交这些监管技术标准草案。

根据欧盟第 1095/2010 号条例第 10~14 条的规定，委员会有权通过第一子段中提到的监管技术标准来补充本条例。

4. 为确保第 1 款适用的统一条件，ESMA 应制订实施技术标准草案，具体说明以下内容：

（a）　第 1 款（a）项所述的注册申请的格式；

（b）　第 1 款（b）项所指的延长注册申请的格式。

关于第一子段（b）项，ESMA 应制定简化格式。

ESMA 应在 2020 年 6 月 18 日之前向委员会提交实施技术标准草案。

根据欧盟第 1095/2010 号条例第 15 条的规定，委员会有权通过第一子段中提到的实施技术标准。

第 57 条　注册前通知主管机构并与之协商

1. 如果申请注册的交易报告库是经其设立所在成员国的主管机构授权或注册的实体，则 ESMA 应当在为该交易报告库进行注册之前，立即通知并咨询该主管机构。

2. ESMA 和有关主管机构应交换注册交易报告库以及监督实体在其成立的成员国内对其注册或授权条件的遵守情况所必需的所有信息。

第 58 条　申请审查

1. ESMA 应在第 56 条第 2 款第三子段提及的通知后的 40 个工作日内，根据交易报告库对第 78~81 条的遵守情况，审查注册申请，并应作出充分合理的注册决定或拒绝注册的决定。

2. ESMA 根据第 1 款发布的决定应在其通过后的第 5 个工作日生效。

第 59 条　ESMA 的注册决定的通知

1. 如果 ESMA 作出注册决定或拒绝或撤销注册的决定，则应在 5 个工作日内将充分解释其决定的理由通知交易报告库。

ESMA 应立即将其决定通知第 57 条第 1 款所述的相关主管机构。

2. ESMA 应根据第 1 款作出的任何决定传达给委员会。

3. ESMA 应在其网站上发布根据本条例注册的交易报告库清单。该清单应在根据第 1 款作出决定后的 5 个工作日内更新。

第 60 条　第 61~63 条所述权力的行使

第 61~63 条赋予 ESMA 或 ESMA 的任何官员或由 ESMA 授权的其他人的权力，不得用于要求披露具有法律特权的信息或文件。

第 61 条　索取信息

1. ESMA 可以通过简单请求或决议的方式，要求交易报告库和相关第三方（交易报告库已将其业务职能或活动外包给该等第三方）提供执行本条例所必需的所有信息。

2. 根据第 1 款发送有关索要信息的简单请求时，ESMA 应

（a） 提述该条，作为请求的法律依据；

（b） 说明请求的目的；

（c） 指明请求提供什么信息；

（d） 设定提供信息的期限；

（e） 告知被索要信息的人员其没有提供信息的义务，但在自愿回应请求的情况下，提供的信息不得有误和误导性；

（f） 指出在提供的信息不正确或具有误导性的情况下，第 65 条所规定的罚款，并结合附件一第五节（a）项规定。

3. 如果通过决议方式请求提供信息，则 ESMA 应

（a） 提述该条，作为请求的法律依据；

（b） 说明请求的目的；

（c） 指明请求提供的信息；

（d） 设定提供信息的期限；

（e） 表明在所提供的信息不完整的情况下，第 66 条规定的定期罚款；

（f） 指出在提供的信息不正确或具有误导性的情况下，第 65 条所规定的罚款，并结合附件一第四节（a）项的规定；

（g） 表明被索要信息的人员有权向 ESMA 上诉委员会提起上诉，并根据欧盟第 1095/2010 号条例第 60 条和第 61 条由欧盟法院复审该决议。

4. 第 1 款所指的人员或其代表以及（对于没有法人资格的法人或协会而言）经法律或其宪法授权作为代表的人员应提供所请求的信息。经正式授权的代理律师可以代表其客户提供信息。如果所提供的信息不完整、不正确或具有误导性，则客户应承担全部责任。

5. ESMA 应及时将简单请求或相关决议的副本送交第 1 款中提到的信

息请求所涉人员的居住地或设立地的成员国主管机构。

<h3 align="center">第 62 条　一般调查</h3>

1. 为了履行本条规定的职责，ESMA 可以对第 61 条第 1 款所述人员进行必要的调查。为此，经 ESMA 授权的官员和其他人员有权：

（a）　检查与执行任务有关的任何记录、数据、程序和任何其他材料，而不论它们存储在什么介质上；

（b）　取得或获得该等记录、数据、程序和其他材料的认证副本或摘录；

（c）　召集并要求第 61 条第 1 款所述的任何人员或其代表或职员对与调查的主题和目的有关的事实或文件进行口头或书面解释，并记录该等回答；

（d）　采访同意接受采访的其他自然人或法人，以收集与调查主题有关的信息；

（e）　要求提供电话和数据流量记录。

2. ESMA 为第 1 款所述目的而授权的官员和其他人员，应在出示写明调查主题和目的的书面授权书后行使其权力。该授权书还应指明，如果没有提供所需的记录、数据、程序或任何其他材料，或未提供或不完整地回答对第 61 条第 1 款所述人员提出的问题，则将被处以第 66 条规定的定期罚款，并且如果对第 61 条第 1 款所述人员提出的问题的回答不正确或有误导性，则将被处以第 65 条规定的罚款，并结合附件一第四节（b）项的规定。

3. 第 61 条第 1 款所述人员必须服从根据 ESMA 的决定而发起的调查。该决定应具体说明调查的主题和目的、第 66 条规定的定期罚款、根据欧盟第 1095/2010 号条例获得的法律补救措施以及要求法院复审该决定的权利。

4. 在调查之前的适当时间内，ESMA 应将调查情况和被授权人员的身份通知将被调查的成员国的主管机构。有关主管机构的官员应根据 ESMA 的要求，协助该被授权人员履行职责。有关主管机构的官员也可以经要求后参加调查。

5. 如果第 1 款（e）项中有关提供电话和数据通信记录的请求需要国

家主管机构根据国家条例由司法机构授权，则 ESMA 也应申请该授权。ESMA 也可出于预防措施的目的而申请此类授权。

6. 如果申请了第 5 款所述的授权，则国家司法机构应确保 ESMA 的决定是真实的，并且考虑到调查的主题，所设想的强制措施既不是任意的也不是过度的。在确保强制措施的相称性时，国家司法机构可以要求 ESMA 提供详细的解释，特别是关于 ESMA 怀疑发生了违反本条例的行为的理由，以及涉嫌违规行为的严重性和受强制措施约束的人的参与性质。但是，国家司法机构不得审查调查的必要性，也不应要求向其提供 ESMA 文档中的信息。ESMA 决定的合法性只能由法院按照欧盟第 1095/2010 号条例规定的程序进行审查。

第 63 条　现场检查

1. 为了履行本条例规定的职责，ESMA 可以对第 61 条第 1 款所指法人的任何商用场所／土地或财产进行所有必要的现场检查。在检查行为适当和提高检查效率的前提下，ESMA 可以在不事先通知的情况下进行现场检查。

2. 经 ESMA 授权进行现场检查的官员和其他人员可以进入受 ESMA 通过的调查决定约束的法人的任何商用场所、土地或财产，并应具有第 62 条第 1 款所述的所有权力。他们还有权在检查期间并在必要的范围内封存任何商用场所和账簿或记录。

3. 经 ESMA 授权进行现场检查的官员和其他人员，应在出示书面授权书后行使权力，该授权书中应具体指明检查的主题和目的，以及在不服从检查的情况下将适用第 66 条规定的定期罚款。在检查前的适当时间内，ESMA 应将检查情况通知进行检查的成员国的主管机构。

4. 第 61 条第 1 款所述人员应服从基于 ESMA 决定下令进行的现场检查。该决定应具体说明检查的主题和目的，指定开始检查的日期，并指明第 66 条规定的定期罚款、根据欧盟第 1095/2010 号条例提供的法律补救措施以及由法院复审该决定的权利。ESMA 应在咨询进行检查的成员国主管机构之后作出此类决定。

5. 将进行检查的成员国主管机构的官员以及经其授权或任命的官员，应根据 ESMA 的要求，积极协助 ESMA 授权的官员和其他人员。为此，他们应享有第 2 款规定的权力。有关成员国主管机构的官员还可经要求后参加现场检查。

6. ESMA 还可以要求主管机构代表其执行本条和第 62 条第 1 款规定的特定调查任务和现场检查。为此，主管机构应享有本条和第 62 条第 1 款规定的与 ESMA 相同的权力。

7. 如果经 ESMA 授权的官员和其他随行人员发现有人反对根据本条下令进行的检查，则有关成员国的主管机构应向他们提供必要的协助，并在适当情况下请求警察或等效执行机构的协助，以使他们能够进行现场检查。

8. 如果第 1 款规定的现场检查或第 7 款规定的协助需要国家主管机构根据国家规则获得司法机构的授权，则 ESMA 也应申请此类授权。ESMA 也可能出于预防措施的目的而申请此类授权。

9. 如果申请了第 8 款所述的授权，则国家司法机构应核实 ESMA 的决定是真实的，并且考虑到检查的主题，所设想的强制措施既不是任意的也不是过度的。在确保强制措施的相称性时，国家司法机构可以要求 ESMA 提供详细说明。此类详细解释应特别关注于 ESMA 怀疑发生了违反本条例的行为的理由，以及涉嫌违规行为的严重性和受强制措施影响之人员的参与性质。但是，国家司法机构不得审查检查的必要性，也不应要求向其提供 ESMA 文档中的信息。ESMA 决定的合法性只能由法院按照欧盟第 1095/2010 号条例规定的程序进行审查。

第 64 条　采取监督措施和处以罚款的程序性规则

1. 如果 ESMA 在执行本条例规定的职责时，发现有严重迹象表明可能存在构成附件一所列违规行为中的一项或多项行为的事实，则 ESMA 应当在 ESMA 内任命一名独立调查人员调查此事。该被任命的官员不得参与或已经直接或间接地参与相关交易报告库的监督或注册过程，并且应独立于

ESMA 履行其职责。

2. 调查官员在对被指控的违规行为进行调查时应考虑调查对象提出的任何意见，并应将其调查结果的完整文档提交给 ESMA。

为了执行任务，调查官员可以行使第 61 条规定的索要信息的权力，以及根据第 62 条和第 63 条进行调查和现场检查的权力。在使用这些权力时，调查官员应当遵守与第 60 条有关的规定。

在执行任务时，调查官员应有权查看 ESMA 在其监督活动中收集的所有文件和信息。

3. 调查结束后，调查官员将调查结果与文档一并提交给 ESMA 之前，应给予受调查人员就被调查事项发表意见的机会。调查官员只应以相关人员有机会发表意见的事实为依据编制调查结果。

在根据本条进行调查期间，应充分尊重相关人员的辩护权。

4. 当调查官员将载有第 3 款所述调查结果的文档提交给 ESMA 时，应通知受调查人员。该人员应有权查看该文档，但须基于他人的合法利益保护其商业秘密。查看文档的权利不应扩展到机密信息或 ESMA 的内部预备文件。

5. 根据包含调查官员的调查结果的文件，并在相关人员的要求下，在听取了根据第 67 条接受调查的人员的意见后，ESMA 应决定被调查人员是否实施了附件一所列的一种或多种违规行为，在这种情况下，应根据第 73 条采取监督措施，并根据第 65 条处以罚款。

6. 调查官员不得参与 ESMA 的审议或以任何其他方式干预 ESMA 的决策过程。

7. 委员会应进一步通过关于行使罚款或定期罚款的权力的议事规则，包括关于辩护权的规定、暂行规定以及罚款或定期罚款的收取，并应采用关于处罚的实施和执行时效的详细规则。

第一子段中提到的规则应根据第 82 条的规定通过授权的方式采用。

8. ESMA 在履行本条例规定的职责时，发现有严重迹象表明可能存在构成适用法律下刑事犯罪的事实，则应将有关事项移交有关机构进行调查和可能的刑事起诉。此外，如果 ESMA 知道先前因相同的事实或实质上相同的事实所导致的无罪释放或定罪已因国家法律规定的刑事诉讼而具有既判力，则应避免处以罚款或定期支付罚金。

第 65 条　罚款

1. 如果 ESMA 根据第 64 条第 5 款发现交易报告库故意或过失地实施了附件一所列违规行为之一，则应根据本条第 2 款采用一项有关处以罚款的决定。

如果 ESMA 发现客观证据表明该交易报告库或其高级管理层故意实施了违规行为，则该违规行为的实施应视为有意实施。

2. 第 1 款所指罚款的基本金额应包括在以下限额之内：

（a）　对于附件一第一节（c）项、附件一第二节（c）~（g）项，以及附件一第三节（a）项和（b）项提到的违规行为，罚款金额应至少为 10 000 欧元，但不得超过 200 000 欧元；

（b）　对于附件一第一节（a）项、（b）项和（d）~（k）项以及附件一第二节（a）项、（b）项和（h）项中提及的违规行为，罚款金额应至少为 5 000 欧元，但不得超过 100 000 欧元；

（c）　对于附件一第四节中提到的违规行为，罚款金额应至少为 5 000 欧元，但不得超过 10 000 欧元。

为了确定罚款的基本金额应定在第一款规定的限额的下限、中限还是高限，ESMA 应考虑相关交易报告库的上一个营业年度的营业额。对于年度营业额在 100 万欧元以下的交易报告库，基本金额应为限额的下限；对于年度营业额为 100 万 ~500 万欧元的交易报告库，基本金额应为限额的中限；对于年度营业额在 500 万欧元以上的交易报告库，基本金额应为限额的高限。

3. 如有必要，应根据附件二所列的相关系数，考虑加重或减轻系数后，对第 2 款所列基本金额进行调整。

相关的加重系数应逐一适用于基本金额。如果适用一个以上的加重系数，则应将基本金额与适用每个单独的加重系数所得的数额之间的差额加到基本金额上。

相关的减轻系数应逐一适用于基本金额。如果适用多个减轻系数，则应从基本金额中减去基本金额与适用每个单独的减轻系数所产生的数额之间的差额。

4.尽管有第2款和第3款的规定，罚款金额不得超过相关交易报告库上一个营业年度营业额的20%，但是，如果该交易报告库已直接或间接地从违规行为中获得经济利益，则罚款金额应至少等于该利益。

如果交易报告库的作为或不作为构成附件一中所列的一项以上违规行为，则仅应适用根据第2款和第3款计算的并与其中一项违规行为有关的较高罚款。

第66条 定期罚款

1.ESMA应通过决议的方式征收定期罚款，以强迫

（a） 交易报告库根据第73条第1款（a）项作出的决定终止违规行为；

（b） 第61条第1款所指的人士：

（i） 提供根据第61条作出的决定所要求的完整信息；

（ii） 服从调查，尤其是提供完整的记录、数据、程序或任何其他所需材料，并补充和更正根据第62条作出的决定所进行的调查中提供的其他信息；

（iii） 接受根据第63条作出的决定所命令的现场检查。

2.定期罚款应是有效的和成比例的。每延误一天，均应按期缴纳定期罚款。

3.尽管有第2款的规定，定期罚款的金额应为前一个营业年度的平均每日营业额的3%，如果是自然人，则应为上一个年度的平均每日收入的2%。应从定期罚款决定口规定的日期起计算。

4.在收到ESMA的决定通知后，应定期付款，最长期限为6个月。期满后，

ESMA 应审查该措施。

第 67 条　相关人士的聆讯

1. 在根据第 73 条第 1 款作出任何决定并根据第 66 条作出定期罚款决定之前，ESMA 应让被诉讼人有机会就其调查结果发表意见。ESMA 仅应根据被诉讼人有机会发表意见的调查结果作出决定。

如果需要采取紧急行动，以防止对金融系统造成重大和紧迫的损害，或防止对金融市场的完整性、透明度、效率和有秩序的运作造成重大和紧迫的损害，包括对报告给交易数据库的数据的稳定性或正确性造成重大和紧迫的损害，则本款第一子段不适用于第 73 条第 1 款（a）项、（c）项和（d）项所述的决定。在这种情况下，ESMA 可以通过临时决定，并应在作出决定后给予相关人员尽快发表意见的机会。

2. 在诉讼中应充分尊重被诉讼人的辩护权。他们应有权查看 ESMA 的文档，但需基于他人的合法利益保护其商业秘密。查看文档的权利不应扩展到机密信息或 ESMA 的内部预备文件。

第 68 条　罚款和定期罚款的披露、性质、执行和分配

1. ESMA 应向公众披露根据第 65 条和第 66 条施加的每笔罚款和定期罚款，除非向公众披露会严重危害金融市场或对有关当事方造成不成比例的损害。此类披露不得包含欧盟委员会第 45/2001 号条例所指的个人数据。

2. 根据第 65 条和第 66 条征收的罚款和定期罚款应属于行政性质。

3. 如果 ESMA 决定不处以罚款或定期罚款，则应将其决定相应地通知欧洲议会、理事会、委员会和有关成员国的主管机构，并应说明其作出决定的理由。

4. 根据第 65 条和第 66 条征收的罚款和定期罚款应可强制执行。

强制执行应受执行地所在国现行有效的民事诉讼规则的约束。执行命令应附在决定之后，除由各成员国政府为此目的指定的主管机构核实决定的真实性外，不需要其他手续，并应通知 ESMA 和法院。

当事人申请办理完这些手续后，可根据国家法律规定，直接向主管机关提起诉讼，从而进行强制执行。

只能通过法院的决定中上强制执行。但是，有关成员国的法院对执行不当的投诉具有管辖权。

5. 罚款和定期罚款的钱款应分配至欧盟的总预算。

第 69 条　法院复核

法院对 ESMA 处以罚款或定期罚款的决定具有无限的管辖权。其可以废除、减少或增加罚款或定期罚款。

第 70 条　附件二修正案

为了考虑金融市场的发展状况，委员会应有权根据第 82 条（关于修正附件二的措施）通过授权法案。

第 71 条　注册的撤销

1. 在不影响第 73 条的前提下，ESMA 应当在以下情况下撤销交易报告库的注册：

（a）　该交易报告库明确放弃注册或在过去 6 个月中未提供任何服务；

（b）　该交易报告库以虚假陈述或其他不正当手段取得注册；

（c）　该交易报告库不再符合其注册的条件。

2. ESMA 应立即将撤销交易报告库的注册的决定通知第 57 条第 1 款所述的有关主管机构。

3. 交易报告库在其中从事其服务和活动并认为其已满足第 1 款所指条件之一的成员国的主管机构，可要求 ESMA 检查是否满足撤销交易报告库注册的条件。如果 ESMA 决定不撤销有关交易报告库的注册，则应提供充分的理由。

4. 第 3 款所指的主管机构应为第 22 条所指的机构。

第 72 条　监督费

1. ESMA 应根据本条例以及根据第 3 款通过的授权法案向交易报告库收取费用。这些费用应完全涵盖 ESMA 与交易报告库的注册和监督以及医根据本条例开展工作（尤其是根据第 74 条规定的授权任务）而可能产生的任何成本的报销。

2. 向交易报告库收取的任何费用应包括 ESMA 就其注册和 ESMA 监督活动所产生的所有合理行政费用，并应与有关交易报告库的营业额以及 ESMA 的注册和监督的类型相对应。

3. 委员会应根据第 82 条通过一项授权法案，进一步规定费用的种类、应缴费用的事项、费用的金额和付款方式。

第 73 条　ESMA 的监督措施

1. 如果根据第 64 条第 5 款 ESMA 认定某交易报告库已犯有附件一所列违规行为之一，则应作出以下一项或多项决定：

（a）　要求交易报告库终止违规行为；

（b）　根据第 65 条处以罚款；

（c）　发出公告；

（d）　作为最后手段，撤销对交易报告库的注册。

2. ESMA 在作出第 1 款所指的决定时，应考虑到违规行为的性质和严重性，并考虑以下标准：

（a）　该违规行为的持续时间和频率；

（b）　该违规行为是否表明企业的程序或其管理体系或内部控制存在严重或系统性缺陷；

（c）　是否曾因该违规行为而引起、促成或以其他方式造成金融犯罪；

（d）　该违规行为是故意还是过失造成的。

3. ESMA 应及时将根据第 1 款通过的任何决定通知有关的交易报告库，并应将该决定传达给成员国主管机构和委员会。ESMA 应自通过之日起 10 个工作日内在其网站上公开披露该决定。

在公开第一款中所述的决定时，ESMA 还应公开有关交易报告库对决定提起上诉的权利，并在适当的情况下公布已提出上诉的事实，并指明该上诉不具有中止效力，以及 ESMA 上诉委员会可以根据欧盟第 1095/2010

号条例第 60 条第 3 款中止适用有争议的决定。

第 74 条　ESMA 向主管机构委派任务

1. 在必要的情况下，为了适当执行监督任务，ESMA 可以根据欧盟第 1095/2010 号条例第 16 条发布的指南，将特定的监督任务委派给成员国的主管机构。此类具体的监督任务可包括根据第 61 条执行索要信息的权力，以及根据第 62 条和第 63 条第 6 款进行调查和现场检查的权力。

2. 在委派任务之前，ESMA 应咨询相关主管机构。这种咨询应涉及

（a）　拟委派任务的范围；

（b）　执行任务的时间表；

（c）　由 ESMA 以及向 ESMA 传输的必要信息。

3. 根据委员会按第 72 条第 3 款通过的费用规定，ESMA 应为主管机构报销因执行委派任务而产生的费用。

4. ESMA 应按适当的时间间隔审查第 1 款中提到的决定。任务的委派可随时被撤销。

5. 任务的委派不得影响 ESMA 的责任，也不应限制 ESMA 进行和监督所委派活动的能力。ESMA 不得委派本条例规定的监督责任，包括注册决定、违规行为的最终评估和后续处理决定。

第 2 章　与第三国的关系

第 75 条　等效性与国际协定

1. 委员会可通过一项执行法案，其中规定第三国的法律和监督安排应确保：

（a）　在该第三国授权的交易报告库遵守与本条例的规定等效的具有法律约束力的要求；

（b）　持续在该第三国就交易报告库进行有效的监督和执行；

（c）　存在专业保密的保证（包括对机构与第三方共享的商业秘密的保护），并且保密程度应至少与本条例中规定的等同。

该执行法案应根据第 86 条第 2 款所述的审查程序通过。

2. 在适当的情况下，并在通过第 1 款所述的执行法案之后，委员会均应向理事会提交建议，以便与有关第三国谈判达成关于相互获取和交换在该第三国建立的交易报告库中持有的衍生品合约的国际协定，从而确保包括 ESMA 在内的欧盟机构能够立即和持续地获取履行职责所需的所有信息。

3. 在达成第 2 款所指协定之后，ESMA 应根据该等协定与有关第三国主管机构建立合作安排。这些安排应至少规定

（a）　ESMA 与任何按照本条例规定履行职责的其他欧盟机构之间，以及 ESMA 与有关第三国的主管机构之间进行信息交流的一种机制；

（b）　有关协调监督活动的程序。

4. 对于将个人数据传输到第三国，ESMA 应适用欧盟委员会第 45/2001 号条例。

第 76 条　合作安排

在其管辖范围内未建立任何交易报告库的第三国的有关机构可以联系 ESMA，以期建立合作安排以获取欧盟交易报告库中的衍生品合约的信息。

ESMA 可与有关机构就欧盟交易报告库中的衍生品合约信息的获取权限（该等信息是这些机构为履行其各自的责任和任务授权所需的）建立合作安排，但前提是要保证专业保密性，包括对有关机构与第三方共享的商业秘密的保护。

第 76a 条　相互直接获取数据

1. 在履行职责所必需的情况下，建立一个或多个交易报告库的第三国的有关机构应有权直接获取在欧盟内建立的交易报告库中的信息，但前提是委员会已根据与第 2 款就相关事项采取了一项执行法案。

2. 在本条第 1 款所指的机构提出请求后，委员会可根据第 86 条第 2 款所指的审查程序，通过执行法案，确定提出请求的机构所在第三国的法律框架是否符合下列所有条件：

（a） 在该第三国建立的交易报告库得到了适当的授权；

（b） 持续在该第三国就交易报告库进行有效的监督和执行；

（c） 存在专业保密的保证（包括对机构与第三方共享的商业秘密的保护），并且该等保密至少与本条例中规定的等同；

（d） 在该第三国授权的交易报告库有法律约束力和可强制执行的义务，以向第 81 条第 3 款所指的实体授予直接和立即访问数据的权限。

第 77 条 交易报告库的认可

1. 在第三国设立的交易报告库只有在 ESMA 根据第 2 款的规定进行认可后，才能为第 9 条的目的向在欧盟内设立的实体提供服务和活动。

2. 第 1 款所指的交易报告库在向 ESMA 提交认可申请时，应一并提交所有必要的信息，包括核实交易报告库在下文所述的第三国获得授权并接受有效监督所需的信息：

（a） 委员会通过第 75 条第 1 款规定的执行法案，已认可该第三国具有等效和可执行的管理和监督框架；

（b） 该第三国已根据第 75 条第 2 款与欧盟达成了一项国际协定；

（c） 该第三国已根据第 75 条第 3 款作出合作安排，以确保包括 ESMA 在内的欧盟机构能够即时且连续地获取所有必要信息。

在收到申请后的 30 个工作日内，ESMA 应评估申请资料是否完整。如果申请资料不完整，ESMA 应设定一个提出申请的交易报告库可提供补充资料的期限。

在提交完整申请后的 180 个工作日内，ESMA 应以书面形式通知提出申请的交易报告库，并对是否给予认可作出充分的解释。

ESMA 应在其网站上发布根据本条例认可的交易报告库清单。

第七篇 对交易报告库的要求

第 78 条 一般要求

1. 交易报告库应具有健全的治理安排，应包括清晰的组织结构、明确、透明和一致的职责范围以及适当的内部控制机制，包括完善的行政和会计程序，以防止任何机密信息的泄露。

2. 交易报告库应维持和执行有效的书面组织和行政安排，以识别和管理涉及其管理人员、雇员或与之有直接或间接联系的任何人员的任何潜在利益冲突。

3. 交易报告库应建立适当的政策和程序，以确保其（包括其管理人员和雇员）遵守本条例的所有规定。

4. 交易报告库应维持和运作适当的组织结构，以确保交易报告库在执行其服务和活动中的连续性和有序运作。其应采用适当和相称的系统、资源和程序。

5. 如果交易报告库提供辅助服务，如交易确认、交易匹配、信用事件服务、产品组合对账或产品组合压缩服务，则该交易报告库应将这些辅助服务在操作上与该交易报告库的集中收集和维持衍生品记录的功能区分开来。

6. 交易报告库的高级管理人员和董事会成员应有足够的良好声誉和经验，以确保对交易报告库进行健全和审慎的管理。

7. 交易报告库应制定受第 9 条规定的报告义务之约束的企业的准入要求，且该等要求应客观、不具歧视性且经公开披露。交易报告库应允许服务提供者平等地获取交易报告库所保存的信息，但条件是相关交易对手已表示同意。限制准入的标准仅在其目标是控制交易报告库所保存的数据的风险时才被允许。

8. 交易报告库应公开披露与根据本条例项下提供的服务有关的价格和费用。其应分别披露所提供的每项服务的价格和费用，包括折扣和回扣以及享受折扣的条件。其应允许报告实体单独获取特定服务。交易报告库收取的价格和费用应与成本有关。

第 79 条　操作可靠性

1. 交易报告库应确定操作风险的来源，并通过制定适当的系统、控制措施和程序将其最小化。此类系统应是可靠和安全的，并具有足以处理收到的信息的能力。

2. 交易报告库应制定、执行和维护适当的业务连续性政策和灾后恢复计划，以确保维持其功能，及时恢复业务并履行交易报告库的义务。该计划应至少规定建立备用设施。

3. 被撤销注册的交易报告库应确保有序替换，包括将数据转移到其他交易报告库，并将报告流程转移到其他交易报告库。

第 80 条　保护和记录

1. 交易报告库应确保根据第 9 条收到的信息的机密性、完整性和保密性。

2. 交易报告库只有在相关交易对手表示同意的情况下，才可以将其在本条例下收到的数据用于商业目的。

3. 交易报告库应迅速记录根据第 9 条收到的信息，并应在有关合约终止后将其保存至少 10 年。应采用及时有效的记录保存程序，记录信息的变更。

4. 交易报告库应根据第 9 条报告的衍生品合约的细节，按衍生品类别和报告实体计算头寸。

5. 交易报告库应允许合约当事方及时查看并更正该合约上的信息。

5a. 根据要求，交易报告库应向不需要根据第 9 条第 1a~1d 款报告其场外衍生品合约细节的交易对手以及已根据第 9 条第 1f 款委派报告义务的交易对手和 CCP 提供查看其报告的信息的权利。

6. 交易报告库应采取一切合理措施，以防止滥用其系统中保存的信息。

与交易报告库有密切关系的自然人或与交易报告库有母公司或子公司关系的法人不得将交易报告库中记录的机密信息用于商业目的。

第 81 条　透明度和数据可用性

1. 交易报告库应定期产以易于使用的方式，在报告给其的合约上按衍生品类别公布汇总头寸。

2. 交易报告库应收集和维护数据，并应确保第 3 款所指的实体能够直接和立即获得其履行各自职责和任务所需的衍生品合约的详细信息。

3. 交易报告库应向以下实体提供必要的信息，以使它们能够履行各自的职责和任务：

（a） ESMA；

（b） EBA；

（c） EIOPA；

（d） ESRB；

（e） 负责监督有权进入交易报告库的 CCP 的主管机构；

（f） 负责监督所报告的合约的交易场所的主管机构；

（g） ESCB 的相关成员，包括理事会通过的欧盟第 1024/2013 号条例① 的单一监督机制中执行任务的 ECB；

（h） 与第 75 条所述的欧盟达成国际协定的第三国的有关机构；

（i） 根据欧洲议会和理事会第 2004/25/EC 号指令第 4 条指定的监管机构②；

（j） 欧盟的有关证券和市场主管机构，其各自的监督职责和任务范围涵盖了本条例范围内的合约、市场、参与者和相关标的物；

（k） 如第 76 条所述与 ESMA 达成合作安排的第三国的相关机构；

（l） 根据欧洲议会和理事会通过的欧盟委员会第 713/2009 号条例成立的能源监管机构合作局③；

（m） 根据欧洲议会和理事会第 2014/59/EU 号指令第 3 条指定的处置

---

① 理事会于 2013 年 10 月 15 日通过欧盟第 1024/2013 号条例，其中赋予欧洲中央银行关于信贷机构审慎监管政策的具体任务（OJ L 287，2013 年 10 月 29 日，第 63 页）。

② 欧洲议会和理事会于 2004 年 4 月 21 日通过的关于收购要约的第 2004/25/EC 号指令（OJ L 142，2004 年 4 月 30 日，第 12 页）。

③ 欧洲议会和理事会于 2009 年 7 月 13 日通过的欧洲议会和理事会第 713/2009 号条例，其中设立了能源监管机构合作局（OJ L 211，2009 年 8 月 14 日，第 1 页）。

机构[①];

（n）　根据欧盟第 806/2014 号条例建立的单一处置委员会；

（o）　欧盟第 1024/2013 号条例和欧盟第 909/2014 号条例及第
2003/41/EC 号、第 2009/65/EC 号、第 2011/61/EU 号、第
2013/36/EU 号和第 2014/65/EU 号指令所指的主管机构或国家
主管机构，以及第 2009/138/EC 号指令所指的监管机构；

（p）　根据本条例第 10 条第 5 款指定的主管机构；

（q）　已通过第 76a 条规定的执行法案的第三国的有关机构。

交易报告库应根据欧盟第 600/2014 号条例第 26 条的要求将数据传送
至主管机构。[②]

4. ESMA 应与其他相关的欧盟机构共享履行职责所必需的信息。

5. 为了确保本条的一致适用性，ESMA 应在咨询 ESCB 成员后，制定
监管技术标准草案，具体规定以下内容：

（a）　根据第 1 款和第 3 款应发布或提供的信息；

（b）　第 1 款所述信息的发布频率；

（c）　汇总和比较各交易报告库中的数据以及第 3 款提到的实体获取
该信息所需的操作标准；

（d）　交易报告库准许第 3 款所指实体进入的条款和条件、安排和所
需文件。

ESMA 应在 2020 年 6 月 18 日之前向委员会提交这些监管技术标准草案。

---

① 欧洲议会和理事会于 2014 年 5 月 15 日通过的第 2014/59/EU 号指令，其中建立了信贷机构和
投资公司的恢复和处置框架并修改了理事会第 82/891/EEC 号指令和第 2001/24/EC、2002/47/
EC、2004/25/EC、2005/56/EC、2007/36/EC、2011/35/EU、2012/30/EU 和 2013/36/EU 号指
令，以及欧洲议会和理事会通过的欧盟第 1093/2010 号和欧盟第 648/2012 号条例（OJ L 173，
2014 年 6 月 12 日，第 190 页）。

② 欧洲议会和理事会于 2014 年 5 月 15 日通过的关于金融工具市场的欧盟第 600/2014 号条例，其
中修订了欧盟第 648/2012 号条例（OJ L 173，2014 年 6 月 12 日，第 84 页）。

在制订这些监管技术标准草案时，ESMA 必须确保第 1 款所指信息的发布不会透露任何合约的任何一方的身份。

根据欧盟第 1095/2010 号条例第 10~14 条的规定，委员会有权采用第一子段中提到的监管技术标准来补充本条例。

第 82 条　行使授权

1. 根据本条规定的条件，委员会有权采用授权法案。

2. 委员会有权不定期采用第 1 条第 6 款、第 4 条第 3a 款、第 25 条第 2a 款、第 25 条第 6a 款、第 25a 条第 3 款、第 25d 条第 3 款、第 25i 条第 7 款、第 25o 条、第 64 条第 7 款、第 70 条、第 72 条第 3 款和第 85 条第 2 款所述的授权法案。

3. 第 1 条第 6 款、第 4 条第 3a 款、第 25 条第 2a 款、第 25 条第 6a 款、第 25a 条第 3 款、第 25d 条第 3 款、第 25i 条第 7 款、第 25o 条、第 64 条第 7 款、第 70 条、第 72 条第 3 款和第 85 条第 2 款所述的权力的授权可在任何时候由欧洲议会或理事会予以撤销。撤销决定将终止相关决定所述的权力的授权，并且应在该决定在《欧盟官方公报》上发表后的第二天或其中指定的较晚日期生效。该等撤销决定不应影响任何已经生效的授权法案的有效性。

4. 在通过授权法案之前，委员会应努力与 ESMA 协商，并应根据 2016 年 4 月 13 日《关于改进法律制定工作的机构间协定》中规定的原则，征求每个成员国指定的专家的意见。

5. 委员会一旦通过授权法案，即应同时将其通知欧洲议会和理事会。

6. 根据第 1 条第 6 款、第 4 条第 3a 款、第 25 条第 2a 款、第 25 条第 6a 款、第 25a 条第 3 款、第 25d 条第 3 款、第 25i 条第 7 款、第 25o 条、第 64 条第 7 款、第 70 条、第 72 条第 3 款和第 85 条第 2 款通过的授权法案，仅在欧洲议会或理事会接收通知后 3 个月内未表示反对的情况下，或在此之前欧洲议会或理事会均向委员会表示它们不反对的情况下，才可生效。经欧洲议会或理事会的主动要求后，上述期限可延长 3 个月。

第八篇 通用条款

第 83 条 专业保密性

1. 专业保密义务适用于为根据第 22 条指定的主管机构和第 81 条第 3 款所述的机构、ESMA 或由主管机构或 ESMA 指示的审核员和专家工作的所有人员。在不影响刑法或税法或本条例所涵盖的案件的情况下，该等人员不得将在执行职务时收到的机密信息透露给任何人员或机构，但以无法识别个别 CCP、交易报告库或任何其他人的概要或汇总形式的泄露除外。

2. 如果 CCP 已被宣布破产或被强制歇业，则在民事或商业程序中，如有必要，可披露与第三方无关的机密信息。

3. 在不影响刑法或税法所涉案件的前提下，主管机构、ESMA 或根据本条例接收机密信息的（主管机构以外的）组织、自然人或法人只能在履行职责和为履行职责时使用机密信息：就主管机构而言，应在本条例的范围内使用机密信息；就其他机构、组织或自然人或法人而言，应就为向其提供此类信息的目的或在与行使这些职能具体相关的行政和 / 或司法程序中使用机密信息。经 ESMA、主管机构或传递信息的其他机构、组织或人员的同意，接收信息的机构可将信息用于非商业目的。

4. 根据本条例接收、交换或传输的任何机密信息均应受制于第 1、第 2 和第 3 款中规定的专业保密条件。但是，这些条件不应阻止 ESMA、主管机构或相关中央银行根据本条例以及适用于投资公司、信贷机构、养老基金、UCITS、AIFM、保险和再保险中介机构、保险公司、受监管市场或市场运营商的其他法律或经主管机构或传递信息的其他机构或自然人或法人同意的其他方式交换或传输机密信息。

5. 第 1、第 2 和第 3 款不应阻止主管机构根据本国法律交换或传送未从另一成员国主管机构收到的机密信息。

第 84 条 信息交换

1. 主管机构、ESMA 和其他有关机构应及时相互提供执行职责所需的信息。

2. 主管机构、ESMA、其他因本条例而在行使职责过程中接收机密信息的有关机构、组织、自然人和法人，应仅在其行使职责过程中使用该信息。

3. 主管机构应将信息传达给 ESCB 的有关成员，只要这些信息与履行其职责有关。

第九篇　过渡条款和最终条款

第 85 条　报告和审查

1. 委员会应在 2024 年 6 月 18 日之前评估本条例的适用性并编写一份综合报告。委员会应将该报告连同任何适当的提案一起提交欧洲议会和理事会。

1a. ESMA 应在 2023 年 6 月 17 日之前向委员会提交下述方面的报告：

（a）　欧洲议会和理事会通过的欧盟第 2019/834 号条例 [①] 对金融和非金融交易对手的清算水平以及每种类型的交易对手内清算分布的影响，特别是对场外衍生品活动量有限的金融交易对手以及第 10 条第 4 款规定的清算阈值的适当性；

（b）　欧盟第 2019/834 号条例对报告给交易报告库的数据的质量和可访问性，以及交易报告库可获得的信息质量的影响；

（c）　报告框架的变更，包括第 9 条第 1a 款规定的委派报告的接受和执行，尤其是其对不受清算义务约束的非金融交易对手的报告负担的影响；

（d）　清算服务的可获得性，特别是根据第 4 条第 3a 款所述的公平、合理、非歧视和透明的商业条款直接或间接提供清算服务的要

[①] 欧洲议会和理事会于 2019 年 5 月 20 日通过的欧盟第 2019/834 号条例，其中针对清算义务、暂停清算义务、报告要求、未由中央对手方清算的场外衍生品合约的风险缓释技术、交易报告库的注册和监督以及对交易报告库的要求方面修订了欧盟第 2019/834 号条例（OJ L 141，2019 年 5 月 28 日，第 42 页）。

求是否有效地促进了清算服务的获得。

2. 在 2020 年 6 月 18 日之前，以及此后每 12 个月（直到第三子段所指的最后延期为止），委员会应编写一份报告，评估是否已为养老金计划安排转移现金和非现金抵押品作为变动保证金而制订了可行的技术处置方案，并评估是否需要采取任何措施促进这些可行的技术处置方案。

ESMA 应与 EIOPA、EBA 和 ESRB 合作，在 2019 年 12 月 18 日之前及其后每 12 个月（直至第三子段所述的最终延期为止），向委员会提交一份报告，评估以下内容：

（a）　CCP、清算会员和养老金计划安排是否已作出适当努力，并已制订可行的技术处置方案，通过缴纳作为变动保证金的现金和非现金抵押品使此类安排参与集中清算，包括这些处置方案对市场流动性和顺周期性的影响及其可能产生的法律或其他影响；

（b）　每个资产类别内已清算和未清算的场外衍生品市场中养老金计划安排活动的数量和性质，以及对金融系统的任何相关系统性风险；

（c）　养老金计划安排满足清算要求对其投资战略（包括其现金和非现金资产配置的任何转变）方面的影响；

（d）　根据第 10 条第 4 款（b）项规定的清算阈值对养老金计划安排的影响；

（e）　其他法律要求对已清算和未清算的场外衍生品合约之间的成本差异的影响，包括对未清算的衍生品的保证金要求和根据欧盟第 575/2013 号条例的杠杆率计算；

（f）　是否有需要采取进一步措施，便于为养老金计划安排提供清算处置方案。

委员会可根据第 82 条通过一项授权法案，将第 89 条第 1 款所述的两年期限延长两次，每次延长 1 年，但前提是，委员会发现尚未制订可行的技术处置方案，并且集中清算衍生品合约对未来养老金领取者的退休金的不利影响仍未改变。

CCP、清算会员和养老金计划安排应尽最大努力，帮助制订可行的技术处置方案，促进这些安排进行场外衍生品合约的清算。

委员会应设立一个专家小组，由 CCP、清算会员、养老金计划安排代表和此类可行技术处置方案的其他相关方组成，以监督他们的努力并评估在开发可行的技术处置方案方面的进展，以促进养老金计划安排的场外衍生品合约的清算，包括为养老金计划安排转移现金和非现金抵押品作为变动保证金。该专家小组至少每 6 个月召开一次会议。委员会在根据第一小结起草报告时，应考虑 CCP、清算会员和养老金计划安排的努力。

3. 委员会应在 2020 年 12 月 18 日之前编写一份报告，旨在评估

（a） 欧盟第 600/2014 号条例第 26 条和本条例的规定的报告交易的义务是否对非场外交易衍生品产生了重复的交易报告义务，以及是否可以减少或简化所有交易对手的非场外交易的报告，而不会造成不必要的信息损失；

（b） 使欧盟第 600/2014 号条例规定的衍生品交易义务与欧盟第 2019/834 号条例规定的衍生品清算义务保持一致的必要性和适当性，特别是受清算义务约束的实体的范围；

（c） 在考虑这些服务减轻风险的程度（尤其是交易对手的信用风险和操作风险、规避清算义务的可能性以及对集中清算的潜在抑制作用）后，是否应将任何直接因交易后风险降低服务（包括投资组合压缩）所导致的交易免于第 4 条第 1 款所指的清算义务。

委员会应将第一子段中提到的报告连同任何适当的建议一起提交给欧洲议会和理事会。

3a. ESMA 应在 2020 年 5 月 18 日之前向委员会提交一份报告。该报告应评估

（a） 在应报告的衍生品合约的细节和相关实体获取数据方面，欧盟第 600/2014 号条例和本条例第 9 条规定的非场外衍生品的报告要求的一致性，以及这些要求是否应保持一致；

（b）考虑到及时提交报告的必要性，并考虑到根据本条例第 4 条第 4 款和欧盟第 600/2014 号条例第 30 条第 2 款采取的措施，进一步简化所有交易对手的报告链（包括所有间接客户的报告链）的可行性；

（c）欧盟第 600/2014 号条例规定的衍生品交易义务与欧盟第 2019/834 号条例规定的衍生品清算义务是否一致，尤其是受清算义务约束的实体的范围；

（d）与 ESRB 合作，是否应将由降低交易后风险服务（包括投资组合压缩）直接产生的任何交易豁免于第 4 条第 1 款第 1 款所述的清算义务；该报告应：

（i）研究投资组合压缩和其他可用的非价格形成的降低交易后风险服务，这些服务可在不改变投资组合的市场风险的情况下降低衍生品投资组合的非市场风险，如再平衡交易；

（ii）解释此类降低交易后风险服务的目的和功能、减轻风险（尤其是交易对手信用风险和操作风险）的程度，并评估就管理系统性风险目的而言，清算此类交易或免除清算的必要性；

（iii）评估对此类服务的清算义务的任何豁免会在多大程度上阻碍集中清算，并可能导致交易对手规避清算义务；

（e）是否可以扩大根据第 47 条被认为具有高流动性、市场和信用风险最小的金融工具清单，以及该清单是否可以包括根据欧洲议会和理事会通过的欧盟第 2017/1131 号条例授权的一个或多个货币市场基金 ①。

---

① 欧洲议会和理事会于 2017 年 6 月 14 日通过的关于货币市场基金的欧盟第 2017/1131 号条例（OJ L 169，2017 年 6 月 30 日，第 8 页）。

343

4. 委员会应与成员国和 ESMA 合作，在要求 ESRB 进行评估之后，起草一份年度报告，以评估互操作性安排的任何可能的系统风险和成本影响。

该报告应至少关注此类安排的数量和复杂性，以及风险管理系统和模型的充分性。委员会应将该报告连同任何适当的提案一起提交欧洲议会和理事会。

ESRB 应向委员会提供有关互操作性安排可能带来的系统风险的评估结果。

5. ESMA 应向欧洲议会、理事会和委员会提交一份年度报告，说明主管机构所施加的惩罚，包括监督措施、罚款和定期罚款。

6. ESMA 应与 ESRB 合作，并按照第 24b 条第 3 款的规定，在与已由或将由第三国 CPP（其受制于第 25 条第 2c 款第二子段所述的执行法案）清算的金融工具的所有欧盟货币的发钞中央银行达成一致约定后，向委员会提交一份有关该执行法案的规定的适用情况的报告，特别是评估欧盟或其一个或多个成员国的金融稳定风险是否得到充分缓解。ESMA 应在根据第 25 条第 2c 款第四子段（b）项确定的适应期结束后的 12 个月内向委员会提交该报告。发钞中央银行的协议只涉及其发行的货币，而不涉及整个报告。

在发送第一子段所述报告后 12 个月内，委员会应就该执行法案的适用情况编写一份报告。委员会应将其报告以及任何适当的建议一并提交给欧洲议会和理事会。

7. 委员会应在 2023 年 1 月 2 日之前编写一份报告，旨在评估以下方面的有效性：

（a）　ESMA（特别是 CCP 监督委员会）在促进第 22 条所述的主管机构和第 18 条所述的监管专家组在适用本条例时的一致性和连贯性方面的任务；

（b）　用于认可和监督第三国 CCP 的框架；

（c）　保证根据第 14 条授权的 CCP 以及根据第 25 条认可的授权 CCP 和第三国 CCP 之间公平竞争的框架；

（d）　ESMA、主管机构和发钞中央银行之间的责任划分。

委员会应将该报告连同任何适当的提议一起提交欧洲议会和理事会。

第 86 条　委员会程序

1. 委员会应得到基于委员会第 2001/528/EC 号决定 [1] 设立的欧洲证券委员会的协助。欧洲证券委员会应为欧盟第 182/2011 号条例所述含义的委员会。

2. 提及本款时，应适用欧盟第 182/2011 号条例第 5 条。

3. 提及本款时，应适用欧盟第 182/2011 号条例第 8 条及其第 5 条。

第 87 条　第 98/26/EC 号指令的修订

1. 在第 98/26/EC 号指令的第 9 条第 1 款中，添加了以下子段：

"如果系统运营商已向另一系统运营商提供了与可互操作系统有关的抵押担保，则提供系统的运营商对该抵押担保的权利将不受针对接收系统的运营商的破产程序的影响。"

2. 成员国应在 2014 年 8 月 17 日之前通过并发布为符合第（1）项所必需的法律、条例和行政规定。成员国应立即将该等法律、条例和行政规定通知委员会。

当成员国采取这些措施时，应包含对第 98/26/EC 号指令的引用，或在其正式发布时附有此类引用。引用的方法应由成员国规定。

第 88 条　网站

1. ESMA 应维护一个提供以下详细信息的网站：

（a）　符合第 5 条清算义务的合约；

（b）　对违反第 4、第 5 和第 7~11 条的处罚；

（c）　在欧盟内设立的获授权在欧盟内提供服务或活动的 CCP，及其获授权提供或执行的服务或活动，包括其授权所涵盖的金融工具类别；

---

[1]　OJ L 191，2001 年 7 月 13 日，第 45 页。

345

（d） 对违反第四篇和第五篇的处罚；

（e） 在第三国设立的获授权在欧盟内提供服务或活动的 CCP，及其获授权提供或执行的服务或活动，包括其授权所涵盖的金融工具类别；

（f） 获授权在欧盟内提供服务或活动的交易报告库；

（g） 根据第 65 条和第 66 条规定施加的罚款和定期罚款；

（h） 第 6 条所指的公共登记册。

2. 就第 1 款（b）项、（c）项和（d）项而言，主管机构应维护网站，这些网站应与 ESMA 网站相连接。

3. 本条所指的所有网站应可公开访问并定期更新，并应以清晰的格式提供信息。

第 89 条　过渡性条款

1. 在 2021 年 6 月 18 日之前，第 4 条规定的清算义务不适用于客观上可衡量为降低与养老金计划安排的财务偿付能力直接相关的投资风险的场外衍生品合约，也不适用于为在违约情况下向此类安排的成员提供赔偿而设立的实体。

第 4 条规定的清算义务不适用于由养老金计划安排在 2018 年 8 月 17日至 2019 年 6 月 16 日期间订立的本款第一子段所述的场外衍生品合约。

这些实体在此期间签订的场外衍生品合约，如不履行第 4 条规定的清算义务，则应遵守第 11 条规定的要求。

2. 关于第 2 条第 10 款（c）项和（d）项所述的养老金计划安排，有关主管机构应就实体类型或安排类型给予本条第 1 款所述的豁免。主管机构收到请求后，应通知 ESMA 和 EIOPA。在收到通知后的 30 个自然日内，ESMA 应咨询 EIOPA 后发表意见，以评估实体类型或安排类型是否符合第2 条第 10 款（c）项或（d）项的规定，以及由于难以满足变动保证金要求而给予豁免的理由。只有在完全确信实体类型或安排类型符合第 2 条第 10款（c）项或（d）项，并且确信其在满足变动保证金要求方面遇到困难时，主管机构才应给予豁免。主管机构应在收到 ESMA 意见后的 10 个工作日内基于对该意见的适当考量后作出决定。如果主管机构不同意 ESMA 的意见，则应在其决定中提供充分的理由，并应就与该决定的任何重大差异作出解释。

ESMA 应在其网站上发布第 2 条第 10 款（c）项和（d）项所指的且根据第一子段已获豁免的实体类型和安排类型的清单。为了进一步加强监管结果的一致性，ESMA 应根据欧盟第 1095/2010 号条例第 30 条，每年对清单中的实体进行同行审查。

3. 在委员会通过第 4、第 5、第 8~11、第 16、第 18、第 25、第 26、第 29、第 34、第 41、第 42、第 44、第 45、第 46、第 47、第 49、第 56 和第 81 条规定的所有监管技术标准之前，已在其成立所在成员国中经授权根据该成员国的国家法律提供清算服务的 CCP，应在第 16、第 25、第 26、第 29、第 34、第 41、第 42、第 44、第 45、第 47 和第 49 条规定的所有监管技术标准生效之日起 6 个月内，根据第 14 条为本条例之目的申请授权。

在第三国设立的 CCP，如在委员会通过第 16、第 26、第 29、第 34、第 41、第 42、第 44、第 45、第 47 和第 49 条规定的所有监管技术标准之前，已获认可可根据该成员国的国家法律提供清算服务，则应在第 16、第 26、第 29、第 34、第 41、第 42、第 44、第 45、第 47 和第 49 条规定的所有监管技术标准生效之日起 6 个月内，根据第 25 条为本条例之目的申请认可。

3a. 在第 25 条第 2a 款和第 25a 条第 3 款提到的授权法案生效之日前，ESMA 不得根据第 25 条第 2a、2b、2c 款行使其权力，并且对于 ESMA 在 2020 年 1 月 1 日之前尚未根据第 25 条通过认可决定的 CCP，在第 25 条第 6 款所述的相关执行法案生效之前，不得行使其权力。

3b. ESMA 应在第 25 条第 2a 款第二子段所指的授权法案生效之日起 4 个月内，根据第 25c 条为 2020 年 1 月 1 日之前根据第 25 条获认可的所有 CCP 设立和管理一个监管专家组。

3c. ESMA 应根据第 25 条第 5 款的规定，在第 25 条第 2a 款第二子段和

第 25a 条第 3 款所指的授权法案生效之日之前，审查根据第 25 条第 1 款通过的认可决定。该等审查必须在第 25 条第 2a 款第二子段所述的授权法案生效之日起 18 个月内完成。

如果根据本款第一子段所述进行审查之后，ESMA 确定应根据第 25 条第 2a 款将 2020 年 1 月 1 日之前认可的 CCP 归为二级 CCP，则 ESMA 应设定适当的适应期，适应期不得超过 18 个月，在这一期限内，CCP 必须遵守第 25 条第 2b 款所述的要求。如果因特殊情况和对在欧盟内设立的清算会员的影响而有理由延长适应期的，ESMA 可根据 CCP 或任何负责监督欧盟中清算会员的主管机构的合理要求，将适应期再延长 6 个月。

4. 在根据本条例作出关于授权或认可 CCP 的决定之前，有关 CCP 的授权和认可的相应国家规则应继续适用，并且 CCP 应继续受其成立所在的或获认可的成员国的主管机构的监督。

5. 在委员会通过第 16、第 26、第 29、第 34、第 41、第 42、第 45、第 47 和第 49 条规定的所有监管技术标准之前，如果主管机构授权 CCP 根据其成员国的国家法律对某一类衍生品进行清算，则该成员国的主管机构应在第 5 条第 1 款规定的监管技术标准生效之日起一个月内，将该授权通知 ESMA。

在委员会通过第 16、第 26、第 29、第 34、第 41、第 42、第 45、第 47 和第 49 条规定的所有监管技术标准之前，如果主管机构认可在第三国设立的 CCP 根据其成员国的国家法律提供清算服务，则该成员国的主管机构应在第 5 条第 1 款规定的监管技术标准生效之日起一个月内，将此认可通知 ESMA。

5a. 在第 16、第 25、第 26、第 29、第 34、第 41、第 42、第 44、第 45、第 47 和第 49 条所述的最新监管技术标准生效之日起 15 个月内，或在根据第 14 条作出授权 CCP 的决定之前（以较早者为准），该 CCP 应适用本款第三子段所规定的处理办法。

在第 16、第 26、第 29、第 34、第 41、第 42、第 44、第 45、第 47 和

第 49 条所指的最新监管技术标准生效之日起 15 个月内，或在根据第 25 条作出认可 CCP 的决定之前（以较早者为准），该 CCP 应适用本款第三子段的处理办法。

在本款前两个子段定义的最后期限之前，且受制于本款第四子段的规定，如果 CCP 既没有清算基金，也没有与其清算会员达成约束性安排，允许其使用从清算会员处收到的全部或部分初始保证金，视同该等保证金是预缴款，则其根据第 50c 条第 1 款应报告的信息应包括其从清算会员处收到的初始保证金总额。

基于委员会根据欧盟第 575/2013 号条例第 497 条第 3 款通过的执行法案，本款第一子段和第二子段中提到的期限可以延长 6 个月。

6. 在委员会通过第 9、第 56 和第 81 条规定的所有监管和实施技术标准之前，如果交易报告库已在其成立所在成员国获授权或注册，可以根据该成员国的国家法律收集和维护衍生品的记录，则应在这些监管和实施技术标准生效之日起 6 个月内根据第 55 条的规定申请注册。

在委员会通过第 9、第 56 和第 81 条规定的所有监管和实施技术标准之前，如果在第三国设立的交易报告库可以根据该成员国的国家法律在该成员国中收集和维护衍生品的记录，则应在该等监管和实施技术标准生效之日起 6 个月内，根据第 77 条的规定申请认可。

7. 在根据本条例就交易报告库的注册或认可作出决定之前，有关交易报告库的授权、注册和认可的相应国家规则应继续适用，并且交易报告库应继续由其设立或被认可的成员国主管机构进行监督。

8. 在委员会通过第 56 条和第 81 条规定的监管和实施技术标准之前，已经在其所在成员国授权或注册以根据该成员国的国家法律收集和维护衍生品记录的交易报告库，可以用来满足第 9 条中的报告要求，直到根据本条例对该交易报告库的注册作出决定。

在委员会通过第 56 条和第 81 条规定的监管和实施技术标准之前，在第三国设立的可根据成员国的国家法律收集和保存衍生品记录的交易报告库，可用于满足第 9 条中的报告要求，直到根据本条例就认可该交易报告库作出决定。

9. 尽管有第 81 条第 3 款（f）项的规定，如果第三国与欧盟之间未达成第 75 条所述的国际协定，则交易报告库可在 2013 年 8 月 17 日之前向该第三国的有关机构提供必要的信息，但前提是必须通知 ESMA。

第 90 条　ESMA 的人员和资源

在 2022 年 1 月 2 日之前，ESMA 应评估根据本条例行使职权而产生的人员配备和资源需求，并向欧洲议会、理事会和委员会提交报告。

第 91 条　生效

本条例自在《欧盟官方杂志》公布后的第二十天起生效。

本条例的全文均应具有约束力，并直接适用于所有成员国。

注释：

（1）OJ C385，2017 年 11 月 15 日，第 3 页。

（2）OJ C434，2017 年 12 月 15 日，第 63 页。

（3）2019 年 4 月 18 日欧洲议会的立场（尚未在官方刊物上发表）和 2019 年 10 月 15 日理事会的决定。

（4）欧洲议会和理事会 2012 年 7 月 4 日颁布的关于场外衍生品、中央对手方和交易报告库的欧盟第 648/2012 号条例（OJ L 201，2012 年 7 月 27 日，第 1 页）。

（5）欧洲议会和理事会 2019 年 5 月 20 日颁布的修定欧盟第 648/2012 号条例关于未集中清算场外衍生品合约的清算义务、中止清算义务、报告要求、风险缓释技术，以及交易报告库的注册、监管和要求的欧盟第 2019/834 条例（OJ L 141，2019 年 5 月 28 日，第 42 页）。

（6）欧洲议会和理事会 2010 年 11 月 24 日颁布的关于建立欧洲监管机构（欧洲证券与市场管理局）以及修订第 716/2009/EC 号决定和废除委员会第 2009/77/EC 号决定的欧盟第 1095/2010 号条例（OJ L 331, 2010 年 12 月 15 日，第 84 页）。

（7）2013 年 10 月 15 日颁布的关于赋予欧洲中央银行有关信贷机构审慎监管政策的具体任务的欧盟理事会第 1024/2013 号条例（OJ L 287, 2013 年 10 月 29 日，第 63 页）。

（8）OJ L 123, 2016 年 5 月 12 日，第 1 页。

（9）欧洲议会和理事会 2011 年 2 月 16 日颁布的关于制定成员国委员会行使控制机制的执行权力的规则和一般原则的欧盟第 182/2011 号条例（OJ L 55, 2011 年 2 月 28 日，第 13 页）。

* * *

附件一　第 65 条第 1 款提及的违规行为清单

一、与组织性要求或利益冲突有关的违规行为：

（a）　交易报告库因没有健全的治理安排，包括建立清晰的组织结构、明确、透明和一致的职责范围以及适当的用于防止机密信息泄露的内部控制机制（包括完善的行政和会计程序），从而违反了第 78 条第 1 款；

（b）　交易报告库因未维持或执行有效的书面组织和行政安排，以识别和管理与其管理人员、雇员以及与他们直接或间接有密切关系的任何人的任何潜在利益冲突，从而违反了第 78 条第 2 款；

（c）　交易报告库因未建立足以确保充分遵守本条例所有规定的适当政策和程序，包括管理人员和雇员对本条例的遵守，从而违反了第 78 条第 3 款；

（d）　交易报告库因未维持或运行适当的组织结构，以确保该交易报告库在执行其服务和活动中的连续性和有序运行，从而违反了第 78 条第 4 款；

（e）　交易报告库因未将其辅助服务与集中收集和维护衍生品记录的功能分开运作，从而违反了第 78 条第 5 款；

（f）　交易报告库因未确保其高级管理人员和董事会成员有足够的声

誉和经验，以确保该交易报告库的健全和审慎管理，从而违反了第 78 条第 6 款；

（g）　交易报告库因没有对受第 9 条规定的报告义务约束的服务提供商和企业的准入提出客观的、非歧视性的和公开披露的要求，从而违反了第 78 条第 7 款；

（h）　交易报告库因未公开披露与根据本条例提供的服务相关的价格和费用，因未允许报告实体单独获取特定服务，或因收取与成本无关的价格和费用，从而违反了第 78 条第 8 款；

（i）　交易报告库因未制定适当程序对交易报告库之间的数据进行有效协调，从而违反了第 78 条第 9 款（a）项规定；

（j）　交易报告库因未建立适当的程序来验证所报告数据的完整性和正确性，从而违反了第 78 条第 9 款（b）项规定；

（k）　交易报告库因未制定适当的政策，在第 9 条所述的交易对手和 CCP 要求时或在其他必要的情况下，将数据有序地转移到其他交易报告库，从而违反了第 78 条第 9 款（c）项规定。

二、与操作要求有关的违规行为：

（a）　交易报告库因未确定操作风险的来源或未通过开发适当的系统、控制措施和程序来使这些风险最小化，从而违反了第 79 条第 1 款；

（b）　交易报告库因未制订、执行或维护业务连续性政策和灾后恢复计划，以确保维持其职能、及时恢复业务和履行交易报告库的义务，从而违反了第 79 条第 2 款；

（c）　交易报告库因未确保根据第 9 条收到的信息的机密性 / 完整性或保密性，从而违反了第 80 条第 1 款；

（d）　交易报告库因未经相关交易对手同意，将其根据本条例接收的数据用于商业目的，从而违反了第 80 条第 2 款；

（e）　交易报告库因未及时记录根据第 9 条收到的信息，或在相关合约终止后至少 10 年未保存信息，或未采用及时有效的记录程序记录所记录信息的变化，从而违反了第 80 条第 3 款；

（f） 交易报告库因未根据第 9 条报告的衍生品合约的详细信息按衍生品类别和报告实体计算头寸，从而违反了第 80 条第 4 款；

（g） 交易报告库因未允许合约的当事方及时访问和更正该合约的信息，从而违反了第 80 条第 5 款；

（h） 交易报告库因未采取一切合理措施，以防止滥用其系统中维护的信息，从而违反了第 80 条第 6 款。

三、与透明度和信息可用性有关的违规行为：

（a） 交易报告库因未定期以方便查阅的方式公布向其报告的各类衍生品合约的总持仓量，从而违反了第 81 条第 1 款；

（b） 交易报告库因未允许第 81 条第 3 款中提到的实体直接和立即查看其履行各自职责和任务所需的衍生品合约的详细信息，从而违反了第 81 条第 2 款。

四、与妨碍监督活动有关的违规行为：

（a） 交易报告库因在响应 ESMA 根据第 61 条第 2 款提出的简单信息请求或响应 ESMA 要求根据第 61 条第 3 款作出的有关索要信息的决定时提供了不正确或误导性信息，从而违反了第 61 条第 1 款；

（b） 交易报告库对根据第 62 条第 1 款（c）项提出的问题提供了错误或误导性的答案；

（c） 交易报告库未及时遵守 ESMA 根据第 73 条采取的监督措施；

（d） 交易报告库因未及时通知 ESMA 注册条件的任何重大变更，从而违反了第 55 条第 4 款。

* * *

附件二　与适用第 65 条第 3 款的加重和减轻因素相关的系数清单

以下系数应累计适用于第 65 条第 2 款所述的基本金额：

一、与加重因素有关的调整系数：

（a） 如果违规行为是重复发生的，则每发生一次，就应适用 1.1 的附加系数；

（b） 如果违规行为的持续时间已超过 6 个月，则系数为 1.5；

（c） 如果违规行为表明交易报告库的组织存在系统缺陷，特别是其程序、管理系统或内部控制方面的缺陷，则系数为 2.2；

（d） 如果违规行为对其所保存数据的质量有负面影响，则系数为 1.5；

（e） 如果违规行为是故意实施的，则系数为 2；

（f） 如果自从发现违约行为以来未采取补救措施，则系数为 1.7；

（g） 如果交易报告库的高级管理层未配合 ESMA 进行调查，则系数为 1.5。

二、与减轻因素相关的调整系数：

（a） 如果违规行为的持续时间少于 10 个工作日，则系数为 0.9；

（b） 如果交易报告库的高级管理人员可以证明已采取一切必要措施阻止该等违规行为，则系数为 0.7；

（c） 如果交易报告库已迅速、有效和彻底地将违规行为提请 ESMA 注意，则系数为 0.4；

（d） 如果交易报告库自愿采取措施以确保将来不再犯类似的违规行为，则系数为 0.6。

＊　＊　＊

附件三　第 25j 条第 1 款提及的违规行为清单

一、与资本要求有关的违规行为：

（a） 二级 CCP 因其永久性和可动用初始资本少于 750 万欧元，从而违反了第 16 条第 1 款；

（b） 二级 CCP 因其资本（包括留存收益和储备金）未与其活动所产生的风险成比例，且无法在任何时候都足以确保适时有序地清算或重组该等活动，并无法充分保护 CCP 不受第 41~44 条所述的具体金融资源尚未涵盖的信贷、交易对手、市场、业务、法律和商业风险的影响，从而违反了第 6 条第 2 款。

二、与组织性要求或利益冲突有关的违规行为：

（a） 二级 CCP 因缺乏健全的治理安排，包括明确的组织结构，明确、透明和一致的职责范围，用于识别、管理、监测和报告其面临或可能面临的风险的有效程序，以及适当的内部控制机制（包括健全的行政和会计程序），从而违反了第 26 条第 1 款；

（b） 二级 CCP 因未采取足以确保包括其管理人员和雇员在内的人员遵守本条例的政策和程序，从而违反了第 26 条第 2 款；

（c） 二级 CCP 因未维持或运营确保其服务和活动的连续性和有序运作的组织结构，或者未采用适当和相称的系统、资源或程序，从而违反了第 26 条第 3 款；

（d） 二级 CCP 因未明确区分有关风险管理的报告线路和 CCP 的其他业务的报告线路，从而违反了第 26 条第 4 款；

（e） 二级 CCP 因未采用、实施或维持薪酬政策，以促进健全而有效的风险管理，且持续遵守风险标准，从而违反了第 26 条第 5 款；

（f） 二级 CCP 因其信息技术系统不足以处理为确保高标准安全性以及所维护信息的完整性和机密性而进行的服务和活动的复杂性、多样性和类型，从而违反了第 26 条第 6 款；

（g）二级 CCP 因未公开免费提供其治理安排、管理 CCP 的规则或清算会员资格的准入标准，从而违反了第 26 条第 7 款；

（h） 二级 CCP 因未经常接受独立审计，或者未向董事会通报这些审计的结果，或者未将这些结果提供给 ESMA，从而违反了第 26 条第 8 款；

（i） 二级 CCP 因未确保其高级管理层和董事会成员享有足够的声誉和经验，以确保对 CCP 进行稳健而谨慎的管理，从而违反了第

27 条第 1 款或第 27 条第 2 款第二子段的规定；

（j） 二级 CCP 因未确保其董事会的至少三分之一但不少于两名成员是独立的，或者未邀请清算会员的客户代表来参加董事会就第 38 条和第 39 条有关的事项而举行的会议，或将董事会独立成员和其他非执行成员的薪酬与 CCP 的业务绩效挂钩，从而违反了第 27 条第 2 款；

（k） 二级 CCP 因未明确确定董事会的角色和职责，或未向 ESMA 或审计师提供董事会会议记录，从而违反了第 27 条第 3 款；

（l） 二级 CCP 未设立风险委员会，或未由其清算会员、董事会独立成员和客户代表组成风险委员会，或在风险委员会的组成中，其中一组代表在风险委员会中占多数，或在 ESMA 请求被通知的情况下，未将风险委员会的活动和决定正式通知 ESMA，从而违反了第 28 条第 1 款；

（m） 二级 CCP 未明确任务授权、确保其独立性的治理安排、运营程序、风险委员会成员的接纳标准或选举机制，或未公布这些治理安排，或未确定风险委员会是否由董事会的一名独立成员担任主席并直接向董事会报告并举行定期会议，从而违反了第 28 条第 2 款；

（n） 二级 CCP 因未允许风险委员会就可能影响 CCP 风险管理的任何安排向董事会提供建议，或者在紧急情况下未采取合理措施就可能影响 CCP 风险的发展情况咨询风险委员会，从而违反了第 28 条第 3 款；

（o） 二级 CCP 因未将董事会决定不遵循风险委员会建议的任何决定立即通知 ESMA，从而违反了第 28 条第 5 款；

（p） 二级 CCP 因未保留该 CCP 提供的服务和活动的所有记录至少 10 年，以使 ESMA 能够监控 CCP 对此行为的遵守情况，从而违反了第 29 条第 1 款；

（q）　二级 CCP 因在合约终止后至少 10 年内未保持其已处理的所有合约的所有信息，以便在该 CCP 清算前能够识别交易的原始条款，从而违反了第 29 条第 2 款；

（r）　二级 CCP 因在 ESMA 和 ESCB 相关成员的请求下未提供第 29 条第 1 款和第 2 款所指的记录和信息，或有关已清算合约头寸的所有信息（与执行交易的地点无关），从而违反了第 29 条第 3 款；

（s）　二级 CCP 因没有或以虚假或不完整的方式向 ESMA 通报其股东或成员（无论直接还是间接、自然人还是法人）的身份或持有合格股份的数量，从而违反了第 30 条第 1 款；

（t）　二级 CCP 因允许第 30 条第 1 款所述的人施加可能有损于 CCP 的健全和审慎管理的影响，从而违反了第 30 条第 4 款；

（u）　二级 CCP 因没有或以虚假或不完整的方式将其管理层任何变动通知 ESMA，或未向 ESMA 提供评估其是否遵守第 27 条第 1 款或第 27 条第 2 款第二子段而所需的一切资料，从而违反了第 31 条第 1 款；

（v）　二级 CCP 因未维持或执行有效的书面组织和行政安排来识别或管理自身（包括其管理人员、雇员或任何直接或间接控制或有密切关系的人）与 CCP 已知的清算会员或其客户之间的任何潜在利益冲突，或者未维护或执行旨在解决可能的利益冲突的适当程序，从而违反了第 33 条第 1 款；

（w）　二级 CCP 因在接受其所知的清算会员的新交易之前，未向该清算会员或该清算会员的有关客户，且该 CCP 管理利益冲突的组织或行政安排不足以在有合理把握的情况下确保防止清算会员或客户利益受损的风险，从而违反了第 33 条第 2 款；

（x）　二级 CCP 因在其书面安排中未考虑其已经知道或应意识到的可能因与其有母公司或子公司关系的其他企业的结构和业务活动而引起利益冲突的任何情况，从而违反了第 33 条第 3 款；

（y） 二级 CCP 因未采取一切合理措施，以防止滥用其系统中保存的信息或阻止将该信息用于其他业务活动，或由与该 CCP 有紧密关系的自然人或与该 CCP 有母公司或子公司关系的法人将该 CCP 中记录的机密信息用于任何商业目的（未经该机密信息所属客户的事先同意），从而违反了第 33 条第 5 款；

（z） 二级 CCP 因未按照其清算会员及其客户的最佳利益公平和专业地行事，从而违反了第 36 条第 1 款；

（aa） 二级 CCP 因缺乏用于迅速处理投诉便捷、透明和公平的规则，从而违反了第 36 条第 2 款；

（ab） 二级 CCP 因持续使用歧视性、不透明或主观的准入标准，或以其他方式未能确保持续公平、公开地进入 CCP，或无法持续确保其清算会员有足够的金融资源和运营能力来履行参与该 CCP 所产生的义务，或无法每年对其清算会员进行全面的合规审查，从而违反了第 37 条第 1 或 2 款的规定；

（ac） 二级 CCP 因未能针对不再满足第 37 条第 1 款所述标准的清算会员的暂停和有序退出而制定客观透明的程序，从而违反了第 37 条第 4 款；

（ad） 二级 CCP 因在未提供适当的书面理由并以全面的风险分析为基础的情况下，拒绝符合第 37 条第 1 款所述标准的清算会员的准入，从而违反了第 37 条第 5 款；

（ae） 二级 CCP 因不允许其清算会员的客户分别访问所提供的特定服务，从而违反了第 38 条第 1 款；

（af） 二级 CCP 因未按合理的商业条款提供第 39 条第 7 款中提到的不同级别的区分，从而违反了第 39 条第 7 款。

三、与操作要求有关的违规行为：

（a） 二级 CCP 因未制订、执行或维持适当的业务连续性政策和灾后恢复计划以确保维护其职能、及时恢复业务和履行 CCP 的义务，且至少可以在中断时恢复所有交易，以使 CCP 可以继续确定地开展业务并在预定日期完成结算，从而违反了第 34 条第 1 款；

（b）　二级 CCP 因未建立、实施或维持适当的程序，以确保在根据第 25 条规定的决定撤销认可时，及时有序地清算或转移客户和清算会员的资产和头寸，从而违反了第 34 条第 2 款；

（c）　二级 CCP 未经 ESMA 批准，将与该 CCP 的风险管理相关的主要活动予以外包，从而违反了第 35 条第 1 款第二子段的规定；

（d）　二级 CCP 因未保留单独的记录和账户，以使其能够在 CCP 账户中随时随地区分为一个清算会员的账户持有的资产和头寸与为任何其他清算会员的账户持有的资产和头寸以及其自身的资产，从而违反了第 39 条第 1 款；

（e）　二级 CCP 未提供或在提出要求时未保存单独的记录和账户，使每个清算会员能够在 CCP 账户中将该清算会员的资产和头寸与为其客户持有的资产和头寸区分开来，从而违反了第 39 条第 2 款；

（f）　二级 CCP 未提供或在提出要求时未保存单独记录和账户，使每个清算会员可以在 CCP 账户中区分为某一客户账户持有的资产和头寸与为其他客户账户持有的资产和头寸，或者未向其清算会员提供以自己的名义为他们的客户开设更多账户的可能性（如清算会员有此需求），从而违反了第 39 条第 2 款；

（g）　二级 CCP 未以近乎实时的方式衡量和评估其对每个清算会员以及与之相关的另一 CCP（其已与该 CPP 达成互操作性安排）的流动性和信用风险敞口或者无法获得相关定价资源以合理的成本基础有效地衡量其风险敞口，从而违反了第 40 条；

（h）　二级 CCP 因未向其清算会员或（在相关情况下）与之达成互操作性安排的 CCP 征收、催收或收取保证金，以限制其信用风险敞口，或至少每日或在考虑到任何潜在的顺周期影响后的必要情况下，其所征收、催收或收取的保证金不足以覆盖 CCP 估计在相关头寸清算之前可能发生的潜在风险敞口或不足以覆盖在适当的时间范围内至少 99% 的风险敞口变动造成的损失，或不足以确保 CCP 与所有清算会员以及所有与之达成互操作性安排的所有 CCP 进行充分的风险敞口抵押，从而违反了第 41 条第1 款；

（i） 二级 CCP 因在设置保证金要求时，在考虑到收取保证金之间的间隔时间、市场流动性和交易期间的变化可能性时，未采用能够捕捉清算产品的风险特征的模型和参数，从而违反了第 41 条第 2 款；

（j） 二级 CCP 因至少在超过预定阈值的情况下，不在日间收取和收取保证金，从而违反了第 41 条第 3 款；

（k） 二级 CCP 因未维持一个清算基金，至少使其能够在极端但合理的市场条件下承受其风险敞口最大的清算会员的违约或第二和第三大清算会员（如果二者的风险敞口之和更大的话）的违约；或者因制定了不包括该 CCP 提供服务的市场所经历的最不稳定时期的情景，以及考虑到突然出售金融资源和市场流动性迅速减少的一系列潜在的未来情景，从而违反了第 42 条第 3 款；

（l） 如果第 42 条所指的清算基金和第 43 条第 1 款所指的其他金融资源无法使二级 CCP 在极端但合理的市场条件下承受其面临最大风险敞口的两个清算会员的违约，则该二级 CCP 违反了第 43 条第 2 款；

（m） 二级 CCP 因无法获得足够的流动资金来执行其服务和活动，或者未每天衡量其潜在的流动资金需求，从而违反了第 44 条第1 款；

（n） 二级 CCP 因在使用其他金融资源之前未使用违约清算会员缴纳的保证金来覆盖损失，从而违反了第 45 条第 1、第 2、第 3 款；

（o）　二级 CCP 因在使用非违约清算会员的清算基金缴款之前未使用专用的自有资源，从而违反了第 45 条第 4 款；

（p）　在委员会根据第 46 条第 3 款通过的授权法案不允许提供其他担保品的情况下，二级 CCP 接受除信用和市场风险极低的高流动性担保品以外的任何其他担保品，以覆盖其对清算会员的初始和持续风险敞口，从而违反了第 46 条第 1 款；

（q）　因二级 CCP 将其金融资源投资于现金或具有最低市场和信用风险并能迅速变现且价格影响极小的高流动性金融工具以外的其他方面，从而违反了第 47 条第 1 款；

（r）　二级 CCP 因未将作为保证金或清算基金缴款的金融工具存入证券结算系统（该等系统可确保金融工具获得充分保护）的运营商，或者因未使用与授权金融机构的其他高度安全的安排，从而违反了第 47 条第 3 款；

（s）　二级 CCP 因通过与授权金融机构发生的高度安全的安排或使用中央银行的定期存款工具或中央银行提供的其他类似途径以外的方式进行现金存款，从而违反了第 47 条第 4 款；

（t）　因二级 CCP 在将资产存入第三方时，未通过第三方账簿上不同名称的账户或任何其他同等保护措施，确保属于清算会员的资产与属于 CCP 的资产和属于该第三方的资产分开识别，或者因二级 CPP 在必要情况下未能及时获得金融工具，从而违反了第 47 条第 5 款；

（u）　二级 CCP 因将其资本或第 41~44 条规定的要求所产生的款项投资于其本身或其母公司或其子公司的证券，从而违反了第 47 条第 6 款；

（v）　二级 CCP 因未针对不在时限内且未按照 CCP 规定程序遵守第 37 条规定的参与要求的清算会员而制定详细的程序，或因未详细规定在 CCP 没宣布某清算会员违约时应遵循的程序，或因没有每年对这些程序进行审查，从而违反了第 48 条第 1 款；

（w）二级 CCP 因未能及时采取措施，遏制由清算会员违约而造成的损失和流动性压力，并确保任何清算会员的平仓不会扰乱其业务或或使非违约清算会员遭受他们无法预见或控制的损失，从而违反了第 48 条第 2 款；

（x）　二级 CCP 因未能在宣布或触发违约程序之前及时通知 ESMA，从而违反了第 48 条第 3 款；

（y）　二级 CCP 因未验证其违约程序是否可以执行，并且未采取所有合理措施来确保其有合法权力清算违约清算会员的专有头寸并转移或清算违约清算会员的客户头寸，从而违反了第 48 条第 4 款；

（z）　二级 CCP 因没有定期审查其用于计算其保证金要求、清算基金缴款、抵押品要求或其他风险控制机制的模型和参数；因没有对这些模型进行严格而频繁的压力测试，以评估它们在极端但合理的市场条件下的应变能力；因没有进行回溯测试，以评估所采用方法的可靠性；因未能获得独立验证；因没有将执行的测试结果告知 ESMA；因在对模型和参数进行任何重大更改之前没有获得 ESMA 的验证（如果 ESMA 不允许在验证前暂时采用该等更改），从而违反了第 49 条第 1 款；

（aa）二级 CCP 因未定期测试其违约程序的关键方面，或因未采取所有合理步骤确保所有清算会员理解并作出适当安排以应对违约事件，从而违反了第 49 条第 2 款；

（ab）二级 CCP 因在可行和可用的情况下未使用中央银行货币来结算交易，或者因未采取措施严格来限制未使用中央银行货币的现金结算风险，从而违反了第 50 条第 1 款；

（ac）因二级 CCP 在有义务进行或接收金融工具交割的情况下，未尽可能通过使用交割兑付机制来消除本金风险，从而违反了第 50

条第 3 款；

（ad）二级 CCP 因未按上述条款的规定计算 K_{CCP}，或因未遵守第 50a 条第 2 款、第 50b 条和第 50d 条中规定的计算 K_{CCP} 的规则，从而违反了第 50a 条或第 50b 条；

（ae）二级 CCP 因其计算的 K_{CCP} 少于每季度一次或少于 ESMA 根据第 50a 条第 3 款所要求的频率，从而违反了第 50a 条第 3 款；

（af）二级 CCP 因无法以非歧视的方式从交易场所获取其为履行职能所需的数据（前提是其符合该交易场所规定的业务和技术要求），也无法从相关结算系统获取数据，从而违反了第 51 条第 2 款；

（ag）因二级 CCP 在不符合第 52 条第 1 款（a）~（d）项规定的任何要求的情况下订立互操作性安排，从而违反了第 52 条第 1 款；

（ah）因二级 CCP 在账户中没有隔离与该 CCP 订立互操作性安排的另一 CCP 的账户所持有的资产和头寸，从而违反了第 53 条第 1 款；

（ai）因二级 CCP 在未经 ESMA 事先批准的情况下订立互操作性安排，从而违反了第 54 条第 1 款。

四、与透明度和信息可用性有关的违规行为：

（a）　二级 CCP 因未公开披露单独提供的每项服务的价格和费用（包括折扣和回扣以及享受折扣的条件），从而违反了第 38 条第 1 款；

（b）　二级 CCP 因未向 ESMA 披露其服务的成本和收入的信息，从而违反了第 38 条第 1 款；

（c）　二级 CCP 因未向其清算会员及其客户披露与所提供服务有关的风险，从而违反了第 38 条第 2 款；

（d）　二级 CCP 因未向其清算会员或 ESMA 披露用于计算其对清算会员的日终风险敞口的价格信息，或因未公开披露该 CCP 所清算的每一工具的清算量的汇总情况，从而违反了第 38 条第 3 款；

（e）　二级 CCP 因未公开披露与通信协议（涵盖了与第三方交互所使

用的内容和消息格式）有关的操作和技术要求，包括第 7 条中提到的操作和技术要求，从而违反了第 38 条第 4 款；

（f） 二级 CCP 因未公开披露清算会员违反第 37 条第 1 款所述标准或第 38 条第 1 款规定的要求的任何违规行为（除非 ESMA 认为该等披露将对金融稳定或市场信心构成威胁，或将严重危害金融市场或对有关各方造成不相称的损害），从而违反了第 38 条第 5 款；

（g） 二级 CCP 因未向其清算会员提供模拟工具，使它们无法以总金额确定 CCP 可能在清算新交易时所需的额外初始保证金的金额，或者因以不安全的方式提供该等工具，从而违反了第 38 条第 6 款；

（h） 二级 CCP 因未向其清算会员提供第 38 条第 7 款第二句（a）项、（b）项和（c）项所述的关于其使用的初始保证金模型的信息，从而违反了第 38 条第 7 款；

（i） 二级 CCP 因未公开披露其提供的保护级别和与之不同的区分级别相关的成本，从而违反了第 39 条第 7 款；

（j） 二级 CCP 因未公开披露其风险管理模型或进行第 49 条第 1 款所述压力测试所采用的假设的关键方面，从而违反了第 49 条第 3 款；

（k） 二级 CCP 因未明确说明其在金融工具交割方面的义务，包括是否有义务进行或接收金融工具的交割或是否对参与者在交割过程中造成的损失进行赔偿，从而违反了第 50 条第 2 款；

（l） 二级 CCP 因未向其机构性清算会员或其主管机构报告第 50c 条第 1 款（a）~（e）项所述的信息，从而违反了第 50c 条第 1 款；

（m） 二级 CCP 因向其机构性清算会员作出通知的次数少于每季度一次或少于 ESMA 根据第 50c 条第 2 款规定的频率要求，从而违反了第 50c 条第 2 款。

五、与妨碍监督活动有关的违规行为：

（a） CCP 因未根据第 25f 条第 3 款要求提供资料的决定提供资料，或因在满足根据第 25f 条第 2 款提出的简单请求或 ESMA 根据第 25f 条第 3 款要求提供信息的决定时，所提供的资料不正确或具有误导性，从而违反了第 25f 条；

（b） CCP 或其代表对根据第 25g 条第 1 款（c）项提出的问题提供了错误或误导性的回答；

（c） CCP 未遵守 ESMA 的电话或数据流量记录要求，因而违反了第 25g 条第 1 款（e）项；

（d） 二级 CCP 未能及时遵守 ESMA 根据第 25q 条通过的决定所要求的监督措施；

（e） 二级 CCP 未服从 ESMA 根据第 25h 条通过的检查决定所要求的现场检查。

* * *

附件四 与适用第 25j 条第 3 款的加重和减轻因素有关的系数清单

以下系数应累计适用于第 25j 条第 2 款所述的基本金额：

一、与加重因素有关的调整系数：

（a） 如果违规行为重复发生，则每发生一次，就应适用 1.1 的附加系数；

（b） 如果违规行为持续时间已超过 6 个月，则系数为 1.5；

（c） 如果违规行为表面 CCP 的组织存在系统性缺陷，尤其是其程序、管理体系或内部控制方面的缺陷，则系数应为 2.2；

（d） 如果违规行为对 CCP 的活动和服务质量产生负面影响，则系数为 1.5；

（e） 如果违规行为是故意实施的，则系数为 2；

（f）　如果自从发现违约行为以来未采取补救措施，则系数为 1.7；

（g）　如果 CCP 的高级管理层未配合 ESMA 进行调查，则系数为 1.5。

二、与减轻因素相关的调整系数：

（a）　如果违规行为的持续时间少于 10 个工作日，则系数为 0.9；

（b）　如果 CCP 的高级管理层可以证明已采取一切必要措施来阻止违约行为，则系数为 0.7；

（c）　如果 CCP 已迅速、有效和彻底地将违规行为提请 ESMA 注意，则系数为 0.4；

（d）　如果 CCP 自愿采取措施以确保将来不会再犯类似的违规行为，则系数为 0.6。

附录四

《美国商品期货交易委员会条例》第 39 部修订版（2020 年 10 月 21 日生效版本）[①]

美国联邦法规

第 17 篇 商品与证券交易

第一章 美国商品期货交易委员会

第 39 部 衍生品清算组织

目　录

---

① 本条例翻译自美国联邦法规（Code of Federal Regulations）第 17 篇　商品与证券交易（Title 17 Commodity and Securities Exchanges）第一章　美国商品期货交易委员会（Commodity Futures Trading Commission）第 39 部　衍生品清算组织（PART 39-Derivatives Clearing Organizations），参见 https://ecfr.federalregister.gov/current/title-17/chapter-I/part-39。

A 适用于衍生品清算组织的一般条款

第 39.1 条 范围

A 节的规定适用于《法案》第 1a（15）节以及本章第 1.3 条定义的任何衍生品清算组织。该组织应作为衍生品清算组织在委员会注册或视为已注册、按《法案》第 5b（a）节的要求注册，或自愿根据第 5b（b）节或其他规定向委员会申请注册。

【2011 年 11 月 8 日《联邦公报》第 76 卷第 69430 号（经 2018 年 2 月 23 日《联邦公报》第 83 卷第 7996 号修订）】

第 39.2 条 定义

就本部分而言：

风险预测较为复杂的活动包括：

（1）清算信用违约互换、信用违约期货或涉及信用违约互换或信用违约期货的衍生品；

（2）委员会根据第 39.33（a）（3）条指定的任何其他活动。

回溯测试指将衍生品清算组织的初始保证金要求与历史价格变化进行比较，以确定实际保证金覆盖范围的测试。

营业日指从上午 8:15 营业时间开始、下午 4:45 结束的日间时段（周六日、衍生品清算组织及其国内金融市场关闭的任何假日，包括根据《美国法典》第 5 编第 6103 节规定的美国联邦假日除外）。

代理账户或代理来源指本章第 1.3 条中定义的"代理账户"。

存托机构具有《联邦储备法》[《美国法典》第 12 编第 461（b）（1）（A）节]第 19（b）（1）（A）条所述的含义。

企业风险管理指企业范围内的战略业务流程，旨在识别可能影响企业的潜在事件，并对其发生的概率或此类事件对企业整体的影响进行管理，从而使整体风险保持在企业的风险承受范围内，并为衍生品清算组织能够继续实现其目标提供合理保证。

完全抵押头寸指衍生品清算组织进行清算的合约要求衍生品清算组织随时持有充足的、按所需支付形式持有的资金，以覆盖合约一方或对手方在清算或合约期满时可能遭受的最大损失。

良好的监管地位指对于在美国境外设立的并在其母国以颁发牌照、注册或其他方式被授权为作为清算组织的衍生品清算组织而言，母国监管机构没有发现重大不遵守母国相关法律要求的情况，或母国监管机构发现存在重大不符合母国相关法律要求的情况，但此类情况已经或正在通过衍生品清算组织采取的纠正措施得到令母国监管机构的满意解决。

自营账户或机构来源指不受《法案》第 4d（a）或 4d（f）条约束的清算会员账户。

主要人员指在衍生品清算组织的业务活动中发挥重要作用的衍生品清算组织人员，负责提供清算与结算服务、风险管理，或对遵守《法案》和本章中的委员会条例及颁布的命令进行监督。主要人员包括但不限于担任或履行下列任何一项职务的人员：首席执行官、董事长、首席合规官、首席运营官、首席风险官、财务总监、技术总监、首席信息安全官，以及紧急联系人或业务连续性 / 灾难恢复计划 / 项目执行的负责人。

压力测试指对潜在极端价格波动、期权波动变化，和 / 或其他影响衍生品清算组织的金融资源、清算会员或大型交易商头寸价值的投入变化的测试，以确定这些实体的金融资源是否充足。

C 节衍生品清算组织指任何《法案》第 1a（15）节和本章第 1.3 条定义的衍生品清算组织。该组织：

（1）是根据《法案》第 5b 节注册的衍生品清算组织；

（2）不是系统重要性衍生品清算组织；

（3）受 C 分部第 39.31 条规定的约束。

美国金融体系面临的实质性风险指，对于在美国境外的衍生品清算组织而言

（1）该衍生品清算组织持有的美国清算会员互换初始保证金数额，占所有获注册和豁免衍生品清算组织持有美国清算会员互换初始保证金总额的 20% 或以上；

（2）该衍生品清算组织持有的互换初始保证金要求的 20% 或更多来自美国清算会员；但是，如果确定这两个阈值中的一个或两个值都接近 20%，则委员会可以行使自由裁量权来确定是否满足确定的阈值，以便确定衍生品清算组织是否对美国金融体系构成重大风险。就本定义和第 39.51 条而言，美国清算会员是指在美国成立的清算会员、最终母公司在美国成立的清算会员或期货经纪商。

系统重要性衍生品清算组织指一种金融工具，即根据《法案》第 5b 条注册的衍生品清算组织，且目前由金融稳定监督委员会指定为具有系统重要性。在此情况下，委员会将根据《美国法典》第 12 编第 5462（8）节的规定作为该清算组织的监管机构。

信托公司指美国联邦储备系统成员的信托公司，符合《联邦储备法》（《美国法典》第 12 编第 221 节）第 1 条的规定，但不符合本条对存托机构的定义。

外国银行组织的美国分部或机构指 1978 年《国际银行业法》第 1（b）条（《美国法典》第 12 编第 3101 节）规定的外国银行组织的美国分部或机构。

【2020 年 1 月 27 日《联邦公报》第 85 卷第 4850 号】

第 39.3 条　注册流程

（a）申请注册

（1）一般流程。申请注册为衍生品清算组织的实体，应按照委员会规定的格式和方式，向委员会秘书处提出注册申请。委员会将根据法案第 6（a）条规定的 180 天的时限和流程，审查衍生品清算组织的注册申请，并决定批准或否决该申请。如委员会批准有关申请，委员会将根据适当的条件，将申请实体注册为衍生品清算组织。

（2）申请。任何拟申请注册为衍生品清算组织的实体应向委员会提交一份完整填写的衍生品清算组织表格，其中应包括本部分附录 A 中规定的封面页、所有适用的附件和任何补充材料（统称为申请）。除非申请人已按本条规定提交申请，否则委员会将不予受理。如未能提交完整申请，根据《法案》第 6（a）条的规定，委员会将无法确认该申请实质上已经完成。申请人可主动在填妥的申请书中随附额外资料，这些资料可能符合委员会处理有关申请的需要或有帮助。

（3）替代申请程序。在美国境外成立的实体，正在寻求注册为衍生品清算组织以进行互换清算并且对美国金融体系不构成实质性风险的实体，可以根据本条的规定申请注册代替提交本节（a）（2）所述的申请。如果该申请获得委员会的批准，则衍生品清算组织遵守其母国监管制度的要求即视为符合《法案》第 5b（c）（2）节中规定的核心原则，但要遵守本部分 D 分部的要求。申请人应按照本部分附录 A 的规定向委员会提交 DCO 表格的以下部分：封面、附件 A-1（监管合规图表）、附件 A-2（拟议的规则手册）、附件 A-3（拟议清算活动的叙述性摘要）、附件 A-4（详细的商业计划）、附件 A-7（说明申请人的公司组织架构的文件）、附件 A-8（确定申请人的法律地位和证明信誉良好或等效性的文件）、附件 A-9（说明待定的法律程序或政府调查）、附件 A-10（与外部服务供应商就客户资金的处理达成的协议）、附件 F-1 至 F-3（证明对期货经纪商的客户遵守资金要求的文件），以及附件 R（防范备忘录）。就本款而言，申请人必须在附件 A-1 中向委员会证明，为何遵守其母国的适用法律要求即等同于遵守《法案》第 5b（c）（2）条规定的核心原则。为满足此要求，申请人应在附件 A-1 中提供与各自核心原则相对应的母国适用法律要求的引文和全文，并说明申请人如何满足这些要求。如果对特定的核心原则没有适用的法律要求，则申请人应说明其将如何满足核心原则。

（4）提交补充信息。提交完整申请是最低要求，并不意味着申请实质上已经完成，或无须补充信息。在申请复核过程中，出于申请受理的目的，委员会可随时要求申请人提供补充资料。申请人应当按照委员会规定的格式和方式提供补充资料。

（5）申请的修改。申请人发现重大遗漏或错误，或者在申请中提供给委员会的信息或与申请相关的其他信息发生重大变化时，应立即修改其申请。申请人仅需提交与申请修订相关的附件材料和其他信息。

（6）公共信息。申请注册为衍生品清算组织的以下部分将公开：DCO 表格封面的第一页（上至包括"一般信息"部分）、附件 A-1（监管合规图表）、附件 A-2（拟议的规则手册）、附件 A-3（拟议清算活动的叙述性摘要）、附件 A-7（说明申请人的公司组织架构的文件）、附件 A-8（确定申请人的法律地位和证明信誉良好或等效性的文件），以及本申请的其他任何未要求进行机密处理的部分均受本章第145.9节的约束。

（7）审查延期。委员会可将本条（a）（1）款所述的审查期进一步延长至申请人书面同意的任何期间。

（b）审查期中止。

（1）根据《法案》第6（a）条的规定，如果申请有重大缺陷，委员会可以中止审查，为期180天。

（2）授权。

（i）除非另有指示，委员会特此授权清算与风险管理部主任或其指定人以及总顾问或其指定人，通知申请注册为衍生品清算组织的申请人，该申请实质上是不完整的，并且根据《法案》第6（a）条的规定，该申请将被中止，为期180天。

（ii）清算与风险管理部主任可将本款所授予的任何事项提交委员会审议。

（iii）本款无任何规定禁止委员会在其选择时行使本条第（b）（2）（i）款所授予的权力。

（c）撤销注册申请。申请注册的申请人可以撤销根据本条（a）款提出的申请，但须以委员会指明的格式和方式向委员会秘书处提出申请。撤销注册申请不得影响委员会根据申请注册期间行动、发生的活动或事件所采取的或将要采取的任何行动。

（d）修改注册令。

（1）衍生品清算组织如要求修改注册令，应以委员会指定的形式和方式向委员会秘书处提出申请。

（2）衍生品清算组织应根据委员会的要求，向委员会提供任何额外资料及文件，以便委员会审核修改注册令请求。

（3）委员会应根据其自行决定，在对衍生品清算组织的注册令作出修订后，发出经修订的指令，以确保该清算组织在该注册令作出修订后，仍能遵守《法案》和本章中的委员会规定。委员会如认为适当，可根据条件发出经修订的注册令。

（4）委员会可根据其自行决定，拒绝发出经修订的注册令。在此情况下，衍生品清算组织无须继续遵守《法案》和本章中的委员会规定。

（e）中止注册恢复。在接受清算产品之前，本章第40.1条中定义的处于注册中止状态的衍生品清算组织必须按照本条（a）款的流程恢复注册；但是，注册申请的恢复可能取决于此前提交的材料，该等材料应仍然适合并能够准确说明当前情况。

（f）注册申请撤销。

（1）请求。衍生品清算组织可根据《法案》第7条的规定，以委员会指定的格式和方式向委员会秘书处提出请求，撤销其注册申请。撤销注册申请不得影响委员会根据衍生品清算组织在申请注册期间的行动、发生的活动或事件所采取的或将要采取的任何行动。请求应包括

（i）撤销生效的日期必须在请求提出后最少90天内；

（ii）衍生品清算组织打算如何转让或以其他方式解除其所有未平仓头寸，以及这些行动如何反映受影响的清算会员及其客户利益的说明；

（iii）声明衍生品清算组织在撤销注册申请后，将继续在必要的法定和监管保留期内保留其账簿与记录；

（ⅳ）声明根据本章第 1.31 条的规定，衍生品清算组织在撤销其注册申请后，将继续提供其账簿与记录供委员会或美国司法部的任何代表查阅。

（2）通知注册实体。委员会应履行其义务，在委员会网站上传相关文件，向所有其他注册实体发送请求和撤销令的副本。

（g）未平仓合约的转让请求。

（1）提交。衍生品清算组织寻求将其包含清算和结算未平仓权益的头寸转让给另一个清算组织时，应遵守本章第 40.5 条提交委员会批准的规则。

（2）要求资料。提交的材料至少应包括下列内容：

（ⅰ）管理转让的基础协议；

（ⅱ）关于转让的说明，包括转让的原因以及转让对持有衍生品清算组织未平仓合约的清算会员和市场参与者的权利和义务的影响；

（ⅲ）讨论受让方遵守本《法案》的能力，包括适用于衍生品清算组织的核心原则，以及本章中适用的委员会规定；

（ⅳ）表明接受转让的头寸可能导致变化的受让人的规则；

（ⅴ）衍生品清算组织要求转让未平仓合约的产品清单；

（ⅵ）受让方声明其目前符合，并将继续遵守《法案》的任何适用条款，包括适用于衍生品清算组织的核心原则，以及委员会关于未平仓合约转让的规定。

（3）委员会行动。委员会可要求对根据本条第（g）（1）款提交的规则提供其他支持信息，并根据本章第 40.5 条批准该等规则。

【2011 年 11 月 8 日《联邦公报》第 76 卷第 69430 号（经 2020 年 1 月 27 日《联邦公报》第 85 卷第 4851 号修订）】

第 39.4 条　执行衍生品清算组织规则和清算新产品的流程

（a）请求批准规则。已注册的衍生品清算组织可根据本章第 40.5 条的流程，要求委员会在其规则实施之前（或尽管有《法案》第 5c（c）（2）

条的规定，但根据本章第 40.5 条的流程，也可在规定实施之后的任何时候）批准其任何或所有规则及其后续修订（包括业务规则）。衍生品清算组织可将已获其批准的规则贴上"已获委员会批准"的标签。

（b）规则的自我认证。如提出新的或经修改的规则并非由衍生品清算组织自愿根据本条（a）款的规定提交委员会供事先批准，则必须按照本章第 40.6 条的流程，向委员会提交一份证明，证明拟议的新规则或修订后的规则符合《法案》及其项下规定。

（c）自我认证规则的豁免。尽管有《法案》第 5c（c）（1）条和本章第 40.6 条的规则证明要求，但受 D 分部约束的衍生品清算组织不被要求证明规则，除非该规则与《法案》第 4d（f）节的要求、本章的第 1、第 22 或第 45 部分或第 39.15 条相关。

（d）接受新产品清算。

（1）本章第 40.1 条所指的已休眠衍生品清算组织在按照本部分第 39.3 条的流程恢复其作为衍生品清算组织的注册之前，不得接受新产品清算；但是，注册申请的恢复可能取决于此前提交的材料，该等材料应仍然适合并能够准确说明当前情况。

（2）接受互换这一新产品进行清算的衍生品清算组织应符合本部分第 39.5 条的要求。

（e）竞争相关指令。申请注册的申请人或已注册的衍生品清算组织可要求委员会发布一项指令，以确定该组织的某项规则或惯例是否为实现《法案》目标、目的和政策的最不反对竞争性的手段。

（f）在期货投资组合中持有有价证券。如果衍生品清算组织试图提供一套投资组合保证金计划，根据该计划，在本章第 1.3 条定义的期货账户中将持有有价证券。该组织应根据本章第 40.5 条的规定提交实施该投资组合保证金计划的规则，以获得委员会的批准。衍生品清算组织应在提交此类规则供委员会批准的同时，根据《法案》第 4d（a）条的规定向委员会申请指令。

【2011 年 11 月 8 日《联邦公报》第 76 卷第 69430 号（经 2018 年 2 月 23 日《联邦公报》第 83 卷第 7996 号和 2020 年 1 月 27 日《联邦公报》第 85 卷第 4852 号修订）】

第 39.5 条　为确定清算要求而对互换进行的审查

（a）互换清算资格。

（1）衍生品清算组织应被假定为有资格接受已由衍生品清算组织清算的任何组别、类别、类型或等级内的互换。但是，这一资格假设须经委员会审查。

（2）如衍生品清算组织希望对未由衍生品清算组织清算的任何组别、类别、类型或等级内的互换进行清算，则在此之前应向该衍生品清算组织的委员会请求确定是否有资格进行互换清算。该请求应以电子方式提交给委员会秘书处，并应说明衍生品清算组织如果进行互换清算，其是否有能力继续遵守《法案》第 5b（c）（2）条的规定，具体如下：

（i）衍生品清算组织金融资源的充分性；

（ii）衍生品清算组织管理与互换清算相关的风险的能力，特别是在委员会确定互换需要被清算的情况下。

（b）互换提交材料。

（1）衍生品清算组织应向委员会提交其计划清算的所有互换，或其归属的任何组别、类别、类型或等级。衍生品清算组织提交的材料必须符合本条（a）款的规定，才有资格对所提交的组别、类别、类型或等级的互换进行清算。

（2）衍生品清算组织应在合理和切实可行的范围内，按互换的组别、类别、类型或等级向委员会提交互换清算材料。委员会可根据其合理酌情权，合并一个衍生品清算组织提交的多份材料，或根据需要，细分一个衍生品清算组织提交的一份材料，以供审查。

（3）提交材料应以电子方式提交至委员会秘书处，并应包括

（i）衍生品清算组织有资格接受该互换或该组别、类别、类型或等级的

互换的声明，并说明如果委员会决定互换或该组别、类别、类型或等级的互换需要进行清算，该衍生品结算机构将能够继续遵守《法案》第 5b（c）（2）条；

（ⅱ）声明包括但不限于有助于委员会对下列因素进行定量和定性评估的资料：

（A）存在重大的未偿名义风险敞口、交易流动性和充足的定价数据；

（B）提供规则框架、能力、业务专长和资源，以及信贷支持基础设施，以便按照与随后交易合约的主要条款和交易惯例相一致的条款进行合约清算；

（C）此类合约的市场规模以及衍生品清算组织可用于合约清算的资源，对系统风险缓释的影响；

（D）对竞争的影响，包括适用于清算的适当费用和收费；

（E）有关衍生品清算组织或其一名或多名清算会员在处理客户和互换交易对手的头寸、资金和财产方面资不抵债时，是否存在合理的法律确定性；

（ⅲ）产品说明，包括任何标准化法律文件的副本、普遍接受的合约条款、管理与互换有关的任何生命周期事件的标准做法，以及互换可电子核证的程度；

（ⅳ）如与衍生品清算组织的普通参与者资格标准不同，则还包括参与者资格标准；

（ⅴ）表明有能力获得足够的价格数据，以及时和准确的方式衡量信用风险的定价来源、模型和流程，包括任何与清算会员达成的提供价格数据的协议、与第三方价格供应商签署的协议副本，以及有关所使用的任何价格参考指数的资料，如该指数的名称、计算来源、计算方法、计算频率、公开发表时间及地点等；

（ⅵ）风险管理流程，包括信用风险的测量和监控、初始和追加保证金方法、压力测试和回溯测试方法、结算流程和违约管理流程；

（vii）适用规则、手册、政策或流程；

（viii）衍生品清算组织向其会员分发提交材料的说明及会员就提交材料所给出的任何意见的摘要（提交材料须随附该通知的副本）；

（ix）委员会特别要求提供的任何其他资料。

（4）委员会必须在接受该互换或该组别、类别、类型或等级的互换清算前一个营业日收到业务开放相关的提交材料。

（5）该提交材料将予以公示，并上传至委员会网站上，公众意见征集期为 30 天。衍生品清算组织如希望对其提交材料的部分内容保密，可按照本章第 145.9（d）条规定的流程进行处理。

（6）委员会将审查提交的材料，并确定是否需要剔除提交材料中所述互换或该组别、类别、类型或等级的互换。除非提交材料的衍生品清算组织同意延期，否则委员会将在收到完整的提交材料后不迟于 90 天作出决定。委员会对何时完成对该等提交材料的审查具有完全酌处权。在决定适用清算规定时，委员会可将其认为适当的条款及条件施加于该清算规定。

（c）委员会初审。

（1）委员会将持续对衍生品清算组织未接受清算的互换进行审查，以确定是否应要求清算互换。在进行此类审查时，委员会将利用根据委员会条例从互换数据存储库、互换交易商和主要互换参与者获得的信息，以及任何其他可用信息。

（2）有关根据本条第(c)(1)款作出的任何决定的公告，均会予以公示，并上传至委员会网页，公众意见征集期为 30 天。

（3）如没有任何衍生品清算组织接受任何互换或该组别、类别、类型或等级的互换进行清算，而委员会认为该等互换须符合清算规定，则委员会将

（i）调查有关事实和情况；

（ii）在完成调查后 30 天内，发出载有调查结果的公众报告；

（iii）采取委员会认为必要和符合公众利益的行动，其中可能包括要求各方保留足够的保证金或资本以清算互换或该组别、类别、类型或等级

的互换。

（d）中止清算请求。

（1）在作出互换或该组别、类别、类型或等级的互换需进行清算的决定后，在互换交易的对手方提出申请或主动提出要求时，委员会可中止清算请求，直至委员会完成对互换或该组别、类别、类型或等级的互换的条款和清算安排的审查。

（2）互换交易的对手方如欲申请中止该互换的清算要求，须向委员会秘书处提交书面申请，其中包括：

（i）互换交易对手方的身份和联系信息；

（ii）受清算要求限制的互换条款；

（iii）清算互换的衍生品清算组织名称；

（iv）清算安排说明；

（v）解释互换交易无法按清算要求完成的声明。

（3）衍生品清算组织已接受为受清算要求限制的互换或该组别、类别、类型或等级的互换进行清算的，应在委员会审查过程中提供委员会要求的任何信息。

（4）除非清算互换或该组别、类别、类型或等级的互换的衍生品清算组织同意延期，否则委员会将在中止令发布后不迟于90天完成其审核。

（5）审核完成后，委员会将

（i）根据委员会认为适当的条款和条件，确定必须清算的互换或该组别、类别、类型或等级的互换；或

（ii）确定清算要求不适用于该互换或该组别、类别、类型或等级的互换，但是清算可在非强制性的前提下继续进行。

第 39.6 条　[保留]

第 39.7 条　可执行性

提交衍生品清算组织进行清算的协议、合同或交易，不得因以下原因而无效、可撤销、接受废除、宣告无效或无法执行：

（a）衍生品清算组织违反《法案》或委员会条例；或

（b）根据《法案》第 8a（7）条对规则进行变更或补充的任何委员会程序，根据第 8a（9）条宣布紧急状态的任何委员会程序，任何其他旨在修改、补充或要求衍生品清算组织采取特定规则或程序，或采取或不采取特定行动的程序。

第 39.8 条　在衍生品清算组织进行交易清算的欺诈行为

对于直接或间接参与或与衍生品清算组织的交易清算相关的任何人而言，以下行为均属非法：

（a）欺骗、诈骗或企图欺骗或诈骗任何人；

（b）故意向任何人作出或令任何人作出虚假报告或陈述，或令任何人作出虚假记录；

（c）故意以任何方式蒙骗或企图蒙骗任何人。

B　遵守核心原则

第 39.9 条　范围

除委员会令中另有规定外，B 节的规定适用于《法案》第 1a（15）节和本章第 1.3 条所定义的所有衍生品清算组织，以及已根据《法案》第 5b 条的规定在委员会注册的衍生品清算组织。

【2011 年 11 月 8 日《联邦公报》第 76 卷第 69430 号（经 2018 年 2 月 23 日《联邦公报》第 83 卷第 7996 号修订）】

第 39.10 条　遵守核心原则

（a）衍生品清算组织注册并维持其注册，且应遵守《法案》第 5b（c）（2）条规定的各项核心原则及委员会根据《法案》第 8a（5）条以规则或条例形式提出的任何要求；

（b）除委员会提出的任何规则或条例外，已注册的衍生品清算组织在确定其遵守各项核心原则的方式时，应有合理的酌情决定权。

（c）首席合规官。

（1）任命。所有衍生品清算组织均应设立首席合规官的职务，指定人员担任首席合规官并赋予其充分的责任和权利。首席合规官可与董事会或高级管理人员协商，制定并实施适当的合规政策和流程，以履行《法案》和《委员会条例》规定的职责。

（i）被指定担任首席合规官的人员应具备履行该职位职责所需的教育、工作背景和相应技能。根据《法案》第8a（2）条或第8a（3）条，被取消注册资格的个人不得担任首席合规官。

（ii）首席合规官应当向董事会或者衍生品清算组织的高管报告，或如衍生品清算组织从事与清算无关的实质性活动，则应当向负责该机构清算活动的高管人员报告。首席合规官的薪酬由董事会或者高管批准。

（iii）首席合规官一年内至少应与董事会或高管进行一次面谈。

（iv）如担任衍生品清算组织首席合规官的人员发生变更，应按照第39.19（c）（4）（x）条的要求向委员会报告。

（2）首席合规官职责。首席合规官的职责包括但不限于

（i）审查衍生品清算组织是否遵守《法案》第5b条规定的核心原则，以及该条项下的委员会条例；

（ii）与董事会或高管协商，解决可能出现的任何利益冲突；

（iii）制定和执行合理设计以防止违反《法案》规定的书面政策和流程；

（iv）采取合理步骤，确保遵守与协议、合约或交易相关的《法案》和委员会条例规定，并遵守《法案》第5b条中规定的委员会条例；

（v）通过合规办公室的任何审查、回顾、内部或外部审计结果、自我报告的错误或确认的投诉，建立纠正首席合规官确定的不合规问题的流程；

（vi）建立并遵循处理、管理响应、补救、重新测试和关闭不符合问题的适当程序。

（3）年度报告。首席合规官应至少每年编制并签署一份涵盖衍生品清算组织最近财年完成事项的书面报告。年度报告至少应

（ⅰ）包含对衍生品清算组织的书面政策和流程的说明，包括道德规范和利益冲突政策；前提是衍生品清算组织的书面政策和流程自其最近提交委员会的年度报告以来，并无重大改变。且如载有最新说明的年度报告在最近 5 年内提交，则当前年度报告可以引用该年度报告的有关说明。

（ⅱ）审查本章所有核心原则和适用的《CFTC 监管条例》，包括本部分 C 节中适用于具有系统重要性衍生品清算组织和 C 节衍生品清算组织的相关规定，并对每条规定：

（A）通过名称、规则编号或其他标识符，识别旨在确保符合本章各核心原则和适用条例的合规政策和流程；

（B）对此类政策和流程的有效性进行评估；

（C）讨论需要改进之处，并对衍生品清算组织的合规计划和分配给合规的资源提出可能或预期的变更或改进建议；

（ⅲ）列出自上一年度报告以来合规政策和流程的任何重大变化；

（ⅳ）说明为遵守《法案》和委员会条例而预留的财务、管理和运营资源；

（ⅴ）说明自上一年度报告日期以来的任何重大合规事项，包括不合规事件以及采取的相应行动。

（4）向委员会提交年度报告。

（ⅰ）在向委员会提交年度报告之前，首席合规官应事先向董事会或者衍生品清算组织的高管提交年度报告，或如衍生品清算组织从事与清算无关的实质性活动，则应当向负责该组织清算活动的高管人员提交年度报告，以供审核。作为符合第（c）（4）（ⅰ）款要求的证据，向董事会或高管提交的报告应保存于董事会会议记录或其他记录中。年度报告应说明向董事会或高管提交报告的流程。向委员会提交年度报告时，应同时提交一份附信、通知或其他文件，说明向董事会或高管提交报告的日期。

（ⅱ）年度报告应在衍生品清算组织的财年结束后不超过 90 天内，以委员会指定的格式和方式提交至委员会秘书处。报告应包括首席合规官开具的一份证书，证明在首席合规官所知和合理相信范围内，年度报告准确完整，如作伪证，愿受法律制裁。

（iii）衍生品清算组织提交年度报告后，发现报告有重大错误或者遗漏的，应当及时提交修订后的年度报告。修订年度报告必须载有本条第（c）（4）（ii）款所要求的证明。

（iv）衍生品清算组织可要求委员会根据本部分第 39.19（c）（3）条延长提交其年度报告的时间。

（5）保留记录。

（i）衍生品清算组织应保留

（A）为促进对《法案》和《CFTC 委员会条例》的遵守而采取的所有合规政策和流程以及所有其他政策和流程的副本；

（B）向董事会或高管提供的与本条第（c）（4）（i）款规定的年度报告审查有关的材料副本（包括书面报告）；

（C）任何记录相关的年度报告，包括但不限于工作文件和其他在年度报告的基础上形成的备忘录、通信和其他文件；创建、发送或接收的关于年度报告的记录；与年度报告相关的结论、意见、分析或财务数据。

（ii）衍生品清算组织应按照本章第 1.31 条和本部分第 39.20 条的规定保留记录。

（d）企业风险管理。

（1）通则。衍生品清算组织应当制订企业风险管理计划，识别和评估风险来源及其对组织业务和服务的潜在影响。衍生品清算组织应持续测量、监控和管理确定的风险来源，如有必要，也可为此开发和使用适当的信息系统。衍生品清算组织应测试用于减少已确定风险来源的任何缓释控制措施的有效性，以确保风险得到适当缓释。

（2）企业风险管理框架。衍生品清算组织应制定并维持与适当的企业风险管理框架相关的书面政策和流程，并经其董事会或董事会委员会批准。董事会或董事会委员会应至少每年对该框架进行一次审查，并在必要时对其进行更新。

（3）企业风险管理框架标准。衍生品清算组织在制定和审查其企业风险管理框架、评估其企业风险管理项目绩效、管控和降低衍生品清算组织风险等方面，应当遵循公认的标准和行业最佳实践。

（4）企业风险主管。衍生品清算组织应当确定适当的个人作为其企业风险主管，对衍生品清算组织的企业风险管理方案履行全面的责任和进行权限管理。企业风险主管应具有履行岗位职责所需的权限、独立性、资源、专业知识和相关信息，包括与其负责风险管理的组织的董事会或其适当委员会的接触，并符合本条的要求。

【2011 年 11 月 8 日《联邦公报》第 76 卷第 69430 号（经 2020 年 1 月 27 日《联邦公报》第 85 卷第 4852 号修订）】

第 39.11 条　金融资源

（a）通则。衍生品清算组织应有足够的金融、业务和管理资源（由委员会决定），以履行衍生品清算组织的各项职责。衍生品清算组织应当保持足够的金融资源，并能够轻松弥补其风险敞口。各衍生品清算组织至少应拥有超过下列总额的金融资源：

（1）使衍生品清算组织能够履行其对清算会员的财务义务，尽管极端但合理的市场条件下，清算会员违约会给衍生品清算组织带来最大财务风险敞口；前提是如果一个清算会员控制另一个清算会员或与另一个清算会员处于共同控制之下，该附属清算会员应被视为本条规定中的单一清算会员；

（2）使衍生品清算组织能够支付至少一年的营运成本（以滚动方式计算）。衍生品清算组织应当识别并充分管理其一般业务风险，持有充足的流动性资源，以弥补与清算会员违约无关的潜在业务损失，使组织够继续提供持续经营服务。

（b）金融资源类型。

（1）为满足本条第（a）（1）款的要求而提供的金融资源可包括

（i）衍生品清算组织的自有资本；

（ii）清算基金存款；

（iii）违约保险；

（iv）衍生品清算组织规则许可的对额外清算基金贡献的追缴；

（v）委员会认为可接受的任何其他金融资源。

（vi）委员会认为可接受的任何其他金融资源。

（2）为满足本条第（a）（2）款的要求而提供的金融资源可包括

（i）衍生品清算组织的自有资本；

（ii）委员会认为可接受的任何其他金融资源。

（3）可划拨全部或部分金融资源，以满足（但并非同时满足）本条第（a）（1）款或第（a）（2）款的要求，且只有在该等金融资源的使用不受《法案》、委员会条例、衍生品清算组织的规则或衍生品清算组织作为缔约方的任何合约安排的限制的情况下，才可以使用该等金融资源。

（c）金融资源要求计算。

（1）衍生品清算组织应每月进行压力测试，以合理计算符合本条第（a）（1）款规定所需的金融资源。衍生品清算组织在决定计算需求的方法时应具有合理的酌处权，但须遵守本条第（c）（2）款所规定的限制，且计算方法必须同时考虑历史数据和假设情况。委员会将对该方法进行审查并视情况要求对方法予以调整。第（c）款的规定不适用于完全抵押头寸。

（2）在计算其最大金融风险敞口时，衍生品清算组织

（i）在将其风险敞口从清算会员的初始保证金中扣除时，应：

（A）仅使用保证金金额部分（包括初始保证金和任何追加保证金）；

（B）仅在本章第 1 部分和第 22 部分允许的范围内（如适用）使用客户保证金（包括初始保证金和任何追加保证金）；

（ii）应使用相同的压力测试场景，将各清算会员的客户和自营压力测试损失相合并；

（ⅲ）如衍生品清算组织的规则允许，可以用代理账户的损失抵消自营账户的收益，但不得用代理账户的收益抵消自营账户的损失；

（ⅳ）对于清算会员的已清算互换代理账户，只有在衍生品清算组织规则允许的范围内，才可以在客户损失的基础上获得净客户收益。

（3）衍生品清算组织应按月对其12个月期间的预计经营成本进行合理计算，以确定满足本条第（a）（2）款要求所需的金额。衍生品清算组织在确定预计经营成本的计算方法时应具有合理的自由裁量权。委员会将对该方法进行审查并视情况要求对方法予以调整。

（d）金融资源的估值。

（1）衍生品清算组织应在适当的时间间隔内，但不少于每月一次，计算用于履行本条第（a）款义务的所有金融资源的当前市场价值。为了反映信用、市场和流动性风险（折价率）而进行的价值削减应酌情实施，并按月进行评估。

（2）如果衍生品清算组织的规则允许对额外的清算基金贡献进行追缴，则在计算为履行本条第（a）（1）款规定的义务而提供的金融资源时

（ⅰ）衍生品清算组织应制定规则，要求其清算会员有能力在正常的日终变更结算周期内完成追缴；

（ⅱ）衍生品清算组织应监测其清算会员的财务和业务能力，以满足可能的追缴要求；

（ⅲ）衍生品清算组织应对潜在追缴价值折价30%；

（ⅳ）衍生品清算组织应计算折价后的追缴价值，以满足本条第（a）（1）款规定的总金额的20%。追缴价值可以在扣除所需的初始保证金之前，利用在极端但合理的市场条件下最大的财务风险来确定。

（e）金融资源的流动性。

（1）

（ⅰ）衍生品清算组织应当对其流动性风险进行有效的计量、监控和管理，保持充足的流动性资源，使其至少能在到期时履行其现金义务。衍生

388

品结算机构持有资产的方式，尽量减少其获得资产的损失风险或延迟风险。

（ⅱ）衍生品清算组织为满足本条第（a）（1）款的要求而划拨的金融资源应具有充分的流动性，使衍生品清算组织能够在一天的结算周期内履行其作为中央对手方的义务。衍生品清算组织应持有现金、美国国债，或高质量、具有流动性的主权国家的一般债务，其数额大于或等于下列数额：

（A）计算上一会计季度各清算会员的平均每日结算变动；

（B）计算这些平均每日结算变动的总和；

（C）用此总额计算清算会员的平均每日结算变动总额的平均值。

（ⅲ）如根据本条第（e）（1）（ⅱ）款所述的计算方法所需的金融资源总额不足以使衍生品清算组织在一日结算周期内履行其义务，衍生品清算组织可考虑承诺信用额度或类似安排，以满足本条第（e）款的其余要求［受本条第（e）（3）款的限制］。

（ⅳ）对于完全抵押头寸，衍生品清算组织不受本条第（e）（1）（ⅱ）款的约束。

（2）衍生品清算组织为满足本条第（a）（2）款的要求而划拨的金融资源必须包括充足的不受阻碍的流动财务资产（现金及／或高流动性的证券），使衍生品清算组织支付其至少6个月的营运成本。如果为满足本条第(a)（2）的要求而划拨的金融资源不包括足够数额的此类资产，衍生品清算组织可考虑承诺信用额度或类似安排［但受本条第（e）（3）款的限制］。

（3）为满足本条第（e）款第（1）（ⅱ）款或第（e）款第（2）款的要求，可全部或部分地划拨已承诺的信用额度或类似额度，但不得同时划拨两款。

（4）

（ⅰ）清算基金中的资产应当具有最低的信用风险、市场风险和流动性风险，并且应当能够当天存取；

（f）报告要求。

（1）季度报告。每一会计季度，或在委员会要求下的任何时间，衍生品清算组织应

（ⅰ）向委员会报告；

（A）为满足本条第（a）款和第 39.33（a）条和第 39.39（d）条（如适用）的要求所需的金融资源金额；

（B）按照本条第（d）款的规定计算的所有现有金融资源的价值；

（C）衍生品清算组织应满足本条第（e）款对流动性的要求；

（ⅱ）向委员会提供一份财务报表，包括资产负债表、损益表和现金流量表。表格编制应符合衍生品清算组织的公认会计原则；然而前提是，对于根据外国法律成立或组织的衍生品清算组织，其财务报表可以按照美国公认会计原则或国际会计准则理事会发布的国际财务报告准则的规定编制；

（ⅲ）如果衍生品清算组织报告有清算基金存款作为可用于满足本条第（a）（1）款、第 39.33（a）条和第 39.39（d）条要求的金融资源（如适用），则向委员会报告各清算会员的清算基金存款。

（ⅳ）第（f）款要求的计算，应自衍生品清算组织会计季度的最后一个营业日起。报告应在衍生品清算组织的会计季度结束后不迟于 17 个营业日提交，或应衍生品清算组织的要求，在委员会酌情允许的较晚时间提交。

（2）年度报告。

（ⅰ）衍生品清算组织应向委员会提交一份经审计的年终财务报表，该报表应符合美国公认会计原则的规定；然而前提是，对于根据外国法律成立或组织的衍生品清算组织，其财务报表可以按照美国公认会计原则或国际会计准则理事会发布的国际财务报告准则的规定编制。

（ⅱ）应在衍生品清算组织财年结束后不迟于 90 天之内，或经衍生品清算组织要求，委员会酌情允许的稍后时间，提交第（f）（2）（ⅰ）款规定的报告。

（ⅲ）衍生品清算组织应同时提交本条第（f）（2）（ⅰ）款所要求的经审计的年终财务报表：

（A）如存在重大差异，对其经审计的年终财务报表中的资产负债表与衍生品清算组织财年最后一季度财务报表中的资产负债表进行调整，包括适当的解释；或，如不存在重大差异，应提交一份说明此情况的声明；

（B）为使声明不产生误导，可能需要提供的进一步信息。

（3）其他报告。

（i）衍生品清算组织在其根据本节第（f）（1）段提交的第一份报告中，向委员会提供以下资料，并在其后如有任何改变时：

（A）提供充分文件，说明根据本条第（a）款和第 39.33（a）和 39.39（d）条的规定计算所需金融资源的方法（如适用）；

（B）提供充分文件，说明本条第（d）款和第（e）款关于估值和流动性要求的确定依据。

（ii）衍生品清算组织应向委员会提供任何建立或修订信用安排、保险责任范围或其他安排的协议副本，以证明或以其他方式支持衍生品清算组织的：

（A）金融资源可满足本条第（a）款和第 39.33（a）条和第 39.39（d）条（如适用）的要求；

（B）流动性资源可满足本条第（e）款和第 39.33（c）条（如适用）的要求。

（4）认证。衍生品清算组织应在根据本条规定提交的所有报告中，指定一名对报告的准确性和完整性负责的人员，并声明就其所知及合理信念而言，报告所载的资料准确完整，如作伪证，愿受法律制裁。

【2011 年 11 月 8 日《联邦公报》第 76 卷第 69430 号（经 2020 年 1 月 27 日《联邦公报》第 85 卷第 4852 号修订）】

第 39.12 条　参与者和产品合格性

（a）参与资格。衍生品清算组织应当对其组织中的清算会员有适当的准入和持续参与要求，此类要求应客观、公开且基于风险。

（1）参与者公平公开准入。参与要求应公平和公开；

（i）如对达到同一目的的限制性要求较少，且不会对组织或可能吸纳的清算会员造成重大风险，衍生品清算组织不得制定限制性的清算会员标准；

（ⅱ）衍生品清算组织应当允许符合参与条件的所有市场参与者成为清算会员；

（ⅲ）衍生品清算组织不得排除或者限制特定类型市场参与者的清算会员资格，除非衍生品清算组织可证明有必要作出此类限制以解决信用风险或参与者的操作能力缺陷，这些缺陷将阻止参与者履行作为清算会员的义务；

（ⅳ）衍生品清算组织不得要求清算会员成为互换交易商；

（ⅴ）衍生品清算组织不得要求清算会员维持任何特定规模的互换组合，或要求清算会员满足互换交易量阈值；

（ⅵ）任何衍生品清算组织均不得要求期货经纪商与客户达成下列协议，作为接受以互换方式进行清算的条件：

（A）向期货经纪商、任何互换交易商或主要互换参与者披露客户的原始执行对手方的身份；

（B）限制可与客户进行交易的对手方数目；

（C）限制客户与任何个人交易对手方之间的持仓规模，但不包括客户在期货经纪商处所有持仓的整体限额；

（D）妨碍客户在与现有最佳条款有合理关系的条件下执行交易的机会；

（E）妨碍客户遵守本章第1.74（b）条、第23.610（b）条或第39.12（b）（7）条规定的时限。

（2）金融资源。

（ⅰ）根据参与要求，清算会员应在极端但合理的市场条件下获得足够的金融资源，以履行因参与衍生品清算组织而产生的义务。衍生品清算组织允许的金融资源包括但不限于清算会员资本、清算会员母公司的担保或信贷融通安排。就本款目的而言，"资本"指本章第1.17条中定义的调整后的净资本，其中净资本指第240.15c3-1款中定义的针对期货经纪商的净资本，或针对所有其他清算会员的任何类似的经风险调整的资本计算。

（ⅱ）参与要求应规定基于客观、透明和普遍接受的标准的资本要求，使资本与风险适当匹配。资本要求应能应对清算会员所构成的风险。

（ⅲ）衍生品清算组织不得因互换清算而为任何清算会员设定超过5 000 万美元的最低资本要求。

（3）运营要求。根据参与要求，清算会员应具有足够的业务能力，以履行因参与衍生品清算组织而产生的义务。此类要求应包括但不限于：在规定的时间范围内（包括在高峰时间和高峰日），清算会员处理清算预期交易量和交易额的能力；履行衍生品清算组织规定的担保、支付和交付义务的能力；根据衍生品清算组织的规则和本部分第 39.16 条的规定，参与违约管理活动的能力。

（4）监察。衍生品清算组织应制定流程，持续核查各清算会员对衍生品清算组织各项参与要求的遵守情况。

（5）报告。

（ⅰ）衍生品清算组织应要求所有清算会员（包括非期货经纪商）向衍生品清算组织提供定期财务报告，其中应包含衍生品清算组织确定的任何财务信息，以评估清算会员是否持续满足参与要求。

（ⅱ）衍生品清算组织应要求身份为期货经纪商的清算会员根据本章第1.10 条的规定向其提交财务报告。

（ⅲ）衍生品清算组织须要求非期货经纪商的清算会员，根据委员会的要求，按照本条第（a）（5）（ⅰ）款的规定编制定期财务报告并提交给委员会；或衍生品清算组织可根据委员会的要求，直接向委员会提供此类财务报告，以代替（a）（5）（ⅲ）款的规定。

（ⅳ）衍生品清算组织应当制定规则，要求清算会员及时向衍生品清算组织提供任何可能严重影响清算会员继续遵守本条规定的参与能力的财务或业务资料。

（ⅴ）本条第（a）（5）（ⅰ）款和第（a）（5）（ⅲ）款的要求不适用

于非期货经纪商的衍生品清算组织清算会员，此类清算会员将仅使用完全抵押头寸清算。

（6）执行。衍生品清算组织应具有强制执行其参与要求的能力，并应制定对不再符合要求的清算会员进行暂停和有序撤资的流程。

（b）产品合格性。

（1）衍生品清算组织应具有适当的条件，以确定提交其进行清算的协议、合约或交易资格，并应考虑到组织管理与此类协议、合约或交易相关的风险的能力。在确定产品合格性时需要考虑的因素包括但不限于

（i）交易量；

（ii）流动性；

（iii）价格的稳定性；

（iv）市场参与者对特定互换产品使用投资组合压缩的能力；

（v）衍生品清算组织和清算会员进入相关市场以创造、清算、转让、拍卖和／或分配头寸的能力；

（vi）衍生品清算组织为设定保证金要求衡量风险的能力；

（vii）衍生品清算组织和清算会员处理产品任何异常风险特征的操作能力。

（2）清算互换的衍生品清算组织应制定规则，规定所有互换的条款和条件应与根据其规则制定的产品规范定义相同；提交衍生品清算组织进行清算的清算会员在组织内具有同等的经济地位，并可以在衍生品清算组织内相互抵消。

（3）衍生品清算组织应规定对双边执行的互换、根据非附属互换执行机构或指定合约市场规则执行的互换进行非歧视清算。

（4）衍生品清算组织不得为使某一产品有资格进行清算而要求原始执行方之一成为清算会员。

（5）衍生品清算组织应选择能够最大限度地增加流动性、促进定价透明度、促进开放获取和允许有效风险管理的产品规模和其他条款和条件。

衍生品清算组织应在进一步推进这些目标的范围内，选择小于提交执行清算规模的产品进行清算。

（6）清算互换的衍生品清算组织应当制定规则，规定在其接受互换清算时：

（ⅰ）原互换交易终止；

（ⅱ）原互换交易被衍生品清算组织和各清算会员之间同等且相反的互换交易所取代，各清算会员充当组织内部交易的委托人或客户交易的代理人；

（ⅲ）互换清算的所有条款必须符合根据衍生品清算组织规则制定的产品规范；

（ⅳ）如果清算会员代表客户对互换进行清算，所有在清算会员的代理账户所载的互换条款，必须符合根据衍生品清算组织的规则所制定的清算互换条款。

（7）清算时限。

（ⅰ）与市场和清算会员协调。

（A）各衍生品清算组织在制定规则和流程时，应与各指定合约市场及衍生品清算产品互换交易执行机构进行协调，以促进所有提交衍生品清算组织进行清算的交易能够及时、有效和准确处理。

（B）各衍生品清算组织应与期货经纪商、互换交易商或主要互换参与者等各清算会员协调，建立使清算会员或衍生品清算组织能够代表其行事的制度，接受或拒绝向衍生品清算组织提交的、由清算会员或其客户进行清算的每笔交易。如采用全自动系统，则应在技术上可行的情况下尽快进行。

（ⅱ）在指定合约市场或互换执行机构的规则下以竞争方式进行的交易。衍生品清算组织应制定规则，规定衍生品清算组织如采用全自动系统，则应在技术上可行的情况下尽快接收或拒绝交易清算，所有由衍生品清算组织列出以供清算的合约，在指定合约市场或互换执行机构的规则下以竞争方式进行或受其规则约束。衍生品清算组织应接受下列所有交易：

（A）执行方与衍生品清算组织的清算会员有适当的清算安排；

（B）执行方确认衍生品清算组织为预期的清算所；

（C）符合衍生品清算组织的标准，包括但不限于适用的风险过滤机制；只要此类标准在不同的交易场所没有歧视性，并且使用全自动系统，则应在技术上可行的情况下尽快实施。

（iii）未在指定合约市场或互换执行机构执行或不受其约束的互换，或在指定合约市场或互换执行机构以非竞争性方式执行或受其约束的互换。对于衍生品清算组织列出的所有未在指定合约市场或互换执行机构执行或不受其约束的互换，或在指定合约市场或互换执行机构以非竞争性方式执行或受其约束的互换，衍生品清算组织应当制定规则，规定向其报送清算申请后，应当尽快接受或者拒绝清算（如使用全自动系统，则应在技术上可行的情况下尽快处理）。衍生品清算组织应接受下列所有交易：

（A）当事人按照本章第 23.506 条的规定向衍生品清算组织提交的；

（B）执行方与衍生品清算组织的清算会员有适当的清算安排；

（C）执行方确认衍生品清算组织为预期的清算所；

（D）符合衍生品清算组织的标准，包括但不限于适用的风险过滤机制；只要此类标准在不同的交易场所没有歧视性，并且使用全自动系统，则应在技术上可行的情况下尽快实施。

（8）确认。衍生品清算组织应向持有已清算互换的各清算会员提供交易条款的明确书面记录，该书面记录在法律上应取代以前的任何协议，并作为对互换交易的确认。所有交易条款的确认应在接受进行互换清算的同时进行。

【2011 年 11 月 8 日《联邦公报》第 76 卷第 69430 号（经 2012 年 4 月 9 日《联邦公报》第 77 卷第 21309 号和 2020 年 1 月 27 日《联邦公报》第 85 卷第 4855 号修订）】

第 39.13 条　风险管理

（a）通则。衍生品清算组织应通过使用适当的工具和流程，确保其具备管理与衍生品清算组织职责履行相关的风险的能力。

（b）风险管理框架。衍生品清算组织应制定并实施经董事会批准的书面政策、流程和控制措施，并搭建适当的风险管理框架。该框架至少应明确界定和记录衍生品清算组织所暴露的风险范围，处理关于所有此类风险的监测和管理，并建立内部审计机制。应定期审查并根据需要更新风险管理框架。

（c）首席风险官。衍生品清算组织应设首席风险官，负责执行风险管理框架，包括本条第（b）款所述的流程、政策和控制，及就衍生品清算组织的风险管理职能，向该组织的风险管理委员会或董事会（如适用）提出适当的建议。

（d）[保留]

（e）信用风险敞口衡量。衍生品清算组织应：

（1）衡量其对各清算会员的信用风险敞口，并在每个营业日至少对清算会员的客户头寸进行一次按市值计价；

（2）在每个营业日定期监控其各清算会员的信用风险敞口。

（f）潜在违约损失的风险敞口限制。衍生品清算组织应通过合理制定的保证金要求和其他风险控制机制，将其风险敞口限制在清算会员违约的潜在损失范围内，以确保

（1）衍生品清算组织的业务不会中断；

（2）非违约清算会员不会面临其无法预见或控制的损失。

（g）保证金要求

（1）通则。用于设定初始保证金要求的每个模型和参数应基于风险得出，并定期进行审查。

（2）方法和覆盖范围。

（i）衍生品清算组织针对各产品和投资组合风险实施相应的初始保

证金要求，风险考量事项包括具体产品或投资组合涉及的任何异常现象或风险。

（ⅱ）衍生品清算组织应使用产生足以覆盖衍生品清算组织对清算会员的潜在未来风险的初始保证金要求的模型，该模型基于最后一次收取变动保证金与衍生品清算组织估计其能够清偿违约清算会员头寸的时间（清偿时间）之间的价格变动；然而前提是，衍生品清算组织应使用

（A）期货和期权的最低清偿时间为 1 天；

（B）农产品、能源商品和金属的最低清偿时间为 1 天；

（C）所有其他互换的最低清偿时间为 5 天；

（D）根据特定产品或投资组合的具体特点，适当延长清偿时间；进一步前提是，委员会可通过下达指令为特定产品或投资组合规定较短或较长的清偿时间。

（ⅲ）这些模型所产生的初始保证金要求的实际覆盖率以及对模型业绩的预测度量，根据适当历史期间的数据，应满足至少 99% 的既定置信水平，用于

（A）衍生品清算组织采用基于产品的保证金方法的所有产品；

（B）在有明确价差保证金率的产品内部或者产品之间的所有价差；

（C）由衍生品清算组织清算会员持有的所有账户（按其所在机构和代理来源分类）；

（D）受益权人根据本部分第 39.15（b）（2）条的规定在混合账户中持有的所有互换投资组合，包括任何包含期货和 / 或期权的投资组合。

（ⅳ）衍生品清算组织应根据每种产品、价差、账户或投资组合的特征（包括适用的波动性模式）确定适当的历史期间。

（3）独立验证。衍生品清算组织应建立其建立初始保证金要求的体系，包括其理论模型，并由有资格且独立的一方每年对其进行审核和验证。如果保证金模型没有发生重大变化，可将此前经验证的资料作为年度审查过程的一部分加以审查和确认。有资格且独立的一方可以是衍生品清算组织

的独立承包商或员工，或衍生品清算组织的附属机构，但不得是负责待测试系统和模型的开发或运营人员。

（4）价差和投资组合保证金。

（i）如果衍生品清算组织与相关头寸的价格风险具有显著且可靠相关性，则可以降低相关头寸的初始保证金要求。仅当除不同头寸的价格风险显示出的统计相关性之外，还存在概念上的相关性时，才会被认为是可靠相关的。这一概念基础可包括但不限于下列各项：

（A）基于头寸的产品可相互补充或替代；

（B）某一产品是对其他产品的重要投入；

（C）所有产品均为重要投入；

（D）产品价格受到共同外部因素的影响。

（ii）衍生品清算组织应定期审查其保证金减少情况及其所依据的相关性。

（5）价格数据。衍生品清算组织应当有可靠、及时的价格数据来源，以准确衡量其信用风险。衍生品清算组织还应制定书面流程和健全的估价模型，以应对定价数据难以获得或不可靠的情况。

（6）每日审查。衍生品清算组织应每日确定其初始保证金要求的充分性。

（7）回溯测试。衍生品清算组织应按照本部分第39.2条的规定，利用适当的时间（但至少应提前30天）进行回溯测试，具体如下：

（i）衍生品清算组织应每日对市场大幅波动的产品或互换投资组合进行回溯测试，以确定其初始保证金要求的充分性，具体如下：

（A）衍生品清算组织采用基于产品的保证金方法的所有产品；

（B）涉及规定价差率的所有价差；

（C）对于衍生品清算组织的清算会员持有的、在该产品中占有重要地位的所有账户（按其所在机构和代理来源分类）；

（D）受益权人根据本部分第39.15（b）（2）条的规定在混合账户中

399

持有的所有互换投资组合，包括任何包含期货和／或期权的投资组合。

（ⅱ）衍生品清算组织应至少每月进行一次回溯测试，以测试其初始保证金要求的充分性，详情如下：

（A）衍生品清算组织采用基于产品的保证金方法的所有产品；

（B）涉及规定价差率的所有价差；

（C）由衍生品清算组织清算会员持有的、在产品中具有重要头寸的所有账户（按其所在机构和代理来源分类）；

（D）受益权人根据本部分第 39.15（b）（2）条的规定在混合账户中持有的所有互换投资组合，包括任何包含期货和／或期权的投资组合。

（ⅲ）在对初始保证金要求进行回溯测试时，衍生品清算组织应将投资组合损失只与初始保证金中反映市场风险因素变化的组成部分进行比较。

（8）客户保证金

（ⅰ）总额保证金。

（A）在每日结算周期结束时，衍生品清算组织应按各清算会员的代理账户整体收取初始保证金，其金额等于初始保证金总额。如果所有客户均为清算会员，则衍生品清算组织要求从所有清算会员的代理账户中收取该等保证金。

（B）为计算各清算会员代理账户的初始保证金总要求量，衍生品清算组织应制定规则，要求其清算会员每日向衍生品清算组织提交报告，说明清算会员各代理来源范围内的每个代理账户盘后头寸总额。

（C）衍生品清算组织自身不得，也不得允许其清算会员扣除相互之间不同客户的头寸。

（D）衍生品清算组织可收取其清算会员自营账户的净值初始保证金。

（ⅱ）客户初始保证金要求。衍生品清算组织应要求其清算会员收取客户初始保证金，标准不低于衍生品清算组织清算初始保证金要求的100%，该要求与产品和投资组合相关，并与各代理账户呈现的风险相对称。衍生品清算组织应在确定产品或投资组合的清算初始保证金要求时，享有合理的自由裁量权。在确定客户初始保证金要求是否应至少超出清算会员确定为高风险客户类别的清算初始保证金要求，及确定该等超出的要求数量时，衍生品清算组织应同样享有合理的自由裁量权。委员会可审查此类客户初始保证金标准。如委员会认为标准不足以保护衍生品清算组织或其清算会员的财政健全，则委员会可要求采用不同的标准。

（9）截止时间。衍生品清算组织应设立并执行清算会员向衍生品清算组织支付初始和变动保证金的截止时间。

（10）资产类别。衍生品清算组织应将其接受作为初始保证金的资产限制于信用、市场和流动性风险最小的资产内。衍生品清算组织可考量特定资产在特定投资组合中所具有的能降低风险的特性。衍生品清算组织可接受信用证作为期货和期货期权的初始保证金，但衍生品清算组织不应接受信用证作为互换初始保证金。

（11）估价。衍生品清算组织应采用谨慎的估价方法，对作为初始保证金的资产按日进行估价。

（12）折价率。衍生品清算组织应适当减少价值，根据有压力的市场状况，在衍生品清算组织接受的满足初始保证金义务的资产中体现信用、市场和流动性风险（折价率）。衍生品清算组织应至少每月以此评估折价率的适当性。

（13）集中限额或收费。衍生品清算组织应在必要时对作为初始保证金申报的资产集中施加适当的限制或收费，以确保其能够迅速清算此类资产并将不利的价格影响降至最低，并应至少按月评估任何此类集中限制或收费的适当性。

（14）抵押资产。如衍生品清算组织允许其清算会员抵押资产作为初始保证金，同时在以清算会员名义开设的账户中保留资产，则衍生品清算组织应确保该资产无产权负担，并确保该抵押是在相关管辖区内有效设立并有效完善的抵押。

（h）其他风险控制机制

（1）风险限额。

（i）衍生品清算组织应通过机构来源和各代理来源对各清算会员规定风险限额，以防止清算会员持有的头寸风险敞口超过相对于清算会员和 / 或衍生品清算组织的金融资源的特定门槛。衍生品清算组织应在决定如下事宜时，享有合理的自由裁量权：

（A）计算风险敞口的方法；

（B）适用阈值；

（C）本规定项下适用的金融资源；但资本敞口的比率应在所有资本等级中保持一致。委员会应审查此类方法、阈值以及金融资源，并要求在适当情况下适用不同方法、阈值以及金融资源。

（ii）衍生品清算组织可允许清算会员超出本条第（h）（1）（i）款适用的阈值，但衍生品清算组织要求清算会员投入额外的初始保证金，该等初始保证金是衍生品清算组织认为足以适当消除清算会员过度风险敞口的保证金。委员会可审查额外初始保证金金额，并在适当情况下要求另一笔额外初始保证金。

（2）大型交易商报告。衍生品清算组织应从其清算会员、相关指定合约市场或互换执行机构获取所有报告的副本，这些报告须由该清算会员或其代表根据本章第 17 部和第 20 部的要求提交至委员会。衍生品清算组织应每日审查该等报告，以确定各大型交易商整体投资组合的风险，包括由衍生品清算组织清算的期货、期权和互换，这些投资组合是由所有执各大型交易商账户的清算会员持有的。衍生品清算组织应在适当的时候，根据本条第（h）（6）款规定，采取其他与该清算会员相关的行动，以处理任何该等大型交易商构成的任何风险。

（3）压力测试。衍生品清算组织应进行本部分第 39.2 条界定的压力测试，内容如下：

（i）衍生品清算组织应每日进行各大型交易商相关的压力测试，该等交易商对清算会员或衍生品清算组织构成了重大风险，包括衍生品清算组织清算的期货、期权和互换，这些投资组合均由每个大型交易商账户的所有清算会员持有。衍生品清算组织应在确定拟测试的交易商和进行压力测试所用方法中享有合理自由裁量权。委员会可审查账户的选择以及方法，在适当情况下要求进行改变。

（ⅱ）衍生品清算组织应至少每周一次，通过机构来源和各代理来源，以及各互换投资组合（包括含期货和／或期权的投资组合，以及联合账户中的任何投资组合），根据本部分第 39.15（b）（2）条，在极端但合理的市场条件下进行各清算会员账户相关的压力测试。衍生品清算组织应酌情确定开展压力测试的方法。委员会对该方法进行审查并视情况要求对方法予以调整。

（ⅲ）就仅持有完全抵押头寸的清算会员账户而言，本节第（h）（3）（ⅰ）款和第（h）（3）（ⅱ）款规定不适用。

（4）投资组合压缩。衍生品清算组织可在自愿的基础上，定期针对进行互换清算的清算会员进行投资组合压缩演习，且该等演习应适用于所清算的互换；但条件是，若第三方已制定适用的投资组合压缩服务，则衍生品清算组织无须制定自己的投资组合压缩服务，且只须落实该等投资组合压缩演习。

（5）清算会员的风险管理政策和流程。

（ⅰ）衍生品清算组织应作以下规定：

（A）要求其清算会员保持目前的书面风险管理政策和流程（这些政策和流程解释了该等清算会员可能给衍生品清算组织带来的风险）；

（B）确保其有权获得并要求清算会员提供风险管理政策、流程和实践相关信息和文件，包括但不限于与其金融资源和结算流程流动性有关的信息和文件；

（C）要求其清算会员根据委员会的要求，向委员会提供与其风险管理政策、流程和实践有关的信息和文件。

（ⅱ）衍生品清算组织应定期审查各清算会员的风险管理政策、流程和实践（这些政策和流程解释了该等清算会员可能给衍生品清算组织带来的风险），采取恰当的措施解决该等审查中确定的重点问题，记录该等审查及采取相应措施的依据。

（6）其他权力。衍生品清算组织应根据客观、审慎的风险管理标准的应用情况，适时针对特殊清算会员采取其他措施，包括但不限于

（ⅰ）出台更严格的资本要求；

（ⅱ）出台更严格的保证金要求；

（ⅲ）出台头寸限额；

（ⅳ）禁止增加头寸；

（ⅴ）要求降低头寸；

（ⅵ）清偿或转移头寸；

（ⅶ）暂停或撤销清算会员资格。

（i）跨市场保证金机制。

（1）寻求与一家或多家衍生品清算组织一起执行或修改跨市场保证金机制计划的衍生品清算组织，应根据本章第40.5条提交规则，供委员会审批。所提交的信息应足以让委员会了解该计划所带来的风险，以及衍生品清算组织应对风险、缓释风险所采取的措施。

（2）委员会可要求针对根据第（i）款规定提交的规则，提供其他支持信息，并根据本章第40.5条批准该等规则。

【2011年11月8日《联邦公报》第76卷第69430号（经2020年1月27日《联邦公报》第85卷第4855号修订）】

第39.14条　结算流程

（a）定义

（1）结算。就本节而言，"结算"的定义为：

（ⅰ）期货、期权和互换变动保证金的支付和收款；

（ⅱ）期权溢价的支付和收款；

（ⅲ）存入和提出期货、期权和互换的初始保证金；

（ⅳ）就该等头寸而言，于最后结算日到期应付的所有期货、期权和互换最终结算款项；

（ⅴ）从各清算会员处收集或向其支付的所有其他现金流，包括但不限于互换相关款项，如息票金额。

（2）结算银行。就本节而言，"结算银行"是指衍生品清算组织或其任何清算会员开设账户，用于上述第（a）（1）款所述任何结算的银行。

（b）日常结算。衍生品清算组织应在各营业日与清算会员至少办理一次结算，委员会另有规定的除外。同时，当违反了衍生品清算组织规定的阈值或出现极端市场波动时，衍生品清算组织应有权并有操作能力于当日或定期与清算会员办理结算。

（c）结算银行。衍生品清算组织应部署如下结算安排，消除或严格限制结算银行风险敞口，包括使用该等银行而引起的会对其清算会员的结算产生影响的信用和流动性风险：

（1）衍生品清算组织应针对衍生品清算组织或其清算会员所使用的任何结算银行，制定形成文件的标准，包括对该等银行的资本化、信誉、流动性、运营可靠性和监督或监管予以阐释的标准。

（2）衍生品清算组织应持续监控所有已获批准的结算银行，确保该等银行继续符合根据本节第（c）（1）款规定制定的标准。

（3）衍生品清算组织针对自身及其清算会员结算银行的整个风险敞口范围以及集中度予以监控，并在结算活动比例最大的结算银行未能成功结算时，评估自身及其清算会员可能遭受的损失以及流动性压力。衍生品清算组织应采取任何一项或多项下列措施，若任何该等措施对消除或严格限制上述风险敞口而言是合理必要的：

（ⅰ）在一家或多家其他结算银行开设结算账户；

（ⅱ）批准一家或多家其他结算银行，供其清算会员选择使用；

（ⅲ）针对其自己或其清算会员的结算银行，出台集中限额；

（iv）采取任何其他恰当的措施。

（d）结算最终性。衍生品清算组织应确保在受影响的情况下，结算为最终结算，从而确保已于不迟于衍生品清算组织账户扣款或入账之日签署法律协议，该法律协议规定结算资金划拨是不可撤销且无条件的；但条件是，衍生品清算组织与其结算银行签署的法律协议允许错误纠正。衍生品清算组织与其结算银行签署的法律协议应明确规定，在即将划拨结算资金时，衍生品清算组织应定期确定其结算银行正在根据该等法律协议的规定，对资金划拨进行影响。

（e）记录保管。针对与各结算相关的资金流，衍生品清算组织应保有准确的记录。

（f）净额结算安排。衍生品清算组织应有能力遵循与任何其他清算组织签署的任何获准净额结算或抵销安排的所有条款和条件。

（g）实物交付。针对以基础工具或商品实物交付的方式进行结算的产品，衍生品清算组织应

（1）制定规则，明确规定衍生品清算组织就实物交付承担的所有义务，包括衍生品清算组织是否有义务进行或接收实物工具或商品交付，或是否有义务针对交付过程中发生的损失对清算会员进行赔偿；

（2）确保已识别并管理各项义务的风险。

第 39.15 条　基金处理

（a）所需标准和流程。衍生品清算组织应制定标准和流程，保护并确保清算会员及其客户的资金和资产安全。

（b）客户资金

（1）隔离。衍生品清算组织应遵循《法案》第 4d 节适用的隔离要求以及本部分的委员会规定，或本章任何其他适用的委员会规定，或要求在单独账户中隔离、预留或持有客户资金和资产（包括货币、证券和不动产）的法令。

（2）合并。

（i）已清算互换账户。如果衍生品清算组织及其清算会员根据本法第4d（f）条的要求，将客户在期货、期权、外汇期货、外汇期权和互换或其任何组合中的头寸，以及为保证金、担保或保障此类头寸而收到的任何资金、证券或财产合并在一个账户中，衍生品清算组织应根据本章第40.5条提交规则供委员会批准。该等规则应至少包括下列内容：

（A）识别将被合并的产品，包括将用来确定合格产品的产品规格或标准；

（B）分析合格产品的风险特征；

（C）确定是否会执行双边互换和／或是否会针对指定的合约市场执行互换，和／或互换执行设施；

（D）分析合格产品各自市场的流动性、清算会员和衍生品清算组织在不影响账户整体财务状况的情况下及时抵消或缓释该等合格产品的风险的能力，以及为解决流动性不充分的问题而拟用的方法（若适用）；

（E）分析各合格产品可信价格的可行性；

（F）针对获准可进行合格产品混合的清算会员，说明其财务、运营和管理标准或要求；

（G）针对该等清算会员就任何该等合并头寸而开展的风险管理，衍生品清算组织会进行监督，说明开展该等监督所使用系统和流程；

（H）说明衍生品清算组织的金融资源，包括待合并合格产品相关保证金的组合情况和可用性；

（I）说明并分析将针对合并合格产品使用的保证金方法（包括针对关联头寸使用的任何保证金扣减）以及与清算会员和客户有关的任何适用保证金规则；

（J）分析衍生品清算组织管理任何待合并合格产品可能出现的违约情况的能力；

（K）针对清算会员就账户中的任何合并合格产品出现违约时，衍生品清算组织将遵循的流程予以讨论，以及针对客户就账户中的任何混合合格产品出现违约时，清算会员将遵循的流程予以讨论；

（L）说明获取账户内合格产品每日头寸数据的安排。

（ii）期货账户。如果衍生品清算组织及其清算会员根据本法第 4d（f）条的要求，将客户在期货、期权、外汇期货、外汇期权和互换或其任何组合中的头寸，以及为保证金、担保或保障此类头寸而收到的任何资金、证券或财产合并在一个账户中，衍生品清算组织应根据本章第 40.5 条提交规则供委员会批准。该等规则应至少包括本节第（b）（2）（i）款规定的信息。

（iii）委员会行动。委员会可要求针对根据本节第（b）（2）（i）或（ii）款提交的规则，提供其他支持信息，并根据本章第 40.5 条批准该等规则。

（c）资金和资产持有。衍生品清算组织应以能将衍生品清算组织存取资金和资产时的损失或延期风险降到最低的方式，持有清算会员及其客户的资金和资产。

（d）客户头寸转移。衍生品清算组织应制定规则，规定衍生品清算组织可在下列条件下，及时将客户的全部或部分头寸组合及相关资金（若有必要）从衍生品清算组织持有头寸的清算会员处转移至衍生品清算组织的另一清算会员处，且无须根据要求在转移前结清和重新记录头寸：

（1）客户已指示持有头寸的清算会员进行转移；

（2）客户目前没有对持有头寸的清算会员违约；

（3）已转移的头寸在接收头寸的清算会员处有相应的保证金；

（4）持有头寸的清算会员对任何剩余头寸设有相应的保证金；

（5）接收头寸的清算会员已同意该等转移。

（e）获准投资。应在信用、市场和流动性风险最小的工具中持有衍生品清算组织用来进行投资的属于清算会员及其客户的资金和资产。衍生品清算组织进行的任何客户资金或资产投资，包括已结清互换客户抵押品（定义见本章第 22.1 条），均应遵循本章第 1.25 条规定。

【2011 年 11 月 8 日《联邦公报》第 76 卷第 69430 号（经 2020 年 1 月 27 日《联邦公报》第 85 卷第 4856 号修订）】

第 39.16 条　违约处理规则及流程

（a）一般规定。衍生品清算组织应制订规则和流程，以有效、公平和安全地管理清算会员破产或清算会员对衍生品清算组织的义务违约的事件。

（b）违约管理计划。衍生品清算组织应制订并执行一项现行书面违约管理计划，规定在处理违约事件时（包括与其他实体和监管机构进行的任何必要协调或发出的通知），其董事会、风险管理委员会及衍生品清算组织可能拥有的且对违约管理和衍生品清算组织管理负责的任何其他委员会应该发挥的作用和承担的责任。该等计划应处理高流动性产品和低流动性产品在流程方面的所有差异。衍生品清算组织应至少每年进行一次违约管理计划测试，并形成文件记录。若该计划依托清算会员和参与者的参与，则衍生品清算组织应至少每年一次将清算会员和参与者纳入违约管理计划测试。

（c）违约处理流程。

（1）衍生品清算组织应制定流程，允许衍生品清算组织在清算会员未对衍生品清算组织履行义务时，及时采取措施，控制损失和流动性压力，并继续履行义务。

（2）衍生品清算组织应制定规则，阐明其违约处理流程，包括

（i）衍生品清算组织对违约的定义；

（ii）衍生品清算组织针对违约采取的措施，包括在其网站上公布违约公告和及时转移、清偿或对冲违约清算会员的客户或机构头寸（若适用），以及衍生品清算组织酌情决定拍卖该等头寸或将该等头寸分配给其他清算会员；

（iii）衍生品清算组织针对其清算会员参与违约清算会员客户或机构头寸拍卖或接收该等头寸分配额时，规定清算会员应履行的任何义务，但条件是

（A）衍生品清算组织立允许清算会员根据衍生品清算组织相应的安全保障规定，授权合格第三方在任何拍卖中代为行使其权利；

（B）衍生品清算组织应允许清算会员根据衍生品清算组织相应的安全保障规定，授权合格第三方在任何分配中代为行使其权利；

（C）衍生品清算组织不得要求清算会员接收与竞价不成比例的违约清算会员头寸或承兑清算会员在衍生品清算组织同类产品中的头寸的分配额，或针对部分该等头寸出价；

（iv）违约清算会员及其客户的资金和资产以及衍生品清算组织的金融资源顺序应适用违约事件；

（v）不得将违约清算会员客户的资金和资产用于弥补机构违约事件损失的规定；

（vi）若相关客户资金和资产不足以弥补损失时，不得将违约清算会员的机构资金和资产用于弥补客户违约损失的规定；

（3）衍生品清算组织应根据本部分第 39.21 条规定，公布违约处理规则。

（d）清算会员破产。

（1）衍生品清算组织应制定规则，规定清算会员在进行破产申请、破产管理流程或相关同类流程时，应及时通知衍生品清算组织；

（2）衍生品清算组织应于不迟于该等通知接收之日，审查清算会员资格的持续合格性；

（3）衍生品清算组织应于不迟于该等通知接收之日，针对该等清算会员或其机构或客户头寸，酌情采取任何相应措施，包括但不限于清算或转移头寸，暂停或撤销清算会员资格。

（e）完全抵押头寸。衍生品清算组织应制定规定，允许仅结清完全抵押头寸，从而满足本节第（a）、第（b）和第（c）款规定。

【2011 年 11 月 8 日《联邦公报》第 76 卷第 69430 号（经 2020 年 1 月 27 日《联邦公报》第 85 卷第 4857 号修订）】

第 39.17 条　规则执行

（a）一般规定。衍生品清算组织应：

（1）维持恰当的安排和资源，有效监控和执行衍生品清算组织规则及纠纷解决方案的合规性（衍生品清算组织及其清算会员）；

（2）有权并有能力在清算会员违反衍生品清算组织的任何规则时，处罚、限制、暂停或终止清算会员的活动；

（3）根据第 39.19（c）（4）（xvi）条规定，就本节（a）（2）款所述的针对清算会员开展的规则执行活动和拍卖，报告委员会。

（b）规则执行机构。衍生品清算组织董事会可委派相应委员会负责本节第（a）款要求的合规性，根据《法案》或本部分规定，由首席合规官对此负责的情况除外。

【2011 年 11 月 8 日《联邦公报》第 76 卷第 69430 号（经 2020 年 1 月 27 日《联邦公报》第 85 卷第 4858 号修订）】

第 39.18 条　系统安全措施

（a）定义。就本节和第 39.34 条而言：

控制是指衍生品清算组织用来保护其自动化系统的可靠性、安全性或能力，或保护其数据及信息的机密性、完整性或可用性的安全保障措施或对抗措施，以及用来使衍生品清算组织履行其法定及监管责任的安全保障措施或对抗措施。

控制测试是指为了确定该等控制是否正确执行、是否如预期操作以及是否使衍生品清算组织满足本节要求而开展的衍生品清算组织控制评估。

企业技术风险评估是指包括但不限于缓释控制条件下，阈值和漏洞分析的书面评估。企业技术风险评估识别、评估并按优先顺序排列在数据和信息机密性、完整性或可用性受损，或自动化系统可靠性、安全性或能力受损的情况下，衍生品清算组织的运营或资产，或市场参与者、个体或其他实体面临的风险。

外部渗透测试是指企图从系统边界外渗透衍生品清算组织的自动化系统，从而识别并利用漏洞。开展外部渗透测试的方法包括但不限于自动系统安全特征规避法。

内部渗透测试是指企图从系统边界内渗透衍生品清算组织的自动化系统，从而识别并利用漏洞。开展内部渗透测试的方法包括但不限于自动系统安全特征规避法。

关键控制是指相应风险分析确定，对有效系统安全保障措施而言极为重要，或旨在应对发展或变动速度更快的风险，从而要求提高审查频率，以确保可持续有效处理该等风险的控制。

恢复时间目标是指任何原因（包括大范围业务中断）导致暂时不可进行交易处理、清算和结算后，衍生品清算组织恢复该等能力所需的时间。

相关区域是指其中有衍生品清算组织开展交易处理、清算和结算相关活动所需的基础设施建设或人员的大都市区域或其他地理区域。"相关区域"还包括与上述大都市区域或其他地理区域在经济上接轨、相邻或在正常通勤范围内的社区。

安全事件是指实际危害或很可能危害自动化系统运营、可靠性、安全性或能力，或数据的可用性、机密性或完整性的网络安全或物理安全事件。

安全事件响应计划是指记录有衍生品清算组织在识别、响应、缓释安全事件并从中恢复的政策、控制、流程和资源，以及其管理层、员工和独立联系人在安全事件响应中的作用和责任的书面计划。安全事件响应计划可以是单独的文件或业务连续性灾难恢复计划章节，或安全事件响应附录。

安全事件响应计划测试是指旨在确定计划有效性、识别其潜在弱点或缺陷、启动定期计划更新和改进，以及维持安全事件相关组织准备度和恢复力的衍生品清算组织安全事件响应计划测试。开展安全事件响应计划测试的方法包括但不限于检查表完成度、预演或桌面演练、模拟和综合演练。

漏洞测试是指旨在确定通过自动化系统侦察，分析可能发现的信息以及该等系统可能存在的漏洞，而进行的衍生品清算组织自动化系统测试。

大范围业务中断是指导致相关区域交通、通信、水电或其他关键基础设施严重中断或破坏的事件，或导致相关区域人口疏散或不可用的事件。

（b）风险分析和监督计划。

（1）一般规定。衍生品清算组织应针对其操作和自动化系统，制订并维持风险分析和监督计划，以通过下列方法识别操作风险并将操作风险的来源降到最低。

（i）制定相应的控制和流程；

（ii）开发可靠、安全且具备充分可扩展能力的自动化系统。

（2）计划要素。根据本节第（b）（1）款所述，衍生品清算组织针对其操作和自动化系统制订的风险分析和监督计划应处理下列要素：

（i）信息安全，包括但不限于与下列内容有关的控制：使用系统和数据（包括最小特权、职责分开、账户监管和控制）；用户和设备识别与认证；安全意识培训；审计日志维护、监控和分析；媒介保护；人员安全和筛查；自动化系统和通信保护（包括网络端口控制、边界防御、加密术）；系统和信息完整性（包括恶意软件防御、软件完整性监控）；漏洞管理；渗透测试；安全事件响应和管理；以及公认最佳实践涵盖的任何其他安全信息要素；

（ii）业务连续性及灾难恢复计划和资源，包括但不限于本节第（c）款所述的控制和能力；以及公认最佳实践涵盖的任何其他业务连续性及灾难恢复计划和资源；

（iii）能力和绩效规划，包括但不限于旨在确保能力充分可扩展性的衍生品清算组织系统监控控制，包括针对现有和预计未来能力和绩效，以及计划自动系统变动可能造成的能力衰退，开展的测试、监控和分析；以及公认最佳实践涵盖的任何其他能力和绩效规划要素；

（iv）系统操作，包括但不限于系统维护；配置管理，包括基线配置、配置变动和补丁管理、最小功能、已授权和未授权设备与软件的库存；事件与问题响应和管理；公认最佳实践涵盖的任何其他系统操作要素；

（v）系统开发和质量保证，包括但不限于制定要求；预备生产和回归测试；变动管理流程和批准；外包和供应商管理；安全编码实践培训；公认最佳实践涵盖的任何其他系统开发和质量保证要素；

（vi）物理安全和环境控制，包括但不限于物理访问和监控；电力、通信和环境控制；火灾防护；公认最佳实践涵盖的任何其他物理安全和环境控制要素；

（3）计划标准。在处理本节第（b）（2）款所示的要素时，衍生品清算组织应遵循自动化系统开发、操作、可靠性、安全性和能力方面的公认标准和行业最佳实践。

（4）资源。衍生品清算组织应根据任何操作和自动化系统风险，确立并维持足以满足衍生品清算组织履行义务和责任（包括日常交易处理、清算和结算）的资源。衍生品清算组织应定期核实该等资源的充分性。

（c）业务连续性和灾难恢复。

（1）一般规定。衍生品清算组织应确立并维持足以让衍生品清算组织在出现任何操作中断后，及时恢复操作并履行义务和责任（包括但不限于日常交易处理、清算和结算）的业务连续性和灾难恢复计划、应急流程和物理、技术及人力资源。

（2）恢复时间目标。根据本节第（c）（1）款所述，衍生品清算组织的业务连续性和灾难计划及衍生品清算组织应具备充足的物理、技术和人力资源，以满足不迟于中断后的下一个营业日的恢复时间目标。

（3）计划协调。衍生品清算组织应在切实可行的范围内：

（i）在日常交易处理、清算和结算能在发生中断后充分有效恢复的情况下，协调衍生品清算组织的业务连续性和灾难恢复计划与其清算会员的该等计划；

（ii）启动并协调衍生品清算组织的业务连续性和灾难恢复计划与其清算会员的该等计划的定期、同步测试；

（iii）确保其业务连续性和灾难计划已考虑基本服务提供商的计划，包括通信和水电。

（d）外包。

（1）衍生品清算组织应通过下列其中一种方法，维持本节第（b）（4）款和第（c）（1）款规定的资源：

（ⅰ）将其员工用作人力资源以及通过其所有、许可或租赁的财产；

（ⅱ）通过与另一衍生品清算组织或其他服务提供商达成的书面合约安排。

（2）责任保留。签署了合约外包安排的衍生品清算组织应就任何未能符合本节第（b）款和第（c）款要求的情况，负全责。衍生品清算组织应雇用具备监管服务提供商服务交付情况所需专业知识的人士。

（3）资源测试。本节第（e）款提及的测试应适用衍生品清算组织所有的自有和外包资源，并应核实所有该等资源能有效合作。若需由独立承包商开展测试，衍生品清算组织应雇用独立于衍生品清算组织和用于设计、开发或维持测试资源的任何外部服务提供商的承包商。

（e）测试。

（1）一般规定。衍生品清算组织应针对下列事项开展常规、定期和客观的测试及审查：

（ⅰ）其自动化系统，以确保该等系统可靠、安全并具备充分的可拓展能力；

（ⅱ）其业务连续性和灾难恢复能力，通过使用足以确保衍生品清算组织的后备资源足以符合本节第（c）款要求的测试协议进行测试和审查。

（2）漏洞测试。衍生品清算组织应针对足以满足本节第（e）（8）款所述要求的范围，开展漏洞测试。

（ⅰ）衍生品清算组织应按照相应风险分析确定的频率（不得低于一季一次的频率），开展该等漏洞测试。

（ⅱ）该等漏洞测试应包含遵循公认最佳实践的自动化漏洞筛查。

（ⅲ）衍生品清算组织应通过雇用独立承包商，或使用不负责开发或操作系统或测试能力的衍生品清算组织员工来进行漏洞测试。

（3）外部渗透测试。衍生品清算组织应针对足以满足本节第（e）（8）

款所述要求的范围，开展外部渗透测试。

（ⅰ）衍生品清算组织应按照相应风险分析确定的频率（不得低于一年一次的频率），开展该等外部渗透测试。

（ⅱ）衍生品清算组织应雇用独立承包商来开展所需的年度外部渗透测试。衍生品清算组织可通过使用不负责开发或操作系统或测试能力的衍生品清算组织员工来进行外部渗透测试。

（4）内部渗透测试。衍生品清算组织应针对足以满足本节第（e）（8）款所述要求的范围，开展内部渗透测试。

（ⅰ）衍生品清算组织应按照相应风险分析确定的频率（不得低于一年一次的频率），开展该等内部渗透测试。

（ⅱ）衍生品清算组织应通过雇用独立承包商，或使用不负责开发或操作系统或测试能力的衍生品清算组织员工来进行内部渗透测试。

（5）控制测试。衍生品清算组织应针对足以满足本节第（e）（8）款所述要求的范围，开展控制测试。

（ⅰ）衍生品清算组织应按照相应风险分析确定的频率，开展控制测试，包括风险分析及监督计划中各控制的测试，并以不低于每3年一次的频率对关键控制进行测试和评估。衍生品清算组织应在规定期限内，滚动开展该等测试。

（ⅱ）衍生品清算组织应以不低于每3年一次的频率，雇用独立承包商对衍生品清算组织风险分析和监督计划中涵盖的关键控制进行测试和评估。衍生品清算组织可通过使用独立承包商，或使用不负责开发或操作系统或测试能力的衍生品清算组织员工来开展本节规定的任何其他控制测试。

（6）安全事件响应计划测试。衍生品清算组织应开展足以满足本节第（e）（8）款所述要求的安全事件响应计划测试。

（ⅰ）衍生品清算组织应按照相应风险分析确定的频率（不得低于一年一次的频率），开展该等安全事件响应计划测试。

（ⅱ）衍生品清算组织的安全事件响应计划应包括但不限于衍生品清算

组织对安全事件的定义和分类、安全事件报告政策和流程、内外部通信和信息共享相关安全事件的政策和流程，以及安全事件响应流程中的切换点和升级点。

（ⅲ）衍生品清算组织在其安全事件响应计划测试与本节规定的其他测试，或其他业务连续性灾难恢复和风险管理计划测试中进行协调。

（ⅳ）衍生品清算组织通过雇用独立承包商和使用衍生品清算组织员工，开展安全事件响应计划测试。

（7）企业技术风险评估。衍生品清算组织应针对足以满足本节第（e）（8）款所述要求的范围，开展企业技术风险评估。

（ⅰ）衍生品清算组织应按照相应风险分析确定的频率（不得低于一年一次的频率），开展该等企业技术风险评估。已根据本节要求开展企业技术风险评估的衍生品清算组织，可通过更新以往评估开展后续评估。

（ⅱ）衍生品清算组织可通过使用独立承包商，或使用不负责开发或操作系统或测试能力的衍生品清算组织员工，来开展本企业技术风险评估。

（8）测试和评估的范围。本节要求的测试和评估范围应足够广泛，可包括衍生品清算组织所需的风险分析和监督程序及其当前网络安全威胁分析所指出的自动化系统和控制测试，以识别可能使入侵者或未授权用户或内部人士：

（ⅰ）干涉衍生品清算组织的操作或法定和监管责任的履行情况；

（ⅱ）损害或降低衍生品清算组织自动化系统的可靠性、安全性或能力；

（ⅲ）增加、删除、更改、泄露衍生品清算组织规定活动相关数据或影响该等数据的完整性；

（ⅳ）执行任何其他会影响衍生品清算组织的规定活动或该等活动相关硬件或软件的未授权行动。

（9）内部报告和审查。衍生品清算组织的高级管理层和董事会应接收并审查列有本节所需测试和评估结果的报告。衍生品清算组织应根据本节第（e）（10）款规定，制定并遵循相应的流程，补救该等审查识别的问题并评估测试和评估协议的有效性。

（10）补救。衍生品清算组织应识别并记录本节规定测试和评估揭露的系统漏洞和缺陷。衍生品清算组织应针对各漏洞或缺陷开展相应的风险分析并予以记录，从而确定并记录是否应补救漏洞或缺陷，或接受相关风险。当衍生品清算组织决定补救漏洞或缺陷时，应根据相关风险的性质和严重程度及时补救。

（f）保留记录。衍生品清算组织应根据本章第 1.31 条规定，保持并根据要求立即向清算和风险部员工或任何继任部门员工提供：

（1）衍生品清算组织业务连续性和灾难恢复计划及其他应急流程的当前副本。应按相应风险分析确定的频率（不得低于一年一次的频率），对该等计划和流程进行更新；

（2）衍生品清算组织的操作风险或系统安全保障相关控制的所有评估；

（3）独立承包商或衍生品清算组织员工开展的，本节规定的所有测试和评估相关报告；

（4）清算和风险部或其任何继任部门的员工要求的，根据《法案》或委员会规定，与委员会系统安全保障监管有关的，或与委员会维护衍生品清算组织自动化系统目前状况有关的所有其他文件。

（5）不得以任何方式将本节第（f）款规定解释为，减少或限制衍生品清算组织遵守本章第 1.31 条规定的义务。

（g）例外事件的通知。衍生品清算组织应立即通知清算和风险部员工或任何继任部门员工以下事宜：

（1）对自动化系统的操作、可靠性、安全性或能力造成重大影响或很有可能造成重大影响的任何硬件或软件故障、安全事件或针对性威胁；

（2）衍生品清算组织业务连续性和灾难恢复计划的任何激活因素。

（h）计划变动的通知。衍生品清算组织应当及时向清算和风险部员工或任何继任部门的工作人员提供下列所有材料的事前通知：

（1）计划对衍生品清算组织自动化系统进行的，可能影响该等系统的可靠性、安全性或能力的变动；

（2）计划对衍生品清算组织的风险分析和监督计划进行的变动。

【2016年9月19日《联邦公报》第81卷第64336号】

第39.19条　报告

（a）一般规定。衍生品清算组织应向委员会提供本节规定的信息，以及委员会认为对监督衍生品清算组织而言有必要的任何其他信息。

（b）报告提交。

（1）一般要求。衍生品清算组织应以委员会规定的格式和方式，向委员会提交本节规定的信息。

（2）认证。根据本节提交报告时，衍生品清算组织员工需证明自己经证实授权，代表衍生品清算组织提交报告。

（3）时区。就该时区衍生品清算组织相关信息而言，本节所述之任何时间均为该时区的中央标准时间，委员会或其指定人员另有规定的除外；就与所有其他衍生品清算组织有关的信息而言，本节所述的任何时间均为东部时间。

（c）报告要求。各已注册的衍生品清算组织应向委员会或第（c）款规定或批准的其他人士提供下列信息：

（1）日常报告。

（i）衍生品清算组织应于各营业日结束前编制报告，报告内容包含下列与所有头寸（包括完全抵押头寸）相关的信息，并于下一个营业日上午10:00点前将该报告提交委员会：

（A）各清算会员存款的初始保证金要求和初始保证金（按机构来源、各代理来源和各个体代理账户划分）；

（B）日常变动保证金，按机构来源、各代理来源和各个体代理账户划分，并单独列明从各清算会员处收集的或向各清算会员支付的按市值计价的金额；

（C）与清算和结算有关的所有其他日常现金流，包括但不限于从各清算会员处收集的或向各清算会员支付的互换相关期权溢价和款项，如息票金额，按机构来源、各代理来源和各个体代理账户划分；

（D）盘后头寸，包括各清算会员的风险敏感度以及衍生品清算组织产生的、创造的或计算的与该等头寸风险管理有关的估值数据（如适用），按机构来源、各代理来源和各个体代理账户划分。衍生品清算组织应通过使用法人实体鉴定人以及任何内部生成的鉴定人（若适用），识别各清算会员各代理来源的所有个体代理账户。

（ii）报告应包含第（c）（1）（i）（A）~（c）（1）（i）（D）款规定的下列信息：

（A）所有期货头寸和期权头寸（如适用）；

（B）所有互换头寸；

（C）以下列方式持有或受下列协议规限的所有证券头寸：

（1）根据《法案》第 4d 节的规定，在代理账户中持有；

（2）受跨市场保证金机制协议规限。

（2）季度报告。衍生品清算组织应于各会计季度或委员会要求的任何时间，向委员会提供第 39.11(f)(1)条规定的衍生品清算组织金融资源报告。

（3）年度报告。衍生品清算组织应每年向委员会提供：

（i）第 39.10 条规定的首席合规官年度报告；

（ii）第 39.11（f）（2）条规定的衍生品清算组织经审计年末财务报表。

（iii）【保留】

（iv）应在衍生品清算组织财年结束后不迟于 90 天，或经衍生品清算组织要求，委员会酌情允许的稍后时间，提交第（c）（3）款规定的报告。

（4）事件特定报告。

（i）金融资源减少。若可用于满足第 39.11（a）（1）条或第 39.33（a）条（若适用）要求的金融资源总价值较根据 39.11（f）条提交的上一季度报告，或截至上一个营业日结束的价值，减少 25% 或以上，衍生品清算组织应在达到 25% 阈值之日后不迟于一个营业日，向委员会报告该等减少。该报告应包括：

（A）25% 阈值达到之日，截至营业结束时的金融资源总值；

（B）若针对较上一个营业日出现的减值进行报告时，则应包括 25% 减少额之前的金融资源总值

（C）根据第 39.11（d）条或第 39.33（b）条（若适用）要求计算的，本节第（c）（4）（i）（A）款和第（c）（4）（i）（B）款列报的各金融资源价值的细分，若衍生品清算组织将清算基金存款报告为金融资源，则包括每个清算会员清算基金存款的价值；

（D）关于该减少的详细解释。

（ii）流动性资源减少。若可用于满足第 39.11（e）条或第 39.33（c）条（若适用）要求的流动性资源总价值较根据 39.11（f）条提交的上一季度报告，或截至上一个营业日结束的价值，减少 25% 或以上，衍生品清算组织应在达到 25% 阈值之日后不迟于一个营业日，向委员会报告该等减少。该报告应包括

（A）25% 阈值达到之日，截至营业结束时的流动性资源总值；

（B）若针对较上一个营业日出现的减值进行报告时，则应包括 25% 减少额之前的流动性资源总值；

（C）根据第 39.11（e）条或第 39.33（c）条（若适用）要求计算的，本节第（c）（4）（ii）（A）款和第（c）（4）（ii）（B）款列报的各流动性资源价值的细分，若衍生品清算组织将清算基金存款报告为流动性资源，则包括每个清算会员清算基金存款的价值；

（D）关于该减少的详细解释。

（iii）所有权权益减少。若衍生品清算组织知道或有合理理由知道，所有权权益将较根据本节第（c）（2）款或第（c）（3）（ii）款提交的季度或经审计财务报表中最近列报的所有权权益余额，减少 20% 或以上，则

衍生品清算组织应于知道或有合理理由知道将出现该等减少之前的不迟于
2 个营业日，向委员会报告；然而，针对事件发生前，衍生品清算组织不
了解且有合理理由不了解的会造成减少的事件，衍生品清算组织向委员会
进行的报告在任何情况下均不得迟于出现该等所有权权益减少后的 2 个营
业日。该报告应包括

（A）体现出现预期减少前提交的报告出现预期减少以及针对该等减少
后提交的报告编制当前财务报表后，衍生品清算组织未来财务状况估值的
形式财务报表；

（B）余额减少额或预计减少额的详细解释。

（iv）6 个月流动资产要求。当衍生品清算组织知道或有合理理由知道
无法满足第 39.11（e）（2）条的 6 个月流动资产要求时，衍生品清算组织
应立即通知委员会。

（v）流动资产变动。衍生品清算组织应于衍生品清算组织的流动负债
超过其流动资产后不迟于 2 个营业日通知委员会。该通知应包括反映了衍
生品清算组织流动资产和流动负债的资产负债表，并解释呈负余额的原因。

（vi）要求清算会员减少其头寸。若衍生品清算组织要求其中一位清
算会员减少清算会员头寸，则衍生品清算组织应立即通知委员会。该通知
应包括

（A）清算会员名称；

（B）联系清算会员的时间；

（C）衍生品清算组织要求减少的期货、期权和互换头寸数、未偿交易
数和名义金额；

（D）属于要求主体的所有产品；

（E）要求的理由。

（vii）转移或清算头寸的决定。若由于清算会员未能满足征收初始或
变动保证金的要求或未能履行对衍生品清算组织的任何其他财务义务，衍
生品清算组织决定需立即清偿或转移其清算会员的头寸，或清算会员的任

何账户交易只可以清偿为目的，则衍生品清算组织应就此立即通知委员会。该通知应包括

（A）清算会员名称；

（B）联系清算会员的时间；

（C）受决定规限的产品；

（D）受决定规限的期货、期权和互换头寸数、未偿交易数和名义金额；

（E）作出决定的理由。

（viii）清算会员违约。衍生品清算组织应就清算会员违约，立即通知委员会。任何违约事件的确认都应遵循衍生品清算组织的规则。违约通知应包括

（A）清算会员名称；

（B）清算会员违约的产品；

（C）清算会员违约的期货、期权和互换头寸数、未偿交易数和名义金额；

（D）财务义务的金额。

（ix）所有权或公司或组织结构变动。

（A）报告要求。衍生品清算组织应就可能产生下列影响的，任何衍生品清算组织所有权或公司或组织结构预期变动，报告委员会：

（1）导致衍生品清算组织的所有权至少变动10%；

（2）创立新的衍生品清算组织附属机构，或消除当前的衍生品清算组织附属机构；

（3）导致衍生品清算组织的全部或绝大部分资产转移至另一法律实体。

（B）必要信息。报告应包括新所有权或公司或组织结构图；变动目的及影响摘要；影响变动的任何相关协议和公司文件，如公司章程及细则。

（C）报告的时间。应在预期变动前不迟于3个月，向委员会提交报告，

但条件是若衍生品清算组织在预期变动前 3 个月不了解且有合理的理由不了解该等预期变动，则衍生品清算组织可在预期变动前迟于 3 个月，向委员会报告该等预期变动。在这种情况下，衍生品清算组织应在了解该等变动时，立即就该等变动通知委员会。

（D）变动报告的确认。衍生品清算组织应在变动生效日之后不迟于 2 个营业日，就完成变动报告委员会。

（x）主要人员的变动。衍生品清算组织应在第 39.2 条定义的主要人员离职或入职后不迟于 2 个营业日，就该等事宜报告委员会。报告应包括将长期履行该职责之人士或长期员工就职前暂时履行该职责之人士的姓名和联系信息（若适用）。

（xi）法定名称变动。衍生品清算组织应于衍生品清算组织法定名称变动后的不迟于 2 个营业日，就该等变动报告委员会。

（xii）授信融资安排变动。衍生品清算组织应于衍生品清算组织变动其既有授信融资安排后，或接到通知该等安排已变动后不迟于 1 个营业日，就该等变动报告委员会，包括但不限于出借人变动、授信规模变动、到期日变动或任何其他重大变动或条件。

（xiii）流动性融资安排变动。衍生品清算组织应于衍生品清算组织变动其既有流动性融资安排后，或接到通知该等安排已变动后不迟于 1 个营业日，就该等变动报告委员会，包括但不限于供应商变动、授信规模变动、到期日变动或任何其他重大变动或条件。

（xiv）结算银行安排变动。衍生品清算组织应于衍生品清算组织与其使用的或其清算会员批准使用的任何结算银行达成新关系，或终止关系后不迟于 3 个营业日，就该等变动报告委员会。

（xv）结算银行问题。衍生品清算组织应于衍生品清算组织使用的或其清算会员批准使用的任何结算银行出现任何绩效、稳定性、流动性或金融资源方面的重大问题或关注点后不迟于 1 个营业日，就该等问题报告委员会。

（xvi）清算会员制裁。衍生品清算组织应在对清算会员进行制裁后不迟于 2 个营业日，就此通知委员会。

（xvii）财务状况和事件。衍生品清算组织应在知道并有理由知道下列事项后，立即通知委员会：

（A）提起可能对衍生品清算组织产生重大财务影响的任何法律诉讼；

（B）会对衍生品清算组织遵循本部分规定的能力产生重大影响且本节未另行规定列报的任何事件、境况或情形；

（C）本节未另行规定列报的，任何清算会员财务状况的重大不利变动。

（xviii）财务报表重大不足。若衍生品清算组织发现或独立公共会计师告知财务报表存在重大不足，则衍生品清算组织应于发现或被告知该等重大不足后的 24 个小时内，就此通知委员会，并在给出该等通知后的 48 个小时内，提供书面报告，指出针对重大不足已采取的以及正在采取的纠正措施。

（xix）财年变动。衍生品清算组织应于其财年的开始和结束日期变动后不迟于两个营业日，报告委员会。

（xx）独立会计师事务所变动。衍生品清算组织应于其独立会计师事务所发生任何变动后不迟于 15 日，报告委员会。该报告应包含该等变动的日期、新事务所的名称和联系信息，以及变动理由。

（xxi）董事会重大决策。衍生品清算组织应就第 39.24（a）（3）（i）条规定的任何衍生品清算组织董事会重大决议，报告委员会。

（xxii）系统保障措施。衍生品清算组织应就下列事项报告委员会：

（A）第 39.18（g）条规定的例外事件；

（B）第 39.18（h）条规定的计划变动；

（xxiii）保证金模型问题。若衍生品清算组织的保证金模型（包括跨市场保证金组合的保证金模型）出现任何可能对衍生品清算组织计算或纠正初始保证金或变动保证金的能力产生重大影响的问题，则衍生品清算组织应在出现该等问题后不迟于 1 个营业日，就此报告委员会。

（xxiv）恢复及关闭计划。需要根据第 39.39（b）条维持恢复和关闭计划的衍生品清算组织，应于不迟于应要求需具备上述计划之日，向委员会提交其计划。无须根据第 39.39（b）条维持恢复和关闭计划，但仍具备该等计划的衍生品清算组织可选择向委员会提交该等计划。已向委员会提交恢复和关闭计划的衍生品清算组织应在对该等计划进行任何修订后，向委员会提交经修订的计划，并说明变动详情和变动理由。

（5）必要报告。衍生品清算组织应根据委员会的要求，在要求中规定的时间内，提供下列内容：

（i）与其作为清算组织的业务有关的任何信息，包括与交易和清算详情有关的信息。

（ii）可证明衍生品清算组织遵守本部分一项或多项核心原则及相关条例的书面证明，包括支持数据、信息和文件。

【2011 年 11 月 8 日《联邦公报》第 76 卷第 69430 号（经 2020 年 1 月 27 日《联邦公报》第 85 卷第 4858 号修订）】

第 39.20 条　保留记录

（a）信息维护要求。针对与其作为衍生品清算组织的业务有关的所有活动，衍生品清算组织应维护该等活动的记录。该等记录应包括但不限于下列信息的记录：

（1）所有已清算交易，包括互换；

（2）对已清算互换集中订单的分配记录所需的所有信息；

（3）第 39 部规定创建、生成或列报的所有信息，包括但不限于与设置和评估保证金、确定金融资源价值和充足性以及确定结算价格有关的所有测试、审查和计算的结果及所使用的方法；

（4）本章第 39 部和 40 部要求提交的所有规则和流程，包括根据本章第 40.10 条拟议的对规则、流程或操作进行的所有变动；

（5）委员会或衍生品清算组织要求其清算会员或与衍生品清算组织的

清算和结算活动有关的任何其他人士，向衍生品清算组织提交的任何数据或文件记录。

（b）信息维持的形式和方法。

（1）一般规定。针对本章所需维持的记录，应在不低于5年的时间内，根据本章第1.31条进行维持，本节第（b）（2）款另有规定的除外。

（2）互换数据的例外情况。清算互换的衍生品清算组织需根据本章第45部的要求维持互换数据。

【2011年11月8日《联邦公报》第76卷第69430号（经2020年1月27日《联邦公报》第85卷第4860号修订）】

第39.21条　公共信息

（a）一般规定。衍生品清算组织应向市场参与者提供充分的信息，使市场参与者可准确识别并评估与使用衍生品清算组织服务有关的风险和成本。为了促成第（a）款所述的目标，衍生品清算组织应制定明确的、全面的规则和流程。

（b）信息可用性。衍生品清算组织应向市场参与者提供与衍生品清算组织清算和结算系统的规则和操作及违约处理流程有关的信息。

（c）公开披露。衍生品清算组织应通过在其网站上予以公布的方式，让大众可轻易获取下列信息，委员会另行批准的情况除外：

（1）衍生品清算组织清算和结算的所有合约、协议和交易的条款和条件；

（2）衍生品清算组织向其清算会员收取的所有清算费用和其他费用；

（3）与保证金设置方法有关的信息；

（4）发生清算会员违约事件时可用的、截至最近会计季度末更新的或根据委员会要求更新的，以及根据第39.11（f）（1）（i）（A）条规定向委员会提交报告后在切实可行的范围内立即公布的金融资源的规模和组成；

（5）不迟于信息生效日之后营业日公布的，衍生品清算组织清算或结算的所有合约、协议或交易的每日结算价、成交量、未平仓合约；

（6）衍生品清算组织的规则手册，包括根据第 39.16 条制定的违约处理规则及流程；

（7）目前列有所有清算会员的清单；

（8）列有衍生品清算组织将接收并用作清算的所有互换的清单，且确定了需按照本章第 50.3（a）条规定予以清算的互换；

（9）与衍生品清算组织参与清算和结算活动有关的任何其他信息。

【2011 年 11 月 8 日《联邦公报》第 76 卷第 69430 号（经 2020 年 1 月 27 日《联邦公报》第 85 卷第 4861 号修订）】

第 39.22 条　信息共享

衍生品清算组织应签署并遵守所有相应并适用的国内国际信息共享协议，并在执行衍生品清算组织的风险管理计划时，使用从该等协议中获取的相关信息。

【2020 年 1 月 27 日《联邦公报》第 85 卷第 4861 号】

第 39.23 条　反垄断考量

除对实现《法案》目的而言有必要或恰当的情况外，衍生品清算组织不得采用或执行任何会对交易产生任何不合理约束的规则或措施，或施加任何严重的反竞争负担。

第 39.24 条　管理

（a）一般规定。

（1）衍生品清算组织的治理安排应具备下列特征：

（i）书面形式；

（ii）清晰透明；

（iii）优先重视衍生品清算组织的安全和效率；

（iv）明确支持范围更广的财务系统的稳定性以及清算会员、清算会员客户和其他相关的利益相关者的其他相关公共利益考虑因素。

（2）董事会应确保衍生品清算组织的设计、规则、整体战略和主要决策恰当地反映了清算会员、清算会员的客户和其他相关的利益相关者的合法利益。

（3）在符合与机密性和披露有关的其他法定和监管要求的范围内：

（ⅰ）应向清算会员、其他相关的利益相关者和委员会明确披露董事会的重大决策；

（ⅱ）应向大众明确披露会产生广泛市场影响的董事会重大决策。

（b）治理安排要求。衍生品清算组织应制定具备下列特性的治理安排：

（1）清晰并有文件记录；

（2）在符合其他机密性和披露相关法定和监管要求的范围内，向委员会、其他相关的利益相关者、清算会员、清算会员客户、衍生品清算组织和大众进行披露（若适用）；

（3）说明董事会、委员和管理层的运作结构；

（4）包含清晰、直接的责任线和问责线；

（5）明确说明董事会及其委员会的职责，包括建立明确的、有文件记录的风险管理框架；

（6）明确说明管理层的职责；

（7）董事会对首席风险管理、风险管理委员会和重大风险决策进行监督的流程；

（8）提供具备充分独立性、权力、资源并可与董事会进行沟通的风险管理和内部控制人员，从而衍生品清算组织的操作可符合董事会的风险管理框架；

（9）分配风险决策的责任和问责制，包括危机和突发事件中的责任和问责制；

（10）分配落实下列事项的责任：

（ⅰ）第39.16条和第39.35条规定的违约处理规则及流程（如适用）；

（ⅱ）第 39.18 条和第 39.34 条规定的系统安全保障规则及流程（如适用）；

（ⅲ）第 39.39 条规定的恢复和关闭计划（如适用）。

（c）健康标准。

（1）衍生品清算组织应针对下列人士制定并执行相应的健康标准：

（ⅰ）董事；

（ⅱ）任何纪律委员会的委员；

（ⅲ）衍生品清算组织会员；

（ⅳ）直接从事衍生品清算组织结算或清算活动的任何其他个人或实体；

（ⅴ）本款所述任何个人或实体的任何其他关联方。

（2）衍生品清算组织应坚持政策，确保

（ⅰ）董事会成员是具备恰当技能并享受激励政策的合适人选；

（ⅱ）定期审查董事会绩效和个人董事绩效；

（ⅲ）管理者具有履行运营和风险管理职责所必需的适当经验、技能和诚信。

【2020 年 1 月 27 日《联邦公报》第 85 卷第 4861 号】

第 39.25 条　利益冲突

衍生品清算组织应：

（a）建立并执行规则，以最小化衍生品清算组织决策过程中的利益冲突；

（b）制定解决这些利益冲突的流程；

（c）提出识别、处理和管理涉及董事会成员的利益冲突的流程。

【2020 年 1 月 27 日《联邦公报》第 85 卷第 4862 号】

第 39.26 条　理事会组成

衍生品清算组织应确保，其理事会或董事会层面的委员会的构成包括非衍生品清算组织或其附属机构高管或员工的市场参与者及个人。

【2020年1月27日《联邦公报》第85卷第4862号】

第39.27条 法律风险考量

（a）依法授权。衍生品清算组织应在相关司法管辖区正式成立，依法获得授权开展业务，并始终保持良好的信誉。如果衍生品清算组织在美国境外提供清算服务，该组织应在相关司法管辖区正式成立，以开展业务，且始终保持良好信誉，并获得国外相关许可机构的授权。

（b）法律框架。衍生品清算组织应依照涵盖衍生品清算组织各方面活动的完善、透明且可执行的法律框架经营业务。如适用，该框架应规定

（1）衍生品清算组织担任协议对手方，包括合约替代；

（2）净额结算安排；

（3）衍生品清算组织对抵押品享有权益；

（4）衍生品清算组织解决清算会员违约问题而须采取的措施，包括但不限于顺利及时清算抵押品和平仓或移仓的能力；

（5）结算和转账的不可改变性——一旦生效（不晚于衍生品清算组织完成贷记和借记的时间），绝对不可撤销；

（6）衍生品清算组织的运营、风险管理流程和相关要求的其他重要方面。

（c）法律冲突。如果衍生品清算组织在美国境外提供清算服务：

（1）衍生品清算组织应识别并解决重大的法律冲突问题。衍生品清算组织的合约协议应详细说明法律选择。

（2）衍生品清算组织应能够证明其选择的法律在相关司法管辖区的可执行性，以及其规则、流程和合约在所有相关司法管辖区的可执行性。

（3）衍生品清算组织应持续确保本部附件R第（b）款至附录A中要求的备忘录是准确、最新的，并应在备忘录所载分析或内容发生重大变更（如有）后及时向委员会提交更新的备忘录。

【2011 年 11 月 8 日《联邦公报》第 76 卷第 69430 号（经 2020 年 1 月 27 日《联邦公报》第 85 卷第 4862 号修订）】

第 39.28~39.29 条　[保留]

C　适用于系统重要性衍生品清算组织和选择遵守本节条款的衍生品清算组织的条款

第 39.30 条　范围

（a）本分部的规定适用于以下：C 节衍生品清算组织、系统重要性衍生品清算组织，以及《法案》第 1a（15）节和本章第 1.3 条定义的设法成为第 39.31 条项下 C 节衍生品清算组织的任何衍生品清算组织。

（b）除本分部的规定外，系统重要性衍生品清算组织还须遵守本部 A 节和 B 节的规定。

（c）除本分部的规定（不包括第 39.41 条和第 39.42 条）外，C 节衍生品清算组织还须遵守本部 A 节和 B 节的规定。

【2013 年 12 月 2 日《联邦公报》第 78 卷第 72514 号（经 2018 年 2 月 23 日《联邦公报》第 83 卷第 7996 号修订）】

第 39.31 条　选择受本分部规定约束

（a）选择资格。

（1）已在委员会注册但并非系统重要性衍生品清算组织的衍生品清算组织，可根据本分部的规定，按照本条第（b）款规定的流程，选择成为 C 节衍生品清算组织。

（2）根据第 39.3 条申请注册为衍生品清算组织的，可在申请注册过程中，根据本分部的规定，按照本条第（c）款规定的流程，选择成为 C 节衍生品清算组织。

（b）适用于注册衍生品清算组织的选择和撤销流程。

（1）选择。已在委员会注册但并非系统重要性衍生品清算组织的衍生品清算组织，可通过向委员会提交一份填妥的 C 节选择表格，请求委员会接受其成为 C 节衍生品清算组织的选择。C 节选择表格应包括选择和本部附录 B 中规定的所有证明、披露和附件，以及根据本条第（b）（2）和（3）款向委员会提交的任何修订或补充信息。

（2）提交补充信息。提交 C 节选择表格并不意味着 C 节选择表格基本上是完整的，或无须补充信息的。在本条第（b）（4）款规定的生效日期之前，委员会可随时要求衍生品清算组织提交补充信息，以便委员会处理 C 节选择表格；而衍生品清算组织应向委员会提交此等补充信息。

（3）修订。如果衍生品清算组织发现 C 节选择表格中提供给委员会的信息或就 C 节选择表格而提供的其他信息存在重大遗漏或错误，或者发生重大变更，则衍生品清算组织应立即修订其 C 节选择表格。

（4）生效日期。衍生品清算组织成为 C 节衍生品清算组织的选择的生效日期应如下：

（i）以下二者中的较晚者，但前提是委员会并未如本条第（b）（5）款规定的那样暂押或否决上述选择：

（A）衍生品清算组织在其 C 节选择表格中列明的生效日期；

（B）衍生品清算组织向委员会提交 C 节选择表格后的 10 个营业日；

（ii）或者在本条第（b）（5）款项下所述的暂押之后，于委员会发出的书面通知中列明的生效日期。该书面通知应说明，委员会允许上述选择。

（5）暂押或否决选择。在本条第（b）（4）（i）款规定的生效日期之前，委员会可以通过向衍生品清算组织发出书面通知，暂押或否决衍生品清算组织成为 C 节衍生品清算组织的选择。

（6）委员会承认。委员会可以以书面形式承认，委员会已经收到衍生品清算组织提交的 C 节选择表格，并允许衍生品清算组织的选择根据本分部的规定生效，并同意该选择的生效日期。

（7）撤销选择。已提交 C 节选择表格的衍生品清算组织可以在允许的选择生效日期之前，随时通过向委员会发出选择撤销通知，撤销受制于本节规定的选择。

（c）适用于衍生品清算组织注册申请人的选择和撤销流程。

（1）选择。请求选择受制于本部分规定的衍生品清算组织注册申请人，可以通过将填妥的 C 节选择表格随附在根据第 39.3 条提交的衍生品清算组织表格之后，提出该请求。C 节选择表格应包括选择和本部附录 B 中规定的所有证明、披露和附件，以及根据本条第（c）（3）款或第（c）（4）款向委员会提交的任何修订或补充信息。

（2）选择审查和生效日期。委员会根据第 39.3（a）条，在审查注册申请的同时，还应审查申请人的 C 节选择表格。委员会可以通过向申请人发出书面通知，在批准申请人的注册申请之时，允许申请人的选择生效。如果委员会确认，因为申请人尚未证明其有能力遵守本分部的适用条款，则申请人成为受本分部约束的选择不应生效，则委员会将不批准根据第 39.3（a）条提交的注册申请，而 C 节选择表格也因此待定。

（3）提交补充信息。提交 C 节选择表格并不意味着 C 节选择表格基本上是完整的，或无须补充信息的。委员会在审查 C 节选择表格期间，可随时要求申请人提交补充信息，以便委员会处理 C 节选择表格；而申请人则应向委员会提供此等补充信息。

（4）修订。如果衍生品清算组织注册申请人发现 C 节选择表格中提供给委员会的信息或就 C 节选择表格而提供的其他信息存在重大遗漏或错误，或者发生重大变更，则申请人应立即修订其 C 节选择表格。

（5）撤销选择。衍生品清算组织注册申请人可以在委员会批准其衍生品清算组织注册申请之日前，随时通过向委员会发出撤销 C 节选择表格的通知，撤销变得受制于本分部规定的选择。申请人可以在不撤销衍生品清算组织表格的情况下，撤销 C 节选择表格。

（d）公开信息。C 节选择表格将予以公开以下部分：C 节选择表格中的选择以及证明和披露、衍生品清算组织的规则、监管合规图表以及符合本章第 145.9 条要求的保密处理请求未涵盖的 C 节选择表格任何其他部分。

（e）撤销选择。

（1）撤销意图通知。C 节衍生品清算组织可以通过向委员会发出撤销选择的意图通知，撤销其受制于本节规定的选择，并终止其作为 C 节衍生品清算组织的身份。撤销选择的意图通知应包括

（i）撤销的生效日期；

（ii）C 节衍生品清算组织的有关正式授权代表签署的证明（详见 C 节选择表格一般说明第 3 款），该证明应声明 C 节衍生品清算组织：

（A）已按照本条第（e）（3）（i）（A）款的要求，向清算会员发出通知；

（B）将按照本条第（e）（3）（i）（B）款的要求，向清算会员发出通知；

（C）已按照本条第（e）（3）（ii）（A）款的要求，向公众发布通知；

（D）将按照本条第（e）（3）（ii）（B）款的要求，向公众发布通知；

（E）已按照本条第（e）（3）（ii）（C）款的要求，删除其网站上以及提供给清算会员和客户、其他市场参与者或公众成员的所有其他材料中提及其是 C 节衍生品清算组织和合格中央对手方的全部内容。

（2）生效日期。对变得受制于本节规定的选择的撤销，应于 C 节衍生品清算组织根据本条第（e）（1）款发出的撤销选择意图通知中载明的日期生效，但前提是此等撤销的生效时间不得早于向委员会发出撤销选择意图通知之后的 180 天。C 节衍生品清算组织应继续遵守本节的所有规定，直至上述生效日期为止。

（3）额外通知要求。

（i）C 节衍生品清算组织应于以下时间向每位清算会员提供以下通知，并应实施相关规则来要求每位清算会员向清算会员的每位客户提供以下通知：

（A）在发出关于撤销受制于本节规定的选择的意图通知之时或之前，提供关于计划向委员会提交该通知以及其生效日期的书面通知；

（B）于撤销受制于本节规定的选择的生效日期，提供关于撤销已生效的书面通知。

（ⅱ）C 节衍生品清算组织应。

（A）在发出关于撤销受制于本节规定的选择的意图通知之时或之前，向公众发布通知（在其网站上的显眼位置贴出），说明其打算撤销关于变得受制于本分部规定的选择；

（B）在撤销受制于本节规定的选择的生效日期当天及之后，向公众发布通知（在其网站上的显眼位置贴出），说明上述撤销已经生效；

（C）在发出关于撤销受制于本节规定的选择的意图通知之前，删除其网站上以及提供给清算会员和客户、其他市场参与者或公众的所有其他材料中提及衍生品清算组织是 C 节衍生品清算组织和合格中央对手方的全部内容。

（ⅲ）如果衍生品清算组织已发出关于撤销受制于本节规定的选择的意图通知，则在该撤销选择的意图通知发出之日和之后，该衍生品清算组织的员工和代表不得称该组织为 C 节衍生品清算组织和合格中央对手方。

（4）撤销的影响。C 节衍生品清算组织撤销其所作的受制于本节规定的选择，不得影响委员会在衍生品清算组织维持其 C 节衍生品清算组织身份期间发生的任何活动或事件方面的权限。

（f）丧失系统重要性衍生品清算组织的称号。如果系统重要性衍生品清算组织的系统重要性称号被金融稳定监督委员会取消，该系统重要性衍生品清算组织应即刻被视为 C 节衍生品清算组织，并继续遵守本节的规定，除非该衍生品清算组织选择依照本条第（e）款的要求，撤销其 C 节衍生品清算组织身份。

（g）本条要求的所有表格和通知均应按照委员会规定的格式和方式，以电子形式提交委员会秘书处。

第 39.32 条　【保留】

第 39.33 条　系统重要性衍生品清算组织和 C 节衍生品清算组织的金融资源要求

（a）总则。

（1）第 39.11（a）（1）条有所要求，每个系统重要性衍生品清算组织和 C 节衍生品清算组织，无论哪一种，在多个司法管辖区具有系统重要性或参与存在更复杂风险的活动的，应保持充足的金融资源，以便能够履行对清算会员的财务义务，尽管在极端但合理的市场条件下，两个清算会员违约，会给衍生品清算组织造成最大的合并财务风险敞口。

（2）委员会应在其认为合适的情况下，确定系统重要性衍生品清算组织或 C 节衍生品清算组织是否在多个司法管辖区具有系统重要性。在确定系统重要性衍生品清算组织或 C 节衍生品清算组织是否在多个司法管辖区具有系统重要性时，委员会应考虑衍生品清算组织是否

（i）是第 39.2 条定义的系统重要性衍生品清算组织；

（ii）已被美国以外的一个或多个司法管辖区认定为具有系统重要性，其认定程序考虑了衍生品清算组织的失败或中断的可预见影响是否会威胁到每个相关司法管辖区金融体系的稳定。

（3）委员会应在其认为合适的情况下，确定系统重要性衍生品清算组织或 C 节衍生品清算组织，除了信用违约互换、信用违约期货以及任何涉及信用违约互换或信用违约期货的衍生品外，是否有任何其他活动存在更复杂的风险状况。在确定一项活动的风险情况是否较为复杂时，委员会将考虑下列特征，如离散跳跃违约价格变化或与潜在参与者违约高度相关，作为寻找更复杂风险情况的支持因素（尽管非必要）。

（4）就本条而言，如果一个清算会员控制另一个清算会员或与另一个清算会员处于共同控制下，该附属清算会员应被视为单一清算会员。

（b）金融资源的估值。尽管第 39.11（d）（2）条有规定，但在计算可用于履行系统重要性衍生品清算组织或 C 节衍生品清算组织在本条第（a）款或第 39.11（a）（1）条项下之义务的金融资源时，不应计入对追加保证金（即非预付保证金）的估价。

（c）流动性资源。

（1）最少流动性资源量。

（ⅰ）尽管第 39.11（e）（1）（ⅱ）条有规定，每个系统重要性衍生品清算组织和 C 节衍生品清算组织仍应维持以所有相关币种计价的合格流动性资源，以便其至少能够在各种压力情景（包括但不限于在极端但合理的市场条件下，清算会员违约，给系统重要性衍生品清算组织或 C 节衍生品清算组织带来最大额的综合流动性债务）下保持高度的信心，履行第 39.14（a）（1）条定义的日间、当日和多日结算义务。

（ⅱ）受制于第 39.33（a）（1）条的系统重要性衍生品清算组织和 C 节衍生品清算组织应考虑维持合格流动性资源，以便其至少能够在各种压力情景（应包括但不限于在极端但合理的市场条件下，两个清算会员违约，给系统重要性衍生品清算组织或 C 节衍生品清算组织带来最大额的综合流动性债务）下保持高度的信心，履行第 39.14（a）（1）条定义的日间、当日和多日结算义务。

（2）以所有相关货币进行结算。每个系统重要性衍生品清算组织和 C 节衍生品清算组织应保持流动性资源足以以所有相关货币履行本条第（c）（1）款要求的义务，因此，该系统重要性衍生品清算组织或 C 节衍生品清算组织对其清算会员负有结算义务［定义见第 39.14（a）（1）条］。

（3）合格流动性资源。

（ⅰ）仅下列流动性资源适合用于满足本条第（c）（1）款的要求：

（A）发行央行或信誉良好的商业银行持有的以必要债务货币计价的现金；

（B）承诺性信贷限额；

（C）承诺性外汇互换；

（D）承诺性回购协议；

（E）

（1）高度适销的抵押品，包括主权国家的一般高质量流动债务。

（2）本条第（c）（3）（ⅰ）（E）（1）款所述的资产必须随时可用，且可根据预定的高度可靠融资安排，转换成现金，即使在极端但合理的市场条件下。

（ⅱ）关于本条第（c）（3）（i）款所述的安排，系统重要性衍生品清算组织或 C 节衍生品清算组织必须采取适当的措施，以核实这些安排不包括重大不利的变化状况，但在极端但合理的市场条件下具有可执行性和高度可靠性。

（4）额外的流动性资源。如果除了满足本条第（c）（1）款要求所需的金融资源外，系统重要性衍生品清算组织或 C 节衍生品清算组织还持有金融资源，那么这些资源在形式上应是可立即出售以获得收益或可以特别作为信贷限额、互换或回购协议之抵押品的资产。具有系统重要性的衍生品清算组织或 C 节衍生品清算组织应考虑维持低信用、低流动性和低市场风险的担保品，这些担保品通常被发钞中央银行接受，其可能有结算义务，但不应将紧急央行信贷的可用性作为其流动性计划的一部分。

（d）流动资金提供者。

（1）就本款而言，流动资金提供者是指

（i）向系统重要性衍生品清算组织或 C 节衍生品清算组织提供信贷额度、外汇互换授信或回购授信的存托机构、外国银行组织美国分部或机构、信托公司，或者存托机构、外国银行组织美国分部或机构或信托公司财团；

（ⅱ）系统重要性衍生品清算组织或 C 节衍生品清算组织履行其在本条第（c）款项下之最低流动性资源要求时所依赖的任何其他对手方。

（2）每个系统重要性衍生品清算组织和 C 节衍生品清算组织在履行其在本条第（c）款项下之义务时，应进行尽职调查，以确认其每一个流动资金提供者（无论该流动资金提供者是否是清算会员）：

（i）有足够的信息去了解和管理流动资金提供者的流动性风险；

（ⅱ）有能力根据要求履行其承诺，为系统重要性衍生品清算组织或 C 节衍生品清算组织提供流动资金。

（3）在与流动资金提供者可靠履行其特定货币相关承诺的能力相关的情况下，系统重要性衍生品清算组织或 C 节衍生品清算组织可考虑让流动资金提供者与该货币发钞央行接洽。

（4）每个系统重要性衍生品清算组织和 C 节衍生品清算组织应定期测试其根据本条第（c）（3）（i）款获取流动性资源的流程，包括测试其在本条第（c）（3）（ii）款项下之安排和在本条第（d）（1）款项下之流动资金提供者。

（5）能根据《多德—弗兰克华尔街改革和消费者保护法案》第 806（a）条［《美国法典》第 12 编第 5465（a）节］在美国联邦储备银行开立账户和获得服务的系统重要性衍生品清算组织应在实际情况下使用这些账户和服务。

（e）金融资源和流动性资源的文件记录。每个系统重要性衍生品清算组织和 C 节衍生品清算组织应就其根据本条第（a）款维持的金融资源总额以及其根据本条第（c）款维持的流动性资源总额，记录相关支持理由，并作出适当的相关治理安排。

【2011 年 11 月 8 日《联邦公报》第 76 卷第 69430 号（经 2020 年 1 月 27 日《联邦公报》第 85 卷第 4862 号修订）】

第 39.34 条　系统重要性衍生品清算组织和 C 节衍生品清算组织的系统安全措施

（a）尽管第 39.18（c）（2）条有规定，但第 39.18（c）（1）条所述的关于每个系统重要性衍生品清算组织和 C 节衍生品清算组织的业务连续性和灾难恢复计划应载明使系统重要性衍生品清算组织或 C 节衍生品清算组能够在发生任何业务中断（包括大范围业务中断）后的 2 个小时内（含）恢复经营以及日常处理、清算和结算业务的目标，而第 39.18（c）（1）条所述的物质、技术和人力资源应足以使系统重要性衍生品清算组织或 C 节衍生品清算组能够在发生任何业务中断（包括大范围业务中断）后的 2 个小时内（含）恢复经营以及日常处理、清算和结算业务。

（b）为方便其能够在发生大范围业务中断时实现本条第（a）款规定

的恢复时间目标，每个系统重要性衍生品清算组织和 C 节衍生品清算组织必须为现有客户和新客户日常处理、清算和结算所需的每项活动，维持与以下一致的一定程度的物质、技术和人力资源：

（1）必须在系统重要性衍生品清算组织或 C 节衍生品清算组织通常依靠以开展该活动的物质和技术资源相关区域之外，部署足以使实体能够在因大范围业务中断而中断正常清算之后实现恢复时间目标的物质和技术资源（包括二级站点），但是不得依赖实体通常为此类活动而依靠的相同关键交通、电信、电力、水或其他关键基础设施组件；

（2）应配置在上述相关区域之外生活和工作的人员，这些人员应足以使实体能够在因影响相关区域的大范围业务中断而中断正常清算之后实现恢复时间目标，而且实体在相关区域通常依靠这些人员开展上述活动；

（3）第 39.18（d）条的规定应适用于这些资源要求。

（c）每个系统重要性衍生品清算组织和 C 节衍生品清算组织必须考虑定期测试其业务连续性和灾难恢复计划和资源以及其在发生大范围业务中断时实现恢复时间目标的能力。第 39.18（e）条的规定应适用于此等测试。

（d）委员会可应请求，批准已被指定为系统重要性衍生品清算组织或已经选择变得受制于 C 节至多 1 年的实体遵从本条的任何规定。

【2013 年 12 月 2 日《联邦公报》第 78 卷第 72514 号（经 2016 年 9 月 19 日《联邦公报》第 81 卷第 64339 号修订）】

第 39.35 条　系统重要性衍生品清算组织和 C 节衍生品清算组织的未覆盖信用损失或流动性短缺（恢复）的违约处理规则及流程

（a）未弥补信用损失的分配。每个系统重要性衍生品清算组织和 C 节衍生品清算组织应采用明确的规则和流程，充分处理与任何清算会员对系统重要性衍生品清算组织或 C 节衍生品清算组织的义务相关的个别或合并违约所致的任何损失。这些规则和流程应说明系统重要性衍生品清算组织或 C 节衍生品清算组织须

（1）分配超过可供系统重要性衍生品清算组织或 C 节衍生品清算组织使用的金融资源的损失；

（2）偿还任何借款；

（3）补充在压力事件期间可能动用的金融资源，以便系统重要性衍生品清算组织或 C 节衍生品清算组织能够继续安全可靠地运行。

（b）未弥补流动性缺口的分配。

（1）每个系统重要性衍生品清算组织和 C 节衍生品清算组织应制定规则和／或流程，以能够在出现下列任何一种或两种情况时即刻履行其所有当日、日间和多日（若适用）结算义务：

（i）涉及一个或多个清算会员对系统重要性衍生品清算组织或 C 节衍生品清算组织之义务的个别或合并违约；

（ii）超过系统重要性衍生品清算组织或 C 节衍生品清算组织之金融资源的流动性缺口。

（2）第（b）（1）款所述的规则和流程应：

（i）使系统重要性衍生品清算组织或 C 节衍生品清算组织能够以所有相关货币即刻履行其支付义务；

（ii）旨在使系统重要性衍生品清算组织或 C 节衍生品清算组织能够避免解除、撤销或延迟有关支付义务的当日结算；

（iii）说明系统重要性衍生品清算组织或 C 节衍生品清算组织补充在压力事件期间可能动用的流动性资源以继续安全可靠地运行的流程。

第 39.36 条　系统重要性衍生品清算组织和 C 节衍生品清算组织的风险管理

（a）有关金融资源的压力测试。除了根据第 39.13（h）（3）条进行压力测试之外，每个系统重要性衍生品清算组织和 C 节衍生品清算组织还应根据以下标准和实践，就其金融资源进行压力测试：

（1）使用预定的参数和假设，每日针对金融资源进行压力测试；

（2）综合分析压力测试情景和基本参数，以确定它们是否适用于确定系统重要性衍生品清算组织或C节衍生品清算组织在当前不断变化的市场条件下运行所需的金融资源水平；

（3）至少按月和在所清算产品或所服务市场发生大幅波动或变得不太流动时，在清算会员持有的头寸规模或集中度大幅增加时，或者在其他合适的情况下，开展本条第（a）（2）款所要求的分析，并以超过一月一次的频率评估压力测试情景、模型和基本参数；

（4）对于本条第（a）（1）款和第（a）（2）款所要求的分析，就清算期间违约清算会员的头寸和可能的价格变动，纳入一系列相关压力情景。所考虑的情景应包括但不限于

（ⅰ）相关的历史价格波动峰值；

（ⅱ）包括价格决定因素和收益率曲线（如适用）在内的其他市场因素的变化；

（ⅲ）在不同时间范围内发生多次违约；

（ⅳ）在融资和资产市场同时面临压力；

（ⅴ）在各种极端但合理的市场条件下，一系列前瞻性的压力情景。

（5）确定关于以下的流程：

（ⅰ）向风险管理委员会或董事会（如适用）报告压力测试结果；

（ⅱ）使用这些结果来评估金融资源的充分性和调整金融资源总额；

（6）使用压力测试结果来支持遵守第39.11（a）（1）条或第39.33（a）条（如适用）规定的最低金融资源要求。

（b）有关保证金模型的敏感性分析。

（1）每个系统重要性衍生品清算组织和C节衍生品清算组织应至少按一月一次或更高的频率（如适用）就其保证金模型开展敏感性分析，以分析和监测模型性能和整体保证金保险范围。应根据实际头寸和假设头寸情况，开展敏感性分析。

（2）就本款［第（b）款］而言，有关保证金模型的敏感性分析包括

（ⅰ）审查反映可能的市场行情的各种参数设置和假设，以便了解高度

紧张的市场条件可能如何影响保证金保险范围水平。这些参数和假设应包括各种历史和假设条件，包括系统重要性衍生品清算组织或 C 节衍生品清算组织所服务的市场经历的最不稳定时期，以及价格之间相关性的极端变化。在当前的基础上来看，就所清算的特定产品和投资组合的特定特征而言，这些参数和假设应适用于所清算的特定产品和投资组合。

（ⅱ）测试模型或模型组件使用实际或假设的数据集作出适当反应的能力，并评估不同模型参数设置的影响。

（ⅲ）评估清算会员自有头寸的潜在损失，并在适当的情况下评估客户头寸的潜在损失。

（3）参与风险状况更复杂的活动的系统重要性衍生品清算组织或 C 节衍生品清算组织应考虑反映清算会员同时违约的潜在影响以及（如适用）相关信用工具的参数设置。

（c）有关流动性资源的压力测试。每个系统重要性衍生品清算组织和 C 节衍生品清算组织应根据以下标准和实践，就其流动性资源进行压力测试：

（1）使用预定的参数和假设，每日针对流动性资源进行压力测试；

（2）综合分析压力测试情景和基本参数，以确定它们是否适用于确定系统重要性衍生品清算组织或 C 节衍生品清算组织在当前不断变化的市场条件下运行所需的流动性资源水平；

（3）至少按月和在所清算产品或所服务市场发生大幅波动或变得不太流动时，在清算会员持有的头寸规模或集中度大幅增加时，或者在其他合适的情况下，开展本条第（c）（2）款所要求的分析，并以超过一月一次的频率评估压力测试情景、模型和基本参数；

（4）对于本条第（c）（1）款和第（1）（2）款所要求的分析，就清算期间违约清算会员的头寸和可能的价格变动，纳入一系列相关压力情景。所考虑的情景应包括但不限于

（ⅰ）相关的历史价格波动峰值；

（ⅱ）包括价格决定因素和收益率曲线（如适用）在内的其他市场因素的变化；

（ⅲ）在不同时间范围内发生多次违约；

（ⅳ）在融资和资产市场同时面临压力；

（ⅴ）在各种极端但合理的市场条件下，一系列前瞻性的压力情景。

（5）对于本条第（c）（4）款所列举的情景，应考虑

（ⅰ）所有可能对系统重要性衍生品清算组织或C节部分衍生品清算组织构成流动性风险的实体，包括结算银行、被允许的存托机构、流动资金提供者和其他实体；

（ⅱ）多日情景（如适用）；

（ⅲ）清算会员以及其在系统重要性衍生品清算组织或C节衍生品清算组织的风险管理中扮演的多重角色之间的相互联系；

（ⅳ）清算会员中出现多个破产的概率和传染效应。

（6）确定关于以下的流程：

（ⅰ）向风险管理委员会或董事会（如适用）报告压力测试结果；

（ⅱ）使用这些结果来评估流动性资源的充分性和调整流动性资源总额。

（7）使用压力测试的结果来支持遵守第39.33（c）条规定的流动性资源要求。

（d）保证金模型评估。每个系统重要性衍生品清算组织和C节衍生品清算组织应按至少一年一次的频率（或在出现重大相关市场发展的情况下，更高的频率）评估其结算全部产品所用的保证金模型的理论和实证性能。

（e）独立验证。每个系统重要性衍生品清算组织和C节衍生品清算组织应按年对其财务风险管理模型和流动性风险管理模型进行全面验证。

（f）托管和投资风险。系统重要性衍生品清算组织和C节衍生品清算组织的自有资金和资产的托管和投资安排应符合相关要求（与第39.15条针对清算会员资金和资产而规定的要求相同），并应同样适用于上述衍生品

清算组织的自有资金和资产，视同这些资金和资产属于清算会员。

（g）结算银行。每个系统重要性衍生品清算组织和 C 节衍生品清算组织应

（1）监控、管理和限制结算银行产生的信用风险和流动性风险；

（2）为结算银行制定严格的标准（考虑到它们的监管和监督、资信、资本化、流动性获取渠道和操作可靠性），并监测结算银行对这些严格标准的遵从性；

（3）监测并管理对结算银行的信用和流动性风险敞口的集中度。

【2011 年 11 月 8 日《联邦公报》第 76 卷第 69430 号（经 2020 年 1 月 27 日《联邦公报》第 85 卷第 4862 号修订）】

第 39.37 条　系统重要性衍生品清算组织和 C 节衍生品清算组织的其他披露

除第 39.21 条的要求之外，每个系统重要性衍生品清算组织和 C 节衍生品清算组织还应

（a）完成并公平披露对支付与结算系统委员会和国际证监会组织董事会发布的《金融市场基础设施披露框架》（*Disclosure Framework for Financial Market Infrastructures*）的响应；

（b）

（1）至少按每两年一次的频率以及在系统重要性衍生品清算组织或 C 节衍生品清算组织经营所在环境发生重大变化之后，审查并更新根据本条第（a）款要求所披露的响应。系统重要性衍生品清算组织或 C 节衍生品清算组织的系统或经营所在环境的重大变化是指将大大改变现有响应的准确性和有用性的变化；

（2）在更新后的 10 个营业日结束之前，通知委员会其在发生重大变化后根据本条第（b）（1）款对其响应进行的更新。该通知应随附一份响应文本复印件，该复印件应列明对前一版响应的所有删除和添加内容；

（c）向公众和委员会披露符合由支付和市场基础设施委员会和国际证监会组织发布的《中央对手方公开量化披露准则》规定标准的交易量和交易额的相关基本数据；

（d）向公众和委员会披露有关客户头寸和资金之拆分和转移的规则、政策和流程，包括

（1）本章第 1.3 条定义的期货客户资金；

（2）本章第 22.1 条定义的被清算互换客户抵押品；或

（3）本章第 1.3 条定义的外国期货或外国期权担保金额是否均：

（i）受到单独或集体保护；或

（ii）受到任何限制条件（包括任何可能削弱系统重要性衍生品清算组织或 C 节衍生品清算组织拆分或转移清算会员客户头寸和相关抵押品的能力的法律或操作限制条件）的约束。

【2013 年 12 月 2 日《联邦公报》第 78 卷第 72514 号（经 2018 年 2 月 23 日《联邦公报》第 83 卷第 7996 号修订）；2020 年 1 月 27 日《联邦公报》第 85 卷第 4862 号】

第 39.38 条　系统重要性衍生品清算组织和 C 节衍生品清算组织的效能

（a）总则。为了满足清算会员和市场的需求，每个系统重要性衍生品清算组织和 C 节衍生品清算组织应高效、有效地设计其

（1）清算和结算安排；

（2）经营结构和流程；

（3）被清算的产品范围；

（4）技术的使用。

（b）效率审查。每个系统重要性衍生品清算组织和 C 节衍生品清算组织应制定机制，定期审查期对本条第（a）款的遵从性。

（c）明确的目标和目的。每个系统重要性衍生品清算组织和 C 节衍生品清算组织应具有可衡量、可实现的明确目标和目的，包括在最低服务水平、风险管理预期和业务优先级等方面。

（d）每个系统重要性衍生品清算组织和 C 节衍生品清算组织应按照国际公认沟通流程和标准，促进高效的支付、清算和结算。

第 39.39 条　系统重要性衍生品清算组织和 C 节衍生品清算组织的恢复和关闭

（a）定义。就本条而言：

（1）一般经营风险是指系统重要性衍生品清算组织或 C 节衍生品清算组织作为企业因收入减少或费用增加，以致费用超过收入，或造成上述衍生品清算组织必须用资本进行弥补的损失，进而导致的潜在财务状况损害。

（2）关闭是指系统重要性衍生品清算组织或 C 节衍生品清算组织为永久停止或销售或转移一项或多项服务而采取的行动。

（3）恢复是指系统重要性衍生品清算组织或 C 节衍生品清算组织根据其规则、流程和其他事前合约安排为解决任何未弥补信用损失、流动性短缺、资本不足或业务、经营或其他结构性弱点而采取的行动，包括补充维持系统重要性衍生品清算组织或 C 节衍生品清算组织持续经营所必需的已耗尽预付金融资源和流动性安排。

（4）操作风险是指信息系统或内部流程的缺陷、人为失误、管理失败或外部事件造成的业务中断将导致系统重要性衍生品清算组织或 C 节衍生品清算组织提供的服务减少、变恶化或受损的风险。

（5）无产权负担的流动金融资产包括现金和高度流动的证券。

（b）恢复和关闭计划。每个系统重要性衍生品清算组织和 C 节衍生品清算组织应维持有关以下的可行计划：

（1）因未弥补信用损失或流动性短缺而必须进行的恢复或有序关闭；以及单独地；

（2）因威胁衍生品清算组织持续经营能力的一般经营风险、操作风险或任何其他风险而必须进行的恢复或有序关闭。

（c）

（1）在制订本条第（b）款规定的计划时，系统重要性衍生品清算组织或 C 节衍生品清算组织应确定可能阻碍其能够履行义务的情景，提供持续经营的关键业务和服务，并评估一系列恢复或有序关闭选择的有效性。这些计划应包括在启动恢复计划或即将进行关闭时尽快通知委员会的流程。

（2）系统重要性衍生品清算组织或 C 节衍生品清算组织应具有为委员会和美国联邦储蓄保险公司提供处置计划所需信息的流程。

（d）支持恢复和关闭计划的金融资源。

（1）在根据本条第（b）（1）款，作为恢复计划的一部分，评估可用于补充未弥补信用损失或流动性短缺的资源时，系统重要性衍生品清算组织或 C 节衍生品清算组织可以考虑评估根据其规则提供的（其合理预期将从未违约清算会员处收到的）额外资源等。

（2）每个系统重要性衍生品清算组织和 C 节衍生品清算组织应保持足够的无产权负担的流动金融资产（通过其所有者权益获得），以根据本条第（b）（2）款实施其恢复或关闭计划。一般而言，第 39.11（a）（2）条要求的金融资源可能足够，但是系统重要性衍生品清算组织或 C 节衍生品清算组织应对特定情况和风险加以分析，并维持实施这些计划可能需要的任何额外资源。在分配足够的金融资源以实施这些计划时，系统重要性衍生品清算组织或 C 节衍生品清算组织应遵守第 39.11（e）（2）条的规定。计划应包括证据和分析，以支持以下结论，即认为必要的数额实际上足以实施该计划。

（3）考虑用于满足第 39.11（a）（1）条和第 39.33 条要求的资源不得全部或部分分配给本条第（b）（2）款要求的恢复计划。其他资源则可以全部或部分分配给本条第（b）（1）款或第（b）（2）款要求的恢复计划（不能同时分配给这两款要求的），但唯一的前提条件是，这些资源的使用不另外受到《法案》、委员会条例、系统重要性衍生品清算组织或 C 节衍生品清算组织的规则或者系统重要性衍生品清算组织或 C 节衍生品清算组织作为其中一方的任何合约安排的限制。

（e）筹集额外金融资源的计划。所有系统重要性衍生品清算组织和 C

节衍生品清算组织都应维持在系统重要性衍生品清算组织或 C 节衍生品清算组织无法或几乎不能遵守本节规定的任何金融资源要求的情况下，筹集额外金融资源［包括资本（如适用）］的可行计划。该计划应经董事会批准，并定期更新。

（f）委员会可应请求，批准已被指定为系统重要性衍生品清算组织或已经选择受制于 C 节至多 1 年的实体遵从本条或第 39.35 条的任何规定。

【2011 年 11 月 8 日《联邦公报》第 76 卷第 69430 号（经 2020 年 1 月 27 日《联邦公报》第 85 卷第 4862 号修订）】

第 39.40 条 符合金融市场基础设施的原则

本部分（C 节）旨在确定与本部分 A 节和 B 节一并符合《法案》第 5b（c）节以及支付结算体系委员会和国际证监会组织董事会发布的《金融市场基础设施原则》（*Principles for Financial Market Infrastructures*）的标准，并应在该背景下予以解释。

第 39.41 条 系统重要性衍生品清算组织的强制执行权

为了执行《多德—弗兰克华尔街改革和消费者保护法案》第 8 篇的规定，系统重要性衍生品清算组织应以视同系统重要性衍生品清算组织为担保存托机构时相同的方式和程度，遵守《联邦存款保险法》第 8 条第（b）～（n）项（《美国法典》第 12 编第 1818 节）的规定；而委员会也以视同委员会为上述担保存托机构之合适联邦银行机构时相同的方式和程度，在《联邦存款保险法》第 8 条第（b）～（n）项（《美国法典》第 12 编第 1818 节）的规定下享有权限。

第 39.42 条 系统重要性衍生品清算组织关于重大风险相关规则变更的预先通知

根据本章第 40.10 条的要求，如果系统重要性衍生品清算组织的规则、流程或业务拟将改变且此等改变可能给系统重要性衍生品清算组织的风险性质或水平产生重大影响，系统重要性衍生品清算组织应提前通知委员会。

D 适用于通过遵守母国监管制度而遵守核心原则的衍生品清算组织的条款

第 39.50 条　范围

本节（D 节）的规定适用于通过本部分第 39.3（a）（3）节所述程序注册或由委员会令另行规定注册的所有衍生品清算组织。

第 39.51 条　通过遵守母国监管制度来遵守核心原则

（a）资格。

（1）在下列情况下，衍生品清算组织有资格注册，以开展符合本子部分规定的互换清算活动：

（ⅰ）委员会认为衍生品清算组织遵守其母国监管制度即构成了对《法案》第 5b（c）（2）节规定的核心原则的遵守；

（ⅱ）衍生品清算组织在其母国具有良好的监管地位；

（ⅲ）委员会确定衍生品清算组织不会对美国金融体系构成实质性风险；

（ⅳ）委员会与衍生品清算组织的母国监管机构之间的谅解备忘录或类似安排正在生效，其中，母国监管机构同意向委员会提供以下所有信息：委员会认为有必要评估衍生品清算组织初始和持续的注册资格，或者审查其是否符合此类注册条件的所有信息。

（2）如果衍生品清算组织的母国监管制度缺乏与那些与风险关系较小的核心原则相对应的法律要求，则委员会可以自行决定，在符合相关核心原则的条件下批准注册。

（b）条件。须遵守本分部的衍生品清算组织应遵守委员会可能规定的任何条件，包括但不限于以下内容：

（1）根据《法案》和委员会法规的适用要求。衍生品清算组织应遵守《法案》第 5b（c）（2）节规定的核心原则，并遵守其母国的适用法律要求；遵守衍生品清算组织的注册令中规定的适用于衍生品清算组织的其他要求，包括但不限于《法案》第 4d（f）节，本章的第 1、第 22 和第 45 部分以及

A 节和本节第 39.15 条。

（2）开放准入。衍生品清算组织应就一个或多个交易对手是美国人的互换规定以下规则：

（i）规定在衍生品清算组织的规则下建立的产品规格所定义的所有具有相同条款和条件的、提交给衍生品清算组织进行清算的互换，与衍生品清算组织在经济上是等效的，并且可以在衍生品清算组织的规则允许的范围内互相抵消；

（ii）规定应对双边的互换进行非歧视性清算，或根据非附属电子匹配平台或交易执行机构的规则进行清算。

（3）同意管辖并为流程性服务指定代理。衍生品清算组织应

（i）同意在美国的管辖权；

（ii）授权并向委员会指定一名美国代理人，该代理人应接受任何有关程序、诉状或其他文件的通知或服务，包括任何传票、投诉、指令、聆讯、信息请求或者委员会、美国司法部或其代表发给衍生品清算组织的任何其他书面或电子文件或信件，涉及针对衍生品清算组织或其美国清算会员的任何行动或诉讼或调查；

（iii）将其指定和授权代理人的任何变更立即通知委员会。

（4）合规。衍生品清算组织应遵守并应按照委员会的要求证明遵守其注册的任何条件。

（5）检查账簿和记录。衍生品清算组织应将所有与作为衍生品清算组织的运营有关的文件、账簿、记录、报告和其他信息向委员会的任一代表开放检查和复制；并应委员会的任一代表的要求，衍生品清算组织应立即以指定的形式提供所要求的账簿和记录，并将其直接提供给委员会的代表。

（6）良好监管状况的声明。每年，在其会计年度结束后的 60 天内，衍生品清算组织应提出请求并且委员会必须从其母国监管机构处收到书面声明，表明衍生品清算组织处于良好的监管状况。

（7）其他条件。委员会可根据其认为相关的其他事实和情况，提出遵

守本节的条件。

（c）一般报告要求。

（1）衍生品清算组织应向委员会提供本款规定的信息以及委员会认为必要的任何其他信息，包括但不限于委员会用于评估衍生品清算组织是否继续符合本节规定的信息、审查衍生品清算组织是否符合其注册条件的信息，或对美国清算会员进行监督的信息，以及监督此类人员通过衍生品清算组织清算互换交易的信息。

根据本款提供给委员会的信息应按照第39.19（b）条的规定提交。

（2）每个衍生品清算组织应向委员会提供以下信息：

（i）截至每个交易日结束并于下一个工作日美国中部时间上午10:00提交给委员会的报告，其中包含有关互换的信息：

（A）所有清算会员的初始保证金总额；

（B）每个美国清算会员的初始保证金要求和初始保证金存款，按自营来源、客户来源以及每个个本客户账户划分；

（C）每日变动保证金，按自营来源、每个客户来源以及每个客户账户分别列出从每个美国清算会员处收取或支付给每个美国清算会员的盯市金额。

（ii）在衍生品清算组织的每个财务季度的最后一天编制的报告，并在该衍生品清算组织的财务季度结束后不迟于17个工作日提交给委员会，包括在该财务季度最后一天清算互换的美国清算会员名单；

（iii）关于母国监管制度发生任何变化的及时通知；

（iv）衍生品清算组织可获得母国监管机构的任何审查报告或审查结果，并在其知晓母国监管机构的任何执法或纪律行动或调查开始后的5个工作日内通知委员会；

（v）立即通知关于衍生品清算组织在其母国作为衍生品清算组织的许可、注册或其他授权的任何变更；

（vi）根据衍生品清算组织的规则确定清算会员违约时，应立即告知清算会员违约一事，包括清算会员的财务义务金额；但是，如果违约清算会员是美国清算会员，则通知还应包括美国清算会员的名称和美国清算会员持有的头寸清单；

（vii）衍生品清算组织对美国清算会员采取的行动通知，不得迟于衍生品清算组织对美国清算会员采取此类行动后的 2 个工作日。

（d）委员会主动修改注册。

（1）如果委员会认定发布注册令所依据的事实或情况有变更或遗漏，或该注册令的任何条款和条件未得到满足，委员会可以自行决定根据本部分修改注册令的条款和条件，包括但不限于以下要求：

（i）遵守衍生品清算组织的母国监管制度，符合《法案》第 5b（c）（2）节规定的核心原则；

（ii）衍生品清算组织在其母国具有良好的监管地位；

（iii）衍生品清算组织不会对美国金融体系构成实质性风险。

（2）委员会应向衍生品清算组织提供书面通知，说明它正在考虑是否根据本款修改注册令及其考虑依据。

（3）衍生品清算组织可在收到通知后的 30 个工作日内或在委员会书面许可的较晚时间以书面形式对通知作出回应。

（4）在收到衍生品清算组织的答复后，或在允许的答复时间届满后，委员会可以

（i）发布一项指令，要求衍生品清算组织遵守《法案》和本章中适用于衍生品清算组织的所有要求，自其中指定的日期生效。指定日期应旨在为衍生品清算组织提供一段合理的时间，使其符合《法案》和委员会规定，或根据第 39.3（f）条申请撤销注册；

（ii）发布经修订的注册令，修改该注册令的条款和条件；

（iii）书面通知衍生品清算组织，其注册令将保持有效且无须修改其条款和条件。

后记

《银行间市场中央对手清算发展报告（2020）》由上海清算所主持编写。研究统计部负责初稿与统稿，业务一部、业务二部、业务三部、风险管理部和伦敦办事处提供相关素材并提出宝贵意见。

各章参与编写工作的员工主要包括李鑫杰（第一章和第三章）、谢睿（第一章）、姚路驰（第一章）、许成吉（第一章）、张羽（第一章）、汪希阳（第一章）、王旭（第一章）、周丽娜（第一章）、张铭（第一章）、蹇芮（第三章）、唐燕华（第三章）、陈思薇（第三章）、刘旸（第三章）。

此外，蹇芮、李鑫杰和陈思薇负责了内外部协调沟通工作。中国金融出版社为本报告的顺利出版给予了大力支持。在此一并表示衷心感谢！

由于编写人员水平有限，报告中难免出现疏漏之处，恳请广大读者不吝指正。

上海清算所

2021 年 10 月